Maggie Keswick

Chinesische Gärten

INNER MONGOLIA
LIAONING
Jehol
Peking
Heng Shan
Tientsin
HOPEH
NINGSIA
TSINGHAI
SHENSI
SHANSI
Tsinan
Yellow River (Huang Ho)
Tai Shan
SHANTUNG
KANSU
Loyang
Kaifeng
Ch'ang-an
(modern Sian)
Hua Shan
Sung Shan
KIANGSU
HONAN
ANHUI
Yangchow
Nanking
Wusih
Suchow
SZECHWAN
HUPEH
Lake T'ai
Shanghai
Chengtu
(The Gorges)
Ichang
Yangtze
Hangchow
Ningpo
Chungking
Lu Shan
CHEKIANG
Lake Tung Ting
HUNAN
KIANGSI
KWEICHOW
Heng Shan
Foochow
FUKIEN
Kweilin
Taipei
YUNNAN
KWANGSI
KWANGTUNG
TAIWAN
Canton
Macao
Hongkong

Maggie Keswick

Chinesische Gärten

Geschichte, Kunst und Architektur

Unter Mitarbeit von Charles Jencks

Deutsche Verlags-Anstalt · Stuttgart

John und Clare Keswick gewidmet

Aus dem Englischen übertragen von Ulrike Stopfel

CIP-Titelaufnahme der Deutschen Bibliothek

Keswick, Maggie:
Chinesische Gärten : Geschichte, Kunst und Architektur / Maggie Keswick.
Unter Mitarb. von Charles Jencks.
[Aus d. Engl. übertr. von Ulrike Stopfel]. –
Stuttgart : Deutsche Verlags-Anstalt, 1989
Einheitssacht.: The Chinese Garden ‹dt.›
ISBN 3-421-02953-9
NE: HST

Titel der englischen Originalausgabe:
»The Chinese Garden«

Umschlagentwurf: Hans Peter Willberg, Eppstein
Lektorat: Nora von Mühlendahl
Satz: Dörlemann Satz, Lemförde
Printed in Hong Kong

Inhalt

Fragt mich einer, warum in den bläulichen Bergen ich hause,
nun, so lächle ich froh, aber ich sage kein Wort.
Blüten treiben das Wasser hinab in dämmernde Fernen;
anders ist hier die Welt, ist nicht der menschliche Raum.

Li Tai-pe

Vorwort

Meine Antwort auf die Frage nach dem Buch, an dem ich arbeitete, löste fast immer die gleiche Reaktion aus: Wer hatte schon jemals etwas Besonderes über chinesische Gärten gehört? Selbst im Osten werden sie als eine untergegangene Kunstform betrachtet; im Westen rufen sie nur selten überhaupt irgendeine Vorstellung wach – und wenn doch, dann eher die eines japanischen Gartens mit seinen exquisiten Arrangements aus Stein und Moos, mit seinen gestutzten Kiefern und trockenen Wasserläufen und vor allem mit jener Aura der inneren Vollkommenheit, die – wie Mishima einmal schrieb – schon durch das bloße Eindringen unserer Sinne gestört wird.

Chinesische Gärten sind nicht von dieser Art. Dicht und verwirrend, beherrscht von gewaltigen Felskompositionen und mannigfachen, auf unzählige, häufig sehr kleine Areale gedrängten Gebäuden, ist der typische chinesische Garten so ohne jede Parallele, daß er dem Fremden oft völlig unverständlich, ja teilweise sogar grotesk erscheint. Die deutlichste Analogie zum Erleben eines solchen Gartens bietet vielleicht ein Gang durch die Kathedrale von Chartres. An beiden Orten vermitteln die ersten, rein sinnlichen Eindrücke dem Betrachter ein Gefühl der geistigen Beglückung, und für den, der den Wunsch hat, sie zu ergründen, liegen jenseits der Formen scheinbar unendliche und bei näherer Erkundung zunehmend esoterische und mystische Bedeutungsebenen.

Chinesische Gärten gleichen – wie die Grundrisse gotischer Kathedralen – kosmischen Diagrammen, sie lassen eine tiefgründende und von alters her überkommene Betrachtung der Welt und der Stellung des Menschen in ihr erkennen. Zugleich aber haben sie in ihrer langen Geschichte auch in ganz realer Weise den Hintergrund einer Zivilisation gebildet, denn sie waren Orte der Begegnung und des Wirkens der berühmten chinesischen Dichter und Maler. Sie hallten wider von Gelächter und Scherzen, sie waren Stätten ausschweifender Geselligkeiten, heimliche Treffpunkte von Liebenden, Zeugen der Bemühungen zahlloser Emporkömmlinge um gesellschaftliche Anerkennung. Sie dienten als Schauplatz friedlicher Kontemplation, sie sahen Familienfeste und glanzvolle Theateraufführungen, politische Intrigen und häusliche Streitigkeiten – mit einem Wort, alle Spielarten von Tragödie, Lebenslust und Melodram. Für eine Frau mit gefesselten Füßen mochte der Familiengarten die ganze Welt repräsentieren, und für manche (etwa die jungen Mädchen in den Romanen »Der Traum der Roten Kammer« oder Pa Chins »Familie«) gab es keine andere Möglichkeit, sich aus einem unerträglichen Dasein zu befreien, als sich nächtlicherweile davon- und unter dem gläsernen Spiegel des Gartenteichs in die Vergessenheit zu stehlen.

Ein Buch über chinesische Gärten ist also durchaus ein Unterfangen, zumal in den fast vierzig Jahren seit Erscheinen von Siréns klassischen *Gardens of China* nur wenig über dieses Thema geschrieben worden ist. Der Gegenstand mag im übrigen auch merkwürdig anmuten, wenn man an die Veränderungen denkt, die seit Jahren in China im Gang sind. Eine Reihe sehr alter und wunderschöner Gärten hat aber entgegen allen Befürchtungen den Krieg und die revolutionären Ereignisse überdauert und ist heute für die Allgemeinheit geöffnet. Auch wenn die Lebensweise, die sie hervorbrachte, unwiederbringlich dahin ist, erfreuen sie sich allergrößter Beliebtheit, sind fast ständig voller Menschen und nun auch dem Besucher aus dem Westen wieder zugänglich.

Das vorliegende Buch ist das Ergebnis vieler Aufenthalte in diesen Gärten zu einer Zeit, als mein Vater Vorsitzender des *Sino-British Trade Council* war. Im Jahre 1961 waren Ausländer selbst in Peking noch ungewöhnliche Erscheinungen. Wir verbrachten damals viel Zeit im Sommerpalast und aßen sogar gelegentlich im Pei-Hai-Park, der in jenen Tagen noch öffentlich zugänglich war. Aber erst in Suchow begannen die chinesischen Gärten ihre außergewöhnliche Faszination auf mich auszuüben, denn dort haben sie ihre schönste und unverwechselbare Ausprägung erfahren und repräsentieren am eindeutigsten jene Ideen, die dem Bewohner der westlichen Hemisphäre fremd sind. Von dieser Zeit an hielt ich mich so oft wie möglich in chinesischen Gärten auf. Zu Hause durchforschte ich die Bibliotheken der School of Oriental and African Studies an der Universität London und das Britische Museum, um etwas über ihre Geschichte und ihre Bedeutung in Erfahrung zu bringen. Mein Buch ist das Ergebnis dieser Bemühungen. Viele Aspekte des chinesischen Gartens sind darin notgedrungen nicht berücksichtigt. Von den historischen Gärten abgesehen, schien es angezeigt, ein so umfangreiches Thema einzugrenzen und nur solche Gärten zu beschreiben, die ich selbst besucht habe – und ich habe keinen Klostergarten gesehen und kenne auch eine sehr große Zahl jener Gärten nicht, die in T'ung Chuns Buch aus den dreißiger Jahren genannt sind. Dabei verdanke ich vieles diesem Buch und gleichermaßen Siréns *Gardens of China* von 1949 (einschließlich seiner Übersetzungen aus dem *Yuan Yeh,* die ich ausnahmslos übernommen habe). Von unschätzbarem Wert waren mir auch eine Reihe von Beiträgen in Fachzeitschriften und die Zufallsfunde, die ich in den Veröffentlichungen von Sinologen und Kunsthistorikern machte. Die wichtigsten Werke, die ich für meine Arbeit herangezogen habe, sind in der Bibliographie genannt. Besonders stehe ich allerdings in der Schuld Edward Schafers, dessen brillante Studien über die T'ang-Dynastie mir eine ständige Quelle der Inspiration waren, und ebenso Andrew Plaks', dessen Analyse des literarischen Gartens im »Traum der Roten Kammer« vielen Vorstellungen zur Kristallisation und Bestätigung verhalf.

Ohne die eindrucksvolle englischsprachige Literatur über viele Bereiche des Lebens, der Philosophie und der Kunst Chinas wäre dieses Buch nicht zustande gekommen. Darüber hinaus bin ich allen Freunden besonders dankbar, die mir als Übersetzer zur Seite standen, vor allem P. D. Lu, Lillian Chin, Milly Yung, Kenneth Ma, Ken Shimamura und Paul Clifford. Der Letztgenannte hat auch das Manuskript gelesen und mir bei der Umschrift der chinesischen Wörter (mit Ausnahme der Ortsnamen, die in der gängigen englischen postalischen Form wiedergegeben sind) in das damals übliche modifizierte Wade-Giles-System geholfen.

Die Strichzeichnungen wurden nach meinen Fotografien von David Penney angefertigt, die Pläne von John und Irene Corrigan. Bei den Seiten 169 und 199 arbeiteten sie nach Skizzen, die ich vor Ort in Anlehnung an die etwas veralteten Pläne in T'ung Chuns Buch gemacht hatte. Den Plänen auf den Seiten 66 und 68 liegen Skizzen zugrunde, die in Peking von Frances Wood angefertigt wurden. Ihr sowie Agnes und H. W. Tang bin ich ebenfalls zu Dank verpflichtet, weil sie mich auf eine Reihe chinesischer Veröffentlichungen aufmerksam machten.

Trotzdem hätte ich dieses Buch nicht schreiben können ohne die Hilfe und den Beistand meiner Eltern und vieler Freunde, vor allem Wan-go Wengs, dessen schönes Ch'iu-Ying-Bild ich hier erläutere und dessen Sachkenntnis und Freundlichkeit ich immer wieder in Anspruch genommen habe. Gleichermaßen dankbar für ihre Hilfe und ihr Interesse bin ich Jessica Rawson, Roderick Whitfield und Y. C. Huang; Wen Fong für die Abbildung auf Seite 112/113; Nelson Fu dafür, daß er mir in St. Louis einen Nachmittag lang zur Verfügung stand; Laurence Sickman für einige schöne Stunden in Betrachtung der Rollbilder in der Nelson Gallery in Kansas und schließlich den vielen Mitarbeitern und Mitarbeiterinnen des *China Council for the Promotion of International Trade* und des *China Travel Service,* die sich als Führer zur Verfügung stellten.

Für immer werde ich in der Schuld von Lorraine Kuck (†) stehen: nicht nur wegen ihres Buches über japanische Gärten, das ein Leitfaden für alle Gartenhistoriker ist, sondern auch deshalb, weil sie mir so großzügig die Übersetzungen von Grace Wan und viele Notizen überließ, die sie in der Absicht, selbst ein Werk über dieses Thema zu schreiben, bereits zusammengetragen hatte. Als ich mein Manuskript endlich beendet hatte (es war viel zu lang), übernahm Bob Saxton die vielstündige Arbeit des Kürzens und Edierens, durch die es seine endgültige Gestalt erhielt. Gemeinsam verbrachten wir mehrere Tage mit der Auswahl der Illustrationen: Auch ihm sowie Frank Russell, meinem Herausgeber bei Academy Editions, bin ich zu großem Dank verpflichtet. Dennoch wäre das Buch nicht fertiggeworden ohne die Hilfe von Charles Jencks, der mir bei den Kapiteln über die Malerei, die Architektur und die Rolle von Fels und Wasser zur Seite stand und für den größten Teil des letzten Kapitels verantwortlich zeichnet. Ohne seinen Enthusiasmus und seine Ausdauer – ja ohne sein ständiges Drängen und Insistieren – säße ich noch heute über dem ersten Kapitel.

1 Das Echo des Abendlandes

1 Versailles, die von Le Nôtre zu perfekter geometrischer Ordnung arrangierte Natur (Aerofilm, Ltd.).

Als im 18. Jahrhundert die ersten Beschreibungen chinesischer Gärten nach Europa gelangten, bewirkten sie eine Revolution des Geschmacks. Von jeher – seit den Tagen der frühen ägyptischen Lustgärten an den Ufern des Nils – waren die Gärten der westlichen Hemisphäre auf der Grundlage der geraden Linie und des Rechtecks angelegt gewesen. Von Spanien bis zum indischen Mogulreich setzten reiche und kultivierte Männer ihre Zierpflanzen und -gehölze zu formalen Mustern zusammen und brachten so Ordnung und Symmetrie in die Natur. Aus den Salons in ganz Europa glitt der Blick der lokalen Herrscher über sauber abgezirkelte Arrangements, die den ordnenden Geist des Menschen spiegelten. Versailles war fraglos das extremste Beispiel dieser Gartentradition: Mochten die Parterres zu ebener Erde auch einen etwas verwirrenden Eindruck machen – von den darüberliegenden hohen Fenstern aus bot sich das Ganze in vollkommener Klarheit dar, und jedem Muster zur Linken entsprach sein Gegenstück zur Rechten. Das Wasser, das natürlicherweise rinnen und sich winden will, wurde überall gefaßt und erschien entweder stehend und statisch – als riesiger rechteckiger Spiegel, der sich über die Landschaft breitete – oder sprühte aus den Mündern von Nymphen und Delphinen. Von Versailles aus ging der Blick ins Unendliche, als wollte er die ganze Erde umfassen; die gestutzten Wände der Alleen leugneten Wachstum und Veränderung, und der Sonnenkönig konnte sich der Illusion absoluter und zeitloser Souveränität hingeben.

Dann verbreiteten sich an den europäischen Höfen aus den unvorstellbar fernen Palästen des Kaisers von China allmählich Nachrichten, die auf eine völlig andere Gartenauffassung deuteten. Die erste vollständige Beschreibung eines chinesischen Gartens erschien 1749 in Paris in Form eines Briefes von Pater Attiret, einem der Jesuiten, die der Kaiser Ch'ien Lung als Hofmaler in Peking beschäftigte. Diesen Jesuiten wurde jährlich für mehrere Monate ein kleines Studio innerhalb der Mauern eines abgeschiedenen Ortes zugewiesen, an den sich die Mandschu-Herrscher im Sommer vor der Hitze der Stadt zurückzogen. Es war der Lieblingspalast des Kaisers Ch'ien Lung, ein Ort, an dem er sich von seinen offiziellen Pflichten erholen und sich ganz seiner großen Liebhaberei widmen konnte – der Gartengestaltung.

Dieser Kaiser war von der Gartenbaukunst geradezu besessen. Kaum war eine Anlage fertiggestellt, da begann er bereits mit der nächsten, und so gerieten mit der Zeit eine Reihe älterer kaiserlicher Gärten wie auch unbestelltes Ackerland sozusagen zu seiner Spielwiese: Das Ergebnis war ein riesiger Komplex aus Seen und Palästen, der unter der Sammelbezeichnung »Park der vollendeten Klarheit« oder Yuan Ming Yuan bekannt war, einer der phantastischsten Lustgärten, die je auf Erden errichtet wurden.

Eine gewaltige Mauer umgab ihn. Draußen erstreckte sich die staubige Pekinger Ebene, von Generationen von Bauern aufs gewissenhafteste aufgeteilt und bestellt. Drinnen reihten sich zunächst konventionelle Höfe und Audienzhallen aneinander, die dann allmählich einem anscheinend planlosen Arrangement aus Hügeln, Bäumen und Wasser wichen. Hier erschienen die Werke des Menschen, weit entfernt davon, der Landschaft irgendeine Ordnung aufzuzwingen, ausdrücklich wie zu dem Zweck ersonnen, mit deren natürlichen Formen und Konturen zu harmonieren.

Uns Heutigen ist die Vorstellung eines unregelmäßig geplanten Gartens durchaus vertraut. Für Pater Attiret war sie eine Offenbarung. In seinem Brief schildert er, wie die klaren Wasser sich – anscheinend nach eigenem Willen – durch liebliche Täler wanden, die eines vor dem anderen durch sanfte Hügel verborgen waren. An den Hängen wuchsen wie zufällig Pflaumen- und Weidenbäume in großer Fülle, dazwischen liefen ge-

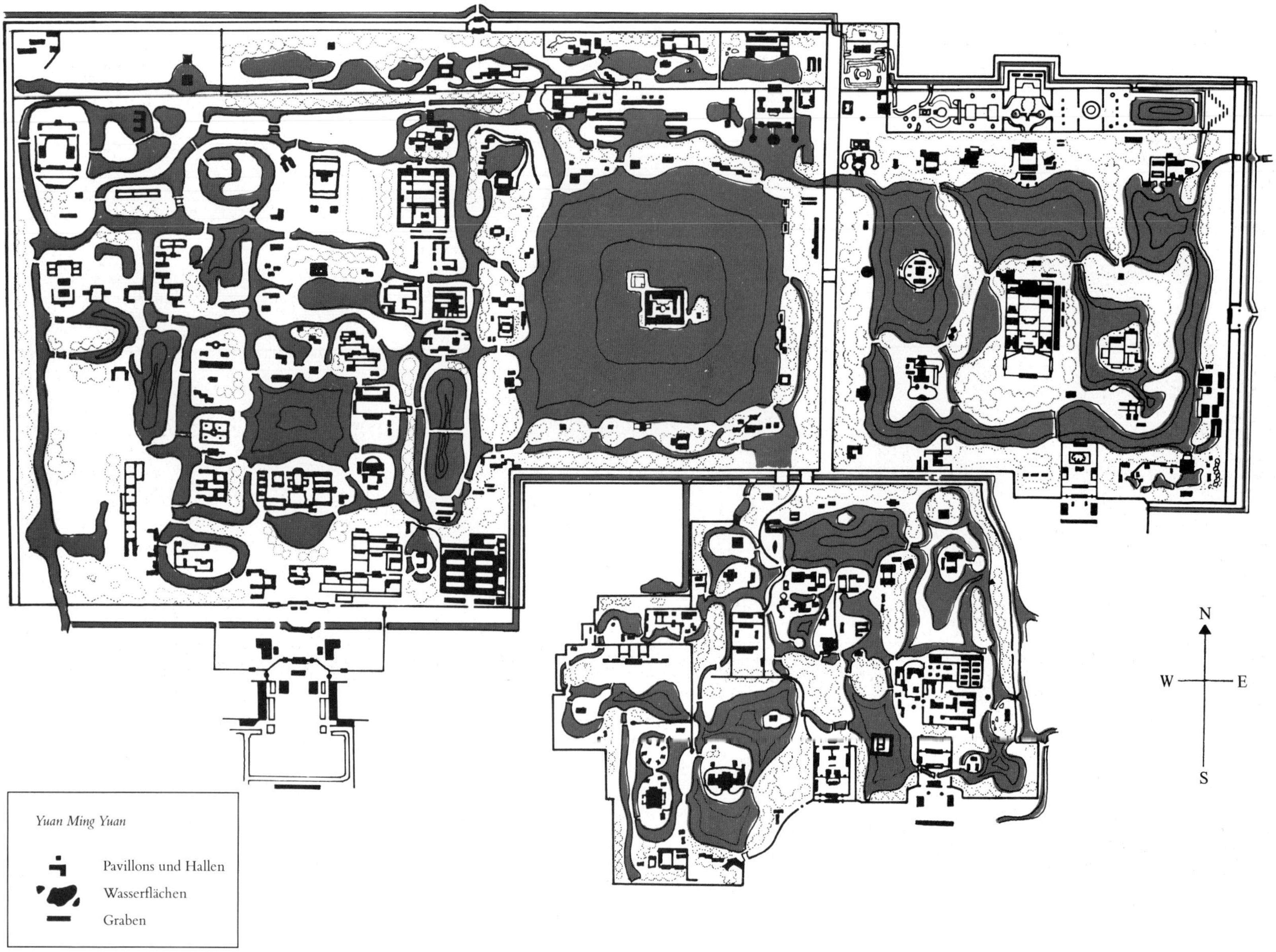

wundene Pfade, und das ganze Gelände schmückten kleine Pavillons und Grotten. Die Wasserläufe selbst waren gesäumt von unterschiedlich geformten Felsblöcken, die teils vorsprangen und teils zurücktraten, »so kunstvoll angeordnet, daß man das Ganze für ein Werk der Natur halten würde«.[1] Das Faszinierende daran war eben, daß der ganze exquisite Park in allen seinen Teilen ebensosehr Menschenwerk war wie die Landschaften Le Nôtres, nur daß in diesem Fall die Kunst letzten Endes darin lag, daß alles, was auf Künstlichkeit hätte deuten können, dem Blick vollständig verborgen blieb. So war, wie Pater Attiret weiter schreibt, »das Wasser an einigen Stellen breit, an anderen schmal; hier schlängelt es sich, und dort biegt es ab, als wäre es in der Tat von den Hügeln und Felsen bedrängt. Die Ufer sind mit Blumen übersät, die sogar zwischen dem Gestein hervorwachsen, als wären sie dort von der Natur geschaffen worden.«[2]

Ein jedes Tal hatte sein eigenes Lusthaus – jedes wieder anders, jedes angefüllt mit seiner eigenen Sammlung von Antiquitäten, Büchern und Kunstgegenständen. Die Verbindung dieser Gebäude über die Wasserläufe hinweg stellten im Zickzack errichtete Brücken her, die, auseinandergezogen, eine Länge von mehr als 60 Metern besessen hätten. Auf diesen Brücken, »welche die bezauberndsten Ausblicke gewähren«, standen kleine Aussichtspavillons, in denen die Menschen verweilen konnten, während unten das Wasser dahinströmte, um sich schließlich zu weitläufigen Seen und breiten Wasserstraßen zu vereinen. Eine von diesen hatte eine Länge von rund 8 Kilometern.

»Aber das Allerreizendste ist eine Insel oder ein Felsen in der Mitte des Sees, der sich in natürlicher und ungekünstelter Weise etwa sechs Fuß hoch über die Wasserfläche erhebt. Auf diesem Felsen steht ein kleiner Palast, der immerhin hundert verschiedene

2 Ein Plan zeigt den bei Peking gelegenen Yuan Ming Yuan als ein verschwenderisch mit Bauwerken verziertes Wasserlabyrinth. Mauern unterteilen es in drei durch Wasserläufe wiederum miteinander verbundene Teile, und Grenzmauern, denen vielfach Kanäle beigegeben sind, trennen die ganze Anlage von den draußen liegenden, sauber abgezirkelten Äckern.

3 Teilansicht des Yuan Ming Yuan von T'ang Tai und Shen Yuan (1744). Eine der berühmten »Vierzig Ansichten«, die für den Kaiser Ch'ien Lung gemalt wurden: Hügel umschließen unregelmäßig verlaufende Täler und gewundene Wasserläufe; die Ufer sind von – teils großen und formalen, teils verspielt-dekorativen – Gebäuden gesäumt (Bibliothèque Nationale, Paris).

Räume enthält. Er hat vier Schauseiten und ist mit unaussprechlichem Schönheitssinn und Geschmack errichtet; sein Anblick erregt Bewunderung. Von dort hat man einen Blick auf alle Paläste, die sich in einiger Entfernung voneinander rund um das Ufer des Sees verteilen; auf alle Hügel, die an diesem Ufer abbrechen; auf alle Wasserläufe, die sich dorthin bewegen, um entweder ihre Wasser hier abzuführen oder sie von hier zu empfangen; auf alle Brücken, seien sie an der Mündung oder am anderen Ende dieser Flüßchen; auf alle Pavillons und Triumphbögen, mit denen die Brücken geschmückt sind; und auf alle Wäldchen, die man angepflanzt hat, um die einzelnen Paläste voneinander zu trennen und abzuschirmen.«[3]

Symmetrie und Ungeordnetheit

Bei aller Begeisterung angesichts dieser Szenerien scheint Pater Attiret aber doch mit einer eher skeptischen Reaktion seiner Freunde im heimischen Paris gerechnet zu haben. Denn schließlich, so schreibt er weiter, »wird jemand, der soeben erst die Gebäude in *Frankreich* oder in *Italien* gesehen hat, den Dingen, die ihm in anderen Teilen der Welt begegnen mögen, kaum viel Geschmack oder Interesse abgewinnen können.« Er hatte das auch von sich selbst gedacht – bis zu seiner Ankunft in Peking. Hier aber stellte er fest – so sehr er auch von den abendländischen Normen von Ordnung und Proportion geprägt war –, daß die Paläste und Lusthäuser des Kaisers nicht nur »wahrhaftig großartig und schön« waren, sondern einen um so größeren Eindruck auf ihn machten, »weil ich noch in keinem Teil der Welt, in dem ich bis dahin gewesen war,

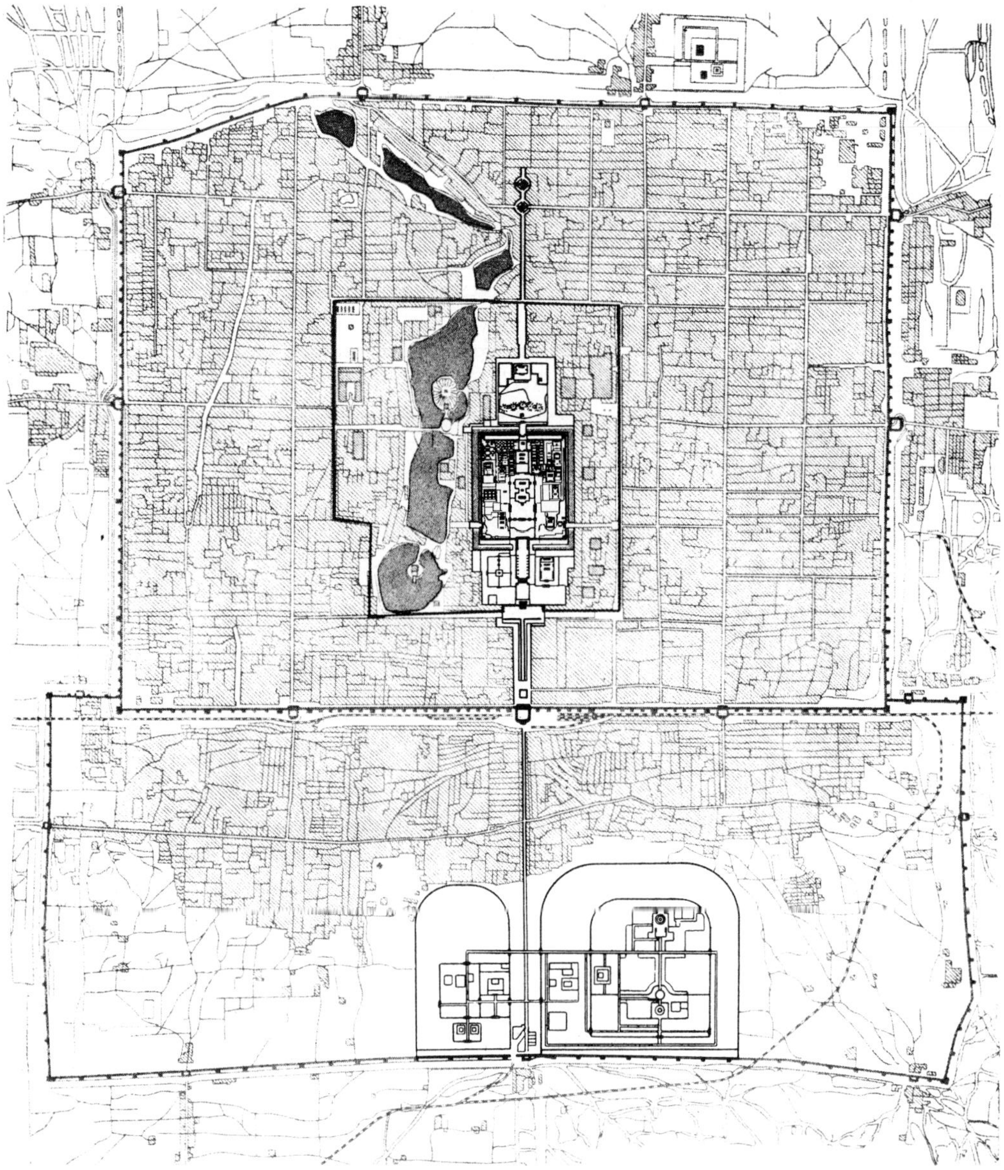

4 Plan von Peking. Innerhalb der massiven Mauern teilten breite, von Norden nach Süden und von Osten nach Westen verlaufende Hauptstraßen die alte Stadt in Blocks eingeschossiger Hofhäuser. In der Mitte wiederum umschlossen rostrote Mauern die in geordneter Abfolge angelegten weiten Höfe, Zeremonialhallen und Wohnquartiere der Kaiserstadt. Westlich davon wird die strenge Nord-Süd-Achse allerdings durch den Chin Shui oder Goldwasserfluß unterbrochen, der die Innenstadt diagonal durchfließt und dabei eine Reihe unregelmäßig geformter Seen und Parks passiert. Auch wenn es so aussieht, als folgten diese großen Gärten den natürlichen Windungen des Flusses, so ist das Ganze in Wahrheit doch eine durchweg künstliche Anlage.

irgend etwas gesehen hatte, das ihnen auch nur irgend ähnlich gewesen wäre«.[4] Ja, er fühlte sich bemüßigt einzuräumen, möglicherweise seien seine »Augen und Ohren ein wenig chinesisch geraten«, wenn er an Werken, die ihm früher vielleicht lächerlich erschienen wären, jetzt so vieles zu bewundern fand.

Die Unregelmäßigkeit der kaiserlichen Gärten hatte keineswegs etwa mit mangelndem Geschick in der geraden Linienführung oder der Abmessung rechter Winkel zu tun. In Peking beobachtete Pater Attiret, daß der Straßenplan der eigentlichen Stadt, der große Palast, die Justizgebäude und die Häuser der »besseren Leute« sämtlich unter genauester Beachtung der geometrischen Ordnung angelegt waren.

Die geordnete Abfolge der Räumlichkeiten und Höfe, die das chinesische Haus bilden, wird immer wieder als Ausdruck der chinesischen Idealvorstellung der Harmonie in den sozialen Beziehungen betrachtet: förmlich, würdevoll, regelmäßig und klar umgrenzt. Anders als die vielgeschossigen europäischen Wohnbauten sind die Häuser in Nordchina nur ebenerdig auf einem genauen geometrischen Raster angelegt und zeigen zur Straße hin nicht gestaltete Fassaden, sondern schmucklose graue Mauern. In jedem Hof ist der Hauptraum traditionell nach Süden orientiert, die weniger wichtigen Räume sind symmetrisch zu beiden Seiten angeordnet. Mit dem zunehmenden Wohlstand einer Familie in früherer Zeit dehnten sich diese Wohngehöfte aus, aber an dem Grundsatz, nach dem sie angelegt wurden, änderte sich nichts. In großen wie in kleinen Anlagen trug die traditionelle Anordnung der Höfe und Wohnräume zur Ausrichtung des Lebens der Bewohner bei.

Die Vorschriften für den Hausbau ließen dem Bauherrn also wenig Spielraum für eigene Gestaltungswünsche. Das galt gleichermaßen für die großen offiziellen Gebäu-

5 Pekinger Innenhöfe, 1975. Blick von oben auf die für Nordchina typischen Häuser eines noch nicht sanierten alten Wohnquartiers.

6 Symmetrie und Regelmäßigkeit: einer der großen Höfe im Pekinger Kaiserpalast, hier gesehen von der Halle der äußersten Harmonie in Richtung des südlich gelegenen Meridian-Tors (Wu Men). Die doppellagigen Dächer sind mit gelben Ziegeln gedeckt, die Mauer, über der sie thronen, ist in kräftigem Rostrot gehalten. Vieles vom heutigen Baubestand der Kaiserstadt stammt aus der Zeit der letzten (der Ch'ing-)Dynastie, doch gehen Anordnung und Ursprung der Gebäude auf die Ming-Zeit zurück.

de. Die Verbotene Stadt in Peking – übrigens die größte Palastanlage der Welt – ist in ihrem Grundriß eine immens vergrößerte, aber immer noch als solche erkennbare Version des üblichen chinesischen Hauses. Wiederum anders als das großartige europäische Bauwerk, das den Betrachter unmittelbar beeindruckt, übt dieser Palast eine eher kumulative Wirkung aus. Den ersten Hof betritt man durch einen gewölbten Tunnel in der massiven äußeren Mauer. Von hier bewegt sich der Besucher durch eine so endlose Folge von Höfen, daß ihm die jeweils zu beiden Seiten gelegenen zentralen Hallen im Vergleich mit der horizontalen Ausdehnung des Ganzen beinahe klein vorkommen. Dabei stehen alle Gebäude auf dem hohen steinernen Sockel, der jeden der Höfe umgibt. Breite Rampen führen zu den Haupthallen hinauf. Oben sind die Mauern und Säulen von einem gedämpften Rot, und darüber leuchtet, an horizontale Schichten in einem Steilhang erinnernd, die grün-blau-goldene Bemalung der beschatteten Gesimse hervor. Überall herrscht Symmetrie. Der zentralen Rampe, die in jedes der Hauptgebäude führt, entsprechen zwei kleinere zu beiden Seiten. Ecktürme »spiegeln« einander aufs genaueste; ein Tor an der Ostseite hat seine Entsprechung an der Westseite. Es gibt zwei einander entsprechende goldene Wasserkessel, und – als eindrucksvollstes Formelement des ganzen Komplexes – wiederholen sich die großen, ebenmäßig geschwungenen Dächer, die gleich schimmernden gelben Zelten aufsteigen und in den Himmel tauchen, zu beiden Seiten in genau der gleichen Weise.

Die Verbotene Stadt erweckt den Eindruck einer auch perfekt auferlegten perfekten Ordnung – ein Eindruck, der durchaus mit dem Absolutismus der Ming-Kaiser übereinstimmt, die sie erbauten. Wenn man vom Zentrum eines der Höfe aus in die Runde blickt, ist es, als gäbe es nirgendwo auf der Welt irgendetwas Unharmonisches oder Unregelmäßiges, denn über den gewaltigen Mauern, die diese weitläufigen Räume umschließen, ist nur der Himmel sichtbar. Das ganze Arrangement ist von ungeheurer psychologischer Wirkung: Nicht einmal in Versailles wurde das Mittel der symmetrischen Anordnung so eindrucksvoll zur Schaustellung der unumschränkten Macht eingesetzt.

Dem Pater Attiret muß also klar gewesen sein, daß die Chinesen die Gesetze von »Ordnung und Disposition« sehr wohl anzuwenden wußten, wann immer es ihnen zupaß kam. Klar war auch, daß das Nichtvorhandensein dieser augenfälligen Ordnung in ihren Gärten beabsichtigt war. Es ging ihnen, wie er dezidiert schrieb, um »eine natürliche und ungebändigte Ansicht der Gegend; um einen ländlichen Zufluchtsort und nicht um einen nach den Regeln der Kunst gebildeten Palast«.[5] Vor allem war ihm klar, daß die Unregelmäßigkeit chinesischer Gärten keineswegs ein Ausdruck von Unordnung oder Chaos war. Ihre Wirkung war sogar harmonischer und weit weniger bedrückend als diejenige von Versailles. Dort war das konventionelle Raster als Ausdruck der Oberherrschaft des Menschen über die Landschaft gebreitet, während im Yuan Ming Yuan Mensch und Natur als gleichrangige Partner erschienen. Die geraden Linien und rechten Winkel waren in China jenen Artefakten vorbehalten, die mit dem Verhältnis des Menschen zum Menschen zu tun hatten. Wo es dagegen um das Verhältnis des Menschen zur Natur ging, erhob selbst der Kaiser – dessen Verfügungsgewalt diejenige des Sonnenkönigs Ludwig XIV. bei weitem überstieg – nicht den Anspruch auf Souveränität.

Dieser ausgesprochene Respekt vor der Landschaft hatte eine philosophische Grundlage. Parallel zur konfuzianischen Leitidee von der Stellung des Menschen in der Gesellschaft hatte sich in China auch eine völlig andere Betrachtung der Welt und der Frage, wie der Mensch in ihr zu leben habe, entwickelt. Die Begründer und Vertreter dieser Lehre wurden als Taoisten bezeichnet; sie sahen im Menschen nicht das Maß aller Dinge, sondern betrachteten ihn als untrennbar mit dem ganzen Universum verbunden, in dem er existierte. Sie suchten zu entdecken, wie dieses Universum beschaffen war, und zogen sich aus den Angelegenheiten der Welt zurück. Ihr Glaube an die fundamentale Einheit aller Dinge ließ sie die feinen konfuzianischen Unterscheidungen ablehnen. Bücherstudium und intellektuelles Bemühen waren in ihren Augen der rezeptiv-intuitiven Erkenntnis unterlegen, und anstatt tätig auf die Verbesserung der Welt hinzuwirken, glaubten sie, alles werde sich zum Guten wenden, solange es den Dingen gestattet sei, ihren natürlichen Gang zu nehmen.

Im Laufe der Jahrhunderte erwies sich der Taoismus, der dem konfuzianischen Weltbild so diametral entgegengesetzt war, als dessen notwendige Ergänzung, denn er vertrat die Loslösung von den Riten und Verantwortlichkeiten der organisierten Gesellschaft. Die Chinesen (die praktisch veranlagt sind) fanden beide Philosophien brauchbar und wandten sie nebeneinander an. So spiegelte das chinesische Haus das konfuziani-

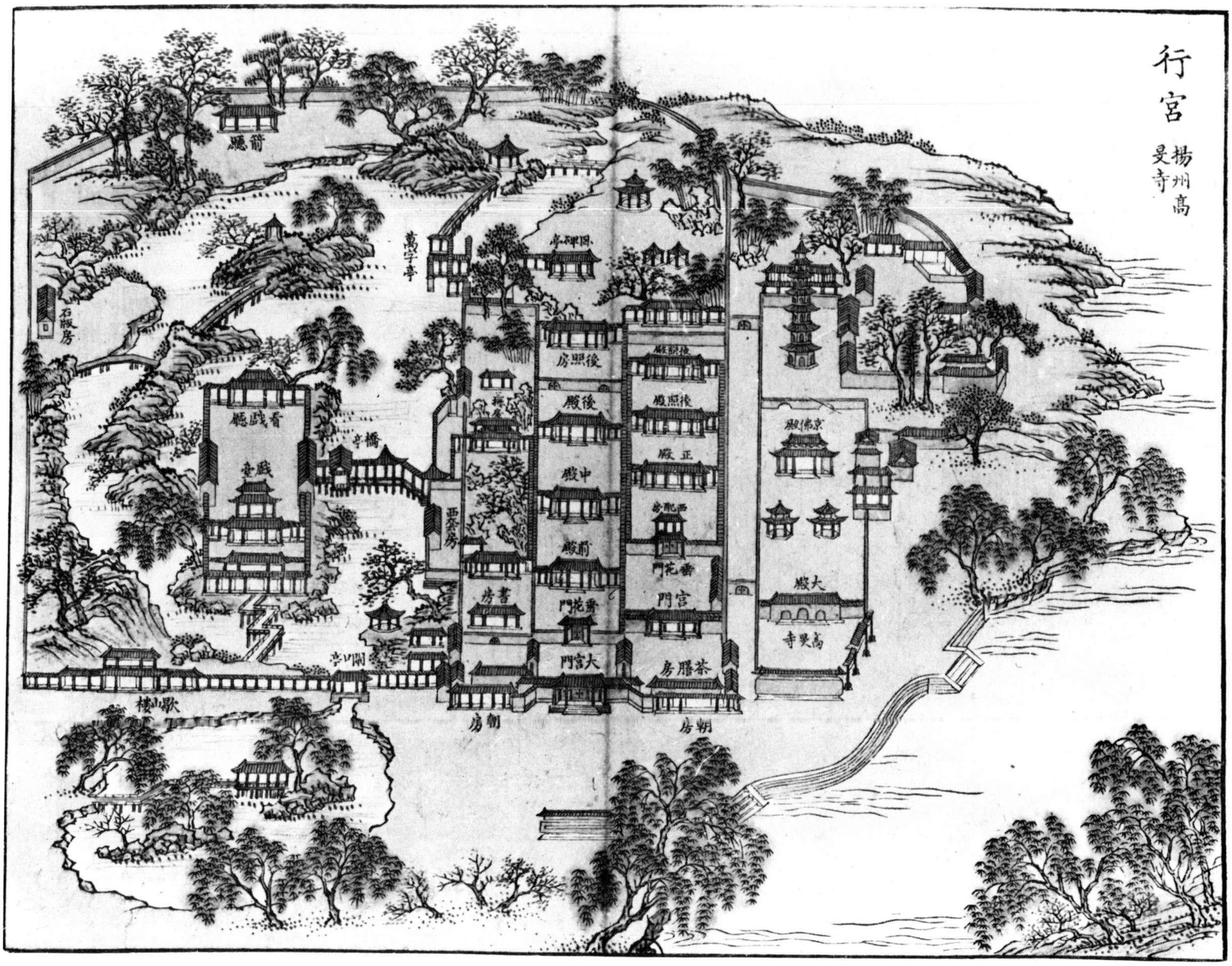

sche Anliegen der Regulierung der menschlichen Gesellschaft, während der chinesische Garten sich an den taoistischen Grundsatz der Harmonie mit der Natur hielt. Und so wie der Taoismus ein zulässiger Weg war, sich der konfuzianischen Kontrolle zu entziehen, ließ die Gestaltung des Gartens der schöpferischen Phantasie, der beim Bau eines Hauses so wenig Spielraum zugebilligt wurde, freien Lauf.

Als es den Pater Attiret drängte zu erklären, weshalb ihn die chinesischen Gärten so begeisterten, führte er allerdings nur ästhetische Gründe an; er stellte nämlich fest, daß »alles sehr geschmackvoll ist«.[6]

Die Botschaft, welche die Gärten ihm ja übermitteln sollten, hatte ihn auf dem Weg über die Sinne erreicht, nicht über den Verstand. Auch wenn ihm der philosophische Hintergrund vielleicht entgangen ist, lassen seine Beschreibungen doch noch immer etwas von dem Bedeutungsreichtum des chinesischen Gartens und von seiner außergewöhnlichen Faszination ahnen – von dem auch bei näherer Bekanntschaft nicht nachlassenden Gefühl, in eine Märchenwelt versetzt zu sein, die ganz anders ist als alle übrigen Landschaften der Erde. Wie wir in den folgenden Kapiteln sehen werden, ist dies nicht nur eine romantische Idee.

7 Blick aus der Vogelschau auf ein buddhistisches Kloster in Yangchow, das den Kaisern bei ihren Reisen in den Süden vorübergehend als Palast diente. Die rechteckigen Höfe der Zeremonialhallen in der Mitte bilden einen deutlichen Kontrast zu den naturalistischen Gärten am linken Bildrand (Bibliothèque Nationale, Paris).

Englische und chinesische Gärten

Attirets Brief machte in ganz Europa die Runde und war im dritten Viertel des 18. Jahrhunderts in Übersetzung in allen eleganten Salons bekannt. Unter all denen, die Gefallen an dem Bericht fanden, traf er allerdings bei den Engländern auf das größte Wohlwollen, da ihre Vorstellungen sich schon seit einer Weile in eine Richtung bewegten, die der chinesischen Auffassung sehr nahekam. Durch Attiret sahen sie sich in ihren eigenen gärtnerischen Ambitionen von einer Seite bestätigt, die sie gleichermaßen entzückte und überraschte.

Schon 1692 nämlich hatte Sir William Temple mit einer Veröffentlichung unter dem Titel *Upon The Gardens of Epicurus*[7], in der er die symmetrischen Gartenanlagen Europas mit der spontanen Unregelmäßigkeit der chinesischen Beispiele verglich, die Aufmerksamkeit seiner Leser auf China gelenkt. Er bezeichnete diese Spontaneität als »sharawadjii«, was, da es keinem chinesischen Begriff exakt entspricht, die Gelehrten seit damals nicht hat ruhen lassen. Woher hatte Temple diesen Ausdruck? Hatte er ihn vielleicht erfunden? Und wie hatte er überhaupt von der östlichen Auffassung von Landschaftsgestaltung erfahren?

Als die Engländer rund fünfzig Jahre später von den Sommerresidenzen des Kaisers von China lasen, war die Entwicklung hin zu einer neuen Art der Gartengestaltung schon in vollem Gange. Die Praxis hinkte ein wenig hinter der Theorie her, aber im Jahre 1715 machte Stephen Switzer als erster gelernter Gartenbauer praktische Vorschläge zur Einführung des neuen Stils. Wenig später bezog Alexander Pope seine Villa in Twickenham und machte sich daran, einen Garten zu schaffen, in dem »spontan die Schönheit allenthalben treibt«[8] und in dem er an keine Stelle rührte, ohne zuvor (um sein eigenes berühmtes Wort zu bemühen) den »Genius loci« zu befragen.

Von nun an wurde alles, was man über den chinesischen Garten hörte, in England mit dem größten Interesse aufgenommen, aber das berühmte chinesische Handbuch über den Gartenbau aus dem 16. Jahrhundert, der Yuan Yeh, blieb im Abendland ganz und gar unbekannt. Als Sir William Chambers 1772 seinen *Discourse on Oriental Gardening* verfaßte, stützte er sich auf einen kurzen persönlichen Aufenthalt in der südchinesischen Stadt Kanton und verließ sich im übrigen aufs Hörensagen – nicht auf die Lektüre irgendwelcher einschlägiger chinesischer Veröffentlichungen. Tatsächlich stand kein englischer Gartenbaumeister jemals in direkter Verbindung mit einem gleichgesinnten Chinesen, was bedauerlich ist, denn die englischen und die chinesischen Verlautbarungen über Landschaftsgestaltung klingen oft erstaunlich ähnlich.

Chinesische Gärten waren nicht ausschließlich das Werk der Kaiser. Schon während der Han-Dynastie (206 v. Chr.–220 n. Chr.) stellten auch wohlhabende Chinesen, wie wir noch sehen werden, ihren Reichtum gerne in der Weise zur Schau, daß sie auf ihren Gütern Landschaftsgestaltung betrieben, und später trugen Dichter, Maler, Gelehrte und Connoisseurs zur Theorie und Praxis der Gartengestaltung bei. Diese Männer waren, zumindest bei oberflächlicher Betrachtung, in ihren Anschauungen denjenigen verwandt, die den neuen Gartenstil im England des 18. Jahrhunderts kreierten. Wie die letzteren waren sie hochgebildet und gehörten im allgemeinen der literarischen Elite an. Manche waren sehr wohlhabend und besaßen daher die Zeit sowie die Mittel, ihre Güter so umzuwandeln, daß sie eine ideale Natur imitierten. Andere – darunter neben Malern und Dichtern auch Angehörige des Adels – arbeiteten als professionelle Landschaftsgestalter für reiche Auftraggeber. Hier wie da waren sie der Meinung, die Pope so formulierte: »Alle Landschaftsgestaltung ist Landschaftsmalerei.« Hier wie da legten sie Wert auf Varietät in ihren Entwürfen. So schrieb beispielsweise Stephen Switzer, daß ein Gärtner darum bemüht sein werde, »seine Szenerien vielfältig zu halten und immer darauf zu achten, daß sie so zusammengestellt sind, daß man sie nicht alle auf einmal entdecken kann«.[9] Vom typischen chinesischen Garten dagegen heißt es, er bestehe aus »mehr oder weniger isolierten Sektionen, die, wenngleich sie als Teile einer homogenen Komposition eine auf die andere folgen, dennoch nur allmählich entdeckt werden und den Betrachter allmählich, während er seinen Weg fortsetzt, erfreuen sollen«.[10]

Als William Shenstone 1764 über Gartengestaltung schrieb, reizte ihn vor allem die damit verbundene Herausforderung der Phantasie – etwas, das aus allen Stellungnahmen des *Yuan Yeh,* des chinesischen Handbuchs, spricht: Der *Yuan Yeh* enthält ein ganzes Kapitel über »Sechs wünschenswerte Standorte« für einen Garten und poetische Schilderungen der Art, in der man sie vorteilhaft zur Geltung bringen kann. Shenstone befaßt sich in seinen *Unconnected Thoughts on Gardening* ebenfalls mit der Frage, wie man natürliche Wirkungen erhöhen und dramatisieren könne. Auch sein Buch enthält sechs

Kategorien, in die sich die verschiedenen Merkmale natürlicher Landschaften einordnen lassen.

Vor allem aber ließen sowohl die chinesischen als auch die englischen Gartenbauer sich von einer klassischen Epoche inspirieren, wenn es sich dabei auch um ganz verschiedene Traditionen handelte. Die Chinesen liebten die literarische Anspielung in den Bezeichnungen, die sie ihren Pavillons gaben, und in poetischen Verspaaren, welche sie beidseits der Garteneingänge aufhängten: Wenn hier beispielsweise vom »Pfirsichblüten-Frühling« die Rede war, dann rief das augenblicklich viele Bedeutungsebenen im Zusammenhang mit einer idealisierten Sicht der Vergangenheit auf den Plan. Im England des 18. Jahrhunderts nahmen derartige Anspielungen vorzugsweise architektonische Formen an: Ein Floratempel im klassischen Stil, mit Bedacht oberhalb des Sees von Stourhead plaziert, erinnerte den gebildeten Besucher an eine im vergleichbaren Maße verlorene Welt der pastoralen Harmonie.

Hinter solchen Parallelen verbergen sich allerdings fundamentale Unterschiede. Denn man kann aus Büchern in beiden Sprachen bei entsprechender Auswahl zwar unschwer eine Gesamtheit von Grundsätzen ziehen, wie sie gleichermaßen für den chinesischen wie für den englischen Garten zutreffen; ein Engländer des 18. Jahrhunderts hätte sich im Garten seines chinesischen »Bruders« aber dennoch völlig verloren gefühlt. Mit Sicherheit hätten ihn die räumliche Enge, die vielen in den Höfen gruppierten Gebäude und das Fehlen weitfließender Rasenflächen überrascht, und zweifellos hätte er sich über die komplizierten Felsaufbauten und grotesken aufrecht stehenden Steine gewundert, die seinen Blick überall auf sich gezogen hätten.

8 Francis Nicholson: *Pantheon und gotisches Wachhäuschen* (Aquarell, 1813), Stourhead, England. Einem Chinesen wären die Rasenflächen des »natürlichen« englischen Landschaftsgartens wohl leer und uninteressant erschienen (British Museum, London).

Der Wang Shih Yuan

Ein kurzer Gang durch einen der bezauberndsten erhaltenen Gärten Chinas ist wohl am ehesten geeignet, diese grundsätzlichen Unterschiede zu verdeutlichen. Wie viele andere Gärten befindet sich auch der Wang Shih Yuan in einer großen Provinzstadt, in diesem Fall in Suchow – einer Stadt mit weiß getünchten Häusern über einem Netz von Kanälen, die seit dem Mittelalter wegen ihrer schönen Gärten gerühmt wird. In der Vergangenheit erfreuten sich auch andere Städte – Loyang in der Sung-Periode (960–1126 n.Chr.), Yangchow in der Späten Ch'ing-Zeit (19. Jahrhundert), Wusih, Nanking, Hangchow, Chungking und Peking – großer Bewunderung wegen ihrer Gärten. Die meisten von ihnen sind längst verschwunden. In Suchow aber haben sich rund zwanzig alte Privatgärten erhalten, von denen sechs wiederhergestellt wurden und heute gegen einen geringen Eintrittspreis öffentlich zugänglich sind. Das zeitige Frühjahr ist die beste Zeit für den Besucher, um ihren besonderen Zauber auf sich wirken zu lassen.

Der Wang Shih Yuan, zu deutsch der »Garten des Meisters der Netze«, ist der kleinste unter den Gärten von Suchow. Im Gegensatz zum Yuan Ming Yuan, dessen Umfang rund 110 Kilometer beträgt, nimmt er nur annähernd 4000 Quadratmeter ein. Er liegt im Süden der Stadt, noch innerhalb der sie umgebenden Mauern, auf einem Areal, das seit 1140 von einem Garten eingenommen wurde. Anders als die meisten erhaltenen Gärten gehört er zu einem großen Haus, das heute leersteht, aber zugänglich ist und dessen doppelgeschossige Räume drei Höfe umschließen.

Wie üblich befindet sich der Haupteingang des Hauses (A) im Süden. An der nordöstlichen Ecke der Anlage gewährt aber ein weiterer Eingang den direkteren Zugang zum Garten (B). Er liegt etwas abseits von einer breiten Hauptstraße, die in der für Suchow typischen Weise von weiß getünchten Häusern und alten Platanen gesäumt ist. Frühmorgens wird hier zur Straße hin Bettzeug in fröhlichen Farben zum Lüften aufgehängt, die in die Höfe führenden Türen stehen offen und geben den Blick frei auf die drallen Babys auf den Stufen, auf alte Männer, die sich die Zähne putzen, und andere Formen häuslicher Geschäftigkeit, während ringsum Morgengrüße und das Geklingel von Fahrrädern zu hören sind. Schmale Wege stehlen sich zwischen den Außenwänden der Häuser hindurch. An einem dieser Wege liegt der Eingang zum Wang Shih Yuan.

Der Eingang hat nichts Ungewöhnliches. Der Besucher, der ihn passiert hat, sieht sich zunächst in einem schlichten, nach oben offenen weißen Korridor von etwa 6 Meter Länge, dessen gegenüberliegendes Ende von einer glatten Wand gebildet wird und der dem schmalen Weg draußen ähnelt, nur daß er weiß getüncht und eleganter in den Proportionen ist. Dieser Zugang trennt in der Art einer Dekompressionskammer zwischen den Geräuschen der draußen liegenden Stadt und der eingefriedeten Welt des Gartens, der sich der Besucher nähert.

9 Seitenkanal, Suchow. Die Stadt wurde im Jahre 500 v.Chr. von Ho Lu gegründet, der die damals von Barbaren bevölkerte Region zivilisierte. Suchow wird von alters her wegen seiner Villen und Gärten gerühmt. Lange Zeit ein Ort des Rückzugs aus dem politischen Leben, ist die Stadt bekannt als Heimat vieler Gelehrter und Künstler. Zu ihnen zählte auch Chi Ch'eng, der Autor des *Yuan Yeh,* des Gartenhandbuchs aus der Ming-Zeit.

10 Plan des Wang Shih Yuan, Suchow.

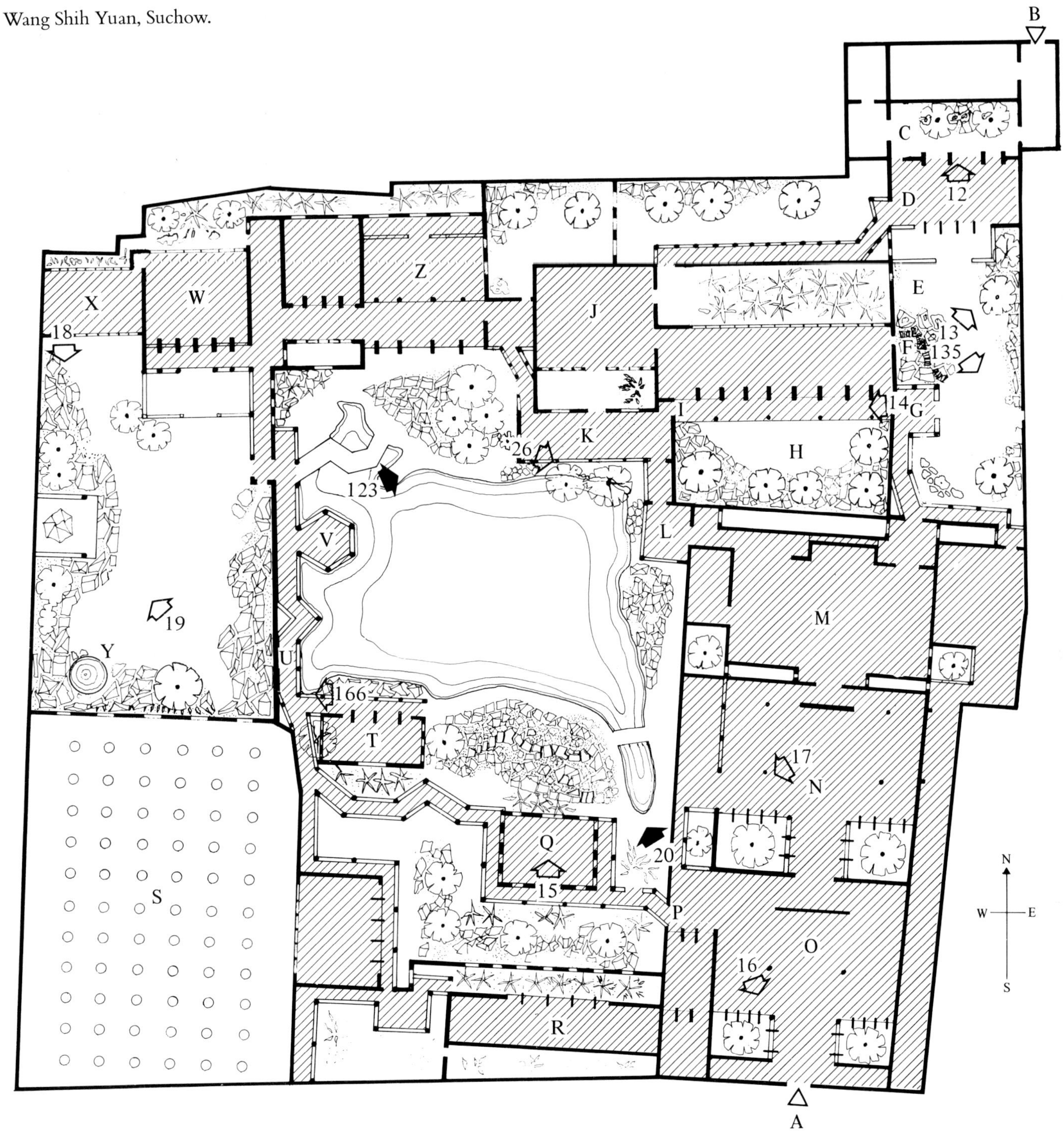

Wang Shih Yuan, Suchow

- Mauern
- Fenster in der Mauer
- Mauern unter Kniehöhe
- Mauern mit dachtragenden Säulen
- überdachte Bereiche
- Bäume und Büsche
- Pflanzen in Töpfen
- künstliche Felsen und Hügel
- Bambus
- Richtung, aus der die Schwarzweißfotos aufgenommen wurden
- Richtung, aus der die Farbfotos aufgenommen wurden

A Südeingang
B Nordeingang
C Hof
D Halle (heute Laden) mit Terrasse
E Hof
F künstlicher Felsen mit Höhlungen und Stufen zum Obergeschoß der Bibliothek
G *Hsieh* über dem Eingang zum Bibliothekshof
H Bibliothekshof
I Durchgang zur Galerie am See
J »Pavillon der gesammelten Leere«
K Galerie am See
L *Hsieh* über dem Eingang ins Haus
M, N, O } Hallen (zweigeschossig)

P Eingang in den Garten vom Haus
Q Halle der Wolkenwand
R Halle mit abgeschiedenen Höfen
S heute für Topfkulturen genutzter Bereich
T kleine Halle am Wasser
U gedeckte Galerien mit in die Wände eingelassenen kalligraphierten Steintafeln
V Pavillon der Wolken und des Mondes
W Halle mit Terrasse
X Studierzimmer
Y Brunnen
Z Halle des Erblickens der Kiefern und des Betrachtens der Bilder

Gesamtfläche ca. 4000 m^2

Rechts von der glatten Mauer am Ende des Korridors befindet sich, eingerahmt von einer hohen Türöffnung, ein besonders schöner, kleiner Hof (C). Eine hohe weiße Mauer, von grauen Ziegeln überdacht, gibt hier den Hintergrund für einige seltsam geformte Steine ab, die in eine anmutige aufrechte Stellung gebracht sind und denen Rosenbüsche und ein hochgewachsener Magnolienbaum Sanftheit verleihen. Linker Hand, gegenüber der Felskomposition, besteht die ganze vierte Seite des Hofes in voller Höhe aus zierlich geschnitzten und in einem gedämpften Rot gestrichenen, schwenkbaren Fenstern. Sie öffnen sich zu einer schattigen Halle (D). Deren gegenüberliegende Wand besteht aus ähnlichen Fenstern, die in den nächsten Hof überleiten (E). Hier sind Büsche, Bambussträucher und einige kleine Bäume gepflanzt, als habe der Entwerfer die lebendigen Elemente des Gartens lieber allmählich einführen und es mit dem Grün nicht gleich übertreiben wollen. Der Boden ist wie im ersten Hof mit Kopfsteinen gepflastert, aber hier ist die Pflasterung kunstvoller – sie zeigt ein teppichartiges Muster aus stilisierten Blumen.

Westliche Besucher stoßen sich gelegentlich an der Art der Fußbodengestaltung. In England herrscht ein unangefochtener Kult des Rasens. Weich und kurzgeschoren, bestimmt er die Haus- und vorstädtischen Gärten so selbstverständlich, wie er die großen alten Herrenhäuser umgibt, wo – wenn immer dies möglich war – ein Grenzbereich den eigentlichen Rasen mit dem dahinterliegenden Park verband, so daß eine Unterbrechung der weithin sich dehnenden grünen Fläche nicht sichtbar war. Heute können wir uns einen Garten ohne Gras kaum vorstellen. Doch die chinesischen Gärten besitzen keinen Rasen. Ihr Boden ist entweder gepflastert, häufig in phantasievollen Mustern, oder er bleibt – an offeneren oder unebeneren Stellen – ganz und gar felsig.

Auch wenn es uns vielleicht gar nicht bewußt ist – im Westen wecken Rasenflächen weitreichende Assoziationen. Sie sind die formalen Vertreter grasiger Matten, sie lassen an die Frische und Helligkeit der Natur denken, und dahinter steht die ganze gewichtige Tradition des Hirtenwesens. Nichts könnte der überkommenen chinesischen Auffassung ferner liegen. Sanft im Wind sich wiegende Gräser könnten bei den Chinesen allerhöchstens den Gedanken an die Grassteppen des Nordens und damit die Assoziation ununterbrochener Überfälle auf die Grenzen der Zivilisation durch wilde Nomadenstämme wecken, deren Leben von der Notwendigkeit bestimmt war, Weideland für ihre Tiere zu finden. Ein scharfsinniger chinesischer Kritiker, der England in den zwanziger Jahren besuchte, zeigte sich erstaunt darüber, daß ein zivilisierter Mensch sich einen »gemähten und umgrenzten Rasen« wünschen könne, der, wie er meinte, »für eine Kuh zweifellos etwas Erfreuliches ist, aber den Geist eines Menschen doch wohl kaum zu fesseln vermag«.[11]

Mit Sicherheit würde Gras in einem Hof wie dem soeben erwähnten verheerend wirken. Das Muster des gepflasterten Bodens ist in sanften Grau- und matten Rosatönen gehalten, die unmerklich in das Grau der Steine übergehen, die ihrerseits in unregelmäßiger Verteilung vor den den Hof umgebenden Wänden angeordnet sind. Ein lichtgrüner Rasen würde viel zu sehr hervortreten, den Schauplatz allzu akkurat definieren und den Hof insgesamt kleiner erscheinen lassen. Tatsächlich hat der Gestalter aber einige behutsame Vorkehrungen getroffen, die den Raum scheinbar erweitern. So ist beispielsweise die lange Ostwand halb hinter Bäumen verborgen und an dieser Stelle nicht weiß, sondern grau gestrichen, in einem sanften, dunklen, wolkigen Grau, das im Frühlicht wie ein Nebelhauch zergeht. Es scheint dann überhaupt keine Wand vorhanden zu sein, nur ein Schleier, und dennoch bleibt die Ungewißheit, denn in der Wand befindet sich eine runde Tür, ein Zeichen dafür, daß dahinter weitere Höfe zu finden sind.

Der ganze Garten ist gewissermaßen aus Höfen zusammengesetzt. Manche führen um die Ecke und geraten damit außer Sicht. Andere bleiben an einer Seite offen. Manche bilden eine Art Sackgasse oder fügen sich wie Teile eines Puzzles zusammen. Der Gesamteindruck ist der eines Labyrinths aus umeinander gelagerten Räumen, auch insofern wieder anders als etwa ein französischer Garten, in dem der Raum so klar und eindeutig ist wie die französische Logik. Hier liegt eine der Erklärungen dafür, weshalb die extreme Einfachheit des ersten Eindrucks so wichtig ist. Die puristische Schlichtheit des von dem schmalen Weg her bestimmten Eingangs schärft die Empfänglichkeit des Betrachters und bereitet ihn so auf die Eindrücke vor, die ihn in den folgenden Höfen erwarten. Die Felsbrocken und die Magnolie wirken besonders eindringlich, wie sie so schlicht vor den weißen Hintergrund plaziert sind. In dem gepflasterten Vorhof angekommen, wird der Besucher sein Augenmerk auf die Details dieses Arrangements und auf das Wechselspiel von Sonne und Schatten auf ihm richten. Um sieben Uhr morgens liegt der untere Teil des Hofes (C) noch im Dunkeln, während sich oben schon das

11 Garteneingang, Wang Shih Yuan, Suchow. Diese baumbestandene Gasse geht von einer belebten Straße ab; der unauffällige Durchgang an ihrem Ende bildet den Zugang zum Garten, dessen erster Hof im rechten Winkel dazu angeordnet ist. Dadurch ist kein Teil des Innern von außen sichtbar, und den Dämonen (oder bösen Einflüssen) ist der Eintritt verwehrt, da sie scharfe Rechts- oder Linkswendungen nicht vollziehen können.

13 Ecke im zweiten Hof, Wang Shi Yuan. Die blaßgraue Mauer zur Rechten stößt an die weiß verputzte Mauer der Eingangshalle zur Linken. Den Fußboden ziert ein aus blaßrosa und grauen Kieseln gebildetes Pflaumenblütenmuster.

12 Erster Hof, Wang Shih Yuan. Der Eingang in den Garten, wie er im vorangegangenen Bild erschien, ist hier rechter Hand zu denken. Steine und Bäume in elegant durchbrochener Rahmung vor einer schlichten weißen Wand.

13

Sonnenlicht schräg über die Wand legt und den als regelmäßige Welle ausgebildeten Schatten der Dachenden auf die weiße Fläche wirft. Noch weiter oben öffnen sich die Magnolienblüten dem vollen Sonnenlicht – riesige milchige Schalen, die sich von den grauen Ziegeln des Daches abheben. Ihre papierdünnen Blütenblätter werden zum Stiel hin rosafarben, wie Blut, das durch zarte Haut hindurch sichtbar wird.

Das alles sind schlichte Effekte, aber sie werden dem Besucher in so eindrucksvoller Weise präsentiert, daß er aufmerkt und den Schritt verhält. Und das ist notwendig. Je weiter er nämlich in den Garten eindringt, desto vielgestaltiger werden die Wirkungen. Immer mehr Felsbrocken, Mauern, Schatten, Bäume, Gebäude, Dächer, Säulen und Muster drängen heran und verlangen nach Beachtung. Schier endlos ist die Folge der gegensätzlichen Formelemente, die hier gegeneinander antreten. So führt etwa ein dunkler, schmaler, zwischen hohen Wänden verlaufender Korridor in einen weitläufigen, von Sonnenlicht und Blattwerk erfüllten Raum, oder der Blick, der soeben noch auf einer hohen, schmucklosen Mauer ruhte, trifft im nächsten Moment auf eine Fülle geschwungener Dachenden. Andere Kontraste liegen nicht ganz so offen zutage. Dazu zählt etwa die Art der Raumbehandlung im zweiten Hof des Wang Shih Yuan: Hier wogt und drängt eine riesige Ansammlung ineinander verknäulter grauer Felsbrocken wie eine erstarrte Wolkenformation in den eingefriedeten Raum (F). Die Menge der Steine ist so zusammengefügt, daß zwischen einzelnen Brocken seltsam geformte Höhlungen entstehen und sich ein kompliziertes und kontrastierendes Muster aus Substanz und Hohlraum ergibt – eine Wirkung, die von eingeweihten Betrachtern sehr bewundert wird (den unvorbereiteten Besucher aus dem Westen jedoch recht fremd anmutet).

Die Komposition erfüllt aber nicht nur ein ästhetisches Anliegen. Die Steine dienen daneben auch einem notwendigen und ganz nüchternen Zweck: Durch den Aufbau windet sich nämlich eine Folge enger Stufen bis hinauf zu einer kleinen Tür am oberen Ende der Westwand. Diese Tür führt durch die östliche Seitenwand in das Obergeschoß einer großen Bibliothek, deren Vorder- und Rückfassade auf Höfe orientiert sind. Sie besitzt keine Innentreppe; die in der Felsformation befindlichen Stufen bilden also den einzigen Zugang zum Obergeschoß. Es handelt sich insgesamt um eine merkwürdige Lösung, denn das Erdgeschoß ist von diesem Hof aus überhaupt nicht zugänglich, und das Obergeschoß kann anders nicht erreicht werden. Sichtbare Treppen sind bei den Chinesen nicht beliebt, und wir werden noch sehen, daß sie sich häufig solcher Felsformationen bedienen, um eine Treppe zu verbergen.

Bibliotheken und Studierzimmer sind unerläßliche Bestandteile nahezu aller chinesischen Gärten. Die Besitzer verbrachten ihre Zeit häufig mit dem Verfassen von Gedichten und mit kalligraphischen Übungen, oft in der Gesellschaft von Freunden, und in keinem Garten, der seiner Bäume würdig war, fehlte ein entsprechender Studierpavillon. Diese Räumlichkeiten lagen häufig ganz für sich, umgeben von privaten Höfen, um den Leser abzuschirmen und ihm einen angenehmen An- und Ausblick zu gewähren. Im Wang Shih Yuan steht die Bibliothek erhöht auf einem steinernen Sockel; hinter großen, braun gestrichenen Säulen führt der Blick über Sträucher und Felsen. Die Außentüren sind ausschwenkbar, so daß sich der gesamte Innenraum öffnen läßt, und von eindrucksvoller Formalität. Der sich anschließende Hof (H) ist von hohen Mauern umgeben und damit sehr eingeschlossen, das Arrangement aus Sträuchern und Steinen ist friedlich, gefällig und bewußt nicht allzu dramatisch gestaltet. Um dem möglichen Eindruck allzu großer Enge zu begegnen, hat man im hintersten Winkel einer hohen *Sophora Japonica* zu wachsen gestattet, deren Blattwerk sich über die den Hof abschließende Mauer erhebt. Dahinter – als hätte man den Baum eigens gerade hier gepflanzt, um den Blick des Besuchers in diese Richtung zu lenken – wird das spitz zulaufende Dach eines Pavillons (V) über der Hofmauer sichtbar.

Dieses momentweise Sichtbarwerden der Dinge veranlaßt uns, den Weg durch einen chinesischen Garten immer weiter fortzusetzen. Es ist, als ob der Gestalter ständig etwas zurückhält, indem er jeden Blick einengt, und dabei doch immer neue Entzückungen gleich hinter der nächsten Mauer verheißt. Tatsächlich vermittelt ja die Aufeinanderfolge der verschiedenen Höfe dem Besucher ein – und sei es unbewußtes – Gespür für den Rhythmus des Ganzen und weckt eine Erwartungshaltung. In einer Hinsicht folgen die Kontraste rasch aufeinander: der schmale Eingang, der in den Hof führt, die dunkle Halle, die sich ins Sonnenlicht öffnet, die grauen Ziegel vor dem Hintergrund der weißen Mauern. Aber die rasch aufeinanderfolgenden Kontraste begründen auch eine weiter ausgreifende Erwartung – das Gefühl, daß diese kleinmaßstäblichen Ordnungen sich früher oder später zu etwas ganz anderem und Umfassenderem erweitern werden.

14 Bibliothekshof, Wang Shih Yuan, Suchow. Die hohen Mauern dieses Schaugartens mit seinen dekorativen Felsen und Bäumen sind von Gitterfenstern durchbrochen, die einen flüchtigen Blick auf die dahinterliegenden Höfe gewähren. Das konische Dach, das gerade noch über der Mauer sichtbar ist, gehört zu dem kleinen Pavillon am See.

Es ist daher ein erregender, aber nicht völlig überraschender Anblick, wenn nun durch eine kleine Tür am Ende der Bibliothek ein anderes Licht sichtbar wird, ein unstetes, gesprenkeltes, das in besonderer Weise auf den jenseitigen Mauern spielt. Es handelt sich natürlich um Reflexe von der Oberfläche eines Teiches – das sanfte Spiel von Wasser, das der Besucher, während er noch zwischen Steinen und Mauern auf gepflasterten Wegen umherstreifte, unbewußt bereits zu erwarten gehalten war.

Dieser Bereich ist in der Tat der Mittelpunkt des Gartens. Der eher kleine, von Felsbrocken unregelmäßig eingefaßte Teich erscheint größer, weil man seine Oberfläche von keinem Punkt ganz übersehen kann. Um ihn herum gruppieren sich Hallen und Sommerhäuser, manche liegen etwas zurückgesetzt hinter Felsen oder Terrassen, andere dicht am Ufer. Gegenüber der weiten, überdachten Galerie (K), die der Besucher, aus dem vorhergehenden Hof kommend, durch einen schmalen Durchgang (I) erreicht, steht der kleine Pavillon (V), dessen Dach schon über der Hofmauer auftauchte. Scheinbar auf dem Wasser schwebend, die Stützen im Schatten und halb zwischen den Felsen verborgen, ist er der Hauptanziehungspunkt an dem ganzen kleinen See. Der Besucher, der sich nun nach Süden wendet, um entlang dem Wasser zu diesem Pavillon zu gelangen, wird von seinem Vorhaben durch die Vielzahl anderer reizvoller Haltepunkte, unerwartet auftauchender Gehölze und kleiner Bauwerke immer wieder abgelenkt. Da ist zum Beispiel eine elegante Halle (Q), die durch einen großen künstlichen Berg aus Felsbrocken und Erde vollkommen vom See abgeschirmt ist. Ihr Inneres ist dunkel und voller Schatten, ein feines Gitterfenster rahmt die Aussicht auf sonnenbeschienene Steine. Auf der anderen Seite, nach Süden, liegt ein stilles Bambuswäldchen, und in der jenseits davon verlaufenden Mauer befinden sich Spalierfenster. Dem Blick, der in den schattig-verschwommenen Bereich dahinter eindringt, bietet sich eine Ahnung von weiteren Bäumen und einem Dach mit grauen Ziegeln (R).

Wenn der Gartenbesucher endlich sein Ziel am jenseitigen Ufer erreicht, hat er den Pavillon bereits mehrfach – von verschiedenen Stellen aus – sehen können, und dazwischen ist er ihm auch immer wieder gänzlich verborgen gewesen. Unterwegs ist er an nicht weniger als fünf weiteren Bauwerken vorbeigekommen, von denen jedes seine ureigene Atmosphäre besitzt – eine dichte Folge von Eindrücken, die überwältigend wirkt, wenn man das gemessenere Tempo westlicher Gärten gewohnt ist. Vielleicht ist er sogar durch den Seiteneingang in die privaten Wohnräume eingetreten. In diesem Fall hat er die großen, dunklen Hallen des Hauses selbst (M, N, O) durchschritten und am Ende den Garten an einer ganz anderen Stelle (P) wieder betreten, von der aus überdachte Galerien durch ein Bambuswäldchen führen. Hinter einer im Südwesten verlaufenden Mauer liegt der den Topfkulturen vorbehaltene Bereich des Gartens (S) mit zahlreichen Zwergbäumen und in Reihen von Tontöpfen gezogenen Pflanzen.

15 Durchbrochenes Fenster einer Halle im Wang Shih Yuan (Q auf dem Plan). Vor diesem nach Norden orientierten Fenster versperrt ein »künstlicher Berg«, der bis zum Dach reicht, jede Sicht auf den See. Nach Süden schaut der Besucher auf Felsen und Bambusbäume, die vor einer schlichten weißen Mauer stehen – ein prächtiger Kontrast zum kühlen und schattigen Innern der Halle.

16, 17 Innenhöfe, Wang Shih Yuan, Suchow. Die drei ebenerdigen Hallen (M, N und O auf dem Plan) werden nur von dem durch diese kleinen Innenhöfe eindringenden Licht erhellt. Die Höfe werden »Himmelsbrunnen« genannt, da sie auch das Regenwasser von den Dächern auffangen. Der elegant gestaltete Durchgang ist der Haupteingang ins Haus. Die schönen papierverkeideten Fenster sind vom Fußboden bis zur Decke schwenkbar. Der Garten liegt versteckt hinter der schlichten weißen Mauer zur Rechten.

Der Pavillon selbst ist ein sehr angenehmer Ruheplatz. Wie in allen derartigen Bauwerken sind auch hier niedrige Sitzgelegenheiten zwischen die tragenden Säulen gesetzt. Die zum Wasser hin geschwungenen Balustraden, die zugleich die Rückenlehnen bilden, empfangen die vom See aufsteigende kühle Luft und gestatten den Blick nach oben auf die an der Unterseite des Dachvorsprungs spielenden Lichtreflexe. Unten dehnt sich friedlich das Wasser, in dessen milchiger Oberfläche sich Felsen, überhängende Bäume und weitere Pavillons spiegeln, während in der dunklen Tiefe Goldfische schimmern und eine weitere Dimension unterhalb des Sonnenlichts ahnen lassen. Jenseits des Wassers ist der Eingang sichtbar, von dem der Blick zum ersten Mal auf den See fiel. Man sieht auch die Eingangsgalerie und den Portikus, durch den die Privaträume zu erreichen sind (L). Entlang einer gedeckten Galerie (U) hinter dem Pavillon sind viele graue Steintafeln in die Wand eingelassen, auf denen Gedichte und Erinnerungen derer festgehalten sind, die sich in vergangenen Zeiten hier aufhielten. Auch dies ist eine Tradition, die den westlichen Besucher überrascht, während für den Chinesen ein alter Garten, der nicht auch kalligraphische Schriftzüge enthält, in gewissem Sinne unvollständig ist: Sie ergänzen den Reiz der alten Bäume und Steine durch eine weitere Ebene der Bedeutung und der Schönheit.

An diesem Punkt mag es den Besucher überraschen, daß er, obwohl der Wang Shih Yuan doch ein kleiner Garten ist, ihn erst zur Hälfte durchquert hat. Nördlich von hier liegt noch eine ganze Reihe von Gebäuden, die durch Felsen, Mauern und Höfe voneinander getrennt und doch zugleich miteinander verbunden sind. Zum Teil sind es private Räume von intimem Charakter, zum Teil sind sie eher für die Öffentlichkeit bestimmt und entsprechend exponiert. Eine steinerne Brücke in Zickzackform führt über einen schmalen Kanal in Richtung eines kleinen Hügels, der von hohen Kiefern bewachsen ist. Dahinter liegt eine anmutige Halle (Z), die als Empfangsraum für Gäste diente. Am nordwestlichen Ende des Gartens entdeckt der Besucher schließlich das möglicherweise abgeschiedenste aller Gartengebäude: einen winzigen Raum (X), der, leicht versetzt, an eine größere Halle (W) anschließt. Hier wird er endlich das Gefühl haben, zum äußersten Punkt vorgedrungen zu sein. Der Weg führt nicht weiter, sondern nur zurück – durch die Haupthalle, entlang einer Galerie, links durch den Pavillon der gesammelten Leere (sic!) (J), hinaus in die nördlich der Bibliothek gelegenen Höfe und schließlich zurück zum Eingang, dem schmalen weißen Korridor, der in die Außenwelt führt.

Am Ende wird der Besucher keine klarere Vorstellung vom Plan dieses Gartens haben als zu Beginn seines Rundgangs, vielmehr das Gefühl, daß es ungezählte Bereiche darin gibt, die zu erkunden er gar keine Zeit hatte. Mit Sicherheit wird er kaum glauben

18 Nordwestlicher Hof, Wang Shih Yuan (W auf dem Plan). Blick aus einer abgelegenen Halle nach Süden. Hinter der weiter entfernten Mauer liegt ein Hof für Topfkulturen. Die Felsbrocken zur Linken verbergen einen tiefen Teich, der von einer zwischen den Steinen sprudelnden Quelle aufzusteigen scheint.

19 Westliche Begrenzungsmauer des Wang Shih Yuan. Dieser *hsieh,* der an die Mauer anschließende Pavillon, beherbergt einen schönen, aufrecht stehenden Felsblock aus dem T'ai-See bei Suchow. Zwischen die Säulen an den Seiten des Pavillons sind Sitzgelegenheiten eingelassen, so daß die Besucher den Stein in Ruhe betrachten können.

18

19

können, daß Garten und Haus mühelos auf einer Fläche von rund 4000 Quadratmetern Platz haben. Und wenn er mit den fließenden Rasenflächen und den weiten Territorien des *jardin anglo-chinois* (wie die Franzosen diese englische Erfindung nennen) vertraut ist, dann wird er sich verwundert fragen, wie man sie jemals mit China hat assoziieren können.

Als sich die Aufregung über Pater Attirets Brief gelegt hatte, wurde deutlich, daß Europa und damit auch England an der Realität der chinesischen Gärten vorbeigedacht und sie ausschließlich vor dem Hintergrund der eigenen Erfahrungen interpretiert hatten. Wohl machte man sich im Westen den Grundsatz des Verbergens und überraschenden Offenlegens, das System der gewundenen Wasserläufe und Pfade und so manche verniedlichte Version des chinesischen Pavillons zu eigen, aber die Aussagekraft und Kompliziertheit chinesischer Gartenkunst gingen im Zuge der Übertragung auf den europäischen Boden verloren.

Im Jahre 1772 verfaßte Oliver Goldsmith eine Satire über die modische Vorliebe für alles Chinesische.[12] Sie erzählt von dem Besuch eines Mandarins, der zu seiner großen Verblüffung feststellt, daß ein dem Genre der *chinoiserie* zuzurechnendes Sommerhaus als Beispiel »chinesischer« Architektur bezeichnet wird. Hundert Jahre später wäre es diesem Besucher wohl ebenso schwergefallen zu glauben, daß viele der Pflanzen, die nun in englischen Gärten wuchsen, ursprünglich aus China stammten. Und dabei konnten diese Pflanzen sehr viel eher Authentizität für sich beanspruchen als das Sommerhaus.

Im 19. Jahrhundert galt das gärtnerische Interesse des Abendlands zunehmend der Zurschaustellung seltener und exotischer Pflanzen. In China entdeckten die westlichen Pflanzensammler ein wahres Blumenparadies. Aber die Versorgung mit neuen Arten aus den chinesischen Muttergärten kam bald zum Stillstand, und allmählich schmückten Azaleen- und Rhododendron-Arten aus den wilden Vorbergen des Himalaya die Rabatten und Gehölze in England und Amerika. Viele von ihnen waren niemals in den Gärten Chinas gezüchtet worden. Am Ende waren es unbekannte Hügel und Täler in Yunnan und Szechuan, die stärker zur Veränderung der landschaftsgestaltenden Traditionen des Westens beitrugen als all die berühmten Lustgärten Chinas – und die ihnen zugrundeliegende Philosophie – zusammengenommen.

20 Wang Shih Yuan, Suchow. Blick vom Garteneingang des Hauses (P auf dem Plan) auf den in der Mitte gelegenen See. Hallen und Pavillons, zwischen den Bäumen versteckt, verbergen ihrerseits unzählige verschwiegene Höfe rund um den See. Ein weiteres Farbfoto dieses Gartens befindet sich auf S. 145 (Roderick Whitfield).

21 (Seiten 26–27) *Yuan Ming Yuan bei Peking* von T'ang Tai und Shen Yuan (1744) (Bibliothèque Nationale, Paris).

2 Die Ursprünge des Gartens

22, 23 Der Chi Chang Yuan in Wusih stammt aus dem 16. Jahrhundert. Die hier abgebildeten Pavillons wurden in späterer Zeit restauriert, aber die Anlage ist noch die ursprüngliche. Inspiriert von einem Besuch in diesem Garten während einer seiner Reisen in den Süden, ließ der Kaiser Ch'ien-lung im 18. Jahrhundert den *Hsieh Chu Yuan* (*unten*) im *I Ho Yuan* bei Peking erbauen. Zwischen den Plänen (s. S. 68–69) besteht eine entfernte Ähnlichkeit; allerdings sind in der Anlage im Norden die Anmut und Heiterkeit des südlichen Vorbilds einer eher förmlichen Eleganz gewichen.

24 Luftaufnahme der »Mosaikfelder« in Zentralchina (Graf zu Castell, München).

Die chinesische Zivilisation entstand in einer weiten Ebene, die etwa auf der Höhe des amerikanischen Bundesstaates Tennessee und der Mittelmeerinsel Kreta liegt. Westlich davon entspringt in den Vorbergen des Himalaya der Huang Ho, der Gelbe Fluß, der dann in einem großen Bogen nach Osten in Richtung der Meere fließt, die den Rand des Pazifischen Ozeans bilden. Im Winter ist die Ebene kalt und staubig; die Sommerregen sind spärlich und unberechenbar. Ein Garten Eden ist diese Gegend niemals gewesen. Aber sie war auch keineswegs etwa eine Wüste. Es war hier, wo sich um 1300 v. Chr. Menschen zusammenfanden, die dann jene Gemeinschaft bildeten, aus der sich schließlich die chinesische Zivilisation entwickelte.

Zur Zeit der ersten historisch belegten chinesischen Dynastie (der Shang, 1600–1038 v. Chr.) waren diese Menschen bereits Ackerbauern und damit seßhaft geworden. Zu ihrer Verfügung stand die Ebene, die von einer dicken Schicht aus Löß und alluvialen Ablagerungen bedeckt war. Nach Westen erstreckten sich ein weites, durch Erosion terrassiertes Terrain gelber Erde und dicht mit Urwald von niemals wieder erreichter Fülle und Vielfalt bewachsene Hügel. Hier gediehen auch viele einheimische Getreidearten, Früchte – Pfirsiche, Birnen, Pflaumen, Persimonen und Aprikosen – und schließlich Pflanzen wie die kleine gelbe Chrysantheme, die wegen ihrer medizinischen Eigenschaften schon lange geschätzt wurde, bevor man sie als Zierpflanze züchtete.

Da die ersten Chinesen vom Ackerbau lebten, verehrten sie den Boden im Rahmen dessen, was man auch als »agrare Fruchtbarkeitsreligion« bezeichnet hat. In manchen Gegenden hielt man den lebenspendenden Regen für den Samen des obersten Herrschers (der später als Shang Ti bezeichnet wurde), eines Vegetationsgottes, der nicht allein den Menschen, sondern alle lebenden Dinge auf dem Körper der Muttergöttin Erde zeugte. Der Mensch wurde nicht als ein Wesen angesehen, das sich grundsätzlich von allem anderen Erschaffenen unterschied, und wie alle Formen des Lebens hingen auch sein Glück und sein Gedeihen von der erfolgreichen Anpassung an die Kräfte der Natur ab. Diese Ansicht findet sich bei vielen ackerbauenden Gesellschaften, aber in China entwickelte sie sich zum Ideal der harmonischen Kooperation, das mehr als zweitausend Jahre lang im Mittelpunkt der chinesischen Philosophie stand.

Ein anderer, später entstandener Schöpfungsmythos macht anschaulich, welch bescheidene Stellung die Chinesen dem Menschen innerhalb der Natur zumaßen. Diesem Mythos zufolge lag der Ursprung der Welt in einem Ur-Ei, aus dem sich ein Gott entwickelte, der achtzehntausend Jahre lebte. Dann starb er. Sein Haupt spaltete sich und wurde zu Sonne und Mond, sein Blut bildete die Flüsse und Meere, sein Haar die Pflanzen; seine Glieder wurden zu Bergen, seine Stimme ergab den Donner, sein Schweiß den Regen, sein Atem den Wind – und seine *Flöhe* wurden zu den Vorfahren des Menschen.[1] Tatsächlich weist diese Idee allerdings in zwei Richtungen, denn auch wenn der Mensch zwischen den Bergen und Wassern der Erde nicht größer ist als ein Floh, so wird doch die Natur ihrerseits im Bild des Menschen begriffen.

Es war ein Bild, das die Chinesen nicht zögerten zu verbessern. Ihr Ziel der harmonischen Anpassung an die Natur ließ ein passives Sichfügen gegenüber dem Leben nicht zu. Für sie war der Mensch derjenige Faktor, durch den sich das reiche Potential der Natur voll verwirklichen ließ. Daher überhöhten und idealisierten sie die ersten fünf Kaiser, von denen, wie die Legende berichtete, die Chinesen die Geheimnisse des Feuers, der Viehhaltung, des Ackerbaus, der Bewässerung und der Bändigung der Wasserfluten gelernt hatten. Im Besitz dieser Kenntnisse und in der Zuversicht göttli-

cher Belehrung machten sie sich daran, das Land zu roden, zu terrassieren, umzugraben, zu bepflanzen und zu bewässern, bis die Gestalt und selbst das Klima Nordchinas für ihre Vorfahren nicht wiederzuerkennen gewesen wären. Die Historiker stimmen mehr oder weniger darin überein, daß die Chinesen ihre Umwelt nachhaltiger beeinflußt haben als alle anderen Völker der Erde, einschließlich der alten Ägypter, und die Natur dankte ihnen ihren Eifer und ihre Hingabe, indem sie ihnen (zumindest bis zur Mitte des 18. Jahrhunderts) die fruchtbarsten Ackerböden der Welt schenkte.

Da alles so zu ihrem Besten geriet, konnten die Chinesen die Veränderung ihrer Umwelt ohne Bedenken als eine Verbesserung der Natur – nicht als ihre Unterwerfung – betrachten. In der Tat haben zahlreiche Besucher des Landes in dem komplizierten System der Bodenbestellung in China ein zutreffendes Symbol für das harmonische Verhältnis der Chinesen zu ihrem Land gesehen, und viele haben den Gedanken geäußert, daß die bestellten Felder die ganze Landschaft als einen Garten erscheinen lassen. Wenn das stimmt, dann ist es ein westlicher, kein chinesischer Garten. Denn so schön das Mosaik ihrer Dämme und Felder auch war – in ihren Lustgärten mochten die Chinesen es, anders als die Ägypter, nicht reproduzieren.

Die Ägypter bewohnten eine unwirtliche Gegend, und als sie schließlich Gärten anlegten, pflanzten sie ihre Blumen in der gleichen rationalen Weise wie ihr Getreide – sie hatten keine Vorstellung eines »üppigen Wachstums«, die über das hinausgegangen wäre, was sie aus der Wüste gemacht hatten. Die Mauern, welche die ägyptischen Gärten umgaben, sorgten dafür, daß die unberührte Natur draußen blieb, so daß die tätige Hand des Menschen das Innere verschönern konnte.

Die Chinesen dagegen lebten inmitten einer außergewöhnlich schönen und großartigen Landschaft, die jenseits ihrer Felder und rechtwinkligen Häuser und unabhängig von all ihrer Arbeit und Mühe ganz einfach vorhanden war. Das flößte ihnen nicht nur Ehrfurcht ein, sondern erinnerte sie auch an jene erhabene und nichtpersonale Ordnung des Universums, in die der Mensch, und sei er noch so tüchtig und erfolgreich, sich doch zu fügen hatte. Eben diese Vorstellung war es, die ihre Lustgärten zu reproduzieren suchten: Die Mauern, die einen chinesischen Garten umgaben, dienten letzten Endes also dazu, menschliches Tun und Wesen draußen zu halten.

25 *»Über die Balustrade gelehnt.«* Aus der Ch'ing-Ära stammende Illustration des berühmten Romans *Der Traum der Roten Kammer.* Solche scharlachfarbenen Balustraden finden sich in allen traditionellen chinesischen Gärten auch als Rücklehnen. In den Privatgärten waren die offenen Pavillons – so wie dieser – häufig mit Sommervorhängen ausgestattet, die für Schatten sorgten und einen eigenen und abgeschiedenen Bereich markierten (Warren King Collection, Hongkong).

26 Balustrade über dem See, Wang Shih Yuan, Suchow. Die schlicht gehaltene Balustrade wird ergänzt durch das etwas aufwendigere Schnitzwerk unterhalb des Dachgesimses, das im Verein mit den vertikalen Pfosten die jeweilige Aussicht rahmt.

Ein solches Anliegen konnte allerdings erst aufkommen, nachdem sich die Ackerwirtschaft etabliert hatte, und entsprechend klingt aus der ersten Erwähnung eines »Gartens« in der chinesischen Literatur heraus, daß er wohl nur aus Nutzbäumen bestand, die innerhalb der schützenden Mauer einer menschlichen Heimstätte angepflanzt waren. Dieser Garten, der Weiden, Harthölzer und Maulbeerbäume trug, wird im frühesten Werk der chinesischen Literatur, dem *Shih-ching* oder »Buch der Lieder«, genannt, das um das 4. Jahrhundert v. Chr. zusammengestellt wurde. Das gleiche Werk deutet auch den möglichen Ursprung großer, landschaftsgestaltender Projekte in den Ritualterrassen an, die für die frühen Helden, etwa den berühmten Chou-König Wen, angelegt wurden. Die Bodenvertiefungen, die als Folge dieser Terrassierungsarbeiten entstanden, nahmen möglicherweise die ersten jener künstlichen kaiserlichen Seen auf, wie sie noch heute in den Parks der Pekinger Meerpaläste anzutreffen sind.

Der erste Lustgarten

Eines der ersten chinesischen Bücher, das *I Ching*, stellt bereits einen Zusammenhang zwischen Gärten und der ungebändigten – im Gegensatz zur beherrschten – Natur her, wenn es von den Freuden spricht, die »in Hügeln und Gärten« zu finden seien. Die früheste Beschreibung eines wirklichen Lustgartens findet sich allerdings in einem Gedicht, das vermutlich aus dem 4. Jahrhundert v. Chr. stammt, im südchinesischen *Ch'u*-Staat entstand und später in die *Ch'u Tz'u* oder »Elegien von Ch'u« aufgenommen wurde. Es steht in engem Bezug zur Schamanenreligion, die an diesem und anderen Königshöfen der Frühzeit eine große Rolle spielte, und wenn die darin beschriebene Szenerie auch ein imaginärer Garten ist, so muß die Beschreibung doch vor dem Hintergrund einer bereits hochentwickelten Tradition der Gartengestaltung entstanden sein. Mit seinem Kontext bringt dieses frühe Gedicht die Gärten in einen engen Zusammenhang mit den magischen Kultformen der Frühzeit. Schamanen und Schamankas (das sind weibliche Schamanen) spielten im alten China eine wichtige Rolle. Mit Hilfe ekstase-bewirkender Techniken waren sie imstande, ihre leibliche Hülle zu verlassen und sich zu amourösen Begegnungen mit übernatürlichen Wesen auf den Weg zu machen. Häufig entwickelten sie eine besondere Beziehung zu einer bestimmten Gottheit, die sie dann dazu bewegen konnten, die Anliegen der Menschen mit Wohlwollen zu betrachten. Die Priester des Schamanenkults wurden auch ihrerseits häufig als halbgöttliche Wesen angesehen, und in ihren erhabenen, trance-bewirkenden Gesängen tritt der eigentliche chinesische Garten zuallererst in Erscheinung.

Die Schamanen bemühen sich, einen sterbenden König zu heilen, indem sie seine Seele zur Rückkehr in den Körper zu bewegen suchen. In dieser Absicht singen sie von den leichtfüßigen Prinzessinnen, die »in deinem Gartenpavillon, zu Seiten der langen Bettvorhänge«[2], auf ihn warten. In ihrem Lied hat der königliche Palast hohe, schattige Räume hinter umlaufenden Balkonen, Türen aus scharlachfarbenem Gitterwerk und Dachbalken, die mit Drachen und Schlangen bemalt sind. Im Winter sind die Räume warm, im Sommer dagegen öffnen sie sich alle zu einem Garten, dem so einfache, herkömmliche, zugleich aber auch so bezeichnende Merkmale nachgesagt sind, daß der Traum allmählich den Charakter einer idealen Wirklichkeit annimmt. In dem Garten, so heißt es im Gesang der Schamanen, wird der König sich in den untereinander verbundenen Galerien ergehen, die mit dem Lufthauch den Duft der Orchideen einfangen. Wasserläufe schlängeln sich an Pfauen vorbei, und dicht neben der Halle steht eine Hibiskushecke in Blüte. Man hört von Loggien und überdachten Gängen »für die Dressur der wilden Tiere« und von Pavillons, die hinter den Dächern des Palasts sichtbar werden. Vom Sitzplatz in der Halle kann man, gegen die Balustrade gelehnt, hinabsehen auf einen Weiher in gewundener Form. Seine Lotosblüten haben sich soeben geöffnet; dazwischen stehen Wasserkastanien, und purpurstämmige Wassermalven lassen die Oberfläche der grünen Wellen wie emailliert erscheinen.[3] Über all dem liegen hohe, mit Stufen versehene Terrassen, von denen der König über den Garten hinweg und bis zu den fernen Hügeln blicken kann.

Möglicherweise war dieser liebliche Ort ebenso ein Werk der Phantasie wie das vollendete Betragen der Palastmädchen. Seltsam ist allerdings, daß die Beschreibung sich gleichsam über die Zeiten hinweg erstreckt wie eine Vorahnung dessen, was einmal sein wird: In den magischen Gesängen der Schamanen tauchen bereits die gewundenen Wasserläufe, der Lotosteich, der Pavillon mit den Balkonen über dem Wasser, das scharlachfarbene Gitterwerk, die Terrasse und die schattigen Galerien des typisch chinesischen Gartens auf. Nur die Berge fehlen. Denn der König kann zwar auf seine Terrasse steigen und sie von hier aus betrachten, aber die fernen Hügel bleiben doch eindeutig außerhalb der Gartenmauern; die aufgeschichteten Felsbrocken, die künstlichen Hänge und skulptierten Steine, die dereinst zu den faszinierendsten Formelementen des chinesischen Gartens werden sollen, sind bisher noch nirgendwo aufgetaucht.

Die kaiserlichen Jagden

Gegen Ende der Chou-Periode (1066–221 v.Chr.) wurde das Ch'u-Reich zerstört, und mit ihm ging die elegante und raffinierte südchinesische Kultur unter, die nicht nur die *Ch'u Tz'u*-Gedichte, sondern auch die ersten chinesischen Gärten hervorgebracht hatte, wie sie uns in den Gesängen der Schamanen geschildert werden. Nach dieser Zerstörung verlagerte sich die Entwicklung des Gartens in das Zentrum der Macht im Norden des Landes, wo das Leben rauher und weniger luxuriös war. Dort werden statt des privaten königlichen Lustgartens jene weiten Jagdgründe beschrieben, in denen das Jagen selbst zum Symbol der kaiserlichen Macht wurde.

Die Orakelknochen der Frühzeit verweisen auf Jagdgründe an der Stelle des heutigen Shantung, die den Chou-Prinzen vorbehalten waren. Auch im *Shih Ching* finden sich Gedichte, die Jagdgesellschaften schildern, einen Zeitvertreib, der wie in vielen anderen Gesellschaften den Adligen vorbehalten und nicht Bestandteil des Lebens der gewöhnlichen Volksschichten war. Kriegs- und Jagdwesen hingen eng zusammen, wobei Jagden häufig als militärische Übungen inszeniert wurden, an denen Hunderte von Treibern, Fußsoldaten, Bogenschützen und Reitern beteiligt waren. Zur Zeit der Han-Dynastie verfaßten die Dichter großartige Schilderungen solcher kaiserlichen Jagden, die genau wiedergaben, wie die Tiere eingekreist, gehetzt, in die Enge getrieben und schließlich nach allen Regeln der kriegerischen Auseinandersetzung niedergemacht wurden. Durch die donnernden Rufe und die Lichtzeichen bis zum Wahnsinn erschreckt, stürzten sich die Vögel und anderen Tiere wie rasend gegen die Räder der Jagdwagen: »Hügel und Teiche wurden dabei bis zur Unkenntlichkeit zerstört. Dann

27 Detail einer Jagdszene. Von alters her waren in China weite Landstriche den kaiserlichen Jagden vorbehalten. Mit der Zeit wurden diese Gebiete nicht nur mit der einheimischen Fauna, sondern auch mit exotischen Vögeln, mit Raubtieren und mit Pflanzen bestückt, die als Tribut aus den entferntesten Winkeln des Reiches kamen. Diese Zeichnung entstand nach einem Wandgemälde aus dem aus der T'ang-Zeit stammenden Grab des Prinzen Chang-huai in der Grafschaft Ch'ien-hsien, Shensi. Das Grab wurde 1971/72 freigelegt.

begann das Gemetzel mit den Pfeilen und Speeren und mit den Schwertern, welche die Soldaten und die Offiziere schwangen, ein Wind aus Federn verdunkelte den Himmel, und ein Regen aus Blut bedeckte den Boden.« Später, so sagten die Dichter, »glitzerten die erstarrten Vogelleichen und Tierkadaver wie soeben von der Flut gewaschene Kiesel am Meeresstrand«.[4] Inmitten des Geschehens befand sich der Kaiser selbst, großartig in seinem Wagen aus geschnitztem Elfenbein mit den »sechs mit Jade überreich geschmückten, gleich Drachen glänzenden Pferden«.[5] Er prüfte die Geschicklichkeit seiner Truppen, ihre Schießkünste, das taktische Können seiner Befehlshaber; und nachdem alles vorbei war, inspizierte er die aufgeschichteten Körper der Opfer und verteilte Lob und Geschenke an diejenigen, die sich im Kampf besonders hervorgetan hatten.

Derartige Zurschaustellungen der militärischen Stärke hielten die tributpflichtigen Staaten in Schranken. Die Jagdgründe der Han-Dynastie dienten aber auch zur Abhaltung magischer Zeremonien, mit denen die übernatürlichen Mächte gleichermaßen in Schach gehalten wurden. Zur Abwehr der Pest versammelte der Kaiser am Jahresende seinen gesamten Hofstaat um sich; wie Chang Hang berichtet, erschien dann eine große Schar schwarzgekleideter Jungen und Mädchen mit roten Turbanen, die Pfeile von ihren Pfirsichholzbogen in den Himmel schossen, »ziellos, wie ein Sternenregen«.[6] Die herabstürzenden Pfeile sollten die Brücken der Dämonen zur Erde zerstören, die räderköpfigen Teufel enthaupten und den Sumpfkobolden die Schädel einschlagen. Wenn alles vorbei war, suchte der diensthabende Offizier die ganze Hauptstadt nach Dämonen ab, die etwa noch am Leben waren, bis jedes einzelne Haus so von innen heraus gereinigt war, daß »nichts mehr übrig war, das Recht und Sitte zuwiderlief«.[6]

Der Park als Imperium

So wurde der Jagdpark zu einer Stätte ritueller Begegnungen zwischen Mensch und Kosmos und übernahm zusätzliche spirituelle und magische Assoziationen, die der chinesische Garten in abgeschwächter Form bis heute bewahrt hat. Doch waren die Parks nicht nur der Schauplatz wichtiger Zeremonien, sondern nahmen auch selbst allmählich eine symbolische Rolle an – die wiederum bis in unsere Zeit hinein einen bedeutsamen Aspekt dieser Gärten bildet. Die chinesischen Kaiser nutzten nämlich Größe und Pracht ihrer Parks ganz bewußt dazu, den Glanz ihrer Dynastien zur Schau zu stellen, und reiche Männer folgten ihrem Beispiel und schufen sich üppige Parkanlagen, die ihrem Wohlstand Form und Eleganz verliehen.[7]

Einer der ersten Kaiser, der seinen Jagdpark in dieser Weise nutzte, war Ch'in Shih Huang, der im Jahre 221 v. Chr. das letzte der alten Königreiche eroberte und sie zum ersten Mal alle zu einem chinesischen Imperium zusammenschloß, dem er selbst vorstand. Als erbarmungsloser Eroberer schickte er die besiegten Herrscher und ihre Familien hinauf in seine Hauptstadt und ließ die von ihnen zurückgelassenen Paläste zerstören, um sie anschließend als Siegestrophäen rund um seinen eigenen Palast von neuem zu errichten. Außerhalb der Stadtgrenzen ließ er zudem ein riesiges Jagdgehege anlegen, den Shang-lin-Park, in dem er seltene Tiere, Vögel und Bäume hielt, die seine Vasallen ihm als Tribut liefern mußten. Damit gesellte sich zur bisherigen Rolle des Parks als Jagdgehege nun auch seine Funktion als Mikrokosmos des Reiches. Als die Dynastie Ch'in Shih Huangs im Jahre 207 v. Chr. unterging und das Reich von Kriegen und Aufständen erschüttert wurde, blieb der Shang-lin-Park unzerstört. Bereits als Symbol der kaiserlichen Macht akzeptiert, wurde er von der neuen Dynastie übernommen und in den berühmten Prosaliedern der Han-Literatur beschrieben.

Zum Lob des Kaisers bevölkerten die Verfasser dieser Werke seine Ländereien mit realen und phantastischen Geschöpfen aus allen Winkeln der bekannten Welt:

Einhörner aus Chiu Chen,
Pferde aus Ferghana,
Rhinozeros aus Huang Chih,
Vögel aus T'iao Chih.[7]

Allem Anschein nach wurde der Shang-lin-Park immer mehr zu einem magischen Diagramm, zu einem Symbol des Reiches *en miniature* – wenngleich er nach heutigen Maßstäben durchaus nicht klein zu nennen war. Die Dichter sprachen davon, daß das von Hügeln und Wäldern bedeckte Gebiet sich über tausend *li** erstreckte. Acht Flüsse aus den vier Himmelsrichtungen gelangten darin zur symbolischen Vereinigung: Von Norden, Süden, Osten und Westen kommend, wanden sie sich durch Wälder von Zimtbäumen und über weite Ebenen und wirbelten in wildem Aufruhr durch enge Schluchten. Ihre Wasser waren »voll von Fischen und Seeschildkröten«. Perlen und Halbedelsteine glitzerten in den Fluten. Schwärme von Vögeln flogen, kreisend und sich treiben lassend, in der Gischt.

In einer Folge meisterlich geschilderter Kontraste widmet sich Ssu-ma Hsiang-ju, der Hofdichter des Han-Kaisers Wu-ti, zunächst den unzähligen Blumen, von denen die Ufer übersät sind, und wendet sich dann den mächtigen Berggipfeln zu, die sich jenseits davon erheben. Im einen Augenblick sehen wir die Flüsse in ihrer ganzen majestätischen Länge, wie sie sich durch eine undeutliche und magische Landschaft winden, und schon im nächsten die winzigen Schuppen der Fische, die reglos in den Tiefen des Wassers stehen. In dieser Beschreibung, in der Mythos und Realität sich mischen und so die unendliche Fülle des Universums ahnen lassen, haben wir die erste Blütezeit des chinesischen Gartens als eines ganzen Katalogs der irdischen Beglückungen:

Die Sonne erhebt sich aus den östlichen Teichen
und geht zwischen den Hängen im Westen unter;
im südlichen Teil des Parks,
wo im tiefsten Winter das Gras wächst...
leben Zebras, Yaks, Tapire und schwarze Ochsen,
Wasserbüffel, Elch und Antilope...
Auerochs, Elefant und Rhinozeros.
Im Norden, wo mitten im Sommer
die Erde eisgesprenkelt und aufgebrochen ist...
schweifen Einhörner und Eber,
wilde Esel und Kamele,
Onager und Mahre...[8]

Auch wenn die kaiserlichen Parks in Wahrheit nicht ganz so ausgedehnt waren, wie diese Beschreibung vermuten läßt, so umschlossen sie doch ausgesprochen große Flächen und boten eine höchst abwechslungsreiche Szenerie. Seit der Han-Zeit enthielten sie zudem große Obsthaine, Bauernhöfe und Seen, die den Hof mit Lebensmitteln versorgten. Um das Bild zu vervollständigen, schlossen die Dichter Beschreibungen von Bergen in ihre Schilderung ein, die, fern und ehrfurchtgebietend, in Höhlen aufgebro-

* Ein *li* (chinesische Meile) entsprach etwa 1890 britischen *feet*, allerdings mit zeitlichen und örtlichen Schwankungen. Als Faustregel kann gelten: 1 *li* = ⅓ britische Meile = ½ km.

28 »Die geheimnisvollen Paläste der *Hsien* in den Bergen«, Seidentapete. Das taoistische Buch *Lieh Tzu* beschreibt die Inselberge der Unsterblichen im Östlichen Meer als bedeckt von Türmen und Terrassen aus Gold und Jade, die sich zwischen Bäumen aus Perlen und Granaten erheben (National Palace Museum, Taiwan).

29 Eingang einer Höhle, Kweilin. In den nadelspitzen Bergen um Kweilin gibt es viele weitläufige, natürlich entstandene Kalksteinhöhlen. Eine von ihnen, die mit ihren wie Orgelpfeifen angeordneten Gruppen von Stalagmiten besonders phantastisch wirkt, erstreckt sich mehr als 1600 m tief in den Berg. Zum Teil sind diese Höhlen erst in jüngster Zeit entdeckt worden, andere schon seit der T'ang-Zeit bekannt. Die Legende hat die unterirdischen Welten mit dem Land der Unsterblichen in Verbindung gebracht. Auch die künstlichen Felsen in den Gärten sind häufig mit Aushöhlungen versehen, Räumen oder »steinernen Häusern«, die nicht nur höchst geheimnisvoll anmuteten, sondern auch Schutz vor der unerträglichen Hitze des Sommers boten.

chen, den Gipfel in den Wolken verborgen, für den Kaiser und sein Gefolge von den hohen, die Bäume und Hügel überragenden Steinterrassen aus gut sichtbar waren. Diese Berge waren unerläßlich, wenn der Park ein getreues Abbild des Imperiums sein sollte, denn in China waren große Berge nicht nur als solche eindrucksvoll, sondern sie galten als das »Knochengerüst der Erde« – sie waren darüber hinaus auch Zentren der kosmischen Energie, Leitsysteme jener magischen Elektrizität, die sichtbare Blitze um ihre Gipfel jagte, während der Donner in den Klippen dröhnte und grollte. Seit Urzeiten wurden solche Berge mit Ehrfurcht, ja mit bangem Schrecken betrachtet, und zur Zeit der T'ang-Dynastie (618–907 n.Chr.) erreichte, wie wir noch sehen werden, die Hochachtung vor den Bergen eine schon fast spirituelle Intensität. Schließlich fanden Miniaturwiedergaben von Bergen einen Ehrenplatz am Pult jedes Gelehrten und in jedem Lustgarten. Tatsächlich spielen Berg und Fels bei den Chinesen eine so unübersehbare Rolle, daß es unsinnig wäre, über chinesische Gärten zu sprechen, ohne sich zunächst mit den Mythen sowie mit den Sehnsüchten zu befassen, die den Bergen über so viele Jahrhunderte hinweg ihre besondere Faszination verliehen haben.

Die Berge und die Legenden von der Unsterblichkeit

Im 5. Jahrhundert vor unserer Zeitrechnung beschrieb der Verfasser vieler *Ch'u-T'zu*-Elegien eine wundersame Reise in die sagenhaften K'un-lun-Berge des Westens. Seine seltsamen und leidenschaftlichen Gedichte schildern die Berge als Formen, denen eine außergewöhnliche Macht zukommt. Der Anblick der in einer Schlucht ineinandergeschlungenen und -gewundenen Äste eines Kassai-Zimtbaums erfüllt ihn mit Schrecken: »Wie steil und furchtbar sind die Berge! Mit Schaudern windet meine Seele sich durch sie hindurch und sucht sich ihren Weg.« Und doch, auch wenn er sich in Höhlen verkriecht, starr vor Entsetzen, erfüllen die Gipfel ihn mit einer Art bebender Faszination. Er erhebt sich hoch über die Wolken, halb ohnmächtig vor Schreck und Entzücken, als hätte Liebesglut ihn übermannt:

> Ich erstieg die felsigen Wände eines Steilhangs
> und stand am höchsten Punkt der Regenbogenfrau.
> Am Himmel weilend, auf dem Regenbogen eilend,
> weiter lief ich, bis ich die Himmel berührte.
> Ich schlürfte kühle Tropfen erfrischenden Taues
> und kühlte den Mund mit den feinen Flocken weißen Frostes.
> Ich trat, Ruhe suchend, in die Höhle der Winde,
> fuhr erwachend, nach Atem jagend, auf.[9]

Es ist nicht verwunderlich, daß die imposanten Formen der chinesischen Berge die Betrachter mit derartiger Ehrfurcht erfüllten. Chinesische Maler übertreiben nicht, wenn sie Steilwände darstellen, die unmittelbar aus der Ebene aufwachsen, oder Gipfel, die halb unsichtbar über scheinbar horizontlosen Seen treiben. Selbst heute lassen Reisende sich kaum jemals das berauschende Erlebnis entgehen, die Kunst in der Wirklichkeit bestätigt zu finden, etwa auf einer Bahnfahrt von Loyang nach Chengchow. Hier rattert der Zug unterhalb des geheiligten Hua-Shan-Massivs entlang. Zur Linken dehnt sich die Ebene über einen weiten Horizont, während zur Rechten der Hang steil ansteigt. Weit oben – viel höher, als man auf den ersten Blick glaubt – stehen die ausgezackten, violetten Berggipfel gegen den Himmel, hart wie Eisberge, die Umrisse schnellend und hüpfend wie die Flugbahn einer Lerche. Millionen Pilger müssen sich diese steilen Höhen hinaufgequält haben, unter denen lautlos der Nebel zieht. Berge wie dieser – einer von den insgesamt fünf Bergen, die sich an den vier Enden und im Zentrum der chinesischen Welt erhoben – erfuhren die Huldigung der Kaiser, deren »himmlisches Mandat« ihnen jeweils durch eine Pilgerreise zum großen Berg T'ai bestätigt wurde. Da sie überdies angeblich von den berühmten Unsterblichen der chinesischen Sagenwelt bevölkert waren, spielten die Berge immer auch in den Träumen derer eine Rolle, die nach Unsterblichkeit verlangten.

Die Unsterblichen oder *Hsien* waren zwar keine Götter, aber doch Zauberwesen, die sich mit der Luft verbinden und auf dem Rücken von Störchen fliegen konnten. Sie hatten ihre Paläste zwischen den Gipfeln des weit im Westen liegenden mythischen K'un-lun-Gebirges (des Himalaya) und auf gleichermaßen sagenhaften Inseln des östlichen Meeres, die sich in Nebel auflösten, sobald menschliche Wesen sich ihnen näherten. Letzten Endes ist es der Gedanke an die magischen Wohnstätten, der den

30 *In den Bergen von der Unsterblichkeit träumend*, Anonymus, 10. Jahrhundert. Ein taoistischer Eremit in seiner Berghütte lächelt im Schlaf: Er träumt, daß sein unsterblicher Körper mit dem Wind dahinfährt (Freer Gallery, Washington).

Felskompositionen und den seltsamen aufrecht stehenden Steinen der chinesischen Gärten zugrunde liegt.

Auch den in der Sommerhitze so angenehmen Höhlen in den Gärten wurde ein Moment der Unsterblichkeit assoziiert. Die *Hsien* bewohnten nämlich noch eine weitere zauberische Welt unter einem eigenen Himmel – weitläufige Grotten unter der Erde, die möglicherweise sogar die fünf großen Gebirge der Vorzeit miteinander verbanden. Einigen wenigen Menschen soll das Glück zuteil geworden sein, zu den Palästen dieser Unterwelt hinabzusteigen: Der Eingang ist so schmal, daß nur ein Kanu ihn passieren kann. Allmählich verbreitert er sich ... Mit blakenden Fackeln geht man den Strom entlang und hört dabei den Wind auf zehntausend Flöten blasen ... Nach einhundert *li* eine Bucht für Fische. Dann ein von Sonne und Mond erhelltes Universum. Friedliche Gräser, harmonische Wolken. Vögel antworten dem Zuruf von Menschen, Blumen lauschen den Besuchern. Es ist eine andere Welt.[10]

Diesen zauberischen Wohnstätten galt das besondere Interesse der Taoisten oder, um es genauer auszudrücken, jener, die auf der Suche nach Unsterblichkeit waren und sich etwa um das 1. Jahrhundert n. Chr. den Namen Taoisten gegeben hatten. Der Wunsch nach Unsterblichkeit war in China von alters her verwurzelt – eine optimistische Betrachtung des Lebens, sehr weit entfernt von der christlichen oder auch der buddhistischen Vorstellung von der Welt als einem Tal der Tränen. Die chinesischen Unsterblichkeitssucher erstrebten physische Unsterblichkeit, und dies zweifellos deshalb, weil es ihnen sicherer erschien, sich auf den Körper – wenn auch in einem verfeinerten Zustand – anstatt auf das weniger faßbare Fortleben der Seele zu verlassen. Ihr Ziel war nicht die absolute Unsterblichkeit, sondern eine bescheidenere Verlängerung des Lebens – etwa um zwei- bis fünfhundert Jahre.

Um dieses Ziel zu erreichen, stürzten sich die Taoisten in alle möglichen Aktivitäten, die der Verfeinerung des Körpers dienen sollten – Tätigkeiten, die so manchem Philoso-

phiehistoriker aus späterer Zeit eher als fauler Zauber erschienen. Das Programm schrieb nämlich nicht nur Atemübungen in der Art des Yoga und Abstinenz in bezug auf Getreide vor, sondern umfaßte auch höchst komplizierte sexuelle Praktiken mit zahlreichen (nach Möglichkeit unberührten) Partnerinnen und schließlich das Sammeln, Präparieren und Verzehren aller möglichen Kräuter. Auch Quecksilber war ein wichtiges Ingrediens, so daß sich das Lebenselixier häufig als tödlich erwies: Mindestens zwei Kaiser der Han-Dynastie starben, weil sie in ihrer Begeisterung zuviel von den unsterblich machenden Getränken genossen hatten. Immerhin aber trugen die Taoisten im Laufe der Jahrhunderte, in denen sie die Welt der Pflanzen und der Minerale im Gedanken an ihre Wundertränke durchstreiften, eine Fülle empirisch-wissenschaftlicher Erkenntnisse zusammen. Ihre Suche führte sie auch hinauf in die Berge, die sie einsam durchwanderten, um Kräuter und den lebensverlängernden Pilz *lung- chieh* zu sammeln.

Den Adepten des Tao kann man in der chinesischen Kunst in der Regel an den heiligen Pilzen erkennen, die irgendwo in seiner Nähe dargestellt sind. Zur Identifikation tragen zwei weitere Symbole bei, die er häufig mit sich führt. Das eine ist eine enghalsige, doppelte Kürbisflasche, ein Emblem der »anderen Welt der Unsterblichen«, das – im Muster der Kieswege oder in Form eines Durchgangs – oft in den Gärten erscheint. Das andere ist ein Bild der heiligen Berge, das an seinem Stab hängt. Solche Miniaturen spielten eine wichtige Rolle in der Suche des Taoisten nach der Unsterblichkeit. Durch die Wiedergabe eines Berges in verkleinertem Maßstab konnte er sich auf dessen magische Eigenschaften konzentrieren und Zugang zu ihnen finden. Je weiter die Reproduktion sich in ihren Ausmaßen vom Vorbild entfernte, desto größere magische Kraft konnte man von ihr erwarten – der Gedanke an den Koch, der seine Suppe einkochen läßt, um den konzentrierten Fond daraus zu gewinnen, liegt nicht fern. Miniaturwiedergaben wirkungskräftiger Schauplätze hatten also ursprünglich keine ästhetische, sondern eine praktisch-magische Funktion.

31

32

33

Noch heute haben Kenner in Japan und in Hongkong ihre Freude an winzigen Landschaften, die in flachen Ton- und Porzellanschalen angelegt werden. Im Mutterland China hat sich die verwandte alte Kunst der Zwergbaumzüchtung ebenfalls erhalten. Wohl ist die magische Bedeutung, welche die Taoisten in dieser Sitte des Verkleinerns erkannten, in Jahrhunderten einer verfeinerten Praxis und kunstverständigen Kritik verlorengegangen, und doch drängt sich der Eindruck auf, daß sich ein atavistischer Sinn für die magischen Ursprünge bei den Chinesen erhalten hat, wie tief er auch in das Unterbewußte gesunken sein mag. Die Verzwergung eines lebenden Baumes geschah dadurch, daß man das Steigen der Säfte verlangsamte, so wie die respiratorischen Übungen des *Hsien*-Taoisten das Strömen seines Atems durch den Körper verlangsamten. In beiden Fällen ging es darum, die Glieder zu drehen und zu strecken. Die kleinen Bäume entwickelten sich zu seltsam konturierten Formen, gebeugt wie die Körper derer, die in die »andere Welt«, die Welt der Höhlen, eintreten wollten, und dem Anschein nach so alt an Jahren wie die Unsterblichen selbst. In großen Gärten gibt es noch heute Areale, die eigens für die Züchtung solcher Miniaturen vorgesehen sind, und die berühmten Zentren der Gartenkunst wie zum Beispiel Suchow pflegen unter den Augen ganzer Scharen von Meistern dieser Kunst noch immer ihre eigenen Formen der Pflanzenbeschneidung.

Die Berge finden Eingang in den Garten

Als künstlerisches Motiv tauchten Berge – die Wohnstätten der Unsterblichen – zunächst an den Räuchergefäßen der Ch'in- und der Han-Dynastien auf. Aus Ton oder aus Bronze hergestellt und im letzteren Fall mit Gold eingelegt, verbargen ihre hinter- und übereinandergeschichteten Gipfel winzige Löcher. Wenn Weihrauch in ihnen

34

35

36

31 Moderner Baum in einer Shanghaier Baumschule. Der Stamm wurde gebogen und auf Draht geführt, um schließlich in diese Knotenform zu wachsen. Die alte Kunst der Topfkultur und der Verzwergung von Bäumen wird in China noch heute mit großer Sorgfalt geübt.

32 Ein zweihundertjähriger, noch tragender Granatapfelbaum im früheren Garten eines Mandschu-Prinzen in Peking.

33 Blumenständer in einer Pflanzenschule in Hangchow. Aus solchen zu phantastischen Formen verdrehten Wurzeln werden auch Tische und Stühle hergestellt. Man findet sie häufig in Gartenpavillons, wo sie an das seltsame und märchenhafte Land der Unsterblichen erinnern.

34 Stamm eines Baumes im Yu Hua Yuan (dem hinteren Garten der Verbotenen Stadt) in Peking.

35 Ecke eines Gartens in Suchow, in der ausschließlich Zwergbäume in Töpfen gehalten werden. Sie heben sich, entsprechend plaziert, wirkungsvoll von der weiß getünchten Mauer ab.

36 Miniaturlandschaft in einer Schale, hier im Bahnhof von Kanton ausgestellt. Auf den Gipfeln sitzen winzige Pavillons. Der Betrachter schrumpft in seiner Vorstellung und wandert zwischen ihnen umher, ohne die Unbequemlichkeiten einer wirklichen Bergwanderung ertragen zu müssen. Ganz puristische Kritiker lehnen die Miniaturhütten und winzigen Figuren in diesen »Gärten« als allzu wörtliche und die Vorstellungskraft beschneidende Zutat ab.

verbrannt wurde, zog der austretende Rauch wie parfümierter Nebel um die Klippen. Der in seiner Vorstellung winzig gewordene Betrachter konnte sich dann auf jene sagenhaften Inseln des östlichen Meeres versetzt fühlen, die von den dort Segelnden oft erblickt, aber niemals betreten worden waren.

Schon im 3. Jahrhundert v. Chr. hatte Chinas »großer Einiger«, Ch'in Shih Huang Ti, eine aus jungen Männern und Mädchen bestehende Expedition ausgesandt, die diesen Archipel suchen und das Geheimnis des ewigen Lebens von dort nach Hause bringen sollten. Denn trotz – oder vielleicht auch wegen – seiner überragenden weltlichen Erfolge konnte der Kaiser sich mit der Aussicht, sterben zu müssen, nicht anfreunden. An seinem Hof blühte der Schamanenzauber, und hier ist auch der Unsterblichkeitskult als historisches Phänomen zum ersten Mal faßbar.

Der große Eroberer starb schließlich in seinem Bett, aber seine Nachfolger ließen sich in der Verfolgung des gleichen Traumes von der Fruchtlosigkeit seiner Versuche nicht beirren. Unter den späteren Kaisern war es vor allem Han Wu-ti (141–86 v. Chr.), den dieser Gedanke beschäftigte. Unter seiner Ägide tauchten die ersten »Wiedergaben« der von den Unsterblichen bewohnten Berge in den kaiserlichen Parks auf. Wu-ti war überzeugt, daß es sich bei den Inseln der Unsterblichen nicht um einen Mythos handele. Wenn Ch'in Shih Huangs Suche erfolglos geblieben war, dann deshalb, weil die *Hsien* nicht wünschten, daß menschliche Besucher auf ihrem Paradies herumtrampelten. Anstatt sie an ihrem Ort aufzusuchen, beschloß Wu-ti daher, sie zu sich zu locken: Er würde auf dem Gelände, auf dem sein Palast stand, Nachbildungen der Wohnsitze der Unsterblichen anlegen und die drei Inseln, P'eng-lai, Ying-chou und Fang-chang, in so sinnbetörender Form neu erstehen lassen, daß die Unsterblichen sie für ihre wirklichen Wohnstätten halten mußten. Wären sie erst einmal hier, in den Gärten seines Palasts, dann würden sie sich vielleicht dazu bewegen lassen, die Geheimnisse der Langlebigkeit preiszugeben.

So ließ Wu-ti auf dem Areal des Ch'ien-Chang-Palasts zwei weitflächige Seen mit Inseln anlegen. Hier wurden Abbilder der märchenhaften Berge errichtet und »zu einem Muster« arrangiert. Dahinter ging der Blick auf die Jagdgründe in der Ferne. Auf den Inseln selbst pflanzte man Blumen, die auch im Winter blühten, legte Haine von »Geistbäumen« an und türmte zerklüftete Felsbrocken zu steilen Klippen auf. »Und überall wuchsen Pflanzen von mystischer Kraft, und in den Seen gab es riesige Fische, die sich manchmal in den Untiefen verfingen.«[11]

Ein fremdländischer Schamane gab die notwendigen technischen Anweisungen für den Bau entsprechend wirkungsvoller Gebäude. Zu seinen Empfehlungen zählten eine sich drehende Wetterfahne und ein Labyrinth von Korridoren und Pavillons mit nicht weniger als hundert Türen und tausend Fenstern. Auf hohen Säulen standen Statuen der Unsterblichen, die Schalen in die Höhe hielten, um den Tau aufzufangen – »über die Unreinheit des störenden (irdischen) Staubs hinauslangend nach dem klaren Elixier des reinen, transparenten *ch'i*« (des Taus, der hier mit dem lebenspendenden Atem, dem essentiellen Element aller Dinge, identifiziert ist).[12] Wie der Historiker und Poet Pan Ku ein wenig mißbilligend bemerkt, war der Kaiser von dem »windigen Wortschwall« des Magiers geradezu hingerissen und schuf »eine Wohnstätte für die Unsterblichen – nicht einen Ort, an dem die Sterblichen Frieden finden können«.[13] Dennoch waren die Märcheninseln des Han Wu-ti jahrhundertelang das Vorbild ungezählter Miniaturgebirge in den Gärten des ganzen Orients. In Japan entwickelten sich daraus schließlich die symbolischen Felsinseln in den Gartenseen, und in China sind Nachklänge der hochfliegenden Träume des alten Kaisers seit jenen Tagen in allen Gärten spürbar.

Die ersten privaten Lustgärten

Während Chinas Herrscher damit beschäftigt waren, die Unsterblichen in ihre Nähe zu locken, begannen viele ihrer glücklicheren Untertanen, sich ebenfalls Lustgärten anzulegen. An diesen Gärten sind von Anfang an zwei herausragende und einander entgegenstehende Tendenzen erkennbar: Sie waren entweder das schlichte »Refugium des Gelehrten« oder dienten der unverhohlenen und gekonnten Zurschaustellung des Reichtums ihrer Besitzer. In der Regel scheint sich der schlichte Gartentyp ohne große Umwege aus jenen Anpflanzungen von Obstbäumen und Harthölzern entwickelt zu haben, die wir schon aus *Shih-Ching*-Liedern kennen. Die kunstvoll gestalteten Gärten der reichen Privatiers orientierten sich dagegen an den kaiserlichen Parks. Und in der Regel – obwohl dies eine etwas freie Deutung des vorhandenen Anschauungsmaterials

37

38 Weihrauchgefäß in Form einer Berglandschaft, Han-Dynastie. Im alten China galten Berge als Sammelpunkt übernatürlicher Mächte. Fünf heilige Berge markierten die vier Enden und den Mittelpunkt der bekannten Welt. Hier siedelten sich mit der Zeit immer mehr öffentliche und private Heiligtümer und taoistische wie buddhistische Klöster an. Selbstverständlich stellten auch diese »Weihrauchgebirge« die magischen Wohnstätten der Unsterblichen dar (National Palace Museum, Taiwan).

37 Die Chinesen haben sich offensichtlich den Sinn für die Groteske, der den Europäern in nachmittelalterlicher Zeit abhanden gekommen ist, bis heute bewahrt. Phantastisch geformte Goldfische wie dieser werden im Shanghaier Zoo und im Chung-Shan-Park in Peking noch heute gezüchtet und finden großes Interesse. Ihre Augen auf den vergrößerten Membranen, die immer in leichter Bewegung sind, wenn die Fische schwimmen, gelten als schön, nicht als Entstellungen der Natur.

ist – wurde der kunstvolle Stil von Fürsten und Adligen sowie von den unter den Han-Kaisern zu Reichtum gelangten Kaufleuten bevorzugt, während der schlichte Garten eher die neue Schicht der Regierungsbeamten ansprach, die sich seit Beginn dieser Dynastie gebildet hatte. Später waren es dann die Nachkommen dieser Beamten, die den Privatgarten mit seiner Fülle von Bedeutungen weiterentwickelten. Wir sollten daher kurz abschweifen und der Frage nachgehen, wie es zur Entstehung dieser neuen Klasse der Bevölkerung kam.

Der Begründer der Han-Dynastie, Han Kao Tzu (206–195 v. Chr.), war kein Adliger. Als er an die Macht kam, wünschte er sich Amtsträger, die einerseits seine militärischen Befehlshaber in Schach halten konnten, andererseits aber in keinerlei Beziehung zu irgendeiner ehemals mächtigen Gruppe standen. Er fand sie unter den nichtadligen landbesitzenden Familien, die nun in die Hauptstadt strömten, um Regierungsposten zu übernehmen. Einen Zweig ihrer Familie ließen sie auf ihren ererbten Gütern auf dem Lande zurück. So entstand allmählich eine Beziehung zwischen der Stadt und dem Land, die – in China ebenso wie in England – immer als von entscheidender Bedeutung für die moralische Kraft der Elite angesehen worden ist. Nachdem sie sich in der Stadt niedergelassen hatten, hielten diese neuen Verwaltungsbeamten Ausschau nach einer Richtschnur für die Regierungsgeschäfte. Sie lehnten die strenge Linie Ch'in Shih Huangs ab und wandten sich statt dessen dem Konfuzianismus zu. Unter den Han wurde diese Philosophie zu einem wirksamen Instrument der kaiserlichen Herrschaft und zur verbindlichen Norm, an die sich der Staat und seine Verwaltungsbeamten hielten.

Daß diese Männer Gärten besaßen, wissen wir aus einer zufälligen Bemerkung über den großen Gelehrten der Han-Zeit, Tung Chung-shu (179–104 v. Chr.): Von ihm heißt es, er arbeitete so schwer an den konfuzianischen »*Frühlings- und Herbstannalen*«, daß er drei Jahre lang keine Zeit fand, seinen Garten aufzusuchen. Daß er überhaupt einen Garten besaß, wird nicht weiter kommentiert – nur daß sein Arbeitseifer ihm nicht gestattete, sich die Zeit für einen Besuch dort zu nehmen. Man kann daraus schließen, daß Gärten in der Schicht der gebildeten konfuzianischen Verwaltungsbeamten durchaus üblich waren und ihre Besitzer in der Regel die Zeit hatten, sich an ihnen zu erfreuen. Auch scheinen diese Gärten in einiger Entfernung vom Haus oder Arbeitsplatz der Besitzer gelegen zu haben, vielleicht außerhalb der Stadtgrenzen, aber leider sind uns weitere Einzelheiten darüber nicht bekannt. Dennoch kann man darüber spekulieren, auf welche Merkmale des Gartens ein guter Konfuzianer damals Wert gelegt haben könnte.

39 Seitenansicht einer Funeralcouch aus dem 6. Jahrhundert mit prächtigen Schnitzdarstellungen von Bäumen und Pavillons. Kopfsteingepflasterte Wege im Vordergrund führen zu interessanten Felsformationen, zwischen die Topfpflanzen gesetzt sind (Nelson Gallery, Kansas City/Missouri).

Der Bezug zum Konfuzianismus

Gewöhnlich gilt der Taoismus als diejenige chinesische Philosophie, der es am ehesten um den Menschen innerhalb der Natur zu tun ist. Aber auch Konfuzius stellte auf seine Weise einen Zusammenhang zwischen dem einfachen bäuerlichen Dasein und der ehrenhaften Lebensführung her, und damit hat auch er eine Lebenshaltung begründet, die in gewissem Umfang in der Gartenbaukunst zum Ausdruck kommt.

Konfuzius war überzeugt davon, daß die Landwirtschaft das Fundament des Staates sei, und erinnerte an das goldene Zeitalter der mythischen ackerbauenden Kaiser Yao und Shun, in dem höchste Verfeinerung und äußerste Schlichtheit in vollkommenem Gleichgewicht waren. Der Konfuzianismus hielt also einerseits große Stücke auf das Ritual, auf die Gelehrsamkeit und den »überlegenen Menschen«, verehrte andererseits aber auch die Tugenden des »Schlichten und Althergebrachten«, zu deren Bezeichnung ein einziges Wort diente.[14] Das wichtigste Ritual, das der Kaiser jährlich vollzog, war das Pflügen einer Furche als Zeichen seiner Verbundenheit mit dem Boden. Das Wohlergehen des Staates hing nach allgemeiner Auffassung von seiner persönlichen Rechtschaffenheit ab, und diese umfaßte die anspruchslose Schlichtheit des Bauern wie auch die hochkultivierte Lebensführung des Gebildeten.

Dieses konfuzianische Ideal fand ebenso seinen Ausdruck in den Gärten wie die eher mystischen Vorstellungen von der Unsterblichkeit: Es kommt nicht selten vor, daß man hinter einem geheimnisvoll anmutenden Berg auf eine von einem Aprikosengarten umgebene ländliche Hütte trifft. Im Sommerpalast bei Peking zum Beispiel steht auf dem Berg des langen Lebens noch heute eine Reihe ländlicher Bauten. Die Anlage ist jetzt zum Teil verfallen, aber zur Zeit des Kaisers Ch'ien Lung stand hier ein funktionierender kleiner Bauernhof. Die alte Kaiserinwitwe Tzu Hsi liebte es, ihre Damen sich mit den Hühnern auf ihrem Bauernhof abmühen zu sehen, und bei einem der jährlichen großen Feste der Kaiserin schritt man unter anderem zur rituellen Besichtigung der Maulbeerbäume für die Seidenraupenzucht.

In einigen der prächtigsten Gärten von Suchow finden sich Anspielungen auf die konfuzianische Schlichtheit auch in den Namen, die den Pavillons und Terrassen gegeben wurden. Im Chuo Cheng Yuan trägt eines der auf einer Insel im See stehenden Sommerhäuser die Bezeichnung »Überredung zur emsigen Bodenbearbeitung«, und in späterer Zeit empfahl ein Gelehrter – offensichtlich ganz ernsthaft – die Errichtung von Gärten sogar deshalb, weil ein Bauer, der an einem Regen von Frühlingsblüten vorbeikomme, dadurch daran erinnert werde, daß es Zeit zum Säen sei.

40 Der Pavillon der Freude und des Ackerbaus, ein schlichtes ländliches Gebäude zwischen Bäumen am Ostabhang des Wan Shou Shan (des Hügels des langen Lebens) im I Ho Yuan (Sommerpalast) bei Peking.

Die Gärten der Neureichen

Wenn über den Typ des schlichteren Gartens der konfuzianischen Edelleute der Han-Zeit nicht mehr diskutiert wurde, so waren die kunstvoller gestalteten Gärten noch immer selten genug, um Kommentare auszulösen. Der Kaufmann Yuan Kuang-han zum Beispiel verdankt das Fortleben seines Namens allein dem märchenhaften Garten, den er sich im Weichbild der Hauptstadt anlegen ließ. Er war der stolze Besitzer von achthundert Sklaven und eines schönen Terrains zu Füßen eines Berges, der wegen

41 *Auf einem Frühlingsausflug Gedichte verfassend*, dem Maler Ma Yuan (als Mitglied der Malakademie von Hangchow faßbar zwischen 1190 und 1224) zugeschrieben. Auch wenn die Landschaft »natürlich« wirkt, so legt doch das Vorhandensein des Tisches unter den Bäumen und des in der rechten Bildhälfte nur halb zu sehenden eleganten Pavillons den Gedanken nahe, daß dieser »Ausflug« in einem der Gärten der hier versammelten Gesellschaft stattfindet (Nelson Gallery, Kansas City/Missouri).

seiner ausgezeichneten Steine berühmt war. Hier ließ Yuan Kuang-han Bäche durch einen Park leiten, der sich in ost-westlicher Richtung über vier und in nord-südlicher Richtung über fünf *li* erstreckte. Der Park umschloß 43 anmutige Hallen und Terrassen, die durch offene Galerien miteinander verbunden waren – ein rechtes Gedränge selbst auf einem so großzügig bemessenen Areal. Wie die kaiserlichen Parks war auch Yuan Kuang-hans Garten mit seltenen Tieren und Bäumen bestückt. Hier flogen Papageien, streiften Rinder frei umher, bummelten tibetanische Yaks vorbei. Aber das bei weitem interessanteste Inventar war ein künstlicher Berg, der, wie es hieß, hundert Fuß hoch war – vergleichbar einem modernen zehnstöckigen Gebäude.[15]

Uns hat der Ruhm von Yuan Kuang-hans Garten die erste Erwähnung eines künstlichen Berges beschert, ihm aber wurde er zum Verhängnis. Möglicherweise erfüllte seine Extravaganz das Maß der Majestätsbeleidigung, etwa so wie Fouquets Palast in Vaux-le-Vicomte die Suprematie des Sonnenkönigs herausforderte. Oder der Kaiser fürchtete, die Unsterblichen könnten in den falschen Garten herabsteigen. Auf jeden Fall stellte Yuang Kuang-han – wie Fouquet – bald fest, daß er unter Bewachung stand. Sein Garten wurde enteignet, sein Besitz eingezogen, und am Ende verlor er sogar seinen Kopf.

Ungeachtet dieses Beispiels hat es in der chinesischen Geschichte auch weiterhin an extravaganten Gärten nicht gefehlt. Zahllose Nachahmer traten in Yuan Kuang-hans Fußstapfen und legten Parks an, die ihren Reichtum ostentativ zur Schau stellten – wenn es auch nicht allen so erging, daß sie am Ende alles verloren. In Wusih befindet sich heute ein noch sehr junger Garten, der in den zwanziger Jahren unseres Jahrhunderts angelegt wurde und diese Tradition beispielhaft belegt. Der inzwischen öffentliche Park wurde in den fünfziger Jahren um eine Reihe anmutiger Pavillons bereichert. Das Bemerkenswerteste an ihm ist aber eine Galerie, die dem gewundenen Ufer eines Teiches folgt und an einer Miniaturpagode aus Beton endet. Das andere Ende der Galerie führt an einem Berg aus Felsbrocken vorüber, der mindestens 2000 Quadratmeter bedeckt und etwa 6 Meter hoch ist. Für mich hat dieser Steinhaufen alle Merkmale der prahlerischen Zurschaustellung – grotesk erodierte und mit Beton zusammengehaltene Blöcke, unnötig schwere Anhäufungen, überdeutliche Ähnlichkeiten mit Tieren oder verkrüppelten menschlichen Wesen. Es ist ein Garten, der eher vom Reichtum als von der Sensibilität seines Erbauers zeugt und der weit entfernt ist von der Anmut und erlesenen Schönheit etwa des Wang Shih Yuan, den wir in Kapitel 1 betrachteten. Vielleicht liegt der Unterschied ganz einfach im Ziel des jeweiligen Gärtners begründet: hier der Wunsch, den eigenen Reichtum zur Schau zu stellen und Bekundungen des Erstaunens und der Verblüffung einzuheimsen, dort das Anliegen, das, was den Besitzer selbst entzückte, in den ihm zu Gebote stehenden Formen zum Ausdruck zu bringen und einen Ort zu erschaffen, den er selbst als schön empfand.

In vielen Fällen ließen sich die Motive wohl nicht sauber voneinander trennen. Der Schöpfer auch des allerschlichtesten Gartens wird kaum etwas gegen das Lob von seiten derjenigen einzuwenden haben, denen seine Bewunderung gilt, und die chinesischen Gärten waren, wie wir noch sehen werden, in erster Linie Orte des geselligen Beisammenseins und Treffpunkte der Dichter und Schriftsteller. Nicht zuletzt waren sie also dazu bestimmt, viele Menschen zu erfreuen. Das galt für das größte kaiserliche Terrain ebenso wie für die kleinste und schlichteste private Anlage.

Die nächste Etappe in der Entwicklung des chinesischen Gartens hatte einen nach-

haltigen Einfluß auf alle Kunstformen, insbesondere die Dichtkunst und die Malerei. Das hing mit der langen und quälenden Agonie der Han-Dynastie und mit dem damit einhergehenden Verlust des Vertrauens in die konfuzianischen Wertvorstellungen zusammen. Die Entwicklung berührte zunächst die privaten Gärten und erst später und in der Folge dieses Prozesses auch die kaiserlichen Parks. Da die letzteren bisher etwas stiefmütterlich weggekommen sind und andererseits die Entwicklung der Privatgärten an diesem Punkt ohnehin eine neue Richtung nimmt, werden wir sie in zwei getrennten Kapiteln behandeln, um keine allzu große Verwirrung anzurichten. Das nächste Kapitel enthält also die Geschichte der großen kaiserlichen Gärten bis zum heutigen Tag. Das daran anschließende Kapitel, das sich in großen Teilen auf die gleiche Zeitspanne bezieht, setzt mit dem Ende der Han-Dynastie ein und schildert die Entwicklung der privaten Gärten, und zwar der einfachen wie der großartigen, als eine eigene Tradition.

42 Felskomposition, Li Yuan, Wusih. Ein Labyrinth aus hoch aufgetürmten Felsbrocken, bekrönt von einem Pavillon aus Beton, zu dem sich mehrere Pfade durch eine »unterirdische« Höhle, durch Tunnel und tiefe Schluchten hinaufwinden. Entlang diesen Wegen sind in einiger Höhe und in einem gewissen Abstand voneinander besonders seltsam geformte Steine angebracht, deren Umrisse an Tiere denken lassen. Das Ganze wirkt in höchstem Maße künstlich und hat für westliche Augen nichts Anziehendes. Schön ist aber der Blick vom Gipfel des »Berges« auf den Garten und den See, der sich bis zum Horizont erstreckt.

3 Die kaiserlichen Parks

Am Morgen des 18. Oktober 1860 marschierte eine Abteilung britischer Soldaten aus einem der Stadttore von Peking, nahm auf der hundert Jahre zuvor für den Kaiser K'ang-Hsi angelegten gepflasterten Straße Kurs nach Norden und erreichte bei guter Zeit die beiden fächerförmigen Seen, die so angelegt waren, daß sie im Hochsommer an kühle Brisen denken ließen, die gegen die Eingangstore der kaiserlichen Gärten des Yuan Ming Yuan wehten. Zehn Tage zuvor hatte die gleiche Abteilung – als Teil einer sehr viel größeren Streitmacht aus französischen und britischen Truppen – diese Tore schon einmal passiert. Damals waren die Soldaten mit Beute – allen beweglichen Überresten dessen, was die Kaiser während eines Jahrhunderts gesammelt hatten – beladen gewesen, nachdem sie die Paläste geplündert, ihr kostbares Inventar in Stücke geschlagen und die Reste in den offenen Höfen verstreut hatten. Jetzt drangen sie erneut in die Gärten ein, ohne auf Widerstand zu treffen, und verteilten sich auf Befehl ihrer Offiziere über die gut 240 Quadratkilometer bedeckenden Wassergärten innerhalb der Umfassungsmauern. Dann legten sie Feuer an alles, was übriggeblieben war. Der zwei Tage lang wütende Brand zerstörte fast zwei Drittel der dreitausend Gebäude verschiedenster Art, die diesen Ort einst zum Gesprächsthema Europas und zu einem der glanzvollsten Schauplätze der Mandschu-Dynastie gemacht hatten.

Heute haben in England wohl nur die Sinologen und die Kunsthistoriker schon einmal etwas vom Yuan Ming Yuan gehört. In Peking aber erinnert man sich noch an ihn, denn gleich nördlich der Stadt kann man von schmalen Fahrradwegen aus in den sauber abgezirkelten Gemüsefeldern und kleinen Wäldchen aus neu angepflanzten Bäumen noch immer die Überreste eines kleinen Teils davon erkennen. Und von den Hügeln, die einst Inseln in den Wassern des Glücklichen Meeres waren, sind auch die Umrisse seiner Wasserläufe und Täler in den städtischen Lotosfeldern noch vage zu erkennen.

Ebenfalls noch vorhanden ist der I Ho Yuan, der nach dem Brand wiederaufgebaut wurde und im Westen als Sommerpalast bekannt ist. An Größe bringt er es nicht einmal auf ein Viertel der ursprünglichen Parks, aber seine Höfe und die Terrassen über dem großen künstlichen See vermitteln noch eine Vorstellung davon, wie die alten Gärten ausgesehen haben müssen. Manches erinnert aber auch noch an das Werk der Zerstörung: An den nördlichen Hängen des Wan Shou Shan (des »Berges des langen Lebens«) stehen noch einige Tempel ohne Dach und ein paar halb zerfallene schmutzigrote Mauern. Das sind, wie die Fremdenführer gerne erzählen, die Hinterlassenschaften der Engländer – einer sogenannten zivilisierten Nation, die, wie ein chinesischer Autor einmal schrieb, »Krieg führt wie die Barbaren«.[1]

Die Meinung der Gegenseite

Für den britischen Befehlshaber Lord Elgin war die Zerstörung des Yuan Ming Yuan allerdings ein notwendiges Übel, sogar von humanitären Gefühlen inspiriert. Die Chinesen hatten ihre englischen Kriegsgefangenen in entsetzlicher Weise gefoltert, und wie sich in diesem Konflikt Recht und Unrecht auch immer verteilten, Elgin war felsenfest davon überzeugt, daß man solche Schreckenstaten nicht ungerächt hinnehmen durfte. Indem er die kaiserlichen Gärten in Brand stecken ließ, so seine Überlegung, konnte er dem Kaiser – dem Mann, der letzten Endes die Verantwortung dafür

43 I Ho Yuan (Sommerpalast), Peking, Detail. Dieses Bild wurde von einem europäischen Maler gemalt, bevor der I Ho Yuan am Ende des 19. Jahrhunderts von englischen Soldaten in Brand gesteckt wurde. Der Blick aus der Vogelschau geht über die Siebzehn-Bogen-Brücke und den K'un-Ming-See nach Norden zum Wan Shou Shan (dem Hügel des langen Lebens). Die Form der Anlage hat sich bis heute erhalten, wenn auch einige Gebäude (darunter diejenigen, die sich auf dem Gipfel des Berges befanden) nicht wieder aufgebaut worden sind (British Museum, London).

trug – sein Mißfallen gezielt zur Kenntnis bringen, ohne daß die unschuldige Zivilbevölkerung unnötig ins Unglück gestürzt würde. Aber Lord Elgin wußte nicht viel von China. Für die Bewohner Pekings war es undenkbar, daß eine kleine ausländische Truppe überhaupt imstande sein könnte, den Kaiser von China zu strafen, und im übrigen hatten sie eine sehr viel plausiblere und erprobte Erklärung für den Brand.

Die Geschichte Chinas ist voll von zerstörten Gärten. Seit den frühesten Zeiten verbinden die chinesischen Volkssagen die zunehmend luxuriöse Lebensführung der Kaiser mit dem unvermeidlichen Niedergang der jeweiligen Dynastie, und häufig waren die Symbole dieses Wohllebens schöne Frauen und kaiserliche Parks. Die Geschichte hat diesen Zusammenhang bestätigt. Das Ende chinesischer Dynastien war nahezu immer begleitet von den Schreien der Frauen, vom Krach zusammenstürzender Felsaufbauten, vom Knistern und Prasseln des Feuers in den Pavillons.

In diesem Fall hatte erst kürzlich ein großer Bauernaufstand den ganzen Süden des Landes verwüstet, während Erzählungen von den jüngsten Ausschweifungen des Kaisers Hsien-feng die Runde auf den Marktplätzen machten. Als daher an jenem Oktobermorgen eine große Rauchwolke über den Türmen des Yuan Ming Yuan aufstieg und langsam ostwärts zu ziehen begann, während Splitter brennenden Holzes, Glut und Asche auf die Höfe und Gassen Pekings niedergingen, war dies in mehr als einer Hinsicht eine deutliche Bestätigung dafür, daß es mit der Mandschu-Dynastie zu Ende ging.

Luxus und Zügellosigkeit

Es ist durchaus möglich, daß die Ursprünge dieser Assoziation luxuriöser Gärten mit dem Niedergang des Kaiserhauses bis in die Zeit der frühesten chinesischen Dynastie zurückreichen – der ungesicherten und vielleicht mythischen Hsia-Dynastie, die um das Jahr 2500 v. Chr. ein ungutes Ende genommen haben soll. Wenn in späterer Zeit verantwortungsbewußte Minister entdeckten, daß ihr Monarch sich mit dem Gedanken trug, einen Garten zu bauen, unterließen sie es kaum jemals, ihn an den König Chieh zu erinnern, dessen sadistische Vergnügungen ihn den Thron gekostet hatten. Eine klassische Erzählung lautet, daß dieser König riesige Tröge voll Reiswein aufstellen ließ – für das Volk eine drückende Last – und daß seine bereits betrunkenen Höflinge bei dem Versuch, sich darüber zu beugen und daraus zu trinken, in diese Behälter hineinstürzten. In manchen Versionen wird aus den Trögen auch ein ganzer Teich aus Wein, den der König in einem von stets liebesbereiten Kurtisanen bewegten Boot befuhr.

Auch die nächste Dynastie, die Shang, verfiel dem luxuriösen Leben und ging etwa um 1050 v. Chr. zugrunde. Hier ist die Rolle der Gärten im Zusammenhang mit diesem Niedergang nicht zweifelhaft. Der Philosoph Menzius stellte in der Rückschau eine direkte Verbindung zwischen den üppigen Parks der Herrscher und ihrem moralischen Niedergang her – ein Zusammenhang, an den sich zu erinnern spätere Kaiser gutgetan hätten. »Sie rissen Häuser nieder, um Teiche anzulegen«, schrieb er, »und das Volk hatte keinen Ort, an dem es sich niederlassen konnte. Sie machten die Felder zu Parks und nahmen den Menschen damit ihren Lebensunterhalt«.[2] Dieser Verlust an Ackerland führte zum moralischen, dann zum sozialen und schließlich sogar zum physischen Zusammenbruch. »Mit der Vervielfachung der Parks, der Teiche und der Seen erschienen Vögel und Vierfüßler. Zur Zeit des großen Tyrannen Chou war das Reich wiederum in Unordnung.« Dieser Tyrann, eine Art chinesischer Nero, verbrachte seine Tage mit dem Erwerb von Pferden, Hunden und seltenen Gegenständen und hielt nächtens Orgien, er wies jeden Ratschlag zurück, und – was das Signifikanteste ist – er »dehnte seine Parks und Terrassen endlos aus«. Auch in diesem Fall waren die Parks das Symbol seiner Exzesse, die schließlich zum Zusammenbruch der Dynastie führten.

Interessanterweise lehnt Menzius die Landschaftsgestaltung nicht in Bausch und Bogen ab. In einer früheren Passage vergleicht er den großen Park des weisen und prächtigen Königs Wen von Chou mit dem kleineren des Königs Hsuan von Ch'i, der für das Volk ein sehr viel größeres Unglück darstellte. Der erstgenannte bedeckte zwar nicht weniger als 70 *li* und enthielt eine künstliche Terrasse sowie einen ebenfalls künstlichen See, doch scheinen diese dem Volk zugänglich gewesen zu sein und wurden produktiv genutzt: »Als die Ling-Terrasse gebaut wurde«, sagte ein späterer Kaiser, »kam das einfache Volk und erfreute sich daran. Als der Ling-Teich gemacht wurde, gab es Fisch in Fülle.«[3] Das Wort Ling bedeutet soviel wie »mana« und bezieht sich auf eine

44 Marmorterrasse im Yu Hua Yuan (dem hinteren Garten des Kaiserpalasts), Peking. Dieser zwischen Bäumen gelegene marmorne Freisitz bewahrt noch eine schwache Erinnerung an die königlichen Terrassen der Frühzeit. In den Felsbrocken darunter verbirgt sich ein Stallgebäude, das sich (auf der anderen Seite) auf ein kleines Freigehege öffnet. So konnten die Besucher des Gartens die Tiere, die hier gehalten wurden, beobachten. Solche Menagerien waren in großen Gärten nichts Ungewöhnliches – ein weiterer Hinweis darauf, daß die Ursprünge in den kaiserlichen Jagdgründen zu suchen sind.

gütige Macht, die sich in China häufig in gebieterisch aussehenden Felsbrocken und anderen natürlichen, wenn auch ungewöhnlichen Phänomenen manifestierte. Hier ist damit gemeint, daß See und Terrasse, von ihrem ästhetischen und ökonomischen Wert für die Menschen abgesehen, auch magische Eigenschaften besaßen. Als Ausdruck des Bestrebens eines Herrschers, seinen Reichtum – den weltlichen wie den übernatürlichen – den Untertanen zugänglich zu machen, erschien König Wens Park dem Philosophen Menzius als ein angemessenes Herrschaftssymbol.

Aber die Herrschaft des Königs Wen war eine Ausnahme. Typischer war – zu einem viel späteren Zeitpunkt – die Geschichte der Sui-Dynastie, die China 581 n. Chr., nach Jahren der Zersplitterung, wieder unter einer Herrschaft vereinigte. Jetzt bestätigten sich Menzius' schlimmste Befürchtungen im Hinblick auf die über alle Maßen verschwenderischen Lustgärten. Der Begründer der Sui-Dynastie war ein harter, entschlossener, knauseriger Beamter, der alle seine Kräfte darauf richtete, das Reich wieder zusammenzuführen. Sein Erbe dagegen war von ganz anderem Schlag. In die Geschichte eingegangen als Sui Yang-ti, verstand er seine imperiale Stellung als eine Möglichkeit, seine größenwahnsinnigen Vorstellungen ungehindert auszuleben. Er sandte drei große militärische Expeditionen aus, um Korea zu erobern, und befahl den Bau eines riesigen Kanals, der das Reisanbaugebiet im Süden mit den großen Städten des Nordens verbinden sollte. Sofort nachdem er den Thron bestiegen hatte, begann er mit dem Bau von Loyang, einer zweiten östlichen Hauptstadt, die neben die alte Kapitale seines Vaters, Chang-an, treten sollte. In dieses Projekt schloß er einen Landschaftsgarten von rund 120 km Umfang ein, um die Macht und den Ruhm seines Hauses zu versinnbildlichen und den Vergleich mit den Gärten der Han zu wagen, ja sie sogar zu übertrumpfen.

In dem Garten wurde auf seinen Befehl ein rund 10 Kilometer langer See angelegt. Aus seiner gläsernen Fläche erhoben sich, verschwenderisch mit Pavillons versehen, drei »Inseln der Unsterblichen«, die diejenigen Han Wu-tis nachahmten. Wasserwege verbanden den See mit anderen Teichen und Flüssen, um die fünf Seen und die vier Meere des geordneten Universums anzudeuten. Das Ufer zog sich durch eine Landschaft der »tausend Aussichten und einer vielfältigen Schönheit, wie sie in der Welt der Menschen nicht ihresgleichen hatte«.[4] Um die Hügel und Täler dieses riesigen Areals zu bevölkern, konfiszierte er kraft einer kaiserlichen Proklamation alle seltenen Pflanzen aus den angrenzenden Territorien einschließlich voll ausgewachsener Bäume, die auf eigens dafür konstruierten Karren in den Park gebracht wurden. Innerhalb weniger Jahre »hatten sich Pflanzen, Bäume, Vögel und Tiere des Gartens bis an die Schwelle des üppigsten Reichtums vermehrt. Pfirsichalleen und von Pflaumenbäumen gesäumte Wege trafen im eisvogelgrünen Dunkel zusammen. Goldgelbe Gibbons und junges Hochwild sprangen eilig vorbei ...«

Soweit scheint der Bericht den wiedererstandenen Glanz der Han-Periode zu schildern, die festlich-feierliche Wiederherstellung der Einheit unter der kaiserlichen Herrschaft. Doch wurde der Park rasch zum Synonym für fremdländische Extravaganzen. Als junger Mann war Sui Yang-ti zum Vizekönig von Südchina gemacht worden und hatte hier, wie die Leute im Norden sich erzählten, Geschmack am luxuriösen Leben gefunden. Anstatt die alten Jagdhütten zu imitieren, wie sie zur Zeit der Han-Dynastie ausgesehen hatten, ließ er auf seinem neuen Vergnügungsgelände nun sechzehn Wasserpaläste errichten, die gleich einem Perlenhalsband den Seen und Wasserwegen anlagen, jeder umgeben von einem eigenen Garten, der noch reicher und kunstvoller gestaltet war als der umliegende Park. Kein Einfall blieb ungenutzt, um diese kleineren Gärten zu jeder Zeit vollkommen erscheinen zu lassen: »Im Herbst, wenn die Blätter von den Ahornbäumen gefallen waren, wurden Bäume und Büsche mit Blättern und Blüten aus glitzernden Geweben geschmückt. Zusätzlich zu den echten Lotospflanzen wurde der See mit künstlichen Lotosblüten verziert, die man ständig erneuerte.«[5] Die Paläste waren nur auf dem Wasserweg zu erreichen mit Hilfe kaiserlicher Boote, deren Bug sich in Form eines Drachenkopfes nach oben wand. Zu jedem Palast gehörten zwanzig ausgewählte Konkubinen, die sich auf das Singen, das Musizieren, das Reimen, das Tanzen und selbstverständlich auch auf Unterhaltung von animalischerer Art verstanden. Zerstreuung war auch in Gestalt einer ganzen Reihe von Automaten geboten: So ließ man die Gäste am Ufer eigens für diese Zwecke konstruierter Kanäle Platz nehmen, während halbmetergroße aufwendig gekleidete mechanische Figuren in Booten an ihnen vorüberglitten. Manche der Automaten stellten singende Mädchen dar, andere führten nicht weniger als 72 verschiedene Szenen aus dem chinesischen Sagengut und der chinesischen Geschichte auf.

Die Überlieferung klingt glaubhaft, daß »eine Million« Menschen am Bau dieses Parks arbeiteten. Einer Quelle zufolge ließen fünf von zehn bei seiner in fieberhafter Eile betriebenen Errichtung ihr Leben, und ein ebenso großer Anteil kam beim Bau des großen Kanals und bei den verheerenden Feldzügen gegen Korea ums Leben.[6] Im Jahre 616 n. Chr. brach der unvermeidliche Aufruhr der Volksmassen aus. Der Kaiser zog sich in die am Zusammenfluß des großen Kanals und des Yangtse gelegene Stadt (das heutige Yangchow) zurück und überließ es seinen Generälen, sich um das Reich zu streiten. Im Jahre 618 n. Chr. wurde er von seiner eigenen Leibwache ermordet, die zuvor schon seinen Lieblingssohn erstochen hatte.

In ihrer archetypischen Dimension liest sich Sui Yang-tis Geschichte wie ein Sittenbericht; und tatsächlich ist in den 37 Jahren der Sui-Herrschaft auch die Geschichte aller anderen Dynastien in Teilen enthalten. Es ist daher nicht weiter verwunderlich, daß der Gründer der neuen T'ang-Dynastie (618–907 n. Chr.) sich sogleich und in aller Entschiedenheit gegen die Landschaftsgestaltung wandte, ja daß er sogar seine Offiziere und Verwandten in warnender Absicht auf eine Expedition zu den zerstörten Palästen seines Vorgängers mitnahm: »Ich wünsche nicht, daß ihr Teiche graben oder Gärten anlegen laßt! Oder euch auf Kosten der Bauern Vergnügungsparks errichtet! Ich verbiete es, daß ihr euch euren Neigungen überlaßt!«[7] Seine Worte waren in den Wind gesprochen. Er selbst hielt es für angebracht, sich einen »Palast des großen Glanzes« im Einklang mit seinen imperialen Ansprüchen zu bauen und ihm ein großes Terrain für die höfischen Lustbarkeiten anzugliedern. Innerhalb weniger Generationen waren seine Nachfolger und deren Berater zu dem alten Spiel zurückgekehrt und wetteiferten miteinander in der verschwenderischen Fülle ihrer Gärten.

Neue Facetten der kunstvollen Gestaltung

Die Geschichte der Gärten und untergehenden Dynastien nahm ihren Fortgang bis zum Brand des Yuan Ming Yuan mehr als zwölfhundert Jahre nach dem Ende Sui Yang-tis. Wohl unterschieden sich die Anlagen in Größe und Pracht, aber alle folgenden kaiserlichen Lustgärten erstreckten sich über ein sehr großes Areal, und bis zum Ende bargen sie auch ausnahmslos exotische Pflanzen und Tiere als Symbol für den Reichtum des Landes. Doch bestimmten im Laufe der Jahrhunderte auch andere Themen ihre Entwicklung, am nachhaltigsten die Vorstellung vom »Refugium des Gelehrten«. Wie wir im nächsten Kapitel sehen werden, war dieser Gedanke – der zumal nach dem Niedergang der Han-Dynastie an Bedeutung gewonnen hatte – in mehr als einer Hinsicht eine Reaktion auf die extravaganten Gärten. Allmählich jedoch fand das Ideal des Gartens als eines schlichten, aber raffinierten ländlichen Zufluchtsorts selbst in den luxuriösesten kaiserlichen Parks seinen Ausdruck.

So beschloß beispielsweise Ende des 7. Jahrhunderts die berühmt-berüchtigte Kaiserin Wu (übrigens die einzige Frau, die jemals den uneingeschränkten Titel einer Kaiserin innehatte), das einfache Leben zu bevorzugen. Sie fand großen Gefallen an einem Palast in den bewaldeten Bergen von Shensi, rund hundert Kilometer nördlich ihrer Hauptstadt gelegen, wohin sie sich im Sommer begab und wohin ihre Minister ihr höchst ungern folgten. Der Park erstreckte sich über ein weites bebaubares Land. Er besaß keine Umzäunung, war ein Versteck für Räuber und schwierig zu erreichen. Zudem war er als Unterbringungsort ungeeignet; der halbe Hofstaat mußte sich zum Schlafen in Grashütten einrichten. Und von hier aus sollten die Geschäfte des Reiches so reibungslos geführt werden wie von der Hauptstadt aus! Im Jahre 700 beschwerten sich die Minister: Die Situation sei unmöglich. Aber anstatt ihren ländlichen Palast aufzugeben, nutzte die Kaiserin diese hochwillkommene Gelegenheit und ließ das ganze Anwesen mit riesigen Kosten neu herrichten. Den Ministern blieb kaum etwas anderes übrig, als der Dame zu danken, die ein so großes Interesse an ihrem Wohlergehen bekundete.

Nur wenige Männer brachten den Mut auf, gegen die kaiserlichen Extravaganzen zu protestieren. Joseph Needham erzählt die Geschichte des Zensors Chen Chih-Chieh, der dem T'ang-Kaiser Ming Huang im Jahre 747 n. Chr. eine eindringliche Ermahnung wegen dessen Wassergärten zukommen ließ. Eine Zeitlang erhielt der Minister keine Antwort und geriet deshalb zunehmend in Sorge. Schließlich wurde er an einem der heißesten Sommertage – und im Zentrum Nordchinas bedeutet das die Hitze eines Backofens – um die Mittagszeit in eben jene Gärten zitiert, die er gerügt hatte. Aus der Geschichte geht eindrucksvoll hervor, wie diese Gärten beschaffen waren:

Der Kaiser befand sich in der Kühlen Halle, hinter seinem Sitz trieb das Wasser die Fächer-Räder an, und kühle Luft spielte um seinen Nacken und seine Gewänder. Chen Chih-Chieh hatte sich auf einem steinernen Stuhl niederzulassen. Ein ferner Donner grollte. Die Sonne war den Blicken verborgen. Wasser stieg in den vier Ecken auf und fiel, Wänden gleich, klatschend wieder herab. Die Sitze waren eisgekühlt, und Chen erhielt Getränke, die ihm das Mark in den Knochen gefrieren ließen. Er schlotterte, und in seinen Gedärmen rumorte es. Immer wieder bat er, sich entfernen zu dürfen – während der Kaiser nicht aufhörte zu schwitzen –, und gelangte schließlich gerade noch bis zum Tor, bevor er sich in der entwürdigendsten Weise erleichtern konnte.[8]

Gärten der feinen Lebensart, der Musik und der Liebe

Dieser Kaiser, Ming Huang, hatte den Thron 28jährig im Jahre 712 bestiegen. Er war ein vitaler, kluger und entscheidungsfreudiger Mann, der sich der eigenen Rolle und der Bedeutung seines Reiches sehr wohl bewußt war. In diesem Verständnis hatte neben dem Streben nach territorialer Größe auch die Förderung der Künste Platz. Der Kaiser selbst unterrichtete im Birnengarten-Konservatorium die Hofmusiker, und an seinem Hof blühte die Dichtung wie niemals zuvor und niemals wieder in China. Tatsächlich verstand es dieser bemerkenswerte Kaiser, in den ersten fünfzehn Jahren seiner Regierung ein Gleichgewicht zwischen der Förderung der Künste und seinem persönlichen Luxus zu wahren, das seinen Hof zu einem Muster an Eleganz und Anmut machte. Dann, so berichten die Geschichtenerzähler, verliebte er sich. Die Dame, eine kostbare kaiserliche Konkubine mit Namen Yang Kuei-fei, gehört zu den vier berühmtesten Schönheiten der chinesischen Geschichte, denn um ihretwillen verschleuderte Ming Huang sein Reich.

45 Die Hua-Ching-Quelle bei Sian (dem alten Chang-an), Shensi. Die Gebäude sind modern, aber noch heute kommen Besucher, um hier wie zu Zeiten der Yang Kuei-fei zu baden.

Je älter der Kaiser wurde, desto größer wurde seine Verliebtheit, und er vernachlässigte nicht nur die Regierung seines Staats um der Gesellschaft seiner Mätresse willen, sondern gab auch jeder ihrer Launen nach. Bald hatten ihre zahllosen Verwandten alle einflußreichen Positionen besetzt, und der Kaiser verbrachte seine Tage damit, die entzückendsten Paläste für seine Dame und ihre Schwestern zu errichten. Jeder besaß seinen eigenen kunstvollen Garten, der sich im Stil und in den Details deutlich von den natürlicheren kaiserlichen Parks jenseits der Stadtmauern unterschied.

Einer der berühmtesten dieser Gärten ist noch heute vorhanden, wenn auch aus den Zeiten der Yang Kuei-fei nichts übriggeblieben ist. Er liegt rund 30 Kilometer östlich des heutigen Sian auf dem Areal der alten Gärten rund um die Hua-Ching-Quelle, die schon tausend Jahre vor Ming Huangs Ankunft an diesem Platz berühmt gewesen war. Dort, so schreibt ein Autor unserer Tage, »errichtete (Ming Huang) eine naturgetreue bergige Insel aus Lapislazuli, um welche die Mädchen seines Serails in Booten aus Sandelholz und Lack herumruderten. Dieses kostbare und prachtvolle Beispiel der Landschaftsgestaltung stellte den Höhepunkt der aristokratischen Lebensart in den Gärten dar.«[9] Hier sollen übrigens die Dienerinnen ihre Herrin Yang Kuei-fei in einem Marmorbecken gebadet haben, während der betörte Kaiser durch ein verborgenes Fenster zuschaute.

Trotz seiner mit den Jahren zunehmenden Verweichlichung war Ming Huang ein bedeutender Monarch, und seine Regierungszeit (712–756 n. Chr.) gilt als eine der Blütezeiten der chinesischen Zivilisation. Der kultivierteste von allen chinesischen Kaisern ist nach einhelliger Meinung der Gelehrten aber wohl Hui-tsung (1100–1126 n. Chr.) aus der nachfolgenden Dynastie gewesen – ein außergewöhnlich vornehmer Mann, ein anerkannter Maler und ein Gartenkünstler, der alle anderen in den Schatten stellte. Doch zahlte das Reich – wie lange vorher für Ming Huang – einen hohen Preis für ihn. Beide Kaiser dankten ab, und beide starben im Elend – gescheitert als Herrscher wie als Menschen.

Die Katastrophe der Regierung Ming Huangs bedeutete allerdings noch nicht das Ende der T'ang-Dynastie. Nach nur achtjähriger Unterbrechung wurde sie wiederhergestellt und bestand nach dem Abgang Ming Huangs noch weitere hundertfünfzig Jahre. Die Sung-Dynastie verlor dann aber unter Hui-tsung den ganzen Norden Chinas endgültig an die halbwilden Jurchen. Der Zusammenbruch war in einem weder zuvor noch danach gekannten Ausmaß die Folge der kaiserlichen Passion für die Landschaftsgestaltung. Es ist in der Tat eine Ironie der chinesischen Geschichte, daß gerade dieser kultivierte Monarch so unvergleichlich seine Zivilisation um eines Gartens willen opferte.

46

47

46 *Vögel und Blumen,* ein dem Kaiser Hui-tsung aus der Sung-Dynastie zugeschriebenes Bild (Detail). Duft und Geschmack werden durch die blühenden Gardenien und die Lychee-Früchte angedeutet, die Töne durch die anmutig dazwischengesetzten kleinen Vögel (British Museum, London).

47 *Literarische Zusammenkunft* (Detail), dem Kaiser Hui-tsung zugeschrieben. Für das Fest im Freien hat man Tische im kaiserlichen Park aufgestellt. Der Schauplatz erinnert deutlich an den Hintergrund des Bildes mit dem Titel *Acht Reiter im Frühling* (National Palace Museum, Taiwan).

48 Ein natürlicher Hügel in Kweilin, in den künstliche Stufen, von Moos und Laubwerk halb verdeckt, eingehauen sind. Einen ähnlichen Anblick hatte wohl der Kaiser Hui-tsung im Sinn, als er seinen künstlichen Berg errichten ließ.

Hui-tsung und die Petromanie

Hui-tsungs eigentliche Begabung lag zweifellos auf dem Gebiet der Malerei. Seine zarten farbigen Vogel- und Blumenstudien gehören zum Schönsten, was die chinesische Kunst hervorgebracht hat, und von seinen Tuschebildern hieß es, sie seien von »göttlicher« Qualität. Seine bevorzugten Themen hatten einen ganz spezifischen Bezug zu Gärten oder doch zumindest zu Elementen der Natur, wie sie in den Gärten zu finden waren – eine wohlgenährte weiße Taube, die sich inmitten von Pflaumenblüten aufplustert, ein Sittich auf einem Pfirsichzweig. Es sind erlesene Kunstwerke, denn Hui-tsung war ein unerbittlicher Perfektionist. Er pflegte die Mitglieder der kaiserlichen Malakademie in den Palastgarten zu führen, damit sie ihr Thema dort aus erster Hand studieren konnten, und er war ein fanatischer Realist. Er soll einmal das Bild eines Fasans zurückgewiesen haben, weil der Künstler nicht bemerkt hatte, daß dieser Vogel, wenn er an eine Bodenerhebung gerät, immer zuerst den rechten und nicht den linken Fuß hebt. Die gleiche Besessenheit kennzeichnete auch seine Planung des kaiserlichen Gartens in Kaifeng; denn wenn die Malerei sein größtes Talent war, so bildete die Gartengestaltung seine anhaltende Leidenschaft.

Wie andere kaiserliche Landschaftsgestalter vor ihm hatte auch Hui-tsung den ganzen Reichtum des Landes zur Verfügung, und seine Inspirationen holte er sich aus der langen Tradition der kaiserlichen Parks mit ihren Inseln der Unsterblichen und ihren Sammlungen von Raritäten aus dem ganzen Imperium. Daneben hatte er zwei weitere Vorbilder, die in seiner Epoche einen Höchststand erreicht hatten: Das eine war der Typ des kunstvollen, in hohem Maße dekorativen Gartens der hohen Amtsträger und der Adelsfamilien, das andere waren die schlichten, naturalistischen Schöpfungen der Dichter und Philosophen, die schon den Geschmack der Kaiserin Wu beeinflußt hatten. Beide sehr unterschiedlichen Überlieferungen der Gartengestaltung hatten eine Blüte in der vorigen (der T'ang-Dynastie) und auch in den ersten Jahren von Hui-tsungs eigener Dynastie erlebt. Alle drei Traditionen fanden nun Eingang in seine neue Gestaltung. So gab es wie in allen kaiserlichen Parks Bäume und Tiere aus dem ganzen weiten Reich, darunter Lychees aus dem Süden, Goldfasanen und Wild in den üblichen erstaunlichen Mengen. Aber es gab auch etwas weniger Extravagantes – einen nützlichen Kräutergarten sowie einen landwirtschaftlichen Betrieb, wo Bohnen und Getreide angebaut wurden. Das erinnerte die Betrachter an die einfachen Freuden des Ackerbaus – ungetrübt natürlich von jeder Kenntnis harter und mühevoller Arbeit.

Gemessen an anderen kaiserlichen Gärten, war derjenige des Kaisers Hui-tsung nicht besonders groß. Er barg aber ein höchst spektakuläres Element – das zwar seit der Han-Dynastie in den chinesischen Gärten eingeführt, hier jedoch in einem zuvor nicht gekannten Umfang zu besichtigen war. Hui-tsung war nämlich vor allem ein Liebhaber der Steine, ein Petromaniker höchsten Grades; und was er nun nordöstlich seiner Hauptstadt – die sich inmitten einer weiten Ebene erhob – errichten ließ, war die gigantische Nachschöpfung einer bergigen Landschaft, ein künstlicher Steinhaufen von einem Umfang von mehr als 10 *li*, von »zehntausend Gipfeln«, mit Hügelketten, Klippen, tiefen Rinnen, Böschungen und Schluchten. An manchen Stellen erhob sich das Gebilde rund 75 Meter über die umgebende Landschaft, an anderen fiel es zwischen Vorbergen aus ausgehobener Erde und Schotter bis in Teiche, Wasserläufe und dichte Pflaumen- und Aprikosenwäldchen ab.

Vier zeitgenössische Schilderungen dieses erstaunlichen Ortes haben sich erhalten, darunter eine vom Kaiser selbst verfaßte. Diese Beschreibungen stimmen nicht lückenlos überein, aber sie lesen sich gut. Im Osten, so scheint es, konnte der Kaiser von einem hohen Bergkamm aus weit über die Wipfel von tausend Pflaumenbäumen schauen, deren Duft im Frühling mit der warmen Luft heraufdrang. Umschlossen von all diesem Wohlgeruch, lagen verschiedene Gebäude, darunter die »Halle der Blume mit dem grünen Kelch«, eine Bibliothek und ein Rundpavillon für die Unsterblichen. Über steinerne Stufen, die sich durch die Klippen nach oben wanden, gelangte man an den Rand eines steilen und schimmernden Abgrunds aus rotem Gestein. Wenn der Kaiser diesen Weg nahm, öffneten beflissene Untergebene ein Schleusentor im Hügel, und sogleich stürzte ein künstlicher Wasserfall neben ihm die Felsen herab. Von dieser Stelle aus muß es im Frühling so ausgesehen haben, als schwebten die entfernten Berggipfel über den blühenden Obstgärten. Ihre Umrisse erhoben sich einer über den anderen und teilten sich schließlich in zwei Gipfel – einer im Osten und einer im Westen –, die gemeinsam unter dem Namen »Berg des langen Lebens« bekannt waren.

Noch wunderbarer als dieser allgemeine Eindruck aber waren die Ansammlungen

49 Ein Baum in der Baumschule von Hangchow, der in seiner Form an einen Hirsch erinnert. Hirsche sind in China ein Symbol für Langlebigkeit. Hui-tsungs zu Drachenform verknotete Kiefern mögen dem hier abgebildeten Baum ähnlich gewesen sein.

phantastisch geformter Steine, die sich an verschiedenen Stellen gleichsam aus dem Hang herauswanden: Entlang einem Kamm, der den Berg des langen Lebens mit einem anderen, südlich davon gelegenen Steinhaufen verband, waren zum Beispiel Felsbrokken, die an Tiere und bizarre Köpfe erinnerten, so plaziert, als seien sie an Ort und Stelle von den Sturzbächen skulptiert worden: »Sie hatten alle möglichen seltsamen Formen, sie glichen langen Hauern, Hörnern, Mündern, Nasen, Köpfen, Schwänzen und Klauen. Sie schienen zornig zu sein und einer gegen den anderen aufzubegehren. Dazwischen waren knorrige Bäume, Kletterreben und immergrüne Pflanzen gesetzt.«[10] In einiger Entfernung davon hatte die gleiche Lust an der Groteske ein Arrangement phantastisch konturierter Kiefern hervorgebracht, »deren Zweige ... sich umeinander wanden und zu allen möglichen Formen verknoteten, zu Dachvorsprüngen, Kranichen und Drachen«.

Die allerschönsten Steine waren entlang der kaiserlichen Fahrtroute am Westeingang des Gartens aufgestellt. Einer von ihnen, rund 17 Meter hoch, stand mitten auf der Straße, ein kleiner Kiosk aus Felsbrocken zu seiner Bewachung daneben. »Andere Steine am Rand hatten alle möglichen Formen. Manche sahen aus wie Minister, denen der Kaiser eine Audienz gewährt. Sie waren feierlich, ernsthaft, sie zitterten und zeigten große Ehrerbietung. Manche beugten sich nach vorn, als hätten sie irgendeinen wichtigen Rat oder einen bedeutenden Gedanken vorzutragen.«[11] Hui-tsung war von diesen seltsamen anthropomorphen Steinen so hingerissen, daß er ihnen Namen gab und diese in sie eingravieren ließ. Die schönsten Steine trugen ihren Namen in goldener Schrift, und um sie herum gruppierten sich geringere Steine wie Höflinge.

Vom höchsten Punkt der ganzen Anlage aus schaute der Kaiser auf eine Art Mikrokosmos des Universums. Sein Blick ging über den Graben auf die Weinhandlungen und Bambushaine der Vorstädte, die sich dort unten ausbreiteten, »als lägen sie auf der Handfläche«, und traf auf allen Seiten auf »Gipfel, Höhlen, Kioske, Pavillons, ausgewachsene Bäume und Grashalme, manche hoch, manche niedrig, manche fern, andere nah; manche blühend, andere vergehend.«[12]

Schönheit als Bestätigung der Tugend

Hui-tsungs liebster Zeitvertreib nach seinen Amtsgeschäften bestand darin, in diesem Garten umherzugehen. Hier konnte er, ohne sich den Mühseligkeiten einer Reise auszusetzen, eine solche Fülle anregender und schöner Eindrücke sammeln, daß er darüber (wie er behauptete) all seinen Pomp und Glanz vergaß. Häufig pflegte er »die Hügel zu ersteigen oder sich in die Täler zu stürzen, um die Tiefe und die Gefahr zu erkunden«, und er genoß den Schauer des Entsetzens, der ihn erfaßte, wenn er über einen Abgrund schritt, den nichts als ein roher Baumstamm überbrückte. Ihm schien, seine künstliche Bergkette vermittle weit vielfältigere Erfahrungen als irgendein wirkliches Gebirge in China. Sie war eins mit der Natur, »als wäre sie seit dem Tag der Schöpfung dagewesen«; vor allem aber war sie ein Paradies wie das Land der Unsterblichen: Als man eines Tages entdeckte, daß auf einem der Gipfel die Pilze der Unsterblichkeit wuchsen, brauchte Hui-tsung keinen weiteren Beweis dafür, daß die himmlischen Mächte auf seiner Seite standen. Jeden Augenblick konnten die Unsterblichen selbst in seinen Garten herabsteigen und damit nicht nur die Schönheit der kaiserlichen Schöpfung, sondern auch die Tugend der Dynastie bestätigen, die so etwas hatte hervorbringen können. Zuversichtlich nannte Hui-tsung sein großes Felsengebilde *Ken-yu*, den »Uneinnehmbaren Berg«.

Die Rolle der Geomantie

Tatsächlich war der Ken-yu nicht nur zur Darstellung des Wohlergehens (und damit der Tugend) der Dynastie errichtet worden, sondern auch als praktisches Mittel, um eben diesen Zustand zu erreichen. In China war – zumindest seit den Zeiten der T'ang-Dynastie – der Glaube weit verbreitet, daß das Geschick der Menschen nachhaltig von den Formen der Landschaft beeinflußt sei, die sie bewohnten. Gute Kräfte liefen in Wasserläufen oder Strömen durch die Erde. Wer sich in die richtige Lage zu ihnen brachte, dem ging es ganz von selbst gut, während denjenigen ein schlimmes Geschick beschieden war, die es den bösen Mächten gestatteten, sich um sie herum zu versammeln. Als Hui-tsung den Kaiserthron bestieg, hatte er keinen Sohn, und obgleich er erst 26 Jahre alt war, bereitete ihm dies ganz offensichtlich Sorge. Er beauftragte die *feng-shui* oder »Wind-und-Wasser«-Experten mit einer Untersuchung der geomantischen Verhältnisse der Kaiserstadt. In ihrer Diagnose war von zu ausgeprägter Flachheit und

50 Blick vom Li Yuan in Wusih auf den T'ai-See. Aus diesem See kamen die berühmtesten Felsbrocken. Ihre Gestalt hatten sie durch die Tätigkeit des Wassers erhalten, das harte, kleine Kiesel in den größeren und weicheren Stein mahlte. Zur Zeit der Ming-Dynastie und später versenkte man geeignete Felsbrocken im See, die dann von späteren Generationen »geerntet« werden konnten.

davon die Rede, daß der Kaiser keine männlichen Erben haben könne, solange das Land nordöstlich seiner Hauptstadt keine Höhe besaß. Die Errichtung des Berges *Ken-yu* war mithin ein Weg, gute Mächte in dieser Gegend zu konzentrieren und jene bösen Kräfte fernzuhalten, die eine Empfängnis männlicher Kinder verhinderten. Auf jeden Fall war diese Maßnahme von Erfolg gekrönt. Aber wenn Hui-tsung auch Vater eines Erben wurde, so verlor er doch sein Reich: Die Errichtung des *Ken-yu* und seine Ausstattung mit seltenen Stücken aus allen Winkeln des kaiserlichen Herrschaftsgebietes bedeuteten das Ende der Dynastie.

Das Zusammentragen von Pflanzen und Steinen lag in den Händen eines berüchtigten Mannes, Chu Mien aus Suchow, der Gartenstadt in der Nähe des T'ai-Sees, wo es die schönsten vom Wasser modellierten Steine gab. Damals hieß es, daß kein Gegenstand im Reich teurer oder schwieriger zu beschaffen sei als ein solcher Stein. Chu Mien verstand sich besonders gut darauf, solche Steine ausfindig zu machen, und dies oft genug in den Gärten der kaiserlichen Untertanen. Gewiß war Hui-tsung nicht der erste Kaiser, der seinen Garten aus solchen Quellen bestückte, aber in diesem Fall fand eine große Anzahl seltener Dinge ihren Weg auch in den »Garten des grünen Wassers«, Chu Miens eigenes und privates Gelände, das mit dem kaiserlichen Park wetteiferte.

Die Kosten des Transports der enormen Flußsteine waren so hoch wie ihr Kaufpreis. Der Mönch Tzu-hsiu, der einen Bericht über den Garten verfaßte, glaubte, daß die Steine »durch Zauberkraft transportiert« worden seien, tatsächlich aber blockierten die Boote mit den Steinen die Kanäle des Landes endlos lange, so daß der gesamte Lebensmittel- und Rohstofftransport zusammenbrach. Hui- tsung selbst wußte möglicherweise weder etwas von der Habgier und Korruptheit seiner Beauftragten noch von den erschreckenden Kosten und dem Chaos, das der Bau seines Paradieses verursachte. Er sagte nämlich ganz ungerührt, daß »die schwere Arbeit des Transports der Erde in Körben nicht empfunden und der Klang der Hämmer und Äxte nicht gehört« worden sei. Später betrübten ihn, wenn man der offiziellen Sung-Geschichtsschreibung glauben darf, die immensen Kosten sehr wohl, aber die Hof-Eunuchen, die nach Beförderung und finanzieller Verbesserung gierten, wollten vom Bauen nicht lassen.

Der Mönch Tzu hsiu wurde Augenzeuge der schrecklichen Folgen von Hui-tsungs Lässigkeit und Schwäche: »Im zweiten Monat (des Jahres 1126 n.Chr.) wurde die Hauptstadt geplündert. Ihre Bewohner liefen alle mit mir mit und suchten Zuflucht auf dem *Ken-yu*. Zu eben dieser Zeit schneite es sehr heftig. All die Hügel, Täler und Bäume sahen so prächtig aus, als seien sie Teil einer gemalten Darstellung der allerschönsten Szenerie, die jemals in der Welt existiert hat. Ich bereiste sie mehrere Tage lang (sic), erstaunt über ihre unübertroffene Schönheit. Im nächsten Jahr zur Frühlingszeit kehrte ich zu einem neuerlichen Besuch (in diese Gegend) zurück, aber sie war von den Menschen verwüstet worden. Sie haßten die Namen, die Berichte und die Gedichte der großen Minister, sie hatten die Täfelchen heruntergerissen und in den Graben geworfen. Die schönen Bäume, der Bambus, all die Gebäude waren von ihnen kurzerhand kleingeschlagen und als Brennmaterial verwendet worden. Das einzige, was im Universum zurückblieb, war der Berg selbst, der Ken-yu.«[13]

»Ach und weh«, so schrieb er zum Abschluß seines Berichts, »die Menschen in dieser Welt haben zwar viel vom Ken-yu reden hören, aber wer hat ihn denn schon mit eigenen Augen gesehen? Und mit welcher Landkarte oder welchem Bericht mögen spätere Generationen sich eine genaue Vorstellung von ihm machen?« Kaiserliche Gärten sind offensichtlich ebenso vergänglich wie diejenigen der gewöhnlichen Menschen, und von Hui-tsungs großem Berg ist heute nicht das Geringste mehr übrig. Hui-tsung selbst beschloß seine Tage als Gefangener der Jurchen-Barbaren; er starb in einem Zelt in den mandschurischen Wäldern.

Hangchow, die Stadt am Westsee

Die Stadt Hangchow, die für die Überlebenden der Katastrophe zur neuen Hauptstadt wurde, gilt nahezu weltweit als einer der reizvollsten Orte der Erde. Zwischen einem großen Fluß und einem künstlichen See gelegen, war sie eine Stadt der Kanäle und im Westen und Süden von bewaldeten Hügeln umgeben, auf denen die berühmtesten Klöster Chinas lagen. Die außergewöhnliche Schönheit des von Bergen umschlossenen Sees mit seinen weidenbestandenen Dämmen und Inseln, den sanft steigenden Nebeln und den sich spiegelnden Pavillons beeindruckte den neuen Kaiser schließlich viel stärker als die jüngst vernommene Lektion vom Ende Hui-tsungs. Zudem erlebten die

51 Monolith im Mei Yuan, Wusih. Die Kosten des Transports solcher riesiger Brocken in den kaiserlichen Felsengarten von Kaifeng trugen zum Zusammenbruch der Nördlichen Sung-Dynastie bei.

52 Eine neue Felskomposition entsteht. Wusih, 1975.

53 Pergola auf dem Damm am südwestlichen Ufer des Westsees (Hsi Hu) bei Hangchow.

südlichen Staaten, die jetzt das Sung-Reich bildeten, eine außergewöhnliche Blüte: Es war das Land des Reisanbaus, der Salz-, Zucker- und Seidengewinnung. Kaufleute und Händler sammelten unermeßliche Reichtümer an, und große Häuser, Villen und Gärten säumten die Ufer des Westsees und den Hauptboulevard der Stadt. Der Anreiz zu dieser prunkvollen Schaustellung kam selbstverständlich vom Hof. Mit der Wiederherstellung der Dynastie fanden viele bekannte Künstler aus der Zeit der alten Herrschaft nun den Weg in die südliche Hauptstadt, und sobald der Hof sich hier niedergelassen hatte, fing der Kaiser an, in der ganzen Stadt und am See Paläste und Pavillons zu bauen. Rund fünfzig Jahre später, nach dem Fall der Dynastie, beschrieb Marco Polo diesen »Palast des flüchtigen Königs« als »den schönsten und herrlichsten ... der Welt«.[14] Natürlich wußte er nichts von den früheren kaiserlichen Wohnsitzen, die diesen Stil schon vorgegeben hatten. Sein Bericht klingt uns ganz vertraut, aber die Gärten von Hangchow zeichneten sich in der Tat durch eine außergewöhnliche Eleganz und Kunstfertigkeit der Anlage und durch ihre unvergleichliche Lage aus. Für ein jährlich begangenes Fest wurde der ganze Park mit seidenen Fähnchen behängt, die im Luftzug flatterten und sich im Wasser des Sees spiegelten. In dieser herrlichen Umgebung gaben die Sung-Kaiser, die ohnehin keinen großen Einfluß bei den großen Familien des Südens besaßen, sich ihren Vergnügungen hin. Vielfach dankten sie ab und verbrachten den Rest ihrer Tage, umgeben von Künstlern und Dichtern, mit endlosen Banketten, Bootspartien und Gartenfesten. Marco Polo zog das klassische Fazit aus der Geschichte des letzten dieser Herrscher: Durch seine »Unmännlichkeit und Ungezügeltheit« habe er »zu seiner größten Schande sein ganzes Land« verloren.

Barbarenherrlichkeit

Wieder einmal bemächtigten sich Barbaren, die aus dem Norden kamen, des Landes. Diesmal waren es die Mongolen, die jetzt als erste barbarische Eroberer das gesamte Land kontrollierten, den Norden und den Süden. Kaum hundert Jahre zuvor waren sie noch das rückständigste Volk in Asien gewesen, das in den weiten mongolischen Wüsten bei sengender Hitze und tödlicher Kälte ein äußerst beschwerliches Leben geführt hatte. Als Hirten und Nomaden konnten sie mit dem Ackerbau wenig und mit dem Respekt vor dem menschlichen Leben noch weniger anfangen. Als Dschingis Khan 1215 n. Chr. Peking eingenommen hatte, hielt die Zerstörungsorgie einen Monat lang an. Glücklicherweise dauerte es noch mehr als 75 Jahre, bis China ganz erobert war, und in dieser Zeit wurden die Mongolen allmählich zivilisierter. Als Dschingis' Enkel Kubilai schließlich die Stadt Hangchow einnahm, zerstörte er die Paläste der südlichen Sung nicht mehr, sondern ließ es nur noch zu, daß sie verfielen. Noch bemerkenswerter aber war, daß auch er mit der Zeit den Drang zum Bauen verspürte. Er verlegte seine Hauptstadt von Karakorum in der Mongolei in den Bereich innerhalb der Großen Mauer, nach Peking, und begann dort eine große neue Stadt zu errichten, imperial in ihrer Extravaganz, dabei aber von einer gewissen barbarischen Pracht, die sie von den Projekten der übrigen Kaiser unterschied. In durchaus kaiserlicher Tradition ließ er auch Gärten anlegen und große Jagdgründe einfrieden. Die bisherigen Herrscher von Peking (die Jurchen-Tataren, die den Sung den Norden Chinas genommen hatten) ließen einen sumpfigen See in der Stadt zurück, der von einem aus den Westbergen kommenden Fluß gespeist wurde. Kubilai ließ diesen See vergrößern und die ausgehobene Erde an eine dort befindliche kleine Insel anschütten, deren Umfang sich damit auf rund 2 Kilometer vergrößerte. Anschließend bepflanzte er sie mit Immergrün und seltenen Bäumen. Wie zuvor der Berg des Hui-tsung, wurde auch der des Kubilai mit Felsbrocken geschmückt, aber nicht mit jenen grotesken, vom Wasser ausgewaschenen Kalksteinen, wie sie dem chinesischen Geschmack neuerdings entsprachen, sondern durchweg mit Lapislazuli, wie die Felseninseln, die Kaiser Ming Huang für Yang Kuei-fei hatte anlegen lassen.

Dieses Arrangement war nach den Worten Marco Polos »intensiv grün, so daß Bäume und Felsen gleichermaßen so grün sind, wie dies nur irgend möglich ist, und es gar keine andere Farbe gibt«.[15] Über all dieser Pracht wurde auf Befehl Kubilais ein Palast erbaut, der ebenfalls ganz grün ausgemalt und dekoriert war. Später erhielt der Garten noch zwei runde Paläste, die sich aus den Seen erhoben und ganz mit kristallenen Dekorationen bedeckt waren, so daß sie dem Betrachter wie Eispaläste erschienen. Die neue Stadt war von Mauern innerhalb der Mauern umgeben, und zwischen den inneren und den äußeren Mauern lagen, vielleicht um die Mongolen an ihre Heimat zu erinnern, weite grasige Parks mit Bäumen, die man auf dem Rücken von Elefanten transportiert hatte.

Im Winter hielt Kubilai sich in der Stadt auf, aber die Sommermonate verbrachte er im Norden an seinem mongolischen Zufluchtsort Chemin-fu – dem Xanadu Coleridges. Wie sein chinesisches Äquivalent besaß auch Chemin-fu einen großen Palast aus Marmor, der innen vergoldet war. Nördlich davon, noch innerhalb der hier erweiterten Stadtmauer, lag ein großer Jagdpark, der nur vom Palast her zugänglich war. Hier wurde für die Zeit des Aufenthalts von Kubilai inmitten eines dichten Wäldchens ein transportables, überwölbtes Lusthaus errichtet, dessen Wände und Dach aus zusammengenagelten Bambusstangen bestanden und das von zweihundert seidenen Halteseilen zusammengehalten war. Mit einem Gepard auf der Kruppe seines Pferdes pflegte der Mongolenherrscher hier dem Wild nachzusetzen, um dann mit der Beute seine berühmte Raubvogelsammlung der zehntausend Hühnerhabichte, Geierfalken, Wander- und Würgefalken zu füttern.

Die letzten großen Kaisergärten

In Peking gibt es noch heute drei große kaiserliche Seen, die auf die Zeit Kubilais zurückgehen. Sie liegen in den Gärten der »Meerpaläste« an der Westseite der Verbotenen Stadt, im Herzen der Metropole. Wenn auch die Lapislazulifelsen, die grünen Pavillons, die Bäder und Brunnen des großen Khan nicht mehr vorhanden sind, so ist doch die Insel Chiung-Hua im heutigen Pei-Hai-Park noch immer jener aus Aushub gewonnene Hügel, den schon Kubilai kannte, denn dessen Schöpfungen wurden zwar sämtlich vom ersten Ming-Kaiser zerstört, aber der Kaiser Yung-lo, der Peking zu seiner Hauptstadt auszubauen beschloß, nutzte später nicht nur Kubilais Straßen- und Palastgründungen, sondern auch seine Seen und Inseln.

Im Vergleich zu den Herrschern der fremden Dynastien, die ihnen vorausgingen und folgten, waren die Ming-Kaiser nicht sonderlich daran interessiert, weite Reisen zu

54 Blick aus der Verbotenen Stadt auf die Dagoba-Pagode auf dem Pai T'a Shan (dem Hügel des weißen Turmes) im Pei-Hai-Park in Peking.

unternehmen, sondern legten ihre Refugien in möglichst große Nähe zur Hauptstadt. So wurden die Uferpartien aus der Zeit Kubilais zu Sommerresidenzen für Yung-lo und seine Nachfolger ausgebaut. Die Seen selbst wurden weiter ausgehoben und erhielten als die drei »Meere« die Form, die sie noch heute aufweisen. Sie erhielten zur Verschönerung eine großzügige Bepflanzung mit Bäumen und eine Gestaltung des Ufers mit unregelmäßig geformten Steinen. Schließlich bildeten diese Seen mit ihren zwischen Bäumen halbversteckten Pavillons im Verständnis der Chinesen ja das »natürliche« und notwendige Pendant zu den an ihren Ufern gelegenen rechteckigen Palästen, wenn die Seen in Wahrheit auch künstlich angelegt waren.

Später ließen auch die großen Gartenbaumeister der Ch'ing-Dynastie diese Gärten, die von ihren Winterquartieren aus so bequem zugänglich waren, instand setzen und bereichern. Am Ende der Dynastie im Jahre 1911 bestanden sie aus einer Vielzahl von idyllisch zwischen alten Bäumen gelegenen Palästen und Pavillons, beherrscht von einem großen weißen Turm, der Dagoba, welcher die Form einer Handglocke oder dickbauchigen Flasche besitzt.

In den dreißiger Jahren unseres Jahrhunderts wurden diese »Gärten der Meerpaläste« von zwei Ausländern besucht und anschließend anschaulich beschrieben. Es handelte sich um ausgesprochene Liebhaber chinesischer Gärten. Beide, George Kates und Oswald Sirén, verbrachten viele Jahre in Peking und ungezählte Stunden in diesen Parks, und beide waren der Meinung, daß es sich dabei um die schönsten und besterhaltenen unter allen traditionellen Lustgärten Chinas handelte. Damals war die Atmosphäre ungestörten Friedens, obwohl praktisch kein Gebäude aus der Ming-Periode (1403–1644) mehr stand, so stark, daß selbst die schlecht proportionierten Hinzufügungen des 20. Jahrhunderts den Gesamteindruck nicht beeinträchtigen konnten. Die Parks waren so groß, die Gebäude so komplex und zahlreich und die Bepflanzung so reich, daß man sie monatelang erkunden konnte und doch noch nicht mit allen Einzelheiten vertraut war. Und obgleich sie öffentlich zugänglich waren (und in Peking eine ähnliche Funktion besaßen wie der Hyde Park und The Serpentine in London), gab es dennoch verschwiegene Plätze darin, die den ganzen Tag über verlassen lagen. Ein solcher Ort war das Ying T'ai oder die Meeresterrasse, eine Insel der Unsterblichen von etwa 400 Metern Umfang, die sich mit felsigen Höhlen aus dem Wasser des Nan Hai oder Südmeeres erhob. Auf Siréns Fotografien macht diese Insel einen seltsam melancholischen Eindruck. Hier hatte im Jahre 1898 die alte Kaiserinwitwe ihren Sohn gefangengehalten, den legitimen Kaiser Kuang-hsu, der einen Staatsstreich gegen ihre Herrschaft angezettelt hatte. Er blieb zwei Jahre als Gefangener auf der Insel, in seiner Hilflosigkeit gefoppt durch die blumigen Namen der Räume, die sein Gefängnis bildeten. Vielleicht durchwanderte er die miteinander verbundenen Hallen und Terrassen wiederum im Gedanken daran, wie er die boshafte Herrschaft der Kaiserin beenden könne; vielleicht gab er aber auch, wie Sirén meint, den Kampf auf und kümmerte dahin »wie das graue Tageslicht über dem stillen See«. Eins ist sicher: Gleich hinter den hohen Mauern seines Gefängnisses ging das Leben in der Hauptstadt gänzlich unbekümmert um sein Geschick weiter. Da saß er nun fest, allein inmitten eines riesigen und quirligen Reiches, vor seinen Augen nur den See und den Himmel und die auf- und untergehende Sonne, so als wären er und sein winziges Gefolge die einzigen Menschen auf der Welt.

Gärten zur »Erfrischung des Herzens«

Das war selbstverständlich genau die Wirkung, die hervorzurufen die großen kaiserlichen Gartenbaumeister sich bemüht hatten. Die Mauern, die den Garten umgaben, waren dazu bestimmt, die Welt der Menschen auszuschalten und die kaiserlichen Gedanken auf eine Ebene zu erheben, die sich deutlich von der politischen unterschied.

Zur Begründung seines Wunsches, einen Garten zu bauen, führte der Kaiser Ch'ien-lung an, seine seelische Gesundheit verlange nach einem Refugium: »Jeder Kaiser und jeder Herrscher muß, wenn er sich von seinen Zuhörern zurückgezogen hat und seinen öffentlichen Aufgaben nachgekommen ist, einen Garten haben, in dem er umhergehen, sich umschauen und es seinem Herzen wohl sein lassen kann. Wenn er einen dafür geeigneten Ort besitzt, dann wird dies seinen Geist erfrischen und seine Gefühle lenken; wenn er ihn aber nicht besitzt, dann wird er sich von sinnlichen Vergnügungen in Anspruch nehmen lassen und seine Willenskraft einbüßen.«[16]

Ein Paradoxon mithin: Für weise und verantwortungsbewußte Herrscher ist der Garten ein notwendiger Ort der geistigen Verjüngung; er kann aber auch, wie wir bereits sahen, zu sinnlichen Exzessen verführen. Für den Kaiser Ch'ien-lung galt beides – nicht daß er ein schwacher Herrscher gewesen wäre oder seine Pflichten nicht ernst genommen hätte, aber seine Begeisterung für die Schönheiten der Natur und sein Verlangen, schöne Orte zu erschaffen, gingen mit ihm durch. Zugleich war er sich deutlich des schlichten Vorbilds seines Großvaters bewußt, des berühmten Kaisers K'ang-hsi, in dessen schönem, aber sehr bescheidenem Garten er als Kind gelebt hatte.

Als Kaiser Ch'ien-lung den Thron bestieg, war er hin- und hergerissen zwischen dem Verlangen, Landschaft zu gestalten, und dem sehr ernsthaften Wunsch, nicht durch irgendeine Form des Exzesses »Schande über mich und meine Vorfahren zu bringen«. Mit offensichtlich ungeheurer Willensanstrengung durchstand er die dreijährige Trauerzeit nach dem Tod seines Vaters, lebte inzwischen bescheiden in den Räumen seines Vorgängers und widerstand mannhaft allen Versuchen von seiten der Eunuchen seines Hofes, ihn zum Bauen zu bewegen. All dies wissen wir aus einer Apologie, die der Kaiser selbst verfaßte, um sein erstes Bauprogramm zu rechtfertigen. Selbst Menzius wäre es schwergefallen, den Kaiser Ch'ien-lung lange zurückzuhalten.

Schließlich konnte man auf dem Gelände nördlich des alten Gartens seines Vaters in Ch'ang Ch'un beobachten, wie tausend Arbeiter damit beschäftigt waren, Berge und Täler, Teiche und gewundene Kanäle anzulegen, mit all den Pavillons, den Hügeln, Brücken und Felskompositionen, wie es sich für einen kaiserlichen Erholungsort gehörte, der den verschwenderischsten seiner Vorgänger ebenbürtig war. Der Stil der Landschaftsgestaltung war kaum besonders innovativ zu nennen, aber es war vielleicht folgerichtig, daß gerade dieser Garten – der Yuan Ming Yuan, die letzte Hochblüte der kaiserlichen Tradition – einen solchen Eindruck auf Europa machte.

Es war ein Garten, in dem alle Themen vertreten waren, deren Entwicklung wir verfolgt haben: eine Landschaft der »vervollkommneten Natur«, üppige Pavillons, großartige Hallen als Ort der kaiserlichen Lustbarkeiten und Empfänge sowie kleine Winkel, in denen man sich mit gelehrten Dingen beschäftigen konnte. Darüber hinaus ließ der Kaiser eine riesige Bibliothek einbauen, welche die vollständige Sammlung der berühmten klassischen Werke der Ch'ing-Zeit aufnehmen sollte. Ferner gab es Tempel,

55 (oben) Ein Blick vom Gipfel des Wan Shou Shan (Hügel des langen Lebens) im I Ho Yuan (Sommerpalast) auf das in südöstlicher Richtung gelegene Peking. Der von weidenbestandenen Dämmen eingefaßte weitläufige K'un-ming-See umgibt die Insel des Drachenkönigs, die man über die Siebzehn-Bogen-Brücke erreicht (s. auch die Abbildung auf S. 64, die den Blick von der gleichen Stelle nach Südwesten zeigt).

56 (unten) Ein vom Wasser modellierter Felsbrocken, der sich wie eine Skulptur auf einem Marmorsockel erhebt, markiert den Eingang in den Yu Hua Yuan, den hinteren Garten der kaiserlichen Stadt in Peking. Ein Grundriß dieses seltsamen Gartens findet sich auf S. 124.

57 (Seiten 62–63) Die leuchtenden Farben eines restaurierten Pavillons in Peking. Während der langen nördlichen Winter zieren diese Pavillons die Gärten der Hauptstadt wie Blumenschmuck. Im Sommer sind sie hinter dem Laubwerk verborgen.

die vollständige Reproduktion einer Straße aus einer Stadt des Südens, nachgebaute Bauernhöfe, Truppenübungsplätze und, wie Pater Attiret schrieb, »kleine Jagdparks« – allerdings geht aus den Gartenplänen hervor, daß Jagden hier nur in sehr kleinem Rahmen abgehalten worden sein können. Selbstverständlich enthielt der Garten auch eine Unmenge verschiedener Pflanzen und viele kleine Menagerien, in denen interessante und ungewöhnliche Tiere gehalten wurden. Das Erstaunlichste aber – und mit Sicherheit etwas ganz Neues – war eine Gruppe steinerner und steinmetzmäßig bearbeiteter Bauten am nordöstlichen Ende des Gartens. Hier hatte der Kaiser Ch'ien-lung die Jesuiten beauftragt, eine Reihe von Gartenhallen, Brunnen und ein Labyrinth im Stil des europäischen Barock zu errichten – eine Art wieder heimgekehrter Chinoiserie. Die Ruinen dieser Anlagen sind alles, was sich von den Schätzen des Yuan Ming Yuan bis auf den heutigen Tag erhalten hat.

All dies ließ der Kaiser bauen, während er zugleich weiterhin seine Grundsätze der Bescheidenheit verkündete. Zu seiner Rechtfertigung führte er unter anderem an, daß

58 (oben) Winterstimmung über den Dämmen im I Ho Yuan (Sommerpalast) bei Peking. Dieser Garten wird auf den Seiten 66–71 beschrieben.

59 (unten) Ein weiteres Beispiel kaiserlicher Extravaganz: die heißen Quellen von Hua Ching in der Nähe von Sian. Zur Zeit der T'ang-Dynastie war dies ein bevorzugter Aufenthaltsort des Kaisers Ming Huang und seiner Konkubine Yang Kuei-fei (s. auch S. 51) (William Watson).

60 Die *Da Shui Fa* oder Großen Springbrunnen im Yuan Ming Yuan bei Peking, Stich von 1786. Diese Springbrunnen gehörten zu den europäischen Absonderlichkeiten, die der Kaiser Ch'ien-lung für die Nordwestecke des Yuan Ming Yuan bei dem Jesuitenpater Benoit in Auftrag gab (Bibliothèque Nationale, Paris).

61 Die Reste der *Da Shui Fa,* wie sie sich heute präsentieren.

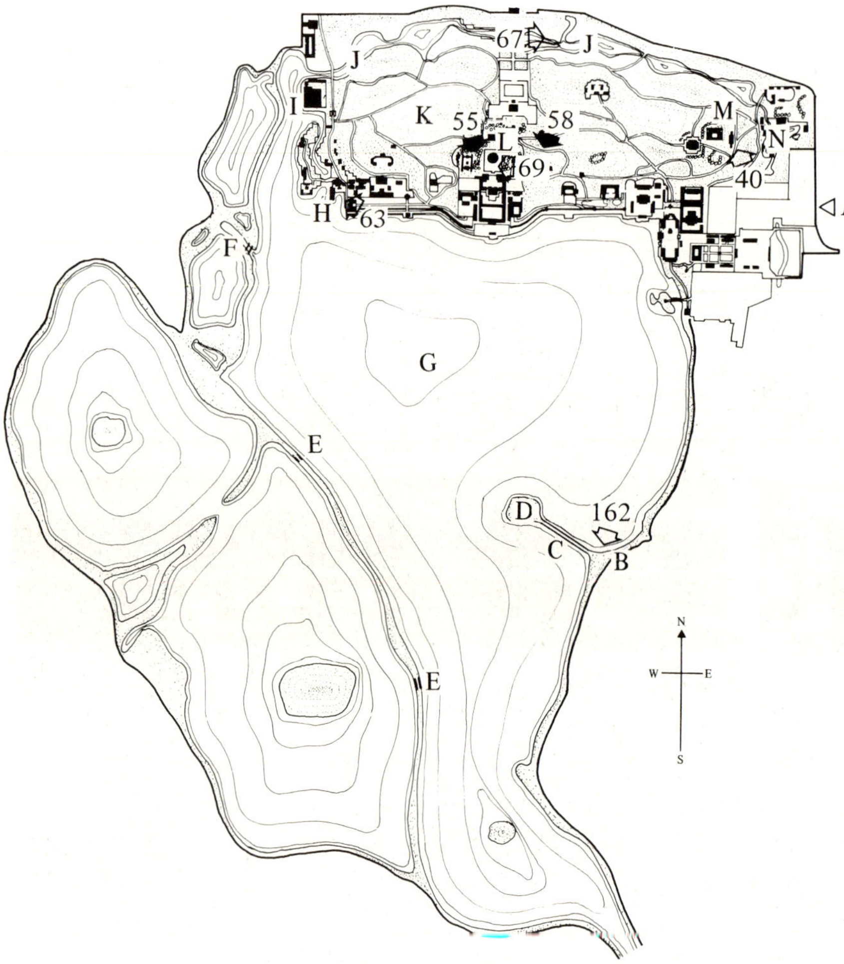

I Ho Yuan

A	Eingang	G	K'un-ming-See	M	Pavillon der Freude und des Ackerbaus
B	Bronze-Ochse	H	Marmorboot	N	Hsieh Chu Yuan
C	Siebzehn-Bogen-Brücke	I	kaiserliche Bootshäuser		Richtung, aus der die Schwarzweißfotos aufgenommen wurden
D	Insel des Drachenkönigs	J	hintere Seen		
E	Brücken auf dem Damm	K	Hügel des langen Lebens (Wan Shou Shan)		Richtung, aus der die Farbfotos aufgenommen wurden
F	Jadegürtel-Brücke	L	Halle des Buddha-Dufts		

62 Plan des I Ho Yuan (s. Farbbild auf S. 61).

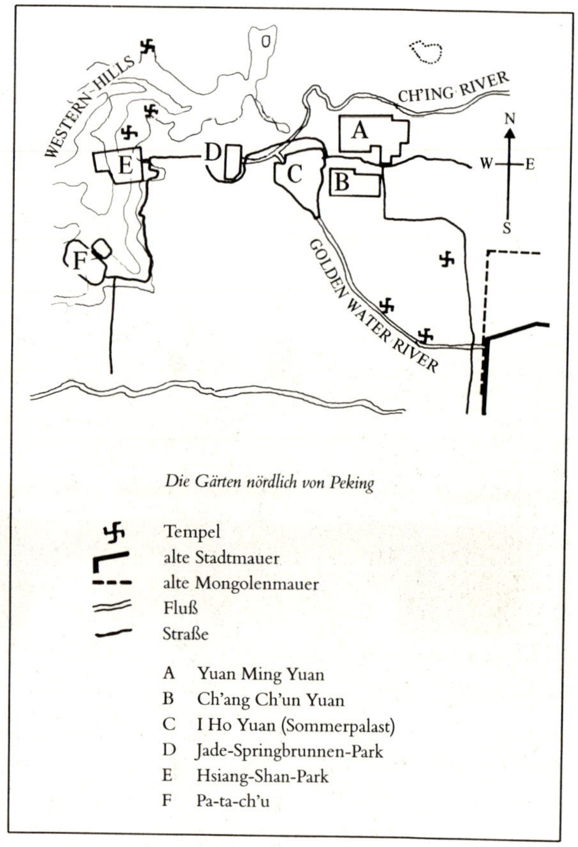

63 Plan der Gärten nördlich von Peking.

seinen Untertanen mit all diesen herrlichen Gärten, die zu ihrer Verfügung standen, nun alle weitere Baukosten »erspart« (sic) bleiben würden. Darüber hinaus verfaßte er zum Zeitpunkt der Vollendung des Yuan Ming Yuan eine Denkschrift, in der er versprach, daß dies nun das Ende seiner Bautätigkeit sei, und zweifellos war er davon auch ehrlich überzeugt. Aber wie sollte das möglich sein? Der Kaiser brauchte nur einen lieblichen Hügel, eine schöne Wasserführung zu sehen, um sogleich von dem Verlangen erfaßt zu werden, das Gesehene zu verbessern. In den jenseits der Großen Mauer in Jehol (Chengde) gelegenen ausgedehnten Jagdgebieten der Mandschu-Herrscher ließ er Seen und Tempel für einen weiteren spektakulären Garten anlegen, und zu Füßen der Westberge bei Peking verschönerte er eine Reihe unberührter Gärten mit Pagoden und Pavillons.

Es gab hier ein Gelände, das auch einen Menschen verlockt haben könnte, der weniger von seiner Idee besessen gewesen wäre als dieser Kaiser: einen relativ großen, natürlich geformten Hügel, der westlich des Yuan Ming Yuan lag und hinter dem wie eine Wand die Westberge mit ihren wechselnden Farben sichtbar wurden. Hier waren die Wasser der Jadequelle, die zu guter Letzt in die Parks der Meerpaläste in Peking flossen, dazu verdammt worden, einen See von fast sieben Kilometer Umfang zu bilden.

Anfangs nutzte der Kaiser diesen See als Übungsort für Seeschlachten, aber bald erkannte er seine Verwendungsmöglichkeit als Garten. »Nachdem ich diesen schönen Hügel und diesen herrlichen See hatte«, so sagte er, wobei er wie üblich ein wenig stark auftrug, »wie hätte ich da anders können als die Terrasse und die entsprechenden Gebäude zu errichten?«[17] Das Jahr 1750 lieferte ihm die ideale Rechtfertigung: Zum

64 Das Marmorboot im I Ho Yuan (Sommerpalast) bei Peking. Die Kaiserinwitwe Tzu Hsi (Cixi) ließ dieses Teehaus auf einer Mole errichten, die bereits im 18. Jahrhundert unter dem Kaiser Ch'ien-lung erbaut worden war. Es steht am Ende der langen Galerie, die am Nordufer des K'un-ming-Sees verläuft. Die obere Verglasung ist vielfarbig. Für wirkliche Bootsfahrten auf dem See besaß die Kaiserinwitwe einen echten Raddampfer, der bei den vor einigen Jahren durchgeführten Baggerarbeiten vom Grund des Sees geborgen wurde. Er ist heute – gleich hinter dem Marmorboot – zu besichtigen.

60. Geburtstag seiner Mutter verwandelte er den Ort in Anlehnung an Hangchow, eine Stadt, die er besonders liebte, in einen Garten mit brücken- und weidengeschmückten Fußwegen. So fügte nicht etwa »Extravaganz«, sondern »kindliche Ehrerbietung« den Landsitzen des Kaisers eine weitere riesige Einfriedung hinzu.

Etwas mehr als hundert Jahre später lieferte nach der Zerstörung der Gärten im Jahre 1860 genau der entsprechende Anlaß den Grund für die Wiederherstellung: Diesmal war es der 60. Geburtstag der Kaiserinwitwe Tzu Hsi. Inzwischen wankte das Reich, und die kaiserlichen Kassen waren ziemlich leer, aber es flossen doch bare Zuwendungen von reichen Kaufleuten hinein, die auf Ehrenämter hofften. Zusätzlich wurden – zum Teil im Ausland – erhebliche Anleihen aufgenommen, um die chinesische Marine auszustatten und zu modernisieren. Um dieses Geld wieder hereinzubringen, erklärte die alte Kaiserinwitwe, sie werde eine Marineakademie am See einrichten – eine Neuauflage der ursprünglichen Begründung, die der Kaiser Ch'ienlung zur Errichtung der Anlage geliefert hatte. Was sie dann tatsächlich mit dem Geld anlegen ließ, waren die Höfe und Hallen des Gartens, die man noch heute sehen kann. Das einzige Schiff, das die Marine erhielt – so lautet ein alter Witz –, war das marmorne Teehaus der Kaiserin, welches die Form eines mit einer italienischen Loggia versehenen Mississippi-Raddampfers hat und das Ende der seeseitigen Galerien markiert.

Wie George Kates schreibt, hat die Begeisterung der Kaiserinwitwe diesem Ort »den dubiosen Stempel ihrer Zeit« aufgedrückt.[18] Die Hallen und Höfe am Ostufer sind dicht gedrängt und schwer, die Felskompositionen nicht sehr gelungen, und der auf der massiven Terrasse thronende und den ganzen Berg sowie den untenliegenden

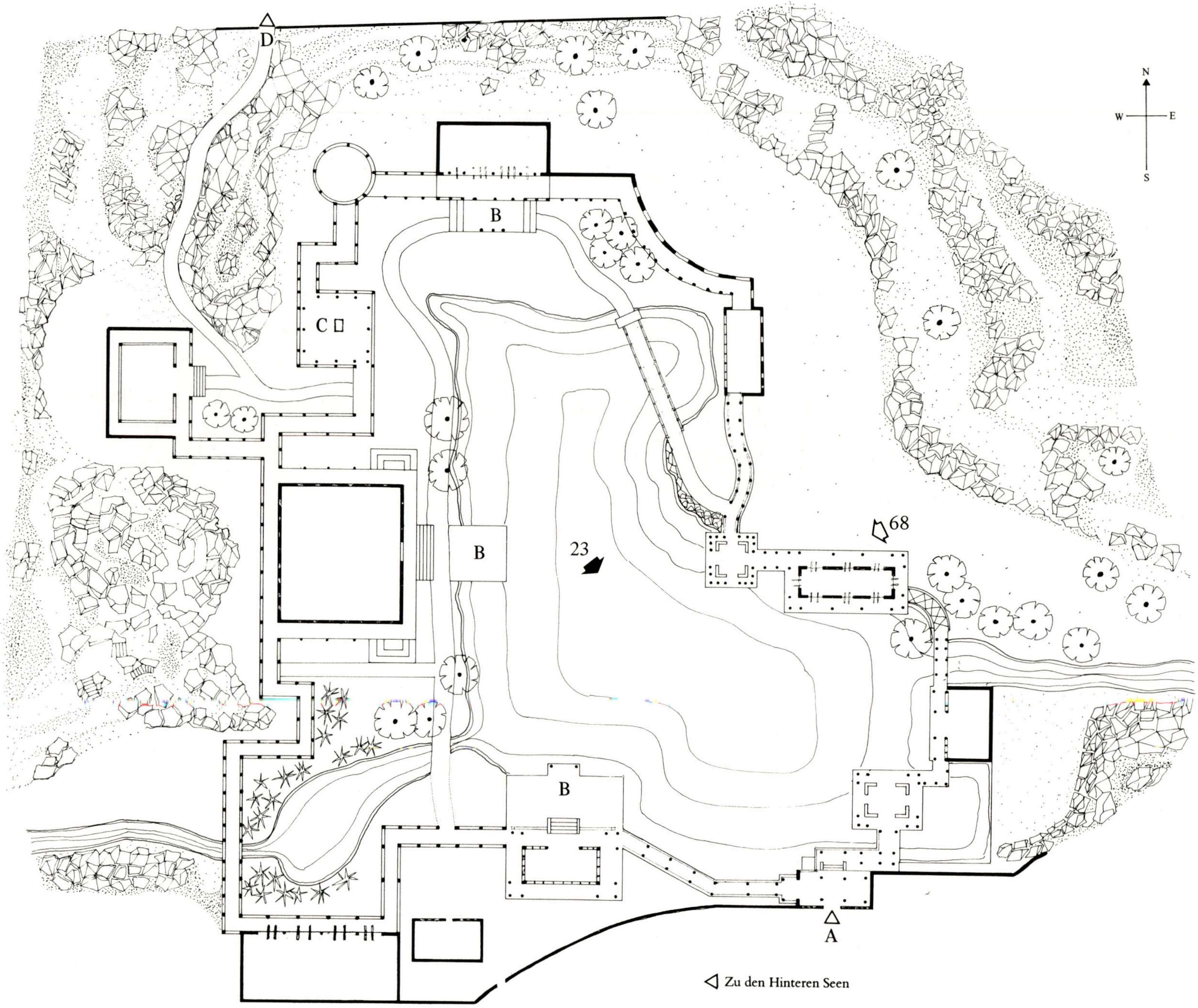

Hsieh Chu Yuan, »Garten der Tugend und Harmonie«, im Sommerpalast bei Peking

- Mauern
- Türen
- Mauern mit Fenstern
- Mauern unter Kniehöhe
- niedrige Mauern mit Säulen, die ein Dach tragen
- künstliche Felsen, Steinhaufen und Berge
- Bäume und Büsche
- Bambus

- Richtung, aus der die Schwarzweißfotos aufgenommen wurden
- Richtung, aus der die Farbfotos aufgenommen wurden

A Eingang vom I Ho Yuan
B Terrassen
C Steintafel mit Kalligraphien des Kaisers Ch'ien-lung
D Ausgang durch einen Tunnel auf die außerhalb liegende Straße

65, 66 Plan des Hsieh Chu Yuan (des »Gartens der Tugend und Harmonie«) im Sommerpalast bei Peking und – zum Vergleich – des Chi Chang Yuan in Wusih. Der Kaiser Ch'ien-lung gab den Auftrag zum Bau des »Gartens der Tugend und Harmonie«, nachdem er diesen berühmten alten Garten im Süden Chinas besichtigt hatte. Es war keine genaue Kopie des letzteren beabsichtigt; vielmehr sollte hier der »Geist des Vorbildes« eingefangen werden. Der nordchinesische Garten ist weit steifer und förmlicher als der Garten von Wusih, wenn auch auf seine eigene Weise genauso schön (siehe das Farbfoto auf S. 28).

N
W
E
S
Eingang zum Garten
22
Haupteingang
Chi Chang Yuan, Wusih
Mauern
Mauern mit Fenstern
Mauern unter Kniehöhe
Mauern mit Säulen, die ein Dach tragen
Säulen, die ein Dach tragen
künstliche Felsen und Berge
Bambus
Bäume und Büsche
Richtung, aus der die Farbfotos aufgenommen wurden

See und die Gärten beherrschende große oktogonale Turm (die »Halle des Buddha-Duftes«) ist mir immer als ein merkwürdig bedrückendes und schwerfälliges Machwerk erschienen.

Dennoch übt der I Ho Yuan einen ganz außergewöhnlichen Zauber aus, und ist ein unwiderstehlicher und immer wieder überraschender Ort. Nordöstlich des Eingangs befindet sich noch ein verschwiegener, von Pavillons umschlossener Teich, der »Garten der harmonischen Stimmung«, den der Kaiser Ch'ien-lung in Nachahmung eines berühmten alten Gartens in Wusih erbauen ließ. Er ist umgeben von einem niedrigen künstlichen Wall, der ihn von der Außenwelt abschirmt – sozusagen ein Garten im Garten.

Eine Quelle des Entzückens ist auch das Spiel der Kontraste, bezogen auf den großen wie auch auf den kleinen und intimen Maßstab. So »antwortet« etwa der großen Fläche des K'un-ming-Sees im Süden, die sich unterhalb des Hügels des langen Lebens dehnt, im Norden die steile Uferlinie der rückwärtigen Seen, die im Zickzack einer tiefen und schattenreichen Schlucht folgen, über die gewölbte Steinbrücken führen. Zum Labyrinth der Höfe im Osten kontrastieren jene ländlichen Spazierwege, die sich jenseits davon die Hügel hinaufwinden, durch Fliederwäldchen, die im Frühjahr diesen ganzen Ort mit ihrem Duft erfüllen. Und das Wasser selbst hat sein Gegenstück nicht nur in der Felseninsel des Drachenkönigs und im Hügel des langen Lebens, sondern auch in der gesamten Kette der dahinter sichtbaren Westberge.

Diese sind es übrigens, die den Garten erst zu dem machen, was er ist – die von draußen »erborgte« Natur, wie die Chinesen sagen. Im Tageslauf verändert sich der Widerschein ihrer Farben von nebligen Grautönen zu scharf umrissenen amethystfarbenen und blauen Rändern. Manchmal scheinen sie zum Greifen nahe, dann wieder sind sie undinglich wie ein Schleier. Wie immer in den chinesischen Gärten sind die Wirkungen des Lichts und der jahreszeitlichen Veränderungen auch hier mit soviel

67 Blick nach Osten auf die »Hinteren Seen« im I Ho Yuan (Sommerpalast), Peking. Im Gegensatz zu dem weiten Spiegel des südlich gelegenen K'un-ming-Sees fällt der Nordabhang des Hügels steil ab auf einen schmalen Kanal, dessen Ufer von bearbeiteten Steinen eingefaßt sind. Hier ließ der Kaiser Ch'ien-lung Seeschlachten aufführen und eine Straße der Stadt Suchow nachbauen, so daß seine Damen sich das Vergnügen machen konnten, »wie gewöhnliche Leute« einzukaufen. Die Hinteren Seen führen am Ende zum Hsieh Chu Yuan (Garten der Tugend und Harmonie).

68 Der *Hsieh Chu Yuan* im *I Ho Yuan* (Sommerpalast) bei Peking. Pavillons, die hinter Mauern verborgen und durch offene Galerien miteinander verbunden sind, umgeben den See in diesem »geheimen« Garten innerhalb des Gartens.

Anmut und Pracht zelebriert, daß selbst fremde »Barbaren« hin und wieder das Gefühl haben, sich in den Wohnstätten der Unsterblichen aufzuhalten.

Einige Jahre nach dem Brand des Yuan Ming Yuan würdigte ein chinesischer Gesandter in London den Verlust, wobei er dem üblichen Fazit eine neue Erkenntnis über die Stellung Chinas in der Welt folgen ließ. Für ihn versinnbildlichte der Brand das Erwachen seines Landes: »Im Schein der brennenden Paläste, die das Entzücken seiner Kaiser gewesen waren, begann (China) zu erkennen, daß es geschlafen hatte, während die ganze übrige Welt wach und tätig gewesen war ... Der Sommerpalast mit seinen reichen Kunstschätzen war ein hoher Preis für die Lektion, die wir damals erhielten, aber kein zu hoher, wenn wir dadurch gelernt haben, unseren geschundenen Panzer wiederherzustellen und dreifach zu verstärken – und das hat sie uns gelehrt.«[19]

Auf lange Sicht hatte er damit vielleicht recht, aber die Reaktion der Kaiserinwitwe bestand, wie wir gesehen haben, typischerweise darin, die Gärten mit dem Geld wieder aufzubauen, das für die Flotte ihres Reiches bestimmt gewesen war: Als das Land eine Flotte brauchte, um gegen Japan zu kämpfen, stand ihm keine zur Verfügung. Wie Menzius vor langer Zeit so treffend sagte, hat das Volk an den Extravaganzen seiner Herrscher immer schwer zu tragen, und doch ist es nicht nur Selbstsucht, was hinter dem Drang nach Erschaffung schöner Örtlichkeiten steht. Trotz aller Beispiele der Hemmungslosigkeit und Unbedachtheit im gesamten Verlauf ihrer Geschichte haben die Chinesen sich bei der Beurteilung der Taten ihrer Kaiser anscheinend immer von besonderen Vorstellungen leiten lassen. Diese alternativen Wertvorstellungen sind selbstverständlich taoistischer Natur und kommen etwa in den Worten eines alten Gärtners zum Ausdruck, der seinen Blick über die in der Sonne leuchtenden Ziegeldächer des Sommerpalasts gleiten ließ: »Heute machen viele Menschen es der Kaiserin zum Vorwurf, daß sie das Geld zur Errichtung eines Gartens verwendet hat, anstatt

Kriegsschiffe dafür zu kaufen und gegen fremde Länder zu kämpfen. Aber ich bin der Meinung, daß sie weise handelte. Krieg ist schließlich eine widerwärtige Vorstellung. Schauen Sie nur! Wer hätte je gedacht, daß die Hand des Menschen etwas so Schönes zustande bringen könnte, wenn sie das Geld nicht dafür ausgegeben hätte?«[20]

69 Der *I Ho Yuan* (Sommerpalast) bei Peking. Blick vom Hügel des langen Lebens auf die Westberge.

4 Die Gärten der Gebildeten

Es waren zwei große Themen, die Chinas Kaiser zur Kunst der Gartengestaltung beisteuerten: die Idee der geheimnisvollen Wohnstätten der Unsterblichen und die Vorstellung des Parks als eines Mikrokosmos, in dem alle Reichtümer der Welt zu finden waren. Beide Gedanken hatten während der Han-Dynastie auch in den privaten Gärten Ausdruck gefunden – so in dem berühmten Park mit dem künstlichen Berg, der Yuan Kuang-han den Kopf kostete. Gegen Ende der Dynastie aber, im 3. Jahrhundert n. Chr., machte sich in den privaten Gärten allmählich der Einfluß der gewandelten Wertvorstellungen bemerkbar, und es kamen zwei ganz andere Themen auf, die ebenfalls zu wesentlichen Aspekten des chinesischen Gartens wurden: zum einen die taoistische Naturphilosophie, zum anderen die fruchtbare, einmalige und faszinierende Einheit der Gartengestaltung, Malerei, Poesie und Kalligraphie.

Der Einfluß des Taoismus

Der Taoismus war am Ende der Han-Dynastie nicht etwa eine neue Philosophie. Seine »großen Bücher«, das *Tao Te Ching* und das *Chuang Tse*, gehen auf das 3. und 4. vorchristliche Jahrhundert zurück, und der Philosoph Laotse (der mutmaßliche Autor des *Tao Te Ching*) soll ein Zeitgenosse von Konfuzius gewesen sein (551–471 v. Chr.). Auch das vielschichtige Naturverständnis der Chinesen – Natur als ehrfurchteinflößende Wildnis, als Ort magischer Kräfte, als Lebensspenderin – war längst akzeptiert, und die Suche nach einem Elixier der Unsterblichkeit hatte, wie wir gesehen haben, an den Höfen der Kaiser viele Anhänger gefunden. Mit dem Zusammenbruch der Han-Dynastie und dem damit einhergehenden Verlust des Vertrauens in die alte Ordnung begannen aber alle diese disparaten Elemente sich in neuer Weise zusammenzufügen. Der Terror der neuen Invasoren aus dem Norden, das politische Durcheinander, die Heuchelei und Schwäche des Hofes – all dies raubte den ehrbaren Menschen das Vertrauen in die konfuzianischen Werte. Sie konnten nicht länger an ein ethisches System glauben, das China so weit vom Wege abgebracht hatte, und wandten sich daher allmählich anderen Philosophien zu – eine Art innerer Emigration aus dem Chaos zu einem neuen Interesse am taoistischen Bild der Natur und später auch zum Buddhismus. Viele flohen nach dem Süden in Gebiete, die damals in ihren Augen noch kaum zivilisiert waren.

Die Gegend, in der sie sich wiederfanden, war dünn besiedelt, ungebändigt und feucht. Ihre Täler, die in ein unübersichtliches Gewirr von Seen und Marschen abfielen, waren lieblicher als diejenigen des Nordens, und ihre tief gefalteten Gebirge waren sanfter und wirtlicher. Hier saßen um die Mitte des 3. Jahrhunderts die »Sieben Weisen vom Bambushain« beisammen und diskutierten über die Fragen des esoterischen Taoismus. Nahten sich ihnen gewöhnliche Menschen, die von weltlichen Erfolgen sprachen, dann rollten sie ihre Augen und warteten, bis diese Vulgärlinge wieder verschwunden waren. Einer der Weisen, Liu Ling (ca. 221–300 n. Chr.), verstörte diejenigen, die kamen, um ihn zu sehen, indem er nackt in seinem Zimmer saß. Auf ihre Beschwerde antwortete er: »Ich betrachte das ganze Universum als mein Haus und mein Zimmer als mein Gewand. Weshalb also dringt ihr hier in meine Kleider ein?«[1] Wenn es Liu Ling auch zweifellos Vergnügen bereitete, in dieser Weise zu scherzen, so brachte er damit zugleich doch auch eine grundsätzliche taoistische Ansicht zum Ausdruck. Er hatte das Einssein mit allen existierenden Dingen erreicht, wie groß oder wie klein sie auch waren; seine Kleider, sein Haus und das Universum waren ohne Einschränkung austauschbar.

Vielleicht liegt es an diesem Gefühl des Einsseins mit der Natur, daß die Bewunderung der unberührten Landschaft und der Wunsch, sie zu malen oder nachzuschaffen, in China etwa achthundert Jahre früher auftauchten als im Abendland. Es war besonders die taoistische Philosophie, die den Gedanken der Einheit und Kontinuität von sinnlicher, materieller und geistiger Welt betonte. Alle chinesischen Schulen waren aber übereinstimmend der Meinung, daß jedes Element des Universums aus dem gleichen elementaren Material bestehe, das sie als *ch'i* oder »Atem« bezeichneten, das heißt mit einem für die chinesische Lebensauffassung fundamentalen Begriff.

Für die Chinesen »stieg das reine und lichte *ch'i* auf und wurde zum Himmel, das Trübe und Schwerfällige fiel herunter und wurde Erde; der Atem, der beides harmonisch vereinigte, wurde der Mensch«.[2] Er stand also in der Mitte zwischen Himmel und Erde und war kraft dieser Bedeutung mit allem anderen Bestehenden vereinigt. Ein Anliegen des Gartens, das in vielen Bildern deutlich wird, besteht darin, dieses latente Gefühl des Einsseins mit dem Universum wachzurufen. Wenn ein Mensch im Schnee des Frühjahrs steht, die Kälte nicht spürt und in eine Wolke von Pflaumenblüten schaut, dann ist ihm, als erblühe sein Herz plötzlich gleichfalls in Sympathie mit dem Baum – so kraftvoll und spontan wie die Blüten selbst. In dieser Weise erfährt er – durch seinen Garten – das geheimnisvolle Wirken des Tao.

Das Tao der Taoisten

Alle philosophischen Schulen in China bedienten sich des Wortes *tao* (wörtlich: der Weg), um jene Form der angemessenen Lebensführung zu bezeichnen, die jede von ihnen für die richtige hielt, wenn die Welt harmonisch funktionieren sollte. Für die als Taoisten bekannten Denker allerdings symbolisierte das Wort »die Gesamtheit aller Dinge, was

70

72 Holzschnitt aus dem *Hung Hsueh Yin Yuan T'u Chi* des Lin Ch'ing. Der Oberaufseher sitzt in seinem Studierzimmer gleich neben einem wunderbaren T'ai-hu-Felsen im Hof (Harvard Yenching Library).

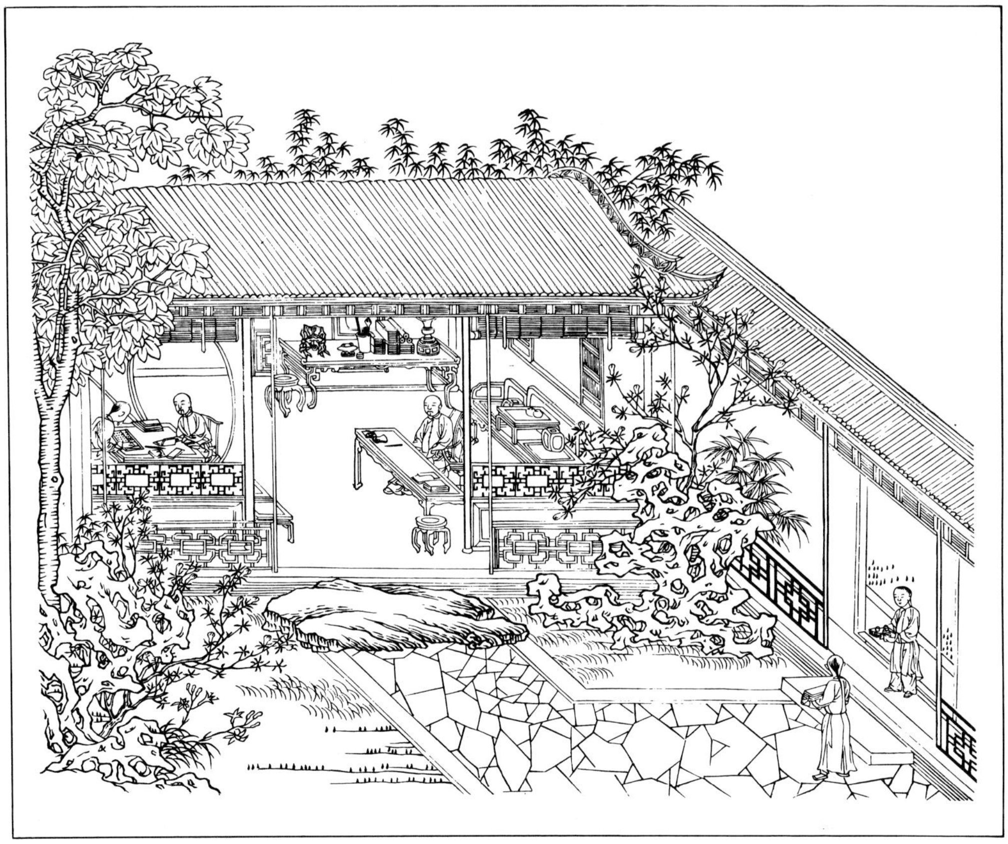

70, 71 Der »Wundervolle Jadefelsen« im Yu Yuan, Shanghai. Dieser Monolith, einer der schönsten T'ai-hu-Felsen, die in den chinesischen Gärten heute noch zu sehen sind, war angeblich für den im 11. Jahrhundert erbauten großen Felsengarten des Kaisers Hui-tsung bestimmt. Sein Transport erwies sich aber als so schwierig, daß er »zur Seite gelegt« und vergessen wurde.

71

immer sie seien«[3]: Es war mehr als nur eben der »Weg«, dem es zu folgen galt (wie richtig er auch sein mochte); tatsächlich *war* es der ganze Prozeß. Das Tao war die Summe aller Dinge in Vergangenheit, Gegenwart und Zukunft und in ihrer ewigen Transformation. Wie ein großartiges und nahtloses Gewebe alles Geschaffenen bildete und löste es sich rasch in den Mustern der Wolken – oder auch im Laufe von Äonen, wie die Erde insgesamt. Als eine unpersönliche Kraft hörte das Tao niemals auf, sich zu verändern, aber es wiederholte sich auch niemals. Die Summe seiner Kräfte war immer die gleiche.

In den Gärten wurde das Konzept des Tao – stets absichtsvoll vage und unzureichend definiert (weil jede Definition ihm Grenzen auferlegt hätte) – durch riesige, seltsame, aufrecht stehende Steine symbolisiert, die von den Chinesen (einzeln oder auch in Gruppen) etwa so plaziert werden wie bei uns Skulpturen. Die Steine, sich von schmalen Fundamenten erhebend, vom Wetter und der Zeit ausgewaschen, mit Löchern übersät und wie erstarrt in ständiger Bewegung, sind ausgesprochen eindrucksvolle Bilder. Im übrigen sind sie nicht nur Symbole des Tao, sondern auch sie Bestandteil des Gewebes aus dem Vorhandenen und den unvermeidlichen Prozessen von Zeit und Verfall unterworfen – sind Teil des Tao, das sie repräsentieren.

Der Taoismus in den Gärten

Von diesen spezifischen Symbolen abgesehen, spielt der Taoismus auch allgemein eine große Rolle in den chinesischen Gärten. Die zyklische Vorstellung vom Leben, das in den Tod verwoben ist, vom Herbst, der den Frühling in sich schließt, wird ja durch das jährliche Blühen und Vergehen der Blumen in jedem Garten sinnfällig gemacht. In China aber hat sie durch den Taoismus noch an Eindrücklichkeit und Bedeutung gewonnen: »Da Tod und Leben ... eines auf das andere folgen (wie Chuang Tzu sagt), warum sollte ich dann eines von ihnen für ein Übel halten? Das Leben wird als ein Schönes betrachtet, weil es beseelt und wundervoll ist. Der Tod gilt als ein Abscheuliches, denn er ist Gestank und Verderben. Aber dann wird das Stinkende und Verderbende abermals verwandelt in das Beseelte und Wundervolle; und darauf geschieht wiederum das Umgekehrte. Deshalb heißt es, daß im ganzen Universum *ein ch'i* sei, und deshalb priesen die Weisen diese Einheit.«[4]

Das taoistische Ziel lautete, eins zu werden mit diesem ewig wechselnden System

73 *Wald, Fels und beschneite Hütte* von Sun K'o-hung, 1572 (Ausschnitt). Ein idealer Zufluchtsort für einen Gelehrten der späten Ming-Zeit. Allerdings ließ des Patronat reicher Kaufleute aus der Stadt in jener Zeit auch den Ruf nach kunstvollen städtischen Gärten lauter werden. Ein ins Elend geratener Dichter schrieb: »Eine kühlende Brise und ein leuchtender Mond haben natürlich keinen Preis – wie schade, daß sie nur vierzigtausend gebracht haben!« (Avery Brundage Collection, San Francisco).

und so die Furcht und die Ungewißheit zu überwinden. Eine Geschichte erläutert diese Vorstellung: Konfuzius unternahm mit seinen Schülern einen Spaziergang am Ufer unterhalb des Lu-Chiang-Wasserfalls. In den reißenden Wassern, in denen nicht einmal eine Schildkröte überlebt hätte, erblickten sie den in den Wellen auftauchenden Kopf eines Mannes. Die Schüler stürzten herbei, um ihm zu helfen, doch der Mann stieg ganz unbeteiligt aus dem Wasser. »Habt Ihr ein *tao*, daß Ihr so über das Wasser gehen könnt?« fragte Konfuzius. »Nein«, erwiderte der Mann (und gab damit dennoch eine sehr beredte Erklärung, die ihn als Taoisten auswies): »Ich begann in dem, was mir nahe verwandt ist, wuchs auf in dem, was mir natürlich ist. Reifte durch mein Vertrauen in das Geschick. Mit dem, was ihm zuströmt, steige ich in den Strudel hinein, und mit dem, was ihn verläßt, steige ich wieder daraus hervor; ich folge dem Weg des Wassers, anstatt mir einen eigenen Lauf zu bestimmen; so durchmesse ich es.«[5]

Gartengestalter mögen sich eines ähnlichen intuitiven Talents rühmen, das sie den der Natur innewohnenden Linien folgen und auf diese Weise einen gegebenen Ort in der vollkommensten Weise nutzen läßt. Die Kunst der Gartengestaltung läßt sich jedenfalls nicht genauer darlegen und anordnen als der wahre »Weg«. Das Tao kommt im Aphorismus und im Widerspruch zum Ausdruck: Wenn du gewinnen willst, mußt du nachgeben; wenn du festhalten willst, mußt du loslassen; wenn du siegen willst, dann mußt du verlieren. Wie wir noch sehen werden, sind chinesische Gärten in Anlehnung an ähnlich widersprüchliche Überlegungen konzipiert: Auch die Gartengestaltung wird nicht so sehr mit Hilfe präziser Formeln gelehrt und erlernt als vielmehr auf dem Weg über Evokation und Andeutung. Aus diesem intuitiv-kontradiktorischen Ansatz erwächst noch ein weiterer wichtiger Gedanke, den der Taoismus in die Gartenkunst eingeführt hat: die Vorstellung des *wu-wei*, des Nicht-Handelns oder zumindest des Nicht-gegen-die-Natur-Handelns.[6] Der Garten spiegelt diesen Grundsatz des *wu-wei*, denn alle seine Elemente sind so konzipiert, daß sie mit dem sanften Fluß der natürlichen Linien übereinstimmen, und auch der Mensch soll in der Anlage seines Gartens seine Vorstellungen ungehindert zum Ausdruck bringen können. Gärten sind in der Tat »Horte der inneren Kraft«[7], in denen der Mensch seinen Frieden mit dem unabwendbaren Verstreichen der Jahreszeiten machen kann und in denen die Schönheit der materiellen Welt den Widerwärtigkeiten des Alltags etwas von ihrer Wichtigkeit zu nehmen vermag. So ist der Gedanke des *wu-wei* auch eine letzte Rechtfertigung für den Rückzug aus der Gemeinschaft in einen passiven Zustand – wie ein erleuchteter Weiser, »unwissend«, rein und unbeschrieben wie ein »unbehauener Block«.[8]

Extravaganz im taoistischen Gewand

Wenn die Taoisten auf der schlichten und ungeminderten Übereinstimmung mit dem Tao beharrten, so konnte der Umstand, daß diese Vorstellungen sich allmählich auf breiter Ebene durchsetzten, das Entstehen kunstvoller Gärten nicht zwangsläufig verhindern. Zweifellos lebten die wirklich überzeugten Taoisten wie etwa Liu Ling und die Sieben Weisen vom Bambushain ein einfaches Leben in natürlicher Umgebung. Andere aber, die durchaus mit dem taoistischen Gedankengut übereinstimmende Vorstel-

74 *Der Chin-ku-Garten* (oder Garten des goldenen Tales) *des Shih Ch'ung* von Ch'iu Ying, 16. Jahrhundert. Trotz der Beteuerungen des Shih Ch'ung, sein (im 3. Jahrhundert erbauter) Garten sei bescheiden, ist diese Anlage als eines der üppigsten Landgüter aller Zeiten in die Geschichte eingegangen. Hier hat der Künstler ihr das Aussehen eines kunstvollen Gartens des 16. Jahrhunderts gegeben. Die erhöhten, von Marmor eingefaßten Päonienbeete sind in ganz ähnlicher Form in den kaiserlichen Gärten von Peking noch heute zu besichtigen (Chion-in, Kyoto).

74

lungen vertraten, brachten es dennoch fertig, sich mit großen Kosten ein höchst komfortables Dasein einzurichten. Ein solcher Mann war der im dritten Jahrhundert lebende Herzog Shih Ch'ung, dessen Garten mit der Bezeichnung »Villa des goldenen Tales« zum Begriff für alles wurde, was im höchsten Maße luxuriös war. Einmal ließ Shi Ch'ung für eine Gesellschaft in seinem Garten eine Avenue aus brokatbespannten Wänden errichten, die rund 80 Kilometer lang war – und dies nur, um einen Rivalen zu übertrumpfen, dessen vergleichbare Avenue sich über etwa 60 Kilometer erstreckte. Ein anderes Mal ließ er seine Konkubinen einen mit Aloepuder (der damals eine ganz große Kostbarkeit war) überstäubten Pfad entlanggehen, nur um sich das Vergnügen zu machen, denjenigen, deren Füße mehr als den Hauch eines Abdrucks darin hinterlassen hatten, eine Hungerkur zu befehlen, bis sie so leicht waren wie Distelwolle. Das klingt nicht so, als habe er mit den taoistischen Vorstellungen übereingestimmt, aber nach seiner eigenen Beschreibung seines Anwesens könnte er als der schlichteste und anspruchsloseste Mensch erscheinen. Er schrieb: »Als ich fünfzig Jahre alt war, mußte ich wegen einer unglücklichen Angelegenheit meine Stellung aufgeben: Je älter ich wurde, desto mehr freute ich mich der erlangten Freiheit; und da ich Wälder und Ebenen liebte, zog ich mich auf meine Villa zurück ... Nach vorn ging die Aussicht auf einen reinen Kanal, ringsum wuchsen zahllose Zypressen, und fließendes Wasser wand sich um das Haus herum. Es befanden sich dort Aussichtstürme und Teiche; ich züchtete Vögel und Fische ... Wenn ich heimkam, erfreute ich mich an Lautenspiel oder an Lektüre ... «[9] Mit anderen Worten: Dieser Garten, der zu allen Zeiten als einer der prächtigsten in China gerühmt wurde, war für seinen Besitzer ein schlichter ländlicher Zufluchtsort. Vielleicht war er das; vielleicht war Shih Ch'ung aber auch nur vorsichtig und spielte seinen Reichtum herunter, um dem Neid seiner Mitmenschen zu entgehen. Oder aber – und das erscheint plausibel – er brachte ganz einfach die immer gängiger werdenden Klischees der feinen Lebensart zum Ausdruck.

75 »Zusammenkunft beim Orchideenpavillon« (oder *Lan T'ing*) von Ch'ien Ku, 1560 (Ausschnitt). Der berühmte kalligraphische Bericht von diesem Ereignis (das im Jahr 353 n. Chr. stattfand) spricht von »einem hellen Tag, als der Himmel klar und das Wetter gut war. Es wehte eine leichte Brise. Wenn wir aufblickten, nahmen wir das weite Universum wahr. Wenn wir uns umsahen, konnten wir die Fülle der Dinge erkennen.« Die natürliche Landschaft, die durch den Pavillon »erborgt« wird, gerät zum *jardin trouvé*, und dieser wiederum gilt als Mikrokosmos des Universums. (Übersetzung des chinesischen Wortlauts ins Englische von Roderick Whitfield; das Bild befand sich früher in der Morse Collection, New York.)

Landschaft als ein spirituelles Erlebnis

Im 3. nachchristlichen Jahrhundert konnte man auf die Persönlichkeit eines Mannes aus seiner Einstellung zur unberührten Natur schließen. So verglich beispielsweise ein Amtsträger zu jener Zeit sich selbst vorteilhaft mit dem Premierminister, indem er sagte,

daß »ich zwar in den Amtsgeschäften nicht besser bin, ihn aber in der Wertschätzung der Berge doch wohl übertreffe«.[10] Er richtete diese Worte an den Kaiser und brauchte ihnen nichts mehr hinzuzufügen, denn wer die Berge wirklich liebte, galt damals als mit großen Geisteskräften begabt.

Hsieh K'un (280–322 n. Chr.), der sich in dieser Weise kennzeichnete, gehörte einer Familie an, die riesige Güter in Kuei-chi besaß, einer Gegend Südchinas von dramatischer Schönheit. Hier durchstreiften um die Mitte des 4. Jahrhunderts die Angehörigen des Hsieh-Clans mit ihren Freunden die Hügel und »lebten behaglich. Sie zogen aus zu Jagd und Fischfang in den Bergen und an den Flüssen, und sie kehrten heim und rezitierten Verse. Sie hatten keine weltlichen Gedanken.«[11] Zu ihren außerweltlichen Gedanken zählte allerdings der Wunsch nach einem langen Leben, und so suchten sie in den Bergen nach den Kräutern, die Unsterblichkeit schenkten. Über dieser Beschäftigung begannen sie, die Natur insgesamt als ein *objet trouvé* zu betrachten und kleine Pavillons zu errichten, von denen sie auf die Landschaft blickten. Daher stammt der Begriff der »erborgten Landschaft«, ein Gedanke, der die ganze Landschaft zum »Garten« werden ließ.

Der erste berühmte Pavillon dieser Art war der Orchideenpavillon, in dem im Jahre 353 n. Chr. eine der schönsten Schriftrollen entstand. Auf dieser Rolle schildert Wang Hsi-chi das Frühlingsfest jenes Jahres, bei dem eine Gruppe von Literaten sich zum traditionellen Dichterwettstreit in dem Pavillon traf. Man ließ die mit Wein gefüllten Becher der Teilnehmer auf dem nahe gelegenen Flüßchen treiben, während ihre Besitzer, unter Bäumen sitzend, elegante Gelegenheitsgedichte verfaßten. Wer sein Gedicht nicht beenden konnte, bevor sein Kelch vorbeitrieb, mußte zur Sühne den Inhalt trinken. Dieses im Freien stattfindende literarische Spiel erfreute sich in den Gärten großer Beliebtheit. Es ging sogar in die Konstruktion mancher Pavillons ein, durch deren Fußböden eigene »Weinkelchläufe« geführt wurden.

Die literarische Tradition

Im 5. Jahrhundert waren die ausdrucksstarken Verse schon bekannt, in denen zwei berühmte chinesische Dichter, Hsieh Ling-yun und T'ao Ch'ien (oder T'ao Yuanming), das taoistische Naturverständnis geschildert hatten. Ihre Verlautbarungen wurden nun zur verbreiteten Einstellung des Adels und fanden sowohl in der Landschaftsmalerei als auch in der Gartengestaltung ihren Ausdruck. Was aber genauso wichtig ist: Beide Dichter schufen sich auch selbst Gärten und schrieben über sie. Damit setzten sie eine lange literarische Tradition in Gang, die ihrerseits ein nicht wegzudenkender Bestandteil des chinesischen Gartens wurde. Hsieh Ling-yun (385–433 n. Chr.) vereinigte auch in seinem persönlichen Leben die widersprüchlichen Aspekte seines ereignisreichen Zeitalters mehr oder weniger vollständig: Er war Herzog und zugleich Poet, er betätigte sich als Intrigant am Hofe und war als Taoist ein Freund und Kenner der Pflanzen, er besaß riesige Ländereien und war Laienmönch, der sich zu einem der bedeutendsten buddhistischen Denker seiner Zeit entwickelte. Daß er nach einem Debakel bei Hof in ein Kloster eintrat, hatte anfangs vielleicht mit der Sorge um seine persönliche Sicherheit zu tun, dann aber fand er in der buddhistischen Lehre den Trost und die Ermutigung, die ihm sein Leben lang Halt und Stütze waren.

Der Buddhismus in den Gärten

Das Vordringen des Buddhismus nach China, das schon im 1. nachchristlichen Jahrhundert einsetzte, bedeutete nicht, daß alle früheren Glaubenshaltungen aufgegeben werden mußten. Tatsächlich übernahm die neue Lehre eine ganze Reihe taoistischer Elemente, unter anderem auch den Begriff des Tao selbst, und dies zum Teil aus Gründen der besseren Verständlichkeit für die Chinesen. In China adaptierte der Buddhismus auch das taoistische Naturverständnis und transformierte die weite und verschwimmende Landschaft in ein Symbol der Leere. Die buddhistische Vorstellung, das Universum gruppiere sich rund um einen gewaltigen Gipfel (der in Japan der Große Meru oder Sumeru hieß), fügte sich gut in die hier übliche Verehrung der Berge ein; und Amidas Paradiesgarten mit den durch Ozeane voneinander getrennten Bergketten spiegelte sozusagen die magischen Behausungen der Unsterblichen. Tatsächlich wirkte sich die buddhistische Vorstellungswelt belebend auf die chinesischen Gärten aus und fügte den bereits absorbierten Vorstellungen und Motiven neue Bedeutungen hinzu. Ein wichtiges neues Thema wurde allerdings erst mit dem buddhistischen Gedankengut eingeführt: Im Gegensatz zur taoistischen Vorstellung vom einsam zwischen den Hügeln umherstreifenden Adepten liebten es die Buddhisten, sich zusammenzutun und gemeinsam die Früchte der Einsamkeit zu genießen. Neben den Einsiedler trat nun also die Idee des Bergklosters.

An einen solchen Ort zog Hsieh Ling-yun sich zunächst zurück – in ein großes Kloster, das von seinem Zeitgenossen, dem Mönch Hui Yuan, auf dem heiligen Berg Lu Shan gegründet worden war. Zum buddhistischen Refugium war der Ort einerseits wegen seiner natürlichen Schönheit und andererseits deshalb erwählt worden, weil ihn eine so zutiefst friedvolle Atmosphäre kennzeichnete, daß die Mönche der Meinung waren, er werde ihnen dazu verhelfen, das Nirwana zu erlangen. Groß war die Zahl der Laien und der Mönche, die im späten 4. Jahrhundert hier zusammenkamen, und wenn sie nach ihrem Aufenthalt im Kloster nach Hause zurückkehrten, nahmen sie die Erinnerung an die großartige Landschaft mit und suchten sie vielfach in der Form von »Lu-Shan-Parks« wiederaufleben zu lassen.

Als Hsieh Ling-yun den Hof verlassen mußte, begab er sich auf seine eigene im Süden gelegene Besitzung in Kuei-chi und versuchte dort, diese Einheit mit der Natur und dem Buddhismus weiterzuführen. Zugleich widmete er sich mit Eifer zahlreichen großartigen Verbesserungsplänen. So baute er eine rund 150 Kilometer lange Straße durch den Wald, legte Seen trocken, pflanzte Bäume und legte Gärten an. Um sich auf seinem Besitz bewegen zu können, entwarf er Schuhe mit Haken unter der Zehenpartie, um damit bergauf zu gehen. Für den Abstieg ließen die Haken sich unter die Absatzpartie schieben. In seinen Versen kam Hsieh Ling-yun auf viele Themen zu sprechen – so auf das Altern, auf die Unsterblichkeit, auf die ungetrübte Bergeinsamkeit –, von denen spätere Gartengestalter sich angesprochen fühlten:

»An hohen, hundert Jahre alten Bäumen
atme ich den Duft unzähliger Zeitalter,
trinke von den Quellen aus alter Zeit...
In der Eingeschlossenheit der Berge scheint kein Ausweg zu sein.
Der Pfad verliert sich zwischen dichten Bambusstämmen.
Meine Gäste können den Weg niemals finden,
und wenn sie gehen, vergessen sie, welchen Weg sie genommen haben.«[12]

Diese taoistische Abgeschiedenheit konnte ihn allerdings nicht für immer befriedigen. Neben die taoistische Vorstellung des Einsiedlers in den Bergen war nun das buddhistische Ideal des mönchischen Lebens getreten, dem zufolge eine Gemeinschaft von Männern sich um geistige Erleuchtung bemühte. So errichtete Hsieh Ling-yun auf einem Berg eine Zufluchtsstätte für sich und zwei Mönche. Ein Wasserfall neben dem Hof »fiel an den Fenstern vorbei«, und unten stiegen bewaldete Flächen aus dunstigen Tälern auf.

Der heimatliche Weiher

Viele Amtsträger gaben ihrer Sehnsucht nach Rückkehr in die Berge poetischen Ausdruck, hielten dabei aber an ihrer Stellung fest und legten ihr Geld im Gedanken an den Tag zurück, an dem sie sich in die Natur zurückziehen würden. Das sehnliche Verlangen nach »Hügeln und Wasser« ist ein Dauerthema der chinesischen Poesie und nimmt am Ende die ganze Inkonsequenz einer überkommenen Pose an. In der Sprache der großen Dichter hat es aber noch immer eine Würze und Frische, die dem alten Konflikt zwischen den Gedanken der Verpflichtung gegenüber dem Gemeinwesen und dem Wunsch nach Vervollkommung der eigenen Person eine wahrhaft bewegende Qualität verleiht. Einer der ersten, der diesen Konflikt in Worte faßte und ihn ganz gewöhnlichen Menschen nahebrachte, war der Dichter T'ao Ch'ien, der von 378 bis 427 n. Chr. lebte. Im Gegensatz zu seinem Zeitgenossen Hsieh Ling-yun war er kein Abkömmling einer berühmten Familie und hatte kein privates Einkommen. Dagegen verfügte er über einen wahrhaft freien Geist, der ihn seine Fesseln schmerzlich empfinden ließ:

76 *Chrysanthemen bei einer strohgedeckten Hütte ziehend,* von Kao Feng-han, 1727 (Ausschnitt). Der zufrieden in seinem Garten arbeitende Gelehrte erinnert unmittelbar an Tao Ch'ien, obwohl dieser Dichter genau 1300 Jahre früher gestorben war (Abe Collection, Osaka Museum).

»Als ich jung war, harmonierte ich nicht mit der Herde;
meine Liebe galt einzig den Hügeln und Bergen.
Unwissentlich verfing ich mich im Staub der Welt
und kam nicht vor meinem 30. Jahr frei.
Den Zugvogel verlangt es nach den alten Wäldern;
der Fisch im Becken denkt an seinen heimatlichen Weiher.
Ich hatte der Unberührtheit ein Stück des südlichen Moors entrissen
und kehrte, schlicht geblieben, zu Feld und Garten zurück ...
Lang lebte ich von den Stangen eines Käfigs zurückgehalten;
jetzt habe ich mich wieder der Natur und der Freiheit zugewandt.«[13]

Wie er später zu seiner Rechtfertigung bemerkte, sah Tao Ch'ien sich vor der Schwierigkeit, daß sein Haus voller Kinder, seine Reisschale aber leer war und »ich keine Möglichkeit sah, den Lebensunterhalt zu beschaffen«. Freunde und Angehörige drängten ihn, sich eine Stellung zu suchen, und schließlich fügte er sich und übernahm einen unbedeutenden Beamtenposten in einer Kleinstadt. Es war noch keine Woche vergangen, als er einsah, daß er einen katastrophalen Fehler begangen hatte: »Hunger und Kälte mögen schmerzen, aber dieses Gegen-mich-selbst-Angehen macht mich wahrhaft krank. Wann immer ich am öffentlichen Leben teilhatte, habe ich mich dem eigenen Mund und dem eigenen Bauch verpfändet, und diese Erkenntnis hat mich sehr erschreckt. Ich schämte mich zutiefst, meine Grundsätze in dieser Weise aufs Spiel gesetzt zu haben.«[14]

Schließlich nahm er den Tod seiner Schwester zum Vorwand, um sein Bündel zu packen und in sein Haus zurückzukehren. Er fand Feld und Garten von Unkraut überwuchert und die drei Pfade nahezu verschwunden. Dennoch konnte er sich kaum lassen vor Freude, als er die Bäume in seinem Hof wiedersah:

»Ich lehne am südlichen Fenster und lasse meinem Hochgefühl freien Lauf.
Ich denke, wie einfach es doch ist, mit ein wenig Raum um sich glücklich zu sein.
Jeden Tag lustwandele ich im Garten.
Es befindet sich ein Tor dort, aber es ist stets verschlossen.
Meinen Stock in der Hand, wandle und verweile ich,
und manchmal hebe ich den Kopf, um in die Ferne zu blicken.
Ohne Ziel steigen die Wolken von den Gipfeln auf.
Die Vögel, müde vom Fliegen, wissen, daß es Zeit ist, nach Hause zu kommen;
wenn die Strahlen der Sonne verblassen und dem Blick entschwinden,
schreite ich um meine einsame Kiefer und streiche über sie hin.«[15]

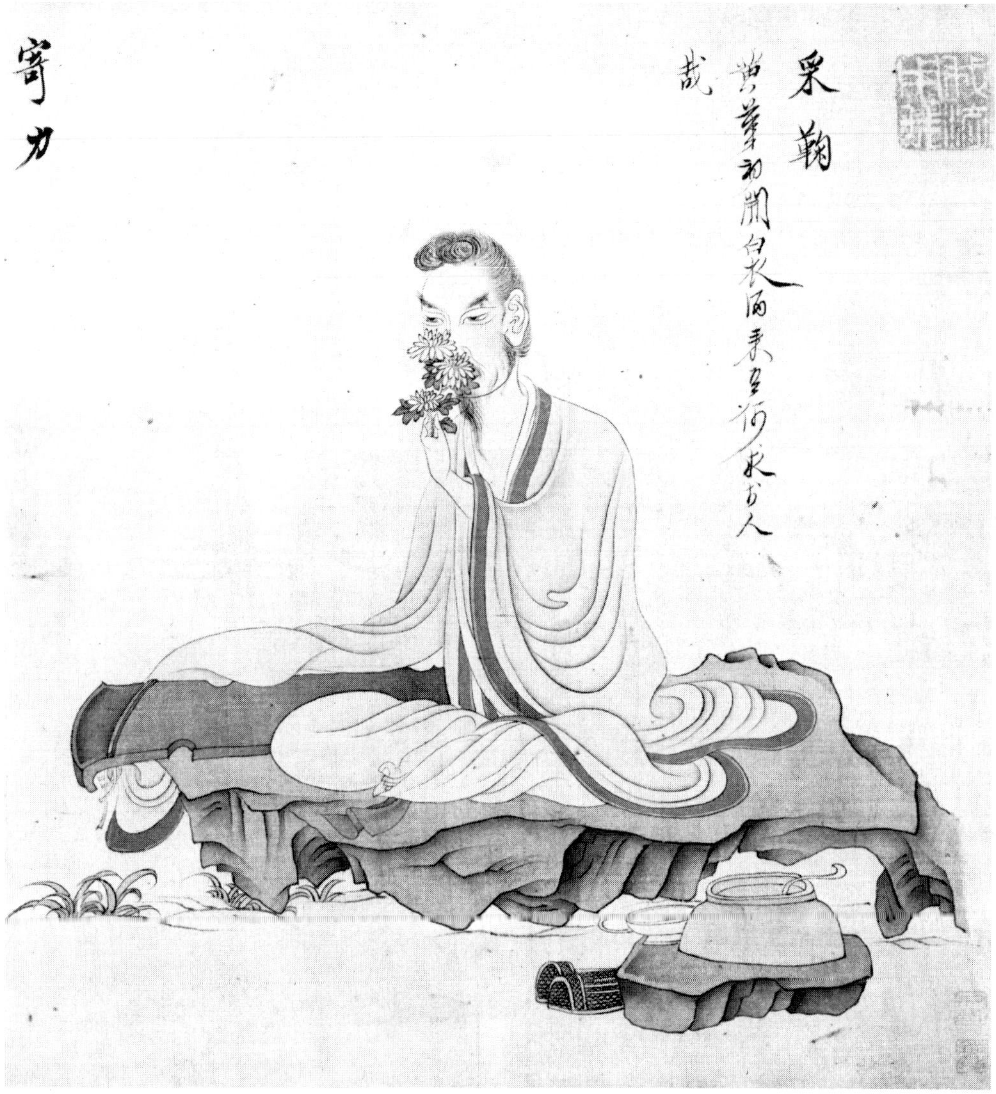

77 Der Dichter Tao Ch'ien mit einer Chrysantheme. Ausschnitt aus einem *Die Heimkehr* betitelten Rollbild des 17. Jahrhunderts von Ch'en Hung-shu (Honolulu Academy of Arts).

Anders als Hsieh Ling-yun mit seinem großen Besitz mußte T'ao Ch'ien sich der Landwirtschaft widmen, um leben zu können. Es war ein hartes Leben. Einmal zerstörte ein Brand seine ganze Habe, und auch in den besten Zeiten lebte seine Familie bescheiden und waren die Räume seines Hauses kahl. Manchmal schrieb er in verzweifelter Stimmung – und wußte im Grunde doch immer, daß das, was er tat, für ihn das Richtige war. Seine Furcht, sein Leben vertan zu haben, war unbegründet gewesen, denn seine Gedichte zählen zu den bekanntesten Werken der chinesischen Literatur überhaupt, und sein schlichter Hausgarten wurde zum Vorbild für alle späteren Einsiedler.

T'ao Ch'iens Name wird sehr häufig mit Chrysanthemen in Verbindung gebracht, und zwar wegen eines Bildes, das er in einem seiner beliebtesten Gedichte gebraucht. In diesem Werk findet das taoistisch geprägte Gefühl des Einsseins mit der Natur einen nahezu vollendeten Ausdruck. Der Dichter hält darin jenen langen Augenblick am Ende des Tages fest, in dem die Sonne schon tief steht und das Licht klar, aber die Dämmerung nicht mehr fern ist. Er befindet sich am Ende seines Gartens nahe der östlichen Hecke, wo er Blütenblätter von den Chrysanthemen pflückt, um sie in Wein zu legen und sich einen lebensverlängernden Trank zu bereiten. In einem früheren Gedicht hat er gesagt, wie töricht es sei, seine Hoffnungen in ein solches Gebräu zu setzen, und als er sich nun aufrichtet, sieht er plötzlich das Licht auf den fernen südlichen Hügeln – dort, wo er eines Tages in seinem Grab ruhen wird. In der reinen Abendluft stehen die Berge so klar vor Augen, als befänden sie sich gleich jenseits der Hecke. Über seinem Kopf fliegen Vögel, die von dorther kommen, jeweils zu zweien heim an ihren Schlafplatz. In diesem Augenblick scheint T'ao Ch'ien ebensosehr ein Teil der Landschaft wie die Hügel in der Ferne, wie die Vögel oder wie die Chrysanthemen, die er in den Händen hält. Dieses Bild, wie er dort steht, bewahrt einen unvergänglichen Augenblick der ausgesetzten Zeit – Mensch und Natur in vollkommenem

78 Ausschnitt aus einer der zehn dem Lu Hung zugeschriebenen, aus dem 8. Jahrhundert stammenden »Strohhütten-Szenen«. Ähnlich wie die dargestellte Hütte mag auch die Berghütte des Dichters Po Chu-i ausgesehen haben. Eine der frühesten Darstellungen dieses Themas, die auf uns gekommen sind (National Palace Museum, Taiwan).

Gleichklang. »In diesen Dingen«, sagt er, »liegt ein tiefer Sinn. Aber wenn wir ihn ausdrücken wollen, dann fehlen uns mit einemmal die Worte.«[16] Es ist dieses unausdrückbare Erlebnis des Tao, das die Schöpfer der chinesischen Gärten im begrenzten Binnenbereich ihrer Gartenmauern möglich zu machen suchten.

Die Fortführung der Tradition durch die Dichter der T'ang-Zeit

Die T'ang-Dynastie (618–906 n. Chr.) sah das Fortbestehen sowohl der großen Landgüter als auch der schlichten Behausungen der weniger begüterten Gelehrten. Der erstgenannte Typ erreichte seine höchste Blüte in einer Landvilla am Ufer des Wang-Flusses, nicht weit von der Hauptstadt Ch'ang-an, dem heutigen Sian. Diese *ferme ornée* gehörte Wang Wei, der nicht nur Gelehrter, Dichter und Musiker, sondern auch einer der einflußreichsten Maler Chinas war: Die nachfolgenden Generationen erkannten in ihm einen der beiden großen Begründer der Landschaftsmalerei, und wir werden noch lesen, daß das Rollbild, das er von seinem Landgut malte, die Idealvorstellungen der Maler wie der Gartenbauer bis in unser Jahrhundert hinein beeinflußte.

Die politische Situation war weiterhin undurchschaubar und kompliziert, und die exilierten oder vorübergehend degradierten Scholaren nutzten die Zeit, in der sie ohne Amt waren, offenbar häufig dazu, sich ein bescheidenes Refugium zu schaffen. Der große Dichter Po Chu-i, über den Arthur Waley sich so einfühlsam äußert[17], hat eine Schilderung der »Grashütte« hinterlassen, die er sich im Jahre 817 n. Chr. hoch oben zwischen den alten Kiefern und den Wasserfällen des Lu-Shan-Berges baute. Sie besaß nur zwei Räume und vier Fenster und war mit vier einfachen hölzernen Betten, zwei lacküberzogenen Lauten und zwei oder drei Bänden der klassischen konfuzianischen

und buddhistischen Literatur ausgestattet. Davor befand sich ein offener Platz mit einer flachen Terrasse in der Mitte und einem rechteckigen, von Bergbambus und wilden Gräsern gesäumten Teich, in dem der Dichter weißen Lotos zog und weißen Fisch für seine Tafel hielt. Durch die dichten grünen Kriechpflanzen zu Füßen der Kiefern legte er einen gewundenen Pfad aus weißen Steinen an. Hier saß er am Tage seines Einzugs von sieben Uhr morgens bis fünf Uhr nachmittags, gefangen von der friedlichen Atmosphäre und der Schönheit der Gegend. Dies war der erholsamste Ort, an dem er jemals gewesen war, und er schwor sich, am Ende seiner Amtstätigkeit hierher zurückzukehren und hier zu leben (wenngleich es dann so kommen sollte, daß er die Gegend nur noch ein einziges Mal aufsuchen konnte und seine Tage in einem ganz anderen Garten beschloß). Wie viele andere Dichter nach ihm war Po Chu-i ein »wirklicher« Gärtner, der es kaum jemals unterließ, in einem neuen Haus ein paar Bambussträucher zu pflanzen oder einen kleinen Teich auszuschachten, wie bescheiden – oder wie großartig – seine jeweiligen Lebensumstände auch sein mochten.

Rund zweihundert Jahre später setzte ein anderer Dichter-Politiker, Su Tung-po (Su Shi), die Tradition der Gelehrtengärten auch seinerseits fort. Wie vor ihm Po Chu-i, wurde auch Su Tung-po zum Gouverneur von Hangchow und Suchow bestellt, und auch er fiel immer wieder politisch in Ungnade, kam dann aber wieder zu Ehren. Einmal wurden ihm seine Bezüge als Amtsträger gänzlich gesperrt, und wie T'ao Ch'ien lebte er von dem bißchen Gemüse und Korn, das er auf einem kleinen Stück ungenutzten Bodens ziehen konnte. Die Arbeit kam den Dichter hart an, aber er durchstand diese Zeit und gab sich, glücklich gestimmt, den Namen des »Laien vom östlichen Hang«. Er fand sogar die Zeit, oberhalb und unterhalb seines kleinen Hauses zwei Pavillons zu errichten. Glücklicherweise besaß sein nächster Nachbar einen Bambushain, wo der Dichter im Sommer zu lagern pflegte und das prächtige Grün der jungen Schößlinge bewunderte, die aus dem Boden brachen, oder mit Freuden sah, wie der Tau auf seinen Reishalmen im Mondlicht glitzerte. Mit dem Namen Su Tung-pos ist eine Reihe von Gedichten verbunden, die denjenigen von T'ao Yuan-ming in ihrer Gesinnung sehr nahekommen, so etwa das folgende, das die Idealvorstellung vom Pavillon des Einsiedlers in vollendeter Weise wiedergibt:

»›Wie kannst du deine Tage in solcher Ruhe und Gelassenheit hinbringen,
da doch das menschliche Leben so angefüllt ist mit Übeln?‹
Heute nacht schlief ich am windigen nördlichen Fenster –
jetzt, am Morgen, erfüllt die frische Luft die westlichen Hügel.«[18]

Ein anderer berühmter Gelehrter und Gärtner zu Sus Lebenszeit war Ssu-ma Kuang, das Haupt einer konservativen politischen Gruppierung, die immer wieder schwere Rückschläge hinnehmen mußte. Getreu der konfuzianischen Tradition zog sich dieser einstige oberste Minister von der politischen Bühne zurück, als er erkannte, daß er das öffentliche Leben nicht länger wirksam beeinflussen konnte, und widmete sich der Abfassung eines Geschichtswerks für künftige Generationen. Er zählt zu den berühm-

79 Der *Tu-lo Yuan* des Ssu-ma Kuang von Ch'iu Ying, 16. Jahrhundert (Ausschnitt). Eine aus der Ch'ing-Zeit stammende Darstellung des Gartens des berühmten Gelehrten der Sung-Ära. Sie zeigt den Gelehrten in den verschiedenen Teilen des Gartens, von denen in seiner Beschreibung eingehend die Rede ist. Dem Maler ging es nicht nur um die Schilderung der Raffiniertheit und zugleich Schlichtheit des Ortes, sondern er wollte auch die Freude des Gartenbesitzers an so anspruchslosen Freuden wie dem Fischen oder dem Ausruhen von der Hitze in einem Bambuswäldchen zum Ausdruck bringen (Sammlung Wango H. C. Weng).

testen Historikern Chinas und fügte der Liste der vielgeliebten Gelehrtenrefugien einen weiteren Namen hinzu, den des Tu-lo Yuan, des Gartens des einsamen Genießens, in dem er Erholung von seiner harten Arbeit suchte. Ssu-ma Kuangs Garten lag zwar in einiger Entfernung von seinem Haus, aber nicht zwischen luftigen Gipfeln und auch nicht im bestellten Gelände außerhalb der Stadt, sondern noch innerhalb der Mauern von Loyang. Es war ein *städtischer* Garten, dessen Besitzer dennoch versuchte, hier eine Atmosphäre ländlicher Einfachheit zu erschaffen. Er sollte nicht als berühmter Lustgarten dienen, in dem man sich eleganten Formen der Unterhaltung hingeben konnte, andererseits aber mehr sein als nur der Schauplatz des extrem genügsamen Lebens eines konfuzianischen Weisen: Schließlich, so sagte sein Besitzer bescheiden, »ist ein törichter Mensch nicht fähig, wie ein Weiser zu genießen«. Als wahren Gelehrten aber wies Ssu-ma Kuang sein eigentlicher Luxus aus – die Bibliothek von über fünftausend Bänden, die er in einer Halle im Garten zusammengetragen hatte. Viele köstliche Stunden verbrachte er allerdings auch damit, sich Gedanken über die Wirkung seiner verschiedenen Pavillons und Wasserläufe zu machen. Sein Fischweiher war in der Form von fünf schmalen Buchten angelegt und erinnerte an eine Tigerpfote. In der Mitte befand sich eine Insel, die er mit im Kreis stehenden Bambusbäumen bepflanzte; ihre Wipfel band er zu einem Blätterzelt zusammen und nannte dies seine Fischerhütte. Aus einem kleinen, über einer Terrasse errichteten Raum konnte Ssu-ma Kuang über die Mauern seines Gartens hinweg auf einen Teil der Stadt und die fernen Berge blicken.

Im folgenden mag er für sich selbst sprechen – wie üblich in der dritten Person: »Gewöhnlich verbrachte er viel Zeit damit, in seiner Halle zu lesen. Er wählte sich die Weisen zu seinen Lehrern und die vielen tugendhaften Männer (der Vorzeit) zu seinen Freunden und gewann Einblick in die Quellen der Gutherzigkeit und der Rechtschaffenheit, und er erforschte das Innen und Außen der Riten und der Musik ... Die Grundsätze der Dinge fügten sich vor seinen Augen zusammen. Wenn seine Entschlußkraft erlahmte und sein Körper erschöpft war, nahm er eine Angelrute und fing Fische, er rollte die Ärmel auf und pflückte Kräuter, er unterbrach die Wasserführung und wässerte die Blumen, er griff zur Axt und schlug Bambussträucher, wusch die Hände im Wasser, um sich abzukühlen, und ließ den Blick von der höchsten Stelle seines Gartens hin- und herwandern, wie es ihm gefiel. Hin und wieder, wenn ein heller Mond aufging und sich ein klarer Wind einstellte, machte er endlose Fußmärsche. Seine Augen, seine Lungen, seine Gefühle – sie alle waren sein Ureigenes ... Welcher Genuß konnte dies ersetzen? Ebendeshalb nannte er den Garten den Park des einsamen Genießens.«[19]

Der Genuß, den ein solcher Garten gewährte, war zugleich kontemplativer und aktiver Art, ein sowohl intellektueller als auch sinnlicher Genuß, und nichts von dem, was an diesem Garten entzückte, setzte ein riesiges Vermögen voraus. In der Tat wurzelt ja die Begabung der Chinesen für ein »harmonisches Leben« zum Teil in ihrem ausgeprägten Bestreben, das Beste aus dem täglichen Dasein zu machen und unter diesem Aspekt einen kultivierten Umgang mit der freien Zeit zu pflegen, der seinen idealen Ort in den Gärten fand.

80 Gravierter Stein vom Eingangsportal des Tsang Lang T'ing, Suchow, aus dem Jahr 1044 n.Chr. Eine Ansicht aus der Vogelschau und Chronik der Geschichte des Gartens von dessen damaligem Besitzer, einem Dichter namens Su Tzu-mei.

81 Galerie um den tiefen Teich im Tsang Lang T'ing, Suchow, aus dem Jahr 1975. Die heutige Anlage ist fast identisch mit der in Stein gravierten aus dem 11. Jahrhundert. Etwa ein Drittel des Gartens wird von einem künstlichen Felsen eingenommen, auf dem der Tsang-Lang-Pavillon steht.

Vielleicht die beste Darstellung dieses Anliegens findet sich in einem kleinen Buch mit dem Titel »Sechs Kapitel eines fließenden Lebens«, das gegen Ende des 18. Jahrhunderts entstand. Es ist der Bericht eines Lebens, welches fast ausschließlich in kultivierter Armut und in der Überzeugung geführt wurde, daß es weit wertvoller sei, eine Vase mit Chrysanthemen auf dem Tisch zu haben als Fleisch zur Mahlzeit. Der Autor, Shen Fu, war ein lebensfremder Romantiker aus Suchow, dessen Bemühungen, sich seinen Lebensunterhalt zu verschaffen, immer wieder fehlschlugen. Sein Leben war häufig tragisch – ein früher Tod nahm ihm seine Frau Yun, der er in leidenschaftlicher Liebe zugetan war; Intoleranz und Mißverständnis raubten ihm das Wohlwollen seiner Eltern, und sein Vater starb, bevor es zur Versöhnung zwischen ihnen kommen konnte. Später wurde Shen Fu von einem jüngeren Bruder um sein Erbteil betrogen. So lebte er häufig von der Mildherzigkeit seiner Freunde. Und doch ist sein Buch voll ununterdrückbarer Heiterkeit und Freundlichkeit und schildert Menschen, die niemals müde wurden, Genuß und Gefallen an der eigenen Ingeniosität und an den allereinfachsten Freuden des Lebens zu finden. Gärten spielen darin eine wichtige Rolle und liefern häufig die Szenerie für die glücklichsten Augenblicke, die dem Autor beschieden sind. So verbrachten Shen Fu und seine Frau zum Beispiel einmal mit Erlaubnis seiner Mutter einen ganzen Sommer in einem offenen Pavillon ganz in der Nähe der Gärten des Tsang Lang T'ing (die noch heute existieren): »Hinter dem Pavillon erhob ein alter Baum seinen knorrigen Stamm; seine Zweige warfen einen starken Schatten über das Fenster und färbten unsere Gesichter grün ... Wir verbrachten die langen, heißen Sommertage gemeinsam mit nichts anderem als Lesen, dem Gespräch über die Klassiker, der freudigen Betrachtung des Mondlichts oder der müßigen Bewunderung der Blumen ... Auf der ganzen Welt, so meinten wir, konnte kein Leben glücklicher sein als dieses.«[20]

Ein Zeitgenosse Shen Fus mit Namen Ch'en Hao-tsu, der sich den Blumen-Eremiten nannte, ging sogar so weit zu sagen: »Wenn ein Heim nicht einen Garten und einen alten Baum hat, dann sehe ich nicht, woher die täglichen Freuden des Lebens kommen sollten.«[21]

Dies war eine Überzeugung, die immer wieder geäußert wurde: Die einfachen Freuden des Gartens, fernab von den Sorgen der Menschen, waren im Grunde durch nichts aufzuwiegen. Armut war für einen Gelehrten kein Unheil, denn seine hochentwickelte Sensibilität und seine Vertrautheit mit den Schriften der großen Männer der Vergangenheit wurden als unendlich viel wertvoller angesehen als das schiere Anhäufen von Reichtümern. Das Schreiben galt als der eigentliche Ausdruck der Zivilisation; während sich unser Begriff »Zivilisation« vom lateinischen *civis* und der *civitas,* also dem »Bürger« und der »Gemeinschaft der Bürger«, ableitet, bedeutet das chinesische Äquivalent, *wen ha,* soviel wie »die verändernde Kraft des Schreibens«.[22]

Der öffentliche Raum ist in China von jeher nicht der physische, sondern der geistige Schauplatz gewesen, und selbst heute finden unterschiedliche Meinungen ihren akzeptablen Ausdruck nicht in einer Einrichtung, wie sie der Speaker's Corner im Londoner Hyde Park vergleichbar wäre, sondern in handgeschriebenen Plakaten. Diese geistige Aktivität hat sich immer über einen längeren Zeitraum erstreckt, so daß sich Männer wie unsere Gartengestalter Su Tung-po oder Ssu-ma Kuang nicht als Versager betrachteten, wenn zu ihren Lebzeiten die politische Gunst sie verließ, denn sie hatten teil an einer viel weiterreichenden Debatte, die zukünftige Denker ebenso einschloß wie jene ihnen vorausgegangenen, deren Werke sie lasen. Der Ort, an den der Gelehrte sich zurückzog, stand nicht nur für seine Wertschätzung der Natur, sondern konnte auch als Symbol dieses »geistigen Raumes« und damit der höheren Interessen aller gebildeten Chinesen betrachtet werden.

Das Fortleben des kunstvollen Gartens

Inzwischen fuhren allerdings auch die reichen und namhaften Familien fort, Gärten anzulegen, um – wie einst Yuan Kuang-han – ihren Reichtum vorzuzeigen, wobei sie einander zu übertreffen suchten, was Zahl und Kostbarkeit ihrer Pavillons und Dekorationen anging. Zu Beginn des 9. Jahrhunderts schrieb Po Chu-i über Gärten dieses Typs, die von den großen Familien verlassen worden waren, weil deren Interessen sie anderswohin geführt hatten:

»An Wäldern und Wassern, wessen Häuser sind diese
mit den hohen Toren und dem weit sich dehnenden Land?
Von ihren blauen Giebeln hängen vergoldete Fische;
an ihren roten Säulen laufen geschnitzte Renner.
Ihre Frühlingslauben warm vom gefangenen Dunst,
ihre Herbsthöfe kalt vom eingesperrten Mondlicht.
An den Stamm der Kiefer schmiegen sich Bernsteinperlen;
Die Bambuszweige geben rubinrote Tropfen ab.
Wer mögen die Herren sein der Seen und der Terrasse?
Hohe Offiziere, Staatsräte.
Ihr Leben lang sind sie niemals hergekommen,
sondern kennen ihre Häuser nur vom Plan des Verwalters!«[23]

In ihrer Wirkung wie in ihrem Zweck unterschieden sich diese Gärten himmelweit von der Hütte des Gelehrten, und dennoch war dieses simplere Bild so eindrucksvoll, daß es mit der Zeit sogar Eingang in die kaiserlichen Parks und die Lustgärten der Adligen fand, wie sie in Po Chu-is Gedicht geschildert werden. Li Te-yu, ein Zeitgenosse des Po Chu-i und namhafter Adliger und Politiker, besaß eine große und berühmte Villa mit Namen Ping Ch'uan, die zugleich ein weitläufiger Park und auch eine Stätte der Literaten war. Hier hielt er nicht nur viele exotische Pflanzen, die er aus dem Süden geholt hatte, sondern zog auch heilkräftige Kräuter und Bäume und baute Hirse und Tee an. Auf der politischen Ebene waren Li und Po Chu-i Gegner, aber in ihren persönlichen Vorlieben stimmten sie aufs glücklichste überein. Beide waren große Liebhaber seltsam geformter Steine, und von beiden sagt man, daß sie die Mode der einzeln aufgestellten Felsbrocken in den Gärten populär machten. Wie Po kannte auch Li Te-yu nichts Schöneres, als über seinen Landbesitz zu wandern, und schilderte in bewegenden Worten, wie glücklich es ihn bei seiner Rückkehr aus dem Exil im Süden gestimmt habe, daß seine Chrysanthemen und Kiefern noch immer auf ihn warteten. Er ließ seine Gedichte in die schönsten

82 Schöne und geräumige Hallen (oder T'angs) wie die hier gezeigte, auf einer Marmorterrasse über einem See errichtet, zugänglich über eine gedeckte Galerie und von Frühlingsblüten ganz umschlossen, gaben wohl den Schauplatz für literarische Sitzungen und elegante Zusammenkünfte ab. Hier scheint der Besitzer die Szene allerdings still, in Gesellschaft nur zweier weiterer Personen, zu genießen, von denen die eine möglicherweise ein junger Diener ist. Das Chih-Garten-Album hält die Erinnerung an einen Garten fest, in dem sich Schlichtheit und Großartigkeit auf bewundernswerte Weise verbanden. *Der Chih-Garten,* Albumblatt von Chang Hang, 1627 (Sammlung Vanotti, Lugano).

Stücke seiner Steinsammlung gravieren und hinterließ, ebenso wie Po, eine Abhandlung über die hügelige Szenerie, die seine Villa umgab, und über die vielen seltenen Büsche und Bäume, die er dazu bewogen hatte, dort zu gedeihen.

Erst während der Herrschaft der Sung-Dynastie allerdings fanden die verschiedenen Ausprägungen der eleganten Parkanlage und des abgeschiedenen Winkels, in den der Gelehrte sich zurückzog, schließlich ihre charakteristische Form. Schauplatz dieser Entwicklung waren die berühmten Stadtgärten von Loyang, die später in einem Buch von Li Ko-fei beschrieben wurden. Jeder dieser Stadtgärten (mit Ausnahme eines einzigen, der eher ein jährlich stattfindender Blumenmarkt als ein richtiger Garten war) besaß eine Reihe schöner Hallen und Pavillons, die zierlich zwischen üppige Anpflanzungen von Büschen und Bäumen gesetzt waren. Li Ko-fei rühmte die einen wegen ihrer außergewöhnlich schönen Lage, die anderen wegen ihrer großen, alten Kiefern oder auch wegen des üppigen Schattens ihrer Bambushaine. Er sprach besonders von jenen

Gärten, die berühmten Gelehrten gehört hatten: Einer von Po Chu-is Parks beispielsweise hatte sich in seiner Anlage unverändert erhalten, wenn auch die ursprünglichen Pavillons längst eingestürzt waren. Auch Ssu-ma Kuangs alter Garten existierte noch, aber von ihm war Li Ko-fei enttäuscht. »Er war ziemlich klein«, schrieb er, »und nicht mit den anderen zu vergleichen ... Das Angelhäuschen und der Pflanzengarten waren von Ssu-ma Kuang persönlich aus Bambuszweigen erbaut oder aus Kriechpflanzen angelegt worden.«[24] Sein Schluß lautete, daß die Beliebtheit dieses Gartens wohl eher auf den Bericht zurückgehen müsse, den der Historiker darüber angefertigt hatte, als auf irgendwelche ihm innewohnenden Qualitäten. Offensichtlich konnte sich nach Meinung Li Ko-feis diese hausgemachte Schlichtheit nicht mit der eleganten und kontrollierten Einfachheit jener vollkommeneren Gärten messen, in denen die Idealvorstellung des abgeschiedenen Gelehrtendomizils in die große Tradition des Gartens des reichen Amtsträgers eingegangen war. Die Gärten in Loyang, die er am meisten bewunderte, besaßen Wasserläufe, die zu umlaufenden Gräben zusammengeführt waren, steinerne Lotosblumen, denen Wasser entströmte, und hohe Türme, von denen man auf die Berge schauen konnte. In einem dieser Gärten befand sich ein Gebäude, das in seiner Komplexität an ein Labyrinth erinnerte, und der Garten mit der allerschönsten Szenerie fand sein Lob wegen der Kompaktheit seiner Anlage und der reichen Vorstellungskraft seines Besitzers.

Die meisten dieser berühmten Gärten von Loyang scheinen Besuchern offengestanden zu haben, selbst wenn der Besitzer nicht selbst anwesend und mit ihnen nicht persönlich bekannt war. Denn einer der Gärten gilt deshalb als ein Sonderfall, weil er einem Verwalter überlassen wurde – wie die Villen in Po Chu-is Gedicht – und »der Gemeinschaft verschlossen«[25] war. In späteren Romanen und Erzählungen finden sich häufig Schilderungen von Ausflügen in die berühmten Privatgärten der Stadt oder der Vororte[26], und für viele Menschen in China sind solche Exkursionen offensichtlich ein echter Ersatz für Rückzüge in die Natur gewesen. Wenn also in der chinesischen Malerei die schlichte Hütte im Mittelpunkt noch so vieler großartiger Landschaftsdarstellungen auftaucht, so war der Rückzug des Gelehrten in einen städtischen oder vorstädtischen Garten doch zu allen Zeiten ebenso üblich wie sein Rückzug »in die Wildnis«.

Diese Lösung war für ihn selbstverständlich sehr viel bequemer, und sie hatte den Vorteil, daß der Gentleman sich seiner Einsamkeit in der Gesellschaft von Freunden – mit einigen Krügen Weins – erfreuen konnte, anstatt sie an die Wildnis zu verschwenden. Doch wirkte sich die Illusion, weit weg und ganz von der Natur umgeben zu sein – von der man doch annehmen konnte, sie stünde der Tradition der durchdachten und kunstvollen Gartengestaltung gerade entgegen – paradoxerweise sogar noch förderlich auf diese Tradition aus. Denn dem gelehrten Gartenfreund ging es – wie seinem Kaiser – doch immer noch darum, in seinem Garten den Eindruck der *Totalität* der Natur wiedererstehen zu lassen, und in dieser Absicht richtete er alle seine Bemühungen darauf, eine endlose Folge immer neuer Erlebnisse auf kleinem Raum zu ermöglichen. So entstanden jene in sich verschlungenen, labyrinthartigen Gärten, die uns so ausgesprochen artifiziell anmuten, in den Augen der Chinesen aber noch »natürlich« sind. Das liegt zum Teil daran, daß sie – mögen sie uns auch noch so phantastisch erscheinen – mit ihren Anspielungen und tradierten Merkmalen beim chinesischen Betrachter noch heute das Bild des schlichten Zufluchtsorts des großen Dichters und Gelehrten wachrufen. Zum Teil liegt es aber auch daran, daß ihre überlieferten visuellen Strukturen, die zunächst von den Landschaftsmalern entwickelt worden waren, als Verdichtungen natürlicher Formen angesehen wurden. Im nächsten Kapitel werden wir sehen, wie diese Strukturen sich entwickelten.

5 Das Auge des Malers

In China sind Landschaftsmalerei und Gartengestaltung in ihrer Entwicklung so eng miteinander verbunden, daß man das eine schwerlich erfassen und durchschauen kann, ohne auch etwas über das andere zu wissen. Beide Künste entwickelten sich miteinander – die Maler trugen ihren Teil zum Entstehen jenes ästhetischen Verständnisses bei, das die Chinesen bei der Betrachtung ihrer Gärten leitete, und die Gärten gaben diese überkommene Betrachtungsweise wiederum an die Maler zurück. Gemeinsam schufen sie den »Blick« für die Schönheit jäh abfallender Berge und schärften die Sinne für die wechselnden Stimmungen in der Abfolge der Jahreszeiten. In den Bildern entwickelten sich auch die beiden großen Themen des Gartens: die einsame Behausung des Gelehrten und die üppige, von Menschenhand gestaltete Landschaft mit all ihren dekorativen Elementen – einschließlich schöner Frauen. Wir sehen die Gärten Chinas mit anderen Augen, wenn wir seine Malerei kennen.

Frühe Landschaftsdarstellungen

Erste Andeutungen der Landschaft finden sich in der chinesischen Malerei in den konischen Hügeln und weidenartigen Bäumen, wie sie im Hintergrund von Jagdszenen und auf Darstellungen der Unsterblichen auftauchen. Sie gruppieren und verteilen sich rund um die Figuren, die auf diese Weise getrennt und immer wieder anderen Szenen zugeteilt werden, so daß die in der Fachsprache so genannten »Raumtaschen« entstehen.

Auf dem aus dem 8. Jahrhundert stammenden Bild »Die Reise des Kaisers Ming Huang nach Shu« (Seite 97) nehmen die in dieser Weise arrangierten Berge und Bäume mindestens zwei Drittel der Fläche ein; es sind dabei aber dennoch die Reisenden und nicht die Landschaft, die das Thema des Bildes ausmachen. Der Überlieferung zufolge war der Kaiser auf der Flucht vor einer Revolte, und die Reise durch das Gebirge muß mühsam und voller Schrecken gewesen sein. Möglicherweise wollte der Künstler diesen Eindruck mit Hilfe der schroffen Felsabhänge in seinem Bild vermitteln, aber die leuchtenden Emailfarben verwandeln die ganze Szene in eine Phantasiedarstellung von erlesener Schönheit. Die winzigen Figuren scheinen sich durch einen jener *bibelots* zu winden, wie sie von Fabergé für den Hof des Zaren entworfen wurden. Im Vordergrund sind Kiefern und blühende Pflaumenbäume exakt auf flachen Felsplatten angeordnet. Über ihnen steigen Gruppen zerklüfteter Gipfel zu nadelscharfen Spitzen auf oder springen unvorstellbar weit über den Abgrund vor. Stilisierte weiße Wolken trennen die Gipfel voneinander, und ein reines Licht erfüllt die Szene mit unnatürlicher Klarheit.

Dieses Bild ist ein frühes Meisterwerk des sogenannten blaugrünen Stils. Auch wenn es mit Sicherheit keine Gartenanlage wiedergibt, die ein Europäer als »natürlich« bezeichnen würde, mag seine höfische Eleganz doch frühe Versuche, den Eindruck großer Berge in den chinesischen Palastgärten erstehen zu lassen, beeinflußt haben. Zumindest zwei der frühen Gärten sollen vielfarbige Felsen enthalten haben. Einer von ihnen gehörte einem Prinzen, der am Ende des 5. nachchristlichen Jahrhunderts für kurze Zeit den Ch'i-Staat regierte. Er war bekannt wegen seiner Extravaganz, und auch wenn es sich nicht beweisen läßt, so ist es doch möglich, daß seine Vorliebe für farbig gestaltete Felsen sich eher an den frühen blaugrünen Malereien entzündete als an den Bergen in der freien Natur.

Wie wir noch sehen werden, führte der Maler Ch'iu Ying den blaugrünen Stil dann im 16. Jahrhundert zu einem neuen Höhepunkt der Eleganz und der Anmut, indem er Phantasie und Akkuratesse noch inniger miteinander verband, wobei er allerdings in bewußt archaischer Manier malte. Schon im 8. Jahrhundert hatte sich die Malerei in Umrißlinien und dünn aufgetragener einfarbiger Tusche entwickelt, besonders vertreten durch den großen Malerpoeten Wang Wei (699–761 n. Chr.).

Der erste Meister der Monochromie

Eine berühmte Stelle im taoistischen Klassiker *Tao Te Ching* lautet: »Die fünf Farben blenden das Auge, die fünf Geschmacksrichtungen verwirren die Zunge.«[1] Die Buddhisten mit ihrer Vorstellung vom Nirwana empfanden ähnlich, und für Wang Wei, einen frommen Anhänger dieser Lehre, war das Blenden des Auges ein sicheres Mittel, die Seele zu verwirren. Möglicherweise hat er die Monochromie nicht eigentlich »erfunden«, mit Sicherheit hat er sie aber weiter vorangetrieben als irgendeiner seiner Vorgänger. Auf die späteren Maler übten seine lichterfüllten und subtilen Darstellungen von Bergen im Schnee, denen alle Farbigkeit genommen ist, einen starken Einfluß aus.

Das Vordringen der monochromen Tuschmalerei hat sich sehr wahrscheinlich auch auf die Betrachtung der Gärten ausgewirkt. Einem Auge, das an Landschaftsdarstellungen in grauen Tuschtönen gewöhnt war, selbst wenn damit hochsommerliche Szenen geschildert wurden, muß der Anblick in allen Farben flammender Blumen mit der Zeit barbarisch und aggressiv erschienen sein. In den berühmten Gärten von Suchow, die noch heute existieren, ist die Farbe sehr sparsam eingesetzt. Selbst wenn sämtliche Büsche und Bäume in Blüte stehen, wird die Aufmerksamkeit des Betrachters weniger auf die Farbe als vielmehr auf das Licht und die Bewegung gelenkt, auf das Spiel von Sonne und Schatten zwischen den grauen Felsen, auf die tanzenden Muster des vom Wasser reflektierten Sonnenlichts, die bewegten Umrisse von Blättern vor einer weißen Wand. Grün, Grau und Weiß sind die bestimmenden Töne in diesen Gärten, denen sich keine anhaltende Vielfalt der Farben, sondern nur jahreszeitlich bedingte farbliche Akzente zugesellen.

Wang Weis Monochromie erlaubte es nicht, Berge nur als dekorative Formen zu

83 Rollbild des Wang Ch'uan (Ausschnitt), Kopie nach Wang Wei (699–761 n. Chr.). Jede »Raumtasche« der langen Rolle hat als Bezugspunkt ein von Menschenhand gemachtes Objekt, und jede korrespondiert einem der Verse, mit denen Wang Wei sein Landgut beschrieb: »Hier wohne ich«, schrieb er, »weshalb sollte ich mein Heim jemals verlassen?« (British Museum, London).

84 Kleiner Hof am Rand eines größeren umschlossenen Bereichs im Chuo Cheng Yuan, Suchow. Der Garten ist in unzählige einzelne Raumtaschen unterteilt, die von Mauern, Anpflanzungen, Hügeln und Gebäuden umschlossen sind. Manche sind winzig wie die hier abgebildete, in anderen sind Steine und Bäume so angeordnet, daß der Betrachter sich über ihre Ausmaße nicht schlüssig werden kann.

85 Eingangshof, I Yuan, Suchow. Weiße Mauern steigen hinter Felsbrocken und Bäumen auf wie Nebel oder wie die unbemalte Seide eines Landschaftsbilds.

sehen, sondern zwang den Maler, ihre Struktur zu ergründen. Es heißt, er habe eine neue Methode eingeführt, um die geologische Formation der unter Schnee liegenden Hügel herauszuarbeiten – das *p'o-mo* oder die »gebrochene Tusche« –, bei der die Umrisse der Felsen nicht mehr flach einkoloriert, sondern aus mehreren Tuschlagen aufgebaut wurden. Zu dieser Methode gehörte ein Pinselstrich, der mit einem unübersetzbaren Ausdruck als *t'sun* bezeichnet wird, was etwa soviel bedeutet wie »Fältchen in der Oberfläche des Berges«. Diese beiden Techniken ermöglichten es dem Künstler, die Wirkungen von Alter und Erosion an seinen Bergen darzustellen. Seit jener Zeit achtete man darauf, wie Berge geformt waren, und ihre malerische Darstellung wurde immer aussagekräftiger. Es ist durchaus denkbar, daß dies mit der Zeit auch Auswirkungen auf Auswahl und Anordnung der Gartensteine hatte. Das berühmteste unter allen Werken Wang Weis ist eine Darstellung seines Landguts, das in einiger Entfernung von der Hauptstadt am Wang-Fluß lag. Es ist ein Schlüsselbild für jeden, der sich für chinesische Gärten interessiert: Wang Wei war nicht nur derjenige Meister, auf den alle späteren Literatenmaler sich bezogen, sondern sein ländliches Refugium wurde (in Wan-go Wengs Worten) »zum Nonplusultra der Vorstellungen aller Literaten von ihrem privaten Reich. Jeder von ihnen möchte etwas vom Wang Ch'uan um sich haben.«[2]

Von den authentischen Werken Wang Weis ist leider nichts erhalten geblieben. Eine im Britischen Museum befindliche spätere Kopie der Querrolle, die sein Landhaus Wang Ch'uan darstellte, zeigt aber, daß der Besitz aus mehreren Pavillons und Wohnhäusern bestand, die in eine zugleich sanfte und dramatische Landschaft gerundeter Gipfel und lieblicher Flußufer eingebettet waren. Wenn es sich dabei auch um das berühmteste Gemälde des ersten Meisters der Monochromie handelt, so scheint das Original doch noch im alten blaugrünen Stil gehalten gewesen zu sein, und Wang Wei hielt sich eindeutig an eine überholte Art der Landschaftsdarstellung. Aber während die Landschaft auf der »Reise des Kaisers Ming Huang nach Shu« wie ein Schmuckstück behandelt ist, gibt Wang Wei einen persönlichen Bericht von der Gegend, die er so sehr liebte: Er ist selbst über die Hügel geschritten, die er malte, und hat Gedichte an eben jenen Orten verfaßt, die er malend hervorhob. Sein Bild enthält erste Anzeichen jener besonderen – persönlichen – Beziehung zur Landschaft, wie sie in der Dichtung bereits zum Ausdruck gebracht wurde. Seine enge Verbundenheit mit den Bergen und Wäldern zeigt sich in den neuen Techniken, derer er sich bedient, um den Charakter dieser Dinge sichtbar zu machen. Nicht nur erheben seine Berge sich nicht mehr zu so unvorstellbaren Gipfeln wie im Bild von der »Reise des Kaisers Ming Huang«, sondern sie scheinen jetzt aus den Niederungen zu erwachsen und steigen massiv auf, als würden sie von unten her dazu gedrängt. Und der trennende Nebel liegt ganz realistisch in den Tälern, zerteilt sich und entsteht von neuem über Land und Wasser, so wie der Maler dies auf seinem Landgut viele Male beobachtet haben muß. Er ist ganz eindeutig darum bemüht, das »Natürliche« auf neue Art zum Ausdruck zu bringen.

Neben anderen Neuerungen wurde Wang Wei von mancher Seite auch die Erfindung eines neuen Formats zugeschrieben: des Rollbildes, das von rechts nach links aufgerollt wird. Jeder Raum besteht für sich und ist doch – durch Wasser und Nebel – mit dem nächsten verbunden. Wenn das Bild entrollt wird, zieht die Landschaft vorbei, so daß den gemalten statischen Formen eine zeitliche Dimension hinzugefügt wird. Wie ein Musikstück oder ein Film – und anders als die Schöpfungen der abendländischen Malerei – lassen sich die Handrolle und der Garten, den sie abbildet, nur »mit der Zeit« erfahren. Die gleiche Wirkung strebte man später auch in den Gärten selbst an: Der Garten, dessen Raumteile durch weiße Mauern entstanden, die Nebel darstellten, wurde zum dreidimensionalen Gang über eine Landschaftsrolle.

Wang Weis Rang in der chinesischen Kunstgeschichte erklärt sich ebensosehr durch seine exemplarische Persönlichkeit wie durch seine technischen Neuerungen. Späteren Generationen galt er als der Inbegriff des kultivierten Mannes – brillant, umfassend gebildet, unweltlich und von beispielhafter Sohnestreue –, und seine Villa Wang Ch'uan wurde, wie alle seine Werke, als äußeres Zeichen dieser Kombination von Merkmalen angesehen. Wir sollten es mit allem Nachdruck festhalten: Es war weder allein seine Kunst noch allein seine Persönlichkeit, die man feierte, sondern es war die Verbindung beider, die eines als Zeichen für das andere standen. Die Qualität der Malerei, des Gartens, der Musik, der Poesie und der Kalligraphie – in den Augen derer, die nach ihm kamen, spiegelte all dies die Qualität eines Mannes. Wie wir noch sehen werden, hat dieser Gedanke später eine wichtige Rolle in der Entwicklung der Malerei gespielt und die Haltung der Menschen auch den Gärten gegenüber beeinflußt.

Der »lebendige Geist«

Wang Weis Malereien wirkten auf seine Zeitgenossen in höchstem Maße realistisch. Wie durch Zauber vermochten sie bei diesen eine synästhetische Erfahrung wachzurufen: Wer sie betrachtete, konnte das Sprühen des Wassers wirklich und wahrhaftig hören, die Ruhe des Ortes teilte sich ihm mit, er atmete den frischen Duft der Kiefern, der in der Luft lag. Mit einem Wort, diese Malereien schienen von einem ihnen eigenen Leben beseelt, und die Gefühle, die sie im Betrachter heraufbeschworen, glichen genau dem, was er auch draußen in der Natur empfand.

Das stimmte mit der ersten der sechs berühmten Wertkategorien der Malerei überein, die in einer Schrift des 6. Jahrhunderts von Hsieh Ho niedergelegt worden waren.[3] Danach ist die erste Bedingung »guter Malerei« *ch'i yun sheng t'ung*, was Alexander Soper mit »animation through spirit consonance« übersetzt[4] (und Werner Speiser mit »Geist und Leben« wiedergibt; Anm. d. Übers.[4A]). Nach Soper kann mit diesem von Hsieh Ho aufgestellten Kriterium zweierlei gemeint sein: daß das *ch'i*, der lebendige Geist eines jeden im Bild dargestellten Dinges, mit dem *ch'i* aller übrigen Elemente »vibrieren« muß und daß das *ch'i* der gemalten Formen auch den realen Formen »antworten« muß, wie sie außerhalb des Gemäldes existieren. Insgesamt handelt es sich hier also um das Gebot der inneren Übereinstimmung – die Themen sind einander Echo und bringen »harmonische Vibrationen« untereinander in Gang – und zugleich um das Gebot eines mystischen Realismus, der den Künstler befähigt, auf magische Weise den lebendigen Geist der Natur

86 Taoistische Mönche oberhalb eines Klosters im Hua-Shan-Gebiet. Der zackige Gebirgskamm, der aus den nebligen Gründen aufsteigt wie ein Drachenrücken, erinnert an die schroffen Gipfel des rechts wiedergegebenen Landschaftsbilds. (Das Foto wurde nach 1930 von Hedda Morrison aufgenommen.)

87 *Buddhistischer Tempel in den Bergen* von Li Ch'eng, 10. Jahrhundert. Ein klassisches Beispiel der Landschaftsmalerei der Nord-Sung. Über dem buddhistischen Tempel dräut ein steiler Abhang; Bäume mit Zweigen wie Krebsscheren halten sich mit Mühe und Not auf Klippen, in denen sich ihre Umrisse wiederholen. Tief unten streben die winzigen Gestalten einiger Bauern auf ein am Wasser gelegenes Gasthaus zu. Dessen Gebäude fügen sich in die Szene und nehmen mit ihren nach oben geschwungenen Dächern zugleich das spitzig-stachelige Moment der Bäume wieder auf (Nelson Gallery, Kansas City/Missouri).

einzufangen. Dieser Gedanke ist ersichtlich sehr weitgehend im Taoismus verwurzelt, dessen Vertreter ja danach streben, eins mit den Rhythmen des Universums zu werden.

Zur Zeit Wang Weis war dieser erste Grundsatz noch eng mit magischen Vorstellungen verknüpft. Von Wu Tao-tzu, einem seiner Zeitgenossen, sagte man, seine Landschaften seien so lebenswahr gewesen, daß er in eine von ihnen hineingeschritten und darin verschwunden sei. Den Kritikern bereitete der Blick zurück auf die Werke früherer Meister allerdings Schwierigkeiten: Was für die eine Generation eindeutig »real« gewesen war, erschien schon der nächsten merkwürdig steif, und am Ende der T'ang-Dynastie erklärte der Kritiker Chang Yen-yuan sogar, es sei nicht die Schuld der alten Meister, wenn ihre Bilder seltsam aussähen, denn nicht die Kunst, vielmehr die Natur habe sich verändert.[5] Später hielt er allerdings die Erklärung für möglich, daß der »lebendige Geist« nicht notwendig in formaler Ähnlichkeit zu finden sein müsse; viele der alten Maler hatten es nämlich verstanden, die Lebenskraft wiederzugeben, obwohl ihre Bäume und Berge inzwischen unrealistisch wirkten, und viele zeitgenössische Künstler erfaßten sehr wohl die Gestalt der Dinge, ohne dabei ihr eigentliches Leben herauszubringen.

Das *ch'i yun sheng t'ung* erwies sich mithin als eine so griffige und angenehm uneindeutige Formel, daß man es nahezu unbegrenzt jeder neuen Theorie anpassen konnte. Die Auseinandersetzung erreichte um das Jahr 960 n. Chr. eine neue Stufe, als Ching Hao zunächst den Geist hervorhob, der aller gelungenen Darstellung zugrunde liegt, und diesen dann in vier Erscheinungsformen unterteilte: »göttlich«, »sublim« (oder »geheimnisvoll«), »wunderbar« und »gekonnt«. Zur Kategorie des Göttlichen sagte er: »Nichts deutet auf die menschliche Bemühung hin, die Hände bringen spontan die natürliche Form hervor.«[6] Hier befindet der Künstler sich in so vollkommener Übereinstimmung mit dem Geist seines Gegenstandes, daß sein schöpferisches Tun identisch ist mit dem Vorgang, der die ursprünglichen Formen in der Natur entstehen ließ.

Genauso wichtig war für Ching Hao die Einstellung des Betrachters, denn zwischen diesem und dem Bild wandere das emotionale Echo unmittelbar hin und her; die Qualität des einen sei Bestätigung und Resonanz der Qualität des anderen. Wehe also demjenigen, der ein Werk schuf oder betrachtete, das weniger als »gekonnt« war – eines, das »in hohem Maße übertrieben (war) ... aufgrund der dürftigen inneren Wirklichkeit und der Übersteigerung der äußeren Form«. Die Geistesresonanz eines solchen Menschen, sein eigenes *ch'i yun,* sei höchst unzulänglich, zumindest aber verbesserungsbedürftig.

Alle diese Wirkungen des *ch'i yun sheng t'ung,* des ersten Grundsatzes der Malerei, legen höchst interessante Vergleiche mit den chinesischen Gärten nahe und lassen danach fragen, wie die Gärten vor dem Hintergrund der sich entwickelnden Theorie der Malerei wahrgenommen wurden. Zunächst einmal müssen »gelungene« Gärten wohl ein Zweifaches an »lebendigem Geist« gehabt haben, zum einen – in den lebenden Felsen und Bäumen – die Mitgift der Natur und zum anderen jene »harmonische Vibration«, die der Gartengestalter dadurch erreichte, daß er die einzelnen Elemente mit Sorgfalt auswählte und miteinander kombinierte. Wie dem Maler ging es auch dem Gärtner um mehr als nur die kleinmaßstäbliche Reproduktion der Natur, denn im Gartenbuch *Yuan Yeh* heißt es zwar einerseits: »Trachte danach, daß deine Berge echten Bergen gleichen«, aber diese Empfehlung wird sogleich durch eine weitere zurechtgerückt: »Halte dich in gewissem Umfang an den Plan der Natur, aber vergiß nicht, daß er ja von Menschenhand ausgeführt werden muß. Wähle das Eigentümliche und nimm auf, was gut ist. Wer das richtige Interesse hat, wird die Sache verstehen.« Wie der Maler muß auch der Gartenbauer sich für das *Beste* entscheiden und auf diese Weise das Wesentliche erfassen. Das Individuelle aber muß er meiden, denn seine Berge sollen ja für alle Berge stehen, sie sollen ihre tiefere Wirklichkeit zum Ausdruck bringen, nicht aber ihre individuellen Ähnlichkeiten. Anders gesagt, der Gartenbauer muß Interpret, nicht Kopist sein – oder, um es mit den Worten eines chinesischen Kritikers zu sagen, er muß Novellist, nicht Fotograf sein.

Die Maler der Nord-Sung-Dynastie

Dieses Ideal wurde in seiner erhabensten Form zur Zeit der ersten Hochblüte der chinesischen Landschaftsmalerei im 10. Jahrhundert erreicht. In den wenigen Gemälden, die uns aus dieser Zeit erhalten sind, beherrschen gewaltige und dramatische Berglandschaften alle anderen Bildelemente. Auch Wang Weis Berge waren groß, aber ihnen kam noch eine psychologische Funktion zu – sie dienten als eine Art Rahmen für das wichtigere Thema, die Aktivitäten des Menschen. In der Malerei der Nord-Sung

88 *Die Reise des Kaisers Ming Huang nach Shu* (Ausschnitt), anonymer Maler des 8. Jahrhunderts. Die Reisenden, obwohl eindeutig das Thema des Bildes, werden von den über ihnen dräuenden, phantastisch geformten Gipfeln gleichsam zu Zwergen gemacht. Blühende Bäume lassen die Reise wie einen Ausflug in die Gärten der Unsterblichen erscheinen; in Wahrheit aber hatte der Kaiser sich nach einem Aufstand zur Flucht entschlossen (National Palace Museum, Taiwan).

89 (Seiten 98–99) Ausschnitt aus einem Rollbild des Ch'iu Ying (ca. 1510–1551). Jugendlich wirkende Unsterbliche in den Gärten der Hsi Wang Mu, der Königinmutter des Westens, pflücken die Pfirsiche der Langlebigkeit, die nur alle dreitausend Jahre reifen. Ein weiteres Gartenbild von Ch'iu Ying findet sich auf S. 163; zu seinem Einfluß auf die Gartenbaukunst s. S. 112–133 (Nelson Gallery, Kansas City/Missouri).

陳失姓氏北宋
近乎唐
甲午新秋
御題

90 *Acht Reiter im Frühling* (Ausschnitt), anonymer Künstler des 10. Jahrhunderts. Adlige Herren reiten durch einen kaiserlichen Park, der hier durch die elegante Umzäunung und den ungewöhnlichen Felsen im Hintergrund angedeutet ist (National Palace Museum, Taiwan).

übernehmen die Berge die Hauptrolle und bedecken in vielen Fällen tatsächlich drei Viertel des Rollbilds, das senkrecht orientiert ist, um Raum für die massigen Gipfel zu bieten. Dabei begehen die Landschaftsmaler des Nordens keine Übertreibung, denn in China gibt es in der Tat solche unvorstellbaren Berge. Auf Fotos der fünf großen »heiligen« Berge sieht man, wie die Klippen sich über tiefen, von Nebel erfüllten Abgründen türmen, während sich hier und da ein winziges Gebäude in die Spalten zwängt oder in gefährlicher Stellung auf einem messerscharf endenden Gipfel sitzt. Wohl zeigen Bilder, die hier (in den zwanziger Jahren unseres Jahrhunderts) entstanden sind, taoistische Mönche mit ganz unbewegtem Gesichtsausdruck, aber im Grunde sind diese Abbildungen der ungedeuteten Natur im höchsten Maße beunruhigend. Fühlen die Reisenden und die Bauern sich angesichts dieser überwältigenden Manifestationen der Größe der Natur eher beschützt oder bedroht? Sollen die Gipfel den Tempel behüten oder die Priester einschüchtern? So wie das Thema auf diesen Fotos erscheint, ist es zugleich beglückend und erschreckend. Auf den Gemälden dagegen geschieht etwas völlig anderes. Die ursprünglichen Formen der Natur sind hier zu einer harmonischen, symbolischen Vision des Tao transformiert. Das Wirken des Tao wurde in der außergewöhnlichen Kohärenz der gemalten Formen faßlich: Der Eintritt in ein solches Gemälde wurde damit für den Betrachter wie für den Maler zu einer spirituellen, nahezu religiösen Erfahrung.

All dies macht jene seltsamen monolithischen Blöcke in den chinesischen Gärten verständlich, die uns im 7. Kapitel eingehender beschäftigen werden. Wir haben bereits gesehen, daß schon ein einzelner Felsbrocken in einem Garten eine ganze Bergkette repräsentieren und ihr Wesen ausdrücken kann. Im 10. Jahrhundert erscheint ein solcher Stein auf einem Bild mit dem Titel »Acht Reiter im Frühling«. Im Vordergrund erblickt man adlige Reiter auf ihrem Weg durch einen kaiserlichen Park. Dahinter wird die obere Hälfte des Bildes ganz von einer eleganten Balustrade, drei Bäumen und einem großen grauen Gartenstein eingenommen. Der Stein wächst gleichsam aus dem Boden, zäh und kräftig im Stamm, anmutig und mit den an einen riesigen Pilz gemahnenden zarten Ausbuchtungen im oberen Teil. Es fällt schwer, sich vorzustellen, daß ein derartiger Felsbrocken irgend jemandem als die Repräsentation selbst so phantastischer Berge, wie sie in China zu finden sind, erschienen sein sollte. Um diesen Blick zu entwickeln, braucht man nicht nur so etwas wie die »Trink-mich«-Flasche von Alice im Wunderland, um auf die Größe eines Flohs zu schrumpfen, sondern man muß auch Berge mit den Augen chinesischer Maler gesehen haben. In einem Fan K'uan zugeschriebenen Gemälde mit dem Titel »Literatenpavillons am Bach in den wolkigen Bergen« baut der Künstler das Bergmassiv aus knolligen Silhouetten auf, von denen jede aus ihrem dunstigen Untergrund aufragt, als wären sie untereinander gar nicht verbunden. Wenn man sich mit halbgeschlossenen Augen einen Gartenstein vorstellt, dessen Risse und Spalten zur Hälfte voll Dunst sind, dann ist leicht zu verstehen, was die Felsliebhaber an der Malerei hatten. T'ung Chu-in macht diesen Zusammenhang evident: »Die Frage der Realität kümmert (den Besucher) im Grunde gar nicht, sobald er aufhört, im *Garten* zu sein, und anfängt, im *Bild* zu leben.«[7]

Die chinesischen Künstler zögerten nicht, sich die erfreuliche Uneindeutigkeit dieser Situation zunutze zu machen – sie malten Bilder von Gärten, die ihrerseits Illustrationen von Bildern waren. Als Li Kung-lin um das Jahr 1080 n. Chr. eine Reihe berühmter Gelehrter im »Westgarten« eines bekannten Kunstsammlers verewigte, spielte er ganz bewußt mit dem Zusammenhang der »wirklichen« Berge und Berggipfel, die jenseits des Gartens zu sehen sein sollten, und der über den Garten selbst verteilten »falschen« Berge. Er hatte seine helle Freude an den zerklüfteten Gipfeln, die er in den Hintergrund setzte; der eine ist im Dunst nur in Umrissen zu erkennen, ein anderer ragt wie ein riesiger Zahn über den Hang. Befinden sie sich beide außerhalb oder beide innerhalb des Gartens? Ist der eine die Repräsentation des anderen, sind sie tatsächlich beide »natürlich«? Oder sind sie am Ende beide »falsch«?

Dieser spezielle Garten scheint sich an einem Ort befunden zu haben, den der *Yuan Yeh* für ideal hält: unter Bäumen in einer bergigen Gegend. Eine solche Umgebung, so sagt das Handbuch, »stellt schon in sich eine wunderbare Szenerie dar und braucht nicht von Menschenhand bearbeitet zu werden«. Doch scheint die Gartentradition zu Beginn des 12. Jahrhunderts bereits stärker gewesen zu sein als die Natur: Falsche Berge waren jetzt nicht mehr nur in Stadtgärten, sondern auch an idealen Standorten notwendig. Der Besitzer dieses »Westgartens« war eindeutig der Ansicht, daß die »wildgewachsenen« Hügel, die seinen Besitz umgaben, in sich nicht genügten. Vielleicht wirkten sie ein wenig zu sanft, zu unwirklich und zu fern. Jedenfalls zeigt der Maler den großen Dichter der Tang-Zeit, Su Tung-po, wie er einen Vers auf einen riesigen vertikalen

91 *Gelehrten-Pavillons in den wolkigen Bergen am Fluß* von Fan K'uan (ca. 990–1030). Die knolligen Silhouetten der Berge steigen schemenartig aus nebligen Tälern auf (National Palace Museum, Taiwan).

92 Ein einzelner Felsbrocken auf marmornem Sockel markiert den Eingang in den Yu Hua Yuan (den Hinteren Garten der Verbotenen Stadt) in Peking. Wenn man die Augen halb schließt und diesen Felsen mit der gemalten Berglandschaft links vergleicht, begreift man eher, wie die Landschaftsmalerei das »Auge« des Steinsammlers beeinflußte.

Felssockel schreibt, zu dem der ganze Garten orientiert ist. Der Bezug zu den jäh abfallenden Klippen, wie sie für die Landschaftsmalerei der Nord-Sung-Periode typisch sind, ist in der rechteckigen Form dieses Sockels und in dem pflanzlichen Leben in seinen Rissen und Spalten unverkennbar gegeben.

Stimmungsmalerei

Der wohl bedeutendste Bergmaler unter den Sung-Künstlern war Kuo Hsi (ca. 1020–ca. 1090 n. Chr.). Ein Großteil seiner Abhandlung über die Malerei ist der Darstellung der

93 *Reisend zwischen Bergen und Flüssen* von Fan K'uan (ca. 990–1030). Ein massiver Berg erhebt sich über einem kleinen Tempel und einer ländlichen Szene. Der schmale Wasserfall wird zum Fluß, der sich im Vordergrund fröhlich seinen Weg bahnt. Das Bild wurde hoch gelobt, weil es die realistische Beobachtung mit dramatischer Gestaltung verband – weil es in schöner Ausgewogenheit zum einen genau das zeigte, was der Künstler gesehen hatte, in diesem Fall wirkliche Nebelschwaden vor wirklichen Felswänden, und zum anderen den konventionellen Anforderungen an die Darstellung eines solchen Gegenstands gerecht wurde.

94 *Poetische Zusammenkunft im Westgarten* (1080 n. Chr.) von Chao Meng-fu nach Li Kung-lin. Der Maler und Steinekenner Mi Fei versah dieses Bild mit einer Beischrift, in der die berühmten Gäste namentlich genannt werden. Der bekannteste von ihnen ist der Dichter Su Tung-po, der in der Mitte des Gartens gerade einen riesigen Stein beschreibt, eine Miniaturausgabe des Berges, der sich in diesem Gemälde links erhebt. Interessant ist auch, daß die verkrüppelte Kiefer, die zum festen Repertoire der Maler gehörte, Eingang in den Garten gefunden hat, der trotz seines formalen Portals, der hohen Mauer und des sorgfältig geführten Kanals so »natürlich« wie möglich wiedergegeben ist (National Palace Museum, Taiwan).

95 *Zeitiges Frühjahr* (1072) von Kuo Hsi (Ausschnitt). »Frühlingsberge sind in dichte Schleier aus Dunst und Nebel gehüllt«, schrieb dieser Maler; hier aber scheint die ganze Landschaft im Aufruhr zu sein: Groteske Fratzen grinsen aus den Felsspalten. Bei näherem Hinsehen allerdings entdeckt man winzige Gestalten in den unteren Regionen und einen friedlich anmutenden Tempel sowie ein Dorf über dem Wasserfall rechts von der Bildmitte (National Palace Museum, Taiwan).

Berge gewidmet, von denen er sagte, sie seien »Lagerhäuser der Welt, in denen die Schätze von Himmel und Erde zu finden sind ...«. Nach Kuo Hsis Ansicht hatte jeder, der als Künstler überhaupt beachtet werden wollte, sich mit seinem Gegenstand so gänzlich zu identifizieren, daß er die Stimmung des Berges aufzunehmen vermochte und darin auch seinerseits auf Widerhall traf. Hier haben wir es zweifellos wiederum mit dem *ch'i yun* zu tun, aber Kuo Hsi entwickelt es bis zu einem Punkt, an dem wir uns schon deutlich an den abendländischen Pantheismus erinnert fühlen. Menschliche Empfindungen werden hier in einer Weise auf die in der Natur vorhandenen Formen projiziert, die uns die »pathetic fallacy«, die Vermenschlichung der Natur in der Literatur des 19. Jahrhunderts, und die Gedichte von Coleridge und Wordsworth ins Gedächtnis ruft. Die Natur wird zum leicht erkennbaren und in vegetabilischer Form sichtbaren Seelenzustand des Menschen, und das ganze Gewicht der künstlerischen Verantwortung beginnt sich zu verlagern – weg von der Beherrschung der Technik oder auch von der natürlichen Begabung und hin zur Persönlichkeit und zur seelischen Verfassung des Künstlers. Um bedeutende Werke hervorzubringen, muß der Künstler jetzt »Freundlichkeit und Fröhlichkeit in seinem Herzen hegen; seine Gedanken müssen freudig und harmonisch sein; nur so wird sein Geist wirklich mit dem Geist seines Gegenstandes zusammenklingen, und die verschiedenen Erscheinungsformen von Freude und Leid des Menschen werden ihm mühelos in den Sinn kommen und ganz von selbst von seinem Pinsel dargestellt werden.«[8] Die Natur läßt sich auf ein wechselseitiges Verhältnis mit den innersten Empfindungen des Menschen ein; die äußere Welt verändert sich entsprechend seinen Gefühlsregungen, und diese folgen den Stimmungen der Natur wie ein Barometer.

Die Wechselbeziehung der Gefühle zwischen Mensch, Natur und Kunst – von jeher ein wichtiger Gedanke – wurde jetzt zu *dem* Grundsatz schlechthin. Das Ergebnis war die Stimmungsmalerei, emotional hoch befrachtet, nicht selten expressionistische Wirkungen anstrebend und für das ungeübte Auge oft hochgradig übertrieben. Kuo Hsi fürchtete sich nicht vor den Folgen einer ins kleinste Detail vorstoßenden Darstellung, denn seiner Ansicht nach besaß das menschliche Auge »die Fähigkeit, alle Einzelheiten des Vordergrunds zu erfassen ... und ein weites Panorama in den Blick zu nehmen«, und zwar in der Malerei wie im Leben. Daneben kam es darauf an, stets den *lebendigen Geist und den Fluß des Lebens* festzuhalten. »Realismus« bedeutete für Kuo Hsi soviel wie Gefühlstreue: »Frühlingsberge sind in dichte Schleier aus Dunst und Nebel gehüllt, und die Menschen sind glücklich; Sommerberge sind reich an schattenspendendem Laub, und die Menschen sind friedlich gestimmt; Herbstberge sind klar und still, die Blätter fallen, der Sinn der Menschen wird ernst ... Der Anblick solcher gemalter Berge läßt genau diese Stimmungen im Menschen aufkommen.«[9]

Den gleichen Gedanken macht sich im 17. Jahrhundert übrigens Chi Ch'eng, der Autor des *Yuan Yeh,* zunutze, wenn er alle möglichen Gärten und Schauplätze beschreibt. In jedem Fall malt er ein Wort-Bild, um in dem potentiellen Gartengestalter nicht so sehr eine präzise Vorstellung als vielmehr eine ganz bestimmte Emotion hervorzurufen. So sagt er, daß man für einen Garten in einer lärmigen Stadt einen abgeschiedenen Ort wählen solle, der einen weiten Blick gewährt: Man muß Berge in der Ferne stehen sehen in »einer gebogenen Reihe, wie eine Wand ... Überall sind Zauberwesen ... Schieb den Bambusvorhang nach oben und laß die Schwalben mit dem Wind hereinfliegen. Die Blütenblätter der Blumen schweben wie Schneeflocken ... Laß deine Gefühle sich in den Hügeln und Tälern aufhalten; dort magst du dich aller Unruhe dieser Welt entrückt fühlen. In deiner Vorstellung trittst du in ein Gemälde ein.«[10]

Auch wenn Chi Ch'eng eine Reihe konkreter Elemente nennt, die in einen solchen Garten Aufnahme finden könnten, geraten seine Schilderungen doch zunehmend impressionistisch. Man kann sie kaum als Empfehlungen für die Anlage von Gärten ansehen; eher sind es Versuche, den Gartengestalter in die richtige innere Verfassung zu versetzen: Wenn er, so gestimmt, dann tatsächlich darangeht, den Garten anzulegen, dann wird er seinerseits so sehr zu einem Teil der Landschaft, die er erschaffen will, daß es den Anschein haben wird, als seien die Formen als solche aus eigenem Willen entstanden.

Lyrische Spontaneität

Als der Kaiser Hui-tsung in der nördlichen Sung-Periode den Thron bestieg, wich das Interesse an den wilden Berglandschaften einer neuen Vorliebe für intimere Szenen, etwa der Darstellung von Vögeln in einer Gartenlandschaft (wie bereits im Kapitel über die kaiserlichen Gärten festgestellt). Nach Hui-tsungs Sturz und der Verlegung des Hofes in den Süden, nach Hangchow, setzte die dort wiedergegründete Malakademie die Tradition dieser zarteren Themen fort.

Unter dem Einfluß der prächtigen südlichen Hauptstadt und der Philosophie des Ch'an-Buddhismus, die in den Klöstern rund um den Westsee florierte, treten zwei neue Kategorien der Malerei zu den bereits erwähnten dazu: die »lyrische« und die »spontane«. Die Landschaften geraten immer persönlicher, je mehr die Maler die atmosphärischen Elemente, den Nebel und das Verschwimmen des Raumes, akzentuieren, bis der leere Raum in der Tat droht, das ganze Gemälde zu verschlingen – wie eine moderne Abstraktion. Die Objekte werden mit einer so gekonnten Sparsamkeit der Pinselführung behandelt, so prägnant und spontan von dem »wissenden« Pinsel hingewischt, daß sie – nach Monaten der Vorbereitung auf den richtigen Augenblick – in Sekundenschnelle vollendet sind.

Eine Reihe von Malern der südlichen Sung-Akademie behandelt weiterhin das Thema des Gelehrten in der Natur, der in die Betrachtung eines »wirklichen« Wasserfalls oder einer »echten« Kiefer versunken ist. Er ist dabei allerdings so sehr ein Bestandteil der Szene, daß es schwerfällt zu sagen, ob er Teil der Natur oder die Natur ein Teil von ihm ist. Ein Gemälde von Ma Lin mit dem Titel »Dem Wind in den Kiefern lauschend« zeigt diesen Augenblick des Kommunizierens, in dem der Gelehrte und die

Natur zu einem Zustand der vollkommenen Einfühlung gefunden haben. Manchmal erreichten die Gelehrten diesen Höchstzustand, indem sie ein wenig Alkohol zu sich nahmen. Der hier abgebildete Herr allerdings wirkt etwas verspannt und unbehaglich und wirft, während er den Geräuschen von Wasser und Wind lauscht, einen Seitenblick auf den zu seiner Bedienung bereitstehenden Knaben. Die federnde Zickzackbewegung der Kiefer, die gegen die sanfte Gelassenheit der fernen Berge gesetzt ist, nimmt das Thema des in seinem Innern herrschenden Konflikts auf. Gegenstand des Bildes ist jetzt das Innenleben des Malers, projiziert auf die Umgebung, in der er sitzt.[11]

Die Maler der nächsten Dynastie, der Yuan (1280–1368 n. Chr.), entwickelten diese Stimmungen noch ein Stück weiter. Sie hielten sich nicht mit der komplizierten Doppelsinnigkeit etwa eines Ma Lin auf, dessen Werk ihnen zu raffiniert und zu gescheit erschien, sondern entwickelten eine karge aristokratische Manier, einen esoterisch-verhaltenen Stil, der für das, was er ausläßt, ebenso wichtig ist wie für das, was er einschließt. Von jetzt an kann es sein, daß in den autobiographischen Landschaften überhaupt keine Figur mehr zu sehen ist: Berge und Wasser selbst stehen nun für den Charakter des Menschen.

Die Vorstellung, daß sich der Charakter des Künstlers in seinem Werk unmittelbar spiegele, war natürlich nicht ganz neu, sondern von Anfang an in der Theorie der chinesischen Malerei enthalten gewesen. Doch war diese Theorie im 11. Jahrhundert von Su Tung-po (dem Dichter, dem wir bereits im »Westgarten« und bei der Bestellung seines eigenen Bodens als »Laie vom Osthang« begegnet sind) zum Ideal des Amateurs in den Künsten erweitert worden. Ein Freund des Su Tung-po, der sich selbst als den »Einsiedler vom Westsee« bezeichnete, verkörperte diesen Gedanken auf vollkommene Weise. Er war »ein Genie, das niemals irgendeine Prüfung abgelegt und niemals ein Bild verkauft hatte«. »Ich schreibe«, sagte er, »um mein Herz auszuschütten, ich male, um meinen Geist zu befriedigen: das ist alles.«[12] Tatsächlich waren Su Tung-po und viele seiner brillanten Genossen nicht etwa Einsiedler, als die sie sich gerne bezeichneten, sondern hohe Amtsträger. Allerdings waren die Prüfungen, die ihnen den Zugang zu öffentlichen Ämtern ermöglichten, nicht darauf zugeschnitten, etwas so Profanes wie administrative Fähigkeiten zu erkunden. In gewisser Weise waren sie also in ihrem öffentlichen Leben die gleichen Amateure wie auf dem Gebiet der Künste. Was zählte, waren literarische Verdienste und die Kenntnis der klassischen Werke, denn diese Dinge, so glaubte man zuversichtlich, formten den Charakter des Menschen und versetzten ihn in den Stand, weitreichende Entscheidungen mit viel größerer Sicherheit zu treffen als auf der Grundlage rein sachlicher oder fachlicher Beschlagenheit. Man übertrug diesen Gedanken auf die Gartengestaltung und beurteilte Gärten – wie Gemälde – nach dem Charakter ihres Schöpfers und der inhärenten Großartigkeit ihrer Teile oder ihrer Konzeption. Da Ruhm (zumindest in der Theorie) vom Charakter abhängig war, konnten die Chinesen das Schwergewicht auf die Reputation legen: »Wenn der Besitzer sich anhaltender Berühmtheit erfreut, dann wird sein Garten die Zeiten überdauern, selbst wenn er verfällt.« Es war allerdings nicht nur der Besitzer, der sein Ansehen auf den Garten übertragen konnte. War der Name eines berühmten Mannes mit dem jeweiligen Ort verknüpft, dann war allein dies in vielen Fällen eine ausreichende Empfehlung. Diese Ehrfurcht vor dem Andenken berühmter Personen ist vielleicht ein weltweites Phänomen, aber in China trat mit der besonderen Betonung des Charakters noch ein weiteres Moment hinzu – ein Mann von untadeligem Wesen würde nicht in einem minderwertigen Garten sitzen.

Heute heben sich zwei der berühmtesten erhaltenen Gärten in Suchow – der Shih Tzu Lin (Stein-Löwen-Hain oder auch Löwengarten) und der Chuo Cheng Yuan (Garten des glücklosen Politikers) – noch immer deshalb aus der Gesamtheit der übrigen heraus, weil sie mit berühmten Malern in Verbindung gebracht werden, mit Ni Tsan und Wen Cheng-ming. Beide schufen kleine Bilder des von ihnen besuchten Gartens. Auch heißt es, daß Ni Tsan selbst am Arrangement der Felsen im Shih Tzu Lin arbeitete, aber ein Blick auf sein Rollbild zeigt, daß diese Anordnung sich damals sehr stark von ihrem heutigen Aussehen unterschied. Es ist verlockend, darüber zu spekulieren, ob ein Fachmann von heute Rückschlüsse auf Ni Tsans Charakter ziehen könnte, wenn von seinen Felsarrangements irgend etwas erhalten geblieben wäre. Wenn ja, würde er uns eine der faszinierendsten Persönlichkeiten der chinesischen Kunstgeschichte vor Augen führen, denn in Ni Tsans Leben und Werk – die nach der altehrwürdigen Regel ja eines das andere symbolisieren – präsentierte sich die ganze Paradoxie der Literatentradition.

Ni Tsan entstammte einer Familie wohlhabender Kaufleute aus der Gegend nordwestlich von Suchow und hatte alles, was sich ein Mann von Welt nur wünschen konnte – verwitterte Felsen, alte Gemälde, Bronzen, Jade, eine große Bibliothek, viele prächtige Pavillons und mehrere Häuser und Gärten. Zu den grotesken Tätigkeiten, die

96 *Dem Wind in den Kiefern lauschend* von Ma Lin, entstanden im Jahr 1246. Hier ist die Stimmung des Künstlers auf die Natur projiziert. Das Geräusch der vom Wind bewegten Kiefernnadeln ist ein beliebter Topos in Poesie und Malerei (National Palace Museum, Taiwan).

97 Der Shi Tzu Lin (oder Löwengarten) in Suchow von Ni Tsan (14. Jahrhundert). In den sparsamen, bewußt flüchtig gehaltenen Pinselstrichen findet die gewollte Schlichtheit des von einem Mönch erbauten Gartens ihren Ausdruck. Das berühmte Felsarrangement, das rauhe Klippen darstellen soll, grenzt einen privaten Bereich zwischen der Haupthalle und dem dahinterliegenden kleinen Studio ab. Heute sieht der Shih Tzu Lin ganz anders aus (aus Sirén, *Chinese Painting*).

zum Symbol seines Werkes wurden, gehörte das unaufhörliche Waschen: Ni Tsan war so heikel, daß er, nachdem seine Besucher gegangen waren, alle Sitzgelegenheiten in seinem Garten (wenn sie nicht rundum sauber waren) gründlich scheuern ließ. Seinen eigenen Gartenpavillon, sein keimfreies Heiligtum, durfte niemand betreten, es sei denn, Ni Tsan wußte genau, daß die betreffende Person seine Empfindsamkeit und seine Empfindlichkeiten teilte. Er wusch sich im Laufe des Tages mehrmals, und dieses Reinlichkeitsritual säuberte offensichtlich mehr als nur seinen Körper. Es wurde auch in seiner auffallend kargen Malweise deutlich. Seine Strenge bereitete ihn überdies auch auf seine späteren Lebensjahre vor: Im Jahre 1356, am Beginn seines sechsten Lebensjahrzehnts, trennte Ni Tsan sich von seinem gesamten weltlichen Besitz und zog mit seiner Frau auf ein Hausboot, mit dem er die Seen und Flüsse der Provinz Kiangsu befuhr. Hin und wieder machte er halt bei einer der kleinen Hütten, die ihm als einziger Besitz verblieben waren und die er ironisch als »Schneckenhäuschen« bezeichnete. Sein mangelndes Interesse am weltlichen Erfolg entsprach absolut dem Ideal des Amateurs im Bereich der Künste, und mit seiner Geste des Entsagens entsprach er in ebenso vollkommener Weise dem taoistischen Ideal des Aufbegehrens gegen die Torheit der Menschen allgemein und der Mächtigen im besonderen.

In Stil und Thematik war auch Ni Tsans Malerei von der Bereitschaft zum Verzicht geprägt. Auf den ersten Blick mag sie unschön und wenig realistisch erscheinen. Das war eine Wirkung, die ihn mit ungebührlichem Stolz erfüllte. Auf den Vorwurf, er habe Bambus so gemalt, als handele es sich um »Hanf und Binsen«, erwiderte er, sein Ziel sei einzig und allein gewesen, »auf die ungestümen Gefühle in meiner Brust aufmerksam zu machen«. Und der auf ein anderes – in stark betrunkenem Zustand gemaltes – Bild zielenden Kritik, es sei unrealistisch, begegnete er im sicheren Gefühl der Überlegenheit des Künstlers mit den Worten: »Ja, aber ein völliger Mangel an Ähnlichkeit ist schwer zu erreichen; das ist nicht jedem gegeben.«[13]

Hinter dieser absichtlich unattraktiven Malweise stand das Bestreben, engstirnige Betrachter zu überlisten, sie sozusagen von der Fährte abzulenken, so daß sie niemals imstande sein würden, das subtile und brillante Element zu entdecken, das sich im Banalen und Formwidrigen verbarg. Um so besser, wenn selbstgerechte Sammler und Kaiser die Schönheit des »Reizlosen« und »Faden« nicht begreifen konnten – zweier Kategorien, die inzwischen zur Ehre der Plazierung neben denjenigen des »Göttlichen« und des »Sublimen« gelangt waren. Virtuosität sollte nur einer oder zwei gleichgesinnten Seelen erkennbar sein, denn der Beifall der Masse konnte die edle Wirkung besudeln. Ni Tsans Werk atmet eine nicht zu leugnende Kühle und Stille und jenes begehrte Moment der Stärke, die ohne das Gewand der Stärke auskommt. Die Nachfolgenden haben sich immer wieder in diesem Stil versucht, aber obwohl Ni Tsan einer der am häufigsten kopierten Maler war, ist sich die Kritik darin einig, daß sein Werk letzten Endes nicht zu imitieren war, weil es so vollkommen mit seinem einmaligen Lebensgang übereinstimmte.

In der Gartenkunst hat Ni Tsan die alte taoistische Sensibilität wieder zum Leben erweckt, den Sinn für das Schlichte und Schmucklose, wenn nicht sogar »Fade« und »Reizlose«. Jedenfalls besitzen fast alle erhaltenen chinesischen Gärten einen Bereich, der die alten Tugenden des Schlichten und Alltäglichen, des Bescheidenen und Stillen feiert und der damit vielleicht auch Ni Tsans Bildern etwas verdankt. Und die leere Stille, die Aura tiefer Zeitlosigkeit, welche die alten labyrinthartigen Gärten auch heute noch zu vermitteln vermögen, spiegeln die emotionale Unberührtheit seines Charakters.

Der Gelehrte und hohe Herr als Amateur

Dies ist mit Sicherheit die Wirkung eines anderen, aus der frühen Ming-Periode stammenden Gartens in Suchow, der in Teilen ebenfalls von einem berühmten Meister entworfen und gemalt wurde. Wen Cheng-ming gilt als einer der »Vier Meister der frühen Ming«, so wie Ni Tsan zu den »Vier großen Meistern« der vorausgegangenen Yuan-Dynastie zählt. Wie seine Vorgänger führte Wen Cheng-ming das Ideal des Amateur-Künstlers fort und entwickelte es zum *wen-jen hua* der Ming-Zeit, der (antiakademischen) sogenannten Literatenmalerei. Unter der mongolischen Dynastie der Yuan hatten diese Amateure gute Gründe, sich von der offiziellen Gesellschaft loszusagen, denn die Regierung lag in den Händen ausländischer Invasoren. Unter der dann wieder chinesischen, aber repressiven Ming-Dynastie wurde der »Gelehrte ohne Amt« zu einer noch vertrauteren Figur, deren Aufenthaltsort fast immer ein Garten war. Eine solche Gestalt war Wen Cheng-ming. Er war weithin berühmt wegen seiner Strenge, seiner kühlen intellektuellen Zurückhaltung, seiner hohen ethischen Grundsätze, und eben diese Charakterzüge treten in seinen Bildern des *Chuo Cheng Yuan* besonders deutlich zutage. Wie der Künstler, so hatte sich auch der Besitzer dieses Gartens aus einer glücklosen politischen Laufbahn zurückgezogen. In der Bezeichnung des Gartens lebt die Erinnerung an seine Gefühle fort, denn sie läßt sich entweder als »Garten des glücklosen Politikers« oder aber als »Garten der dummen Beamten« übersetzen, wobei die erste Übersetzung sich auf den Besitzer und die zweite (vielleicht) auf diejenigen bezieht, die ihn aus seinem Amt entfernten. Aber während Wen sich als mittelloser Mann zurückzog, hatte sein Gönner ein Vermögen erworben und bot dem Künstler ein Atelier in seinem Garten an. Das war ein weiser Schritt, denn Wen Cheng-ming beteiligte sich nicht nur an der Planung des Gartens, sondern verhalf der Anlage und seinem Gönner mit dieser seiner Beteiligung auch zu bleibendem Ruhm. Er muß den Chuo Cheng Yuan geliebt haben, und um sich darüber hinwegzutrösten, daß er ihn nicht selbst besaß, hielt er seine Reaktionen auf die wechselnden Stimmungen des Gartens in zwei Serien kleiner Albumblätter fest, in einem sehr persönlichen Format, das sich deshalb der besonderen Vorliebe der *Wen-jen*-Maler erfreute, weil es Dichtung, Kalligraphie und Malerei im gleichen Verhältnis miteinander verband. Der Stil ist von trügerischer Einfachheit und folgt getreulich der Tradition des Üblichen und »Reizlosen«. Als topographische Schilderungen geben die kleinen Bilder nicht viel her, aber als Ausdruck dessen, was dem Gelehrten und Maler an seinem Garten wichtig war, sind sie kaum zu übertreffen. Dieser Garten ist in einem ganz realen Sinne ein Porträt des Künstlers.

In Wirklichkeit lag der Chuo Cheng innerhalb der Stadtmauern, aber hier wird er so behandelt, als gehöre er zu einer Villa auf dem Lande, ja der Eindruck ländlicher Intimität ist sogar noch stärker als im Fall von Wang Weis Landsitz. Hier gibt es Hühner und Gemüse, hier stehen Bauernhäuser und Obstbäume, und auf dem ersten Bild, so erfährt man aus dem begleitenden Gedicht, sprechen Herr und Diener über die Arbeit des Pflügens. Über ihren Köpfen und jenseits der Dächer des Gartens erscheinen die Umrisse der Stadtmauern. Im wirklichen Garten müssen die steigenden und fallenden Zinnen oberhalb der weißgetünchten Wand den Dunst und die Berge der freien Natur symbolisiert haben. Auf diesem ersten Bild sind sie eher ein einführender Hinweis darauf, daß die Straßen der Stadt ausgeschlossen sind, daß all dieser Friede und ländliche Charme künstlich und von Menschenhand mitten in die Stadt gesetzt sind. Dies ist allerdings das einzige Mal, daß der Künstler auf die Begrenzung des Gartens oder auf seinen Standort anspielt. Andere Bilder zeigen zwar Mauern innerhalb des Gartens und dahinterliegende baumbestandene Höfe, aber nie wieder eine äußere Begrenzung. Auf dem zweiten Blatt zum Beispiel sind die fernen Hügel jenseits des Stadttors Teil von

98 *Landschaft* von Ni Tsan, 14. Jahrhundert. Ein Bild von charakteristischer Kühle, auf dem der Raum sich jenseits der wenigen Bäume, des Bauernhauses, einiger Bambushalme und der fernen Inseln noch unendlich weit ausdehnt (National Palace Museum, Taiwan).

99 Pflaumenblütentor im Shih Tzu Lin, Suchow. Die Form dieses schlichten, dabei aber phantasievollen, schwarz umrandeten Durchgangs steigert die Wirkung des dahinterliegenden Hofes.

探幽

101 *Die Fülle der Wohlgerüche,* Albumblatt mit der Darstellung einer Ansicht aus dem *Chuo Cheng Yuan* (Garten des glücklosen Politikers) in Suchow von Wen Cheng-ming, 1551. Gedichte in feiner Kalligraphie begleiten diese kleinen Bilder eines berühmten Gartens. Auf dem hier wiedergegebenen Bild schildert der Malerpoet sein Wohlbehagen in der duftschweren Luft des Gartens: »Meine hohen Gedanken haben diese lärmige Welt schon unter sich gelassen. In der Höhe beobachte ich die Bienen bei ihrem Flug auf und nieder« (Morse Collection, New York).

Wen Cheng-mings Vision des Gartens geworden. Der kleine Weiher hat sich zu einem großen See erweitert, der sich bis in die Zone zu Füßen einer Reihe mächtiger und doch ätherisch aussehender Berge am Horizont hinzieht. Der Künstler hat also zu Beginn ganz deutlich erklärt: Die Mauer ist vorhanden, und seine Szenen werden sich sämtlich in ihrem Binnenbereich abspielen. Beim ganzen Rest des Albums bleibt der Betrachter im ungewissen.

Kunstvolle Gärten

Der Chuo Cheng Yuan existiert noch heute. Im Verständnis der Chinesen ist er einer der schönsten in China erhalten gebliebenen Gärten, und dies wegen seiner Verknüpfung mit Wen Cheng-ming ebenso wie wegen seiner besonderen Merkmale. Der Besucher, der die Albumblätter kennt, wird allerdings von seinem heutigen Aussehen überrascht sein. Denn auf den Bildern Wen Cheng-mings ist der Garten ein ländlicher Zufluchtsort, seinem Wesen nach noch immer »die Hütte des Gelehrten«, wenn auch in vergrößertem Maßstab; heute dagegen ist er eines der am besten erhaltenen Beispiele der Tradition des *kunstvollen* Gartens, die eher auf Shih Ch'ung und die großen Sommerpaläste der Kaiser zurückgeht als auf Wang Wei und Po Chu-i. Statt an schlichte, strohgedeckte Pavillons und bescheidene, ländliche Bauten wird der Besucher stufenweise in ein kunstvolles Labyrinth aus zauberhaften Aussichtsgebäuden, gewundenen Galerien, Höfen und Festhallen geführt, die sämtlich um einen in der Mitte liegenden Teich angeordnet sind. Der Garten ist berühmt wegen seiner schönen Gestaltung, der komplexen Folge von Ausblicken und seiner außergewöhnlichen Eleganz.

Die visuellen Strukturen dieses kunstvollen Gartentyps wurden zum Teil von einem Maler entwickelt, der kein *Wen-jen*-Amateur, sondern ein ausgesprochener Meister seines Fachs war. Sein Name war Ch'iu Ying (ca. 1510–1551 n. Chr.), und soweit es um phantasiereiche Gartenentwürfe geht, mag er der bedeutendste Maler überhaupt gewesen sein. In seinem Werk kam, wie im Rollbild des Wang Wei, ein Gartenideal zum

100 Ein winziger Hof im Shih Tzu Lin, Suchow. Wenn der vorhandene Raum zu klein ist, greifen die Chinesen zu einem Trick: Sie teilen ihn noch weiter auf und schaffen auf diese Weise abgeschiedene Winkel. Gerahmte Öffnungen wie dieses »Mondtor« ziehen das Auge an, lenken es auf den Bereich jenseits der Mauer und verheißen dort weitere Raumerlebnisse.

102

103

Ausdruck, wobei er allerdings auf Elemente zurückgriff, die zu seinen Lebzeiten bereits zu den herkömmlichen Formen der Gartengestaltung zählten. Doch komponierte er seine Gärten so wunderbar und bevölkerte sie mit so ausgesucht feinen Damen und eleganten Herren, daß sie einfach unwiderstehlich gewirkt haben müssen. Um seinen Gartenbildern einen Hintergrund und eine Bedeutung zu verleihen, datierte er sie häufig zurück in die klassische Periode der chinesischen Geschichte. Es ist kaum denkbar, daß ein reicher Mann, der einen solchen Garten sah, nicht den Wunsch empfunden hätte, einen ähnlichen sein eigen zu nennen.

Ch'iu Ying malte in verschiedenen Stilen, doch wurden seine historischen Phantasien, die er im blaugrünen Stil ausführte, am meisten bewundert. Ihre makellose Anmut und Eleganz gaben Anlaß zu ungezählten Nachahmungen und einer beträchtlichen Zahl von Fälschungen. Mit einem von Ch'iu Yings Rollbildern haben wir uns bereits eingehend beschäftigt; es zeigt den Garten des Ssu-ma Kuang und ist in einer klassi-

102 *Siao Fei Hung* (Brücke des fliegenden Regenbogens), Albumblatt aus dem Chuo Cheng Yuan, Suchow, von Wen Cheng-ming, 1535. Es handelt sich hier um ein weiteres Album mit Bildern dieses Gartens, in dem der Maler ein Atelier hatte. »Hell ist der Mond«, heißt es im Gedicht zu diesem Bild, »und, oh, wie weit reicht doch der Himmel!« (aus Kate Kerby, *An Old Chinese Garden*).

103 *Die Brücke des fliegenden Regenbogens* im Chuo Cheng Yuan, Suchow, wie sie sich heute präsentiert. Der Garten ist seit den Tagen Wen Cheng-mings vollständig umgestaltet worden. Eine alte, angeblich noch von ihm gepflanzte Glyzinie war aber zu Beginn unseres Jahrhunderts noch vorhanden.

104

105 Chuo Cheng Yuan, Suchow. Auch wenn die Straßen ausgeschlossen bleiben, so schiebt die Pagode in der Ferne – als eine dem Garten gewährte »visuelle Leihgabe« – seine Grenzen doch über die Umfassungsmauern hinaus.

104 Der *Chih-Garten* in Yangchow, anonymer Künstler des 19. Jahrhunderts. Ein eleganter Garten, dessen förmlich gehaltene Pavillons und rechtwinklig verlaufende Galerien zwischen höchst »ungezügelte« Felskompositionen gesetzt sind. Der weiße Dunst vor dem Horizont läßt die Grenzmauer des Gartens verschwimmen, so daß der Eindruck entsteht, die Berge in der Ferne seien noch Teil der Anlage. Interessant ist ein Vergleich dieses Bildes mit demjenigen auf den Seiten 84/85 (Privatbesitz).

schen, von karger Raffinesse geprägten Manier gemalt, wie sie sich für diesen Garten eines Amtsträgers empfahl, der sich freiwillig aus seinen Geschäften zurückgezogen hatte. Oswald Sirén hat bereits eine detaillierte Analyse eines Gartenrollbilds im Stil des Ch'iu Ying vorgelegt[14]; das hier gezeigte, in ebenso präziser Manier gemalte Bild erfaßt genau den Geist dieser kunstvollen und eleganten Gärten. Wir können darin die Mannigfaltigkeit eines großen Stadtgartens deutlich erkennen: Mauern, die im Dunst verschwimmen, die prächtige Halle und das intime Atelier, T'ai-hu-Steine und Miniaturberge, die getrimmte Kiefer und der blühende Pflaumenbaum, die unterirdische Grotte und der zweigeschossige *lou*, von dem aus man die Berge überblickt – so gut wie jedes Element eines Gartens ist hier so frisch und elegant wiedergegeben, daß der Besitzer sich beim Anblick dieses Gemäldes geschmeichelt gefühlt hätte. Es verwundert nicht, daß solche Darstellungen immer wieder auf Wandschirmen, auf Porzellan und Lackarbeiten aufgetaucht sind, seitdem Ch'iu Ying diese klassische Mode formulierte.

Konvention und Exzeß

Im 18. Jahrhundert, als das Amateur-Ideal so uneingeschränkt etabliert war, daß es schon nicht mehr zu seinem Besten war, nahm das ganze Thema der Gärten als Ausdruck des Charakters eine interessante neue Wendung. In einem Buch über elegante Formen des Zeitvertreibs von Li Li-weng[15] wird die Anmut oder Vulgarität eines Felsengartens noch immer in der herkömmlichen Weise als das direkte Resultat des geistigen Niveaus seines Besitzers gesehen. Doch war der geschickte Felskünstler für Li-weng eher nicht der Gelehrte, der Maler oder der Dichter, sondern der allseits verachtete Handwerker-Künstler. Die Felsgestalter, schreibt er, haben von jeher die mit Abstand schönsten Kompositionen geschaffen, obwohl sie doch nur ganz bestimmte Fertigkeiten wirklich beherrschen. Dies hat seinen Grund darin, daß sie der Natur nahe sind und instinktiv vorgehen, während Maler und Dichter zu viel Belehrung erfahren haben. In der Felsgestaltung – so hatte schon der *Yuan Yeh* verkündet – wird scheitern, wer es allzu verbissen versucht; in diesem Fall dominiert das Künstliche, und dann ist alles verloren. Das beste ist mithin, wenn der Besitzer als Aufseher fungiert, hohe Maßstäbe setzt und nur das ausgefeilteste und einfühlsamste Vorgehen von seiten derjenigen akzeptiert, die

er beauftragt hat, das *ch'i* der Natur unmittelbar auf den Garten zu übertragen. In gewisser Weise wird der Handwerker-Künstler damit zum Pinsel, durch den der Geist des Besitzers und der Geist der Natur ihren vollkommenen Ausdruck in der Konstruktion des Gartens finden.

In dieser Überlegung ist allerdings der ungebührliche Zeitaufwand nicht berücksichtigt, der notwendig ist, um einen Garten zu erschaffen. Gärten werden niemals wirklich fertig; sie spiegeln in jedem Augenblick die Zuwendung und das Interesse ihres Besitzers ebenso wie seinen Charakter. Vielleicht ist das einer der Gründe dafür, daß der große Maler der Yuan-Zeit, Huang Kung-wang, seine Vorbildstellung für die Gartengestalter lange Zeit so unbestritten halten konnte. Er zeichnete sich durch eine langsame, additive Malweise aus – er legte sich eine Komposition zurecht, sobald ihm die richtige Inspiration kam, und verbrachte dann unter Umständen drei Jahre damit, sie auszufüllen, so wie seine Stimmung es ihm eingab. Diese Arbeitsweise paßte natürlich sehr viel besser zu den Gärten als die rasch vollendeten Pinselstriche eines Bambusbildes, aber es war wohl eher die Darstellung von Huang Kung-wangs Bergen, die gepriesen wurde, als seine Methode, sie zu erschaffen. Auf einem der wenigen Bilder von seiner Hand, die sich erhalten haben, »In den Fu-ch'un-Bergen verweilend«, sind die Hügel in impressionistischer Weise porträtiert, mittels säuberlich vor einen weißen Hintergrund gesetzter dunkler Tuschestriche. Sie vermitteln die Stimmung eines trüben Wintertags. Der Stil ist von selbstbewußter Flüchtigkeit und entbehrt jenes gehobenen Sentiments, wie es den »Vulgären« zugesagt hätte. Aber auch die obsessive Reinheit, welche die karge Manier eines Ni Tsan kennzeichnete, scheint den Bildern Huang Kung-wangs gefehlt zu haben. Er wurde wegen seiner »Schlichtheit« gerühmt, und ein Zeitgenosse gelangte zum Gipfel des Erfolgs, weil er »Würze mit faden Mitteln« erreicht hatte. Es ist ein weiter Weg von der »göttlichen« Berglandschaft der Nord-Sung, der dramatischen »Lyrik« der Süd-Sung oder der eleganten und raffinierten Manier des Ch'iu Ying bis an diesen Punkt. Die Berge sind jetzt eher unbedeutende Hügel, die Wohnstätten schmiegen sich ins Tal, alles ist bescheiden, unauffällig, geradezu. Was also empfahl der *Yuan Yeh* seinen Lesern, wenn er eine Felskomposition als »aufgebaut aus rauhen Steinblöcken, zerklüftet und gespalten wie auf (Huang Kung-wangs) Bildern« beschrieb? Die Frage ist schwer zu beantworten, denn diese Beschreibung paßt nicht recht zu der Darstellung, die der Meister den Bergen auf der Fu-ch'un-Rolle gibt, wo er doch offensichtlich eher einen allgemeinen Eindruck von »Bergigkeit«, nicht aber eine augenfällige Konzentration der Kräfte anstrebt.

Auch die Gartengestalter versuchten selbstverständlich, eben diesen Eindruck des Wesentlichen festzuhalten – und damit sind wir wieder beim *ch'i yun* angelangt. Aber nach dem, was die Bilder aussagen, erreichten sie dies mehr durch die schiere Fülle des Details – etwas, vor dem Huang Kung-wang ganz ausdrücklich warnte. Später nahmen die Felsszenerien immer mehr Raum ein, ja sie drohten, das Monopol über die Gärten an sich zu reißen, und sie ähnelten nun sehr viel weniger den kühlen, »generalisierten« Hügeln des Huang Kung-wang als den bewegten und expressionistischen Formationen seines etwas jüngeren Zeitgenossen Wang Meng (1308–1385 n. Chr.). Eine späte Fälschung im Stil Wang Mengs zeigt große, verzerrte *T'ai-hu*-Felsen, die den Charakter des Gartens unangefochten bestimmen. In der empfohlenen Weise nahe am Wasser angeordnet, bauen sie sich zur doppelten Höhe der kleinen Hallen auf, und ihre bizarren Formen dräuen über den Dächern wie Pilzwolken. Man wird an Kuo Hsis gigantische Berglandschaften erinnert, auf denen groteske Gesichter zwischen Klippen und Gipfeln hervorzuquellen scheinen, aber ihnen fehlt Kuo Hsis dynamischer Sinn für das Lebendige und Bewegte, und sie liegen, obwohl dekorativ, so doch flach auf dem Blatt. Es ist denkbar, daß sich in der Leblosigkeit der gemalten Felsen das spiegelte, was auch in den Gärten selbst eingetreten war.

Im 16. Jahrhundert, zu einer Zeit, in der diese Fälschung entstanden sein könnte, waren die Kritiker höchst beunruhigt angesichts des Niedergangs, den sie in der Malerei zu konstatieren glaubten. Einer der schlimmsten Fehler bestand nach Meinung des Malers Mo Shih-lung im »Aufeinanderhäufen kleiner Stücke, um einen großen Berg zu machen«.[16] Der *Yuan Yeh* und der Autor Li Li-weng wiesen später beide auf den gleichen Fehler beim Aufbau von Felskompositionen in den Gärten hin. In den späten Anlagen ist leicht zu erkennen, was Anlaß zu diesen Klagen gab: Aus der Nähe können solche Felsaufbauten durchaus faszinierend wirken, aber aus einiger Entfernung sind sie erschreckende Steinhaufen, zusammengedrängt, wie C. C. Wang, ein Kommentator unserer Tage, es ausdrückt – »wie Brocken von Erdnußkonfekt«.[17]

106 *Landschaft*, eine Fälschung im Stil Wang Mengs (möglicherweise von der Hand des Wen Po-jen, 16. Jahrhundert). *T'ai-hu*-Felsen beherrschen diesen Garten, der eher die magische Bergheimat der Unsterblichen als eine natürliche Landschaft darzustellen sucht. Die Extravaganz der Felskomposition wird allerdings durch die vergleichsweise bescheidene Gestaltung der Gebäude wieder ausgeglichen. Der Garten steht damit zwischen der Tradition des kunstvollen kaiserlichen Parks und Paradieses der Unsterblichen einerseits und dem bescheidenen »Refugium des Gelehrten« andererseits. Beachtung verdient der Kranich, ein Symbol der Langlebigkeit (Morse Collection, New York).

107 *Mann in einem Haus unter den Klippen* von Tao Chi, (1641–1717). James Cahill sagt zu diesem Bild: »Tao Chi schildert weniger die Felsen, sondern zeigt uns die Kräfte, die Berge entstehen lassen und zerstören, und wenn wir uns vorstellen, wie seine Hand den Pinsel führt, so werden wir Zeugen eines ehrfurchtgebietenden Schöpferaktes.« Obwohl die Felswand den Einsiedler sozusagen zwischen monströsen Kiefern zu zermalmen scheint, bleibt dieser völlig ungerührt, weil er eins ist mit den Kräften der Schöpfung. Tao Chi war nicht nur ein begabter Maler, sondern auch ein berühmter Felsarrangeur, der über Jahre hinweg »künstliche Berge« errichtete (Sammlung C. C. Wang, New York).

Dieser Niedergang der Gesamtkomposition ist wahrscheinlich durch die Lehrbücher des 17. Jahrhunderts über die Maltechnik noch beschleunigt worden, so durch den *Senfkorngarten* (1679), in dem unzählige Beispiele all der individuellen Elemente aufgeführt waren, die sich in einem Bild vereinigen ließen. Derartige Instruktionen regten die Studenten zu eben jener Konzentration auf die Details an, die von den Meistern beklagt wurde, weil sie auf Kosten des »lebendigen Geistes« des Ganzen ging.

Am Ende der Ming-Periode zeigten sich dann aber erste Anzeichen eines ästhetischen Neubeginns, der seinen Höhepunkt in der frühen Ch'ing-Zeit erreichte. In den Werken des Mönchs und großen »individualistischen« Malers Tao Chi spürt man von neuem den Ausdruck der eigenen, lebendigen Persönlichkeit des Künstlers, dessen zahlreiche Berglandschaften nicht die charakteristischen Eigenheiten lokal bestimmbarer Felsen, sondern die ganze Größe der Schöpfung enthüllen. Nach Meinung Tao Chis, der sich selbst als den »Mönch der bitteren Gurke« bezeichnete, ließ sich das emotionale Moment der Landschaft dadurch ausdrücken, daß man »manche Teile darin weit offen und andere Teile verborgen oder abgeschirmt« darstellte; für die Gärten, deren Entwerfer eine immer größere Zahl von Effekten auf kleinem Raum anstrebten, wurde dies zu einem wichtigen Grundsatz. Ungeachtet dieses Anliegens beharrte Tao Chi auf der Rückkehr zur genauen Naturbeobachtung, wobei er dem eigenen Genie eher vertraute, als daß er in die Fußstapfen der alten Meister treten wollte. Darüber hinaus kam es seiner Meinung nach aber darauf an, auch die ganze Seele des Malers in sein Werk hineinzulegen: »Gleichgültig, wie die Bilder aussehen: Wenn sie nur das eigentliche Wesen des Lebens und den schöpferischen Geist des Malers zum Ausdruck bringen, dann sind sie Beispiele der alles umfassenden schöpferischen Kunst.«[18]

Derartige Ansichten konnten allerdings, von schwächeren und weniger brillanten Figuren entsprechend verwässert vertreten, auch gefährlich sein. Ein extravagantes, aber lebloses Ergebnis, dem die dynamische Kraft und die Disziplin eines Tao Chi fehlten, ließ sich danach unschwer als »Ausdruck der individuellen Persönlichkeit« erklären. An die Stelle der Inspiration trat oft der Exzeß, wie in den Tiger Balm Gardens in Hongkong und Singapur. Anstatt sich an die Natur selbst zu wenden und sich von ihr über jene Kräfte belehren zu lassen, die Berge hervorbringen, versuchten manche Felsgestalter, alte Traditionen dadurch wieder zum Leben zu erwecken, daß sie die Formen maßlos übertrieben. Der wahre Weg aber hat von jeher über das *ch'i yun* geführt. Denn in einem gelungenen Garten sind die Formen als solche nur die Ausgangspunkte für das freie Umherschweifen der Imagination an den Aufenthaltsorten der Unsterblichen, in den bescheidenen Hütten der großen Weisen und Gelehrten und im Geist jener Meister, die sich durch ihre gemalten Berglandschaften selbst unsterblich gemacht hatten.

6 Architektur in den Gärten

Im ersten Viertel des 17. Jahrhunderts entdeckte ein sensibler Gelehrter namens Ch'i Piao-chia plötzlich sein heftiges Verlangen, einen Garten anzulegen. Er schrieb: »Anfangs wollte ich nur vier oder fünf Räume bauen, und Freunde sagten mir, wo ich einen Pavillon und wo ich ein Sommerhaus errichten sollte. Ich nahm ihre Vorschläge nicht ernst, aber nach einer Weile ließen sie mich nicht mehr los, und es schien in der Tat so, als sollte ich hier einen Pavillon und dort ein Sommerhaus haben. Noch bevor ich die erste Phase abgeschlossen hatte, drängten sich mir schon neue Vorstellungen auf und verfolgten mich bis an die abwegigsten Orte, ja manchmal kamen sie mir im Traum, und vor meinem inneren Auge erstand ein neues Bild. So nahm mein Interesse von Tag zu Tag zu, und ich pflegte schon frühmorgens in den Garten zu gehen und erst spät am Abend zurückzukommen ... Ganz früh, wenn ich noch auf meinem Kissen lag, sah ich die ersten Strahlen des jungen Tages und stand auf und sagte meinem Diener, er solle mich im Boot begleiten, und obgleich es nur eine Meile Wegs war, war ich ungeduldig, den Ort zu erreichen. Das ging so weiter in Winter und Sommer, in Regen und Sonnenschein, und weder die beißende Kälte noch die sengende Sonne konnten mich davon abhalten, denn es gab keinen einzigen Tag, an dem ich nicht dort draußen gewesen wäre. Dann griff ich unter mein Kissen und bemerkte, daß mein Geld aufgebraucht war, und das verdroß mich. Aber wenn ich dann wieder hinkam, wollte ich nur immer mehr und mehr Steine und Material. Es sind dort zwei Hallen, drei Pavillons, vier Laufgänge, zwei Türme und drei Dämme ... Wo zuviel Raum ist, füge ich etwas hinzu; wo es zu eng wird, nehme ich etwas weg; wo die Dinge sich zusammendrängen, breite ich sie aus; wo das Arrangement zu weit gestreut ist, straffe ich ein wenig; wo es schwierig ist zu laufen, ebne ich; und wo der Grund eben ist, füge ich kleine Unebenheiten ein. Es ist wie bei einem guten Arzt, der einen Patienten heilt, indem er ihm sowohl aufbauende als auch antreibende Mittel gibt, oder wie bei einem guten General im Feld, der sowohl normale als auch überraschende Taktiken befolgt. Oder auch wie bei einem meisterlichen Maler, der bei seiner Arbeit keinen einzigen falschen Pinselstrich zuläßt, oder wie bei einem großen Autor, der Essays verfaßt und sich keinen unharmonischen Satz durchgehen läßt...«[1]

Dieser Bericht ist in zweifacher Hinsicht bemerkenswert. Zum einen befindet sich der Garten des Gelehrten nicht bei seinem Haus; und zum anderen gilt sein Interesse ungeteilt der Architektur und der Anlage des Gartens als solcher; Blumen, Bäume oder Büsche sind dagegen an keiner Stelle dieser Beschreibung auch nur erwähnt.

In Europa und in Amerika *pflanzen* wir einen Garten an; der chinesische Garten dagegen wird *gebaut*. Ein westlicher Besucher mag sich über die seltsam geformten Steinhaufen in den chinesischen Gärten wundern, nicht weniger wird ihn aber die ungewöhnlich große Zahl von Gebäuden in Erstaunen versetzen. Schriftliche Schilderungen der verschiedenen Bestandteile eines Gartens erwecken den Eindruck, daß jeder Pavillon von den übrigen durch eine weite und offene Szenerie oder auch durch Hügel und Bäume getrennt sei, und eben diese Wirkung war ja in der Tat beabsichtigt. In Stadtgärten aber, wo der Raum sehr kostbar war, wurde oft eine außergewöhnlich große Zahl von Gebäuden und Felsen in Gärten von nicht mehr als rund 4000 Quadratmeter Fläche zusammengedrängt. Selbst die großen Gärten der sehr reichen Familien gaben häufig der dichten Bebauung den Vorzug vor der Möglichkeit, den Blick frei in die Weite schweifen zu lassen.

Eine Zeichnung der Gärten der Familie Chia, die in dem Roman *Der Traum der Roten Kammer* aus dem 18. Jahrhundert beschrieben werden, zeigt eine geradezu überwälti-

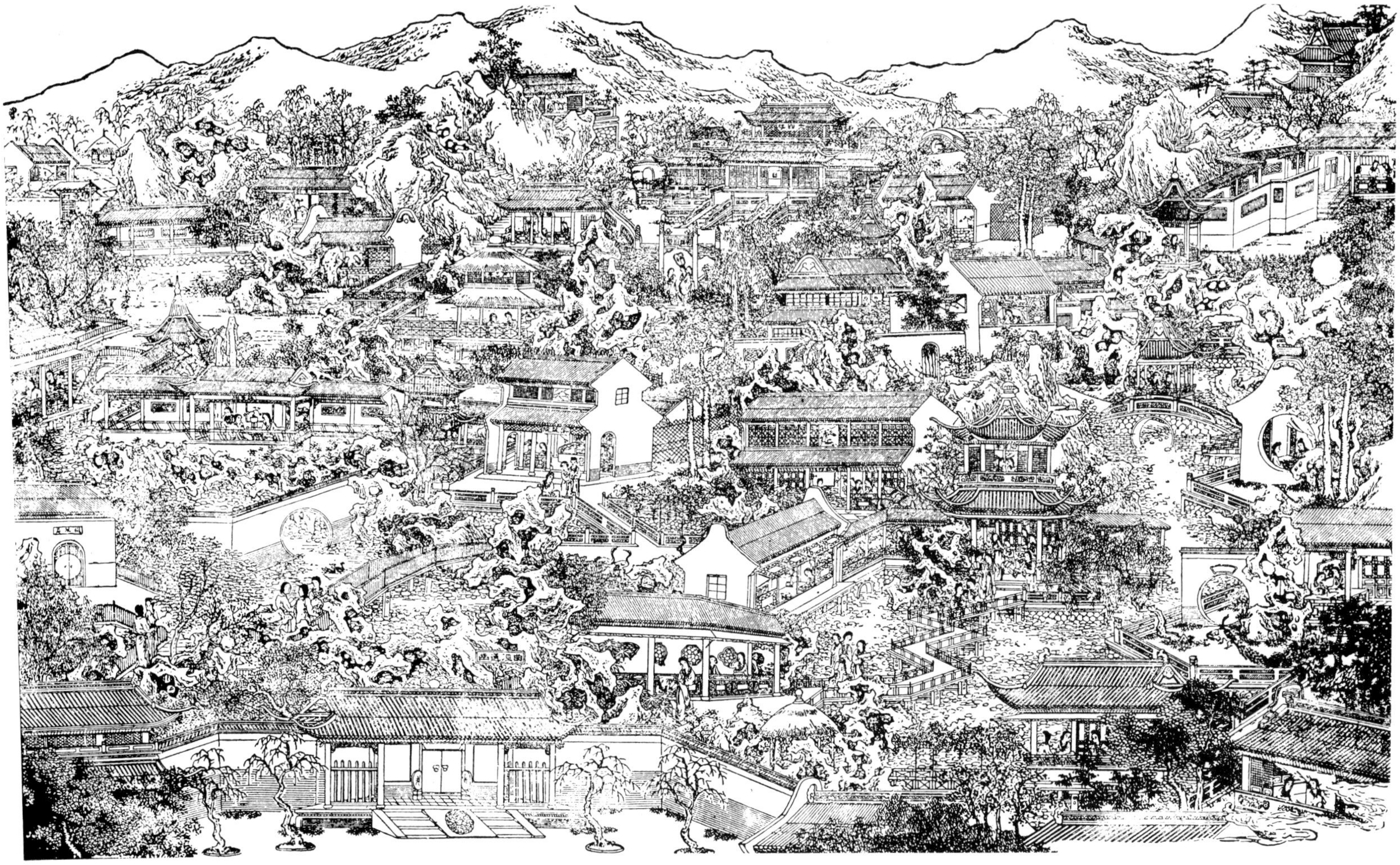

108 *Ta Kuan Yuan*, Phantasierekonstruktion des Gartens aus dem Roman *Der Traum der Roten Kammer* (aus *Tseng-P'ing Pu t'u*, Shih-f'ouchi, Shanghai 1930). Höchst seltsame Felsgebilde ragen über die Gebäude hinaus, die sich eines vom anderen geringfügig unterscheiden. Zwischen ihnen windet sich ein Fluß, mehrfach von Brücken überquert, von denen wiederum keine der anderen gleicht. Von Lotos, Wasserlilien und einigen Bäumen abgesehen, bleibt kaum Platz für pflanzliches Leben in diesem Garten, aber der Künstler hat ihn bezeichnenderweise in die naturalistischen Hügel am Horizont übergehen lassen, um deutlich zu machen, daß es sich um ein Refugium handelt.

gende Zahl und Vielfalt von Gebäuden. Keine zwei von ihnen gleichen einander, und alle sind sie zwischen Felsen und Wasser zusammengedrängt, als handelte es sich um den Schauplatz eines phantastischen Hindernisrennens. Im übrigen ist der Garten auch dicht von Menschen bevölkert – so wie dies im Roman ebenso der Fall ist. An einer Stelle des Buches bewohnen den Garten nicht nur der junge Herr des Hauses mit all seinen Schwestern und Cousinen, sondern darüber hinaus sämtliche Zofen und Mägde, eine Gruppe kindlicher Schauspielerinnen und sogar eine Gemeinschaft junger buddhistischer Nonnen. Eine so große Zahl von Bewohnern war vielleicht selbst für einen extrem großen Garten ungewöhnlich, aber jedenfalls wurden Gartenpavillons häufig bewohnt, und zwar nicht nur im Sommer, sondern das ganze Jahr über. Es kam vor, daß ein vernachlässigter Garten nur noch den Aufseher und seine Frau beherbergte, aber in vielen Fällen wohnte auch ein Gelehrter, ein alter Beschützer der Familie oder ein ins Unglück geratener Freund in einem der Studios und nutzte die Bibliothek – eine unerläßliche Einrichtung für einen Garten, der dieses Namens würdig war. Reiche Männer brachten häufig ihre Nebenfrauen und Konkubinen in Gartenpavillons unter, wie in dem erotischen Roman *Golden Lotus*, dessen Heldin, die von ihrem Gebieter vernachlässigt wird, hier eine Romanze mit einem der jungen Gärtner erlebt.

In der Tat unterscheiden sich die einzelnen Räume, aus denen sich das chinesische Haus zusammensetzt, nicht wesentlich von denjenigen in einem Garten. Trotz ihrer phantasievollen Formen weisen die chinesischen Gartengebäude mit ihren Pfosten und Balken, welche die Ziegeldächer über den ausladenden Konsolen tragen, im Grunde die gleiche Struktur auf wie die meisten Zweckbauten des Wohnhauses. Und da es im Haus keinen Raum gibt, der eher speziell zum Speisen als zum Baden vorgesehen oder bestückt wäre – in jedem Raum läßt sich eine brauchbare Küche dadurch einrichten, daß man einen Kohlenbrenner hereinbringt, und jeder Raum wird zum Schlafzimmer, wenn er einen Schlafbaldachin erhält –, läßt sich ein Gartenpavillon leicht in einen Wohn-Ort verwandeln, der das gleiche Maß an Bequemlichkeit aufweist wie die Räume eines Hauses.

Dennoch bestehen zwischen beiden ganz entscheidende Unterschiede. Vor allem sind Wohnhäuser immer auf einem ordnungsgemäßen rechteckigen Grundriß angeordnet und bestehen im Fall großer Haushaltungen aus einer regelmäßigen Folge von Wohngehöften. Ein Garten ist dagegen sofort als solcher zu erkennen, weil alles in ihm unregelmäßig und verwirrend ist; es ist ein Ort, an dem das Übliche und Gewohnte in etwas Neues und Erfreuliches verwandelt wurde.

Architektur als Metapher

Die architektonische Ausstattung des chinesischen Gartens ist eher verspielt als zweckmäßig, und vor allem ist sie »metaphorischer«. In den Gärten war es möglich, sich von der für die städtische Architektur verbindlichen konfuzianischen Korrektheit zu befreien, so wie ja auch die Verrücktheiten, die historischen *pasticci* und die »chinesischen« Pagoden der abendländischen Gartenarchitektur eine Lockerung der städtischen Etikette bedeuteten. Natürlich war man sich der Tatsache bewußt, daß Freiheit auch mißbraucht werden konnte, und viele Kritiker warnten die Gartenbauer vor den Gefahren der »Vulgarität« – etwa allzu vieler wunderlicher Drachenköpfe. Glücklicherweise wurde die Warnung großzügig ausgelegt, denn ein wesentlicher Aspekt des chinesischen Gartens ist gerade seine spielerische Transformation tierischer und pflanzlicher in architektonische Formen.

Es genügt, einige beliebte Architekturelemente chinesischer Gärten aufzuzählen – und zwar mit den chinesischen Bezeichnungen, die mit ihnen assoziiert sind –, um diese metaphorische Dimension deutlich zu machen. Wandöffnungen können runde »Mondtore« sein, manchmal sind sie auch in Blumen-, Muschel-, Kürbis- oder Vasenform gehalten. Balustraden können das Muster von »zersprungenem Eis« annehmen, Pfade können zu »Gänsen« werden und sich »wie spielende Kätzchen hin- und herwinden«,

109

110

111 Durchlaß in Blattform, Nei Yuan, Shanghai. Ein unattraktiver Winkel gewinnt Leben durch das Nebeneinander von phantasievoll gestaltetem Durchgang und schlichter rechteckiger Fensteröffnung. Der Durchgang ist offen, die Fensteröffnung füllt ein Gitter im Fischschuppen-Muster.

112 *Schachspielende Damen in einem Gartenpavillon* von Leng Mei (18. Jahrhundert). Die Türöffnung in Form eines Blütenblattes betont den Gedanken weiblicher Anmut. Im Garten sind Rosen über ein Spalier gezogen, so daß eine Art Wand entsteht – ein häufig anzutreffendes saisonales Element (National Palace Museum, Taiwan, weitere Beispiele von Türöffnungen s. S. 109, 110, 127).

109 *Mochou-See*, Nanking: drei Türen in einem kürzlich restaurierten Garten. Die aufeinanderfolgenden Öffnungen lenken den Blick auf den See und den jenseitigen Teil des Gartens. Die Vasenform der letzten Öffnung ist ein visuelles Wortspiel: das chinesische Wort für »Vase«, *p'ing*, klingt genauso wie das Wort für »Frieden«. Mit diesem Durchgang wird also die Funktion des Gartens als Zufluchtsort noch unterstrichen. Visuelle Wortspiele dieser Art finden sich häufig in chinesischen Gärten.

110 Drachenmauer im Yu Yuan, Shanghai, hier mit einem der fünf über den Garten verteilten Drachenköpfe. Obwohl diese Köpfe sehr schön gearbeitet und auf ihre Weise großartig sind, lehnen wahre Gartenkenner derart wörtliche Interpretationen ab, weil sie mit ihrer mangelnden Uneindeutigkeit das Vorstellungsvermögen beschneiden.

Pavillons über dem Wasser sind »Boote«, und fünf nebeneinandergesetzte Pavillons werden zu »den Klauen des fünfzehigen kaiserlichen Drachens«. Felsen sind selbstverständlich »Kobolde und wilde Tiere«, wenn nicht »Kugellöcher«; ein Weidenbaum »schwingt wie die schlanke Taille eines tanzenden Mädchens«; und das Herz des Gartens, das Wasser, ist der Ort, an dem »der Mond seine Seele wäscht«. Diese Freude an der Metapher wird sogar in den Gebäudegrundrissen erkennbar: Einige zeigen die Form einer Pflaumenblüte oder eines Fächers – ein beliebtes Muster, denn hier verband sich die Idee der kühlen Brise mit einer zweckmäßigen Lösung, der Übereckverbindung zweier Galerien. Manchmal sind zwei Pavillons an den Ecken miteinander vereint und bilden so einen Schmetterling. Die Realität wird überall in poetische Täuschung verkehrt.

Die Pavillons

Schon das schlichte Vorhandensein eines Pavillons – eines jener freistehenden, an den Seiten offenen, phantasievoll geformten Aussichtsorte, die die Chinesen als *t'ing* bezeichnen – verändert einen Garten von Grund auf. »Sobald ein Ort einen *t'ing* besitzt«, heißt es, »kann man ihn als Garten bezeichnen.« Ein Stück Architektur zähmt die Wildnis oder, wie die Chinesen sagen, »erborgt« die Landschaft, weil es einerseits den Rahmen und andererseits den Fokus liefert, der ihr zuvor fehlte. Die Wohnfunktion hat hieran keinen Anteil, denn ein *t'ing* kann nur Schatten oder Schutz vor leichtem Regen bieten. Da ihm die Wände fehlen, ist er nur ein Ruheplatz, der eine Aussicht eröffnet, auf die der kultivierte Besucher in der Weise reagiert, daß ihm eine unendliche Folge von Assoziationen in den Sinn kommt. In einen Garten oder in die freie Natur gesetzt (ein zwischen Hügeln gelegener *t'ing* ist ein bevorzugtes Thema in der Malerei), symbolisiert er den winzig kleinen, aber wesentlichen Platz des Menschen in der Ordnung der Natur: So wie die Natur ohne den Menschen keinen Fokus hat, kann die Gartenlandschaft schwerlich ohne einen *t'ing* existieren.

Für den in der Stadt gelegenen Garten gilt allerdings, daß er darüber hinaus noch eine Menge anderer Gebäude aufweisen muß, um überhaupt existieren zu können. Eng verwandt dem *t'ing* ist der *hsieh*, ein offener Pavillon, der mit einer Art Eingangs- oder Vorbau verbunden ist oder aus einer offenen Galerie herausragt, ein kleiner Raum, in dem der Spaziergänger sich ausruhen kann. Ferner gibt es den stillen, umschlossenen *chai*, ein kleines Arbeits- oder Studierzimmer, und den seltsamen *fang*, von den Chinesen als »Boot ohne Vertäuung« bezeichnet.

Außer diesen verschiedenen kleinen Pavillons besaßen die Gärten auch viel größere Baulichkeiten wie zum Beispiel den vielgeschossigen *lou* oder *ko* und stattliche Empfangshallen oder *t'ang*, die an zentraler und besser zugänglicher Stelle innerhalb des umfriedeten Areals standen. Mit den verschiedenen Typen ging allerdings immer eine

113 *Flötenspieler in einem t'ing am Rand eines Abgrunds* von Lo P'ing (1733–1799). In die freie Natur gesetzt, domestizierten diese offenen Pavillons gleichsam die Landschaft, die sie überblickten. In den Gärten dagegen verstärkten sie den Eindruck, daß die mit Bedacht um sie herum plazierten Felsen in Wahrheit das Werk der Natur seien (Freer Gallery of Art, Washington).

114

114 Steinernes Boot im Shi Tzu Lin, Suchow. Eine späte und vielleicht nicht rundum zu begrüßende Hinzufügung zu dem Garten, nimmt dieser massige Teepavillon (im Bild rechts oben) einen Winkel des Sees ein, der vielleicht besser offengeblieben wäre (zeitgenössische Zeichnung im Shi Tzu Lin, Suchow).

115 *Hsieh, Lou* und *T'ang* am südöstlichen Ende des Sees im Liu Yuan, Suchow. Die kleinen, verandaähnlichen Aufbauten am linken Rand könnte man als *hsieh* bezeichnen, den zweistöckigen Pavillon in der Mitte als *lou* und die elegante Halle, die rechts gerade noch zu sehen ist, als *t'ang*. Die ins Obergeschoß des *lou* führenden Stufen sind in den Felsen an der Rückseite des Gebäudes verborgen, denn der Anblick von Treppen galt als unschön. Die Gartengestalter verfallen auf alle möglichen sinnreichen Ideen, wie sie ihre Treppen verbergen könnten, und wenn es gar nicht anders geht, lassen sie sie einfach weg.

116 Das Innere der Halle (*t'ang*) des fernen Duftes im Chuo Cheng Yuan, Suchow. Diese elegante Halle bleibt kühl und dunkel dank der gedeckten Galerie, die vor ihren Fenstern umläuft. Die rechtwinklige Ausrichtung der Möblierung ist charakteristisch für einen so förmlich aufgefaßten *t'ang*.

115

116

117 Das gestufte Dach der Haupthalle des Yu Yuan, Shanghai. Die langen Traufvorsprünge schnellen gleichsam in einem komplexen Zusammenspiel der Kurven nach oben. Ihren Ansatz krönt an einer Stelle ein Elefant.

118 Pavillon am See im Hsi Yuan, Suchow. Das gestufte Dach spiegelt sich wiederum in Stufen. Dieser Pavillon enthält einen weiteren Pavillon.

119 Gewächshaus in einem Hotelgarten in Wusih. Das einzige der Autorin bekannte Beispiel eines in Glas ausgeführten chinesischen Daches.

beträchtliche Überschneidung der Funktionen einher. In der Struktur aller dieser Gebäude war selten einmal ein Abweichen vom üblichen Prinzip des Holzskelettbaues oder von der begrenzten Zahl der Dachformen zu verzeichnen, in deren kunstvoller Gestaltung die Gartenbauer es zu großer Meisterschaft brachten.

Die Dächer werden im *Yuan Yeh* und in anderen chinesischen Gartenbüchern nicht als eigenes Thema behandelt, doch sollte ihnen wegen ihrer für den Fremden so ungewöhnlichen vorspringenden Form besondere Aufmerksamkeit zugewandt werden. Man sieht sie weit über die Mauern vorkragen und zwischen Bäumen hervorschauen, und häufig bestimmt ihre geschwungene Form den ganzen Pavillon, der sie trägt. Das nach oben geschwungene Dach ist ein sehr wichtiges Ausdrucksmittel; Experimente mit flach gedeckten Sommerhäusern in modernen Gärten sind gescheitert.

Manche Dächer sind so unverhältnismäßig groß, daß der geschützte Innenbereich darunter nur eine Nebenfunktion zu haben scheint, die Rechtfertigung für den anmutigen – und dabei sowohl ehrfürchtigen wie kraftvollen – Aufschwung zum Himmel. Es wird oft gesagt, daß das aufwärts gebogene chinesische Dach über seinem zurückweichenden Unterbau zu schweben scheint; auf jeden Fall wirkt es durch den gefälligen Schwung seiner Ecken leichter. Allerdings gibt es auch ein dieser Wirkung entgegenstehendes Moment: Das Dach scheint auf dem Raum zu lasten, den es bedeckt. Auch das Dach verkörpert mithin Ambiguität – bald ein leichtes Tuch, das geheimnisvoll über beschatteten Säulen und Konsolen weht, bald eine geschlossene Decke, die alle übrigen Elemente verschließt und beherrscht.

Das Gelände: *corriger la nature*

Wie waren alle diese Pavillons in einem Garten anzuordnen? Der Autor des *Yuan Yeh* bemerkt – für die Umstände recht kühn –, daß es »keine definitiven Regeln für die Gartenplanung« gebe. Damit konfrontiert er sich selbst mit einem Paradoxon: Wie legt man Regeln fest, ohne Regeln festzulegen, oder wie vermittelt man die Prinzipien der Anlage eines Gartens, ohne sie zu leblosen Vorschriften werden zu lassen? Er hilft sich, wie die Maler es taten, mit dem Hinweis auf den *ch'i yun*, den Lebens- Geist, der allem schöpferischen Tun zugrunde liegen soll, und damit, daß er seine Vorschriften in einer Reihe von poetischen Bildern, Aperçus und selbst Widersprüchen verbirgt. Diese letzteren sind besonders geeignet, weil sie die Freiheit der Wahl gewährleisten. So empfiehlt das Buch an einer Stelle, man solle »einen Garten vorzugsweise nicht in der Stadt planen« (wegen des Lärms), während es an anderer Stelle heißt, die Stadt sei dem ländlichen Bereich als Standort für einen Garten vorzuziehen, weil sie mehr Bequemlichkeit und besseren Zugang biete. Anderswo vermeidet der *Yuan Yeh* es überhaupt, Regeln auszusprechen – wie wir dies schon im Kapitel über die Malerei gesehen haben –, indem er sich des typischen chinesischen Vorgehens der veranschaulichenden Beschreibung bedient: Der Autor schildert die emotionale Wirkung einer schönen Szenerie und weckt mit dieser Schilderung in seinem Leser den Wunsch nach einem Garten, der eben dieses gefühlsmäßige Echo auszulösen vermag – um es dann dem Leser zu überlassen, sich die Einzelheiten selbst auszudenken.

Immer wieder wird der Gartenbauer angehalten, das Naheliegende zu meiden und sich um das Ungewöhnliche und Unerwartete zu bemühen. Besondere Wertschätzung genießen verschwiegene Plätze, denn hier offenbart sich die Natur auf die anmutigste Weise. Mauern sind »hinter Kriechgewächsen zu verbergen«, Gebäude müssen »zum Teil von Bäumen verborgen« sein, und hier und da sollte es ein »abgeschiedenes Fleckchen« geben. Wichtig ist allerdings, daß man von diesen intimen Plätzen aus »weit in die Ferne, wie über unendliche Wasser hinweg« blicken kann. Das Schlüsselwort ist hier das »wie über ... hinweg«: Alle Gärten bauen auf der Illusion auf, und sie sollen den Eindruck der Un-Endlichkeit vermitteln – selbst innerhalb der Stadtgrenzen. Dieses Konzept ist am vollständigsten in den Gartenstädten der Provinzen Kiangsu und Chekiang verwirklicht, in jener Gegend, welche die Chinesen Chiang-nan nennen, »südlich des Yangtse«. Die großen Gärten des Nordens waren in der Regel förmlicher konzipiert. Diejenigen, die man in Peking noch heute besuchen kann, zeichnen sich gegenüber der Ursprünglichkeit und Unregelmäßigkeit der südlichen Gärten durch eine gewisse Steifheit aus, durch jenes Mehr an gesetzter Großartigkeit, wie es dem ausgeprägteren Formalismus der Kaiserstadt und dem rauheren Klima des Nordens angemessen scheint. Dennoch ist die Betonung des Umherschweifens in der verwirrenden Fülle immer neuer überraschender An- und Ausblicke allen chinesischen Gärten gemeinsam. In den besonders kunstreich gestalteten liegt das überraschende Moment großenteils in der Anordnung der architektonischen Elemente. Doch spürt man selbst in denjenigen Gärten, in denen die Mauern und Gebäude sich drängen, noch immer das Bestreben, die von Menschenhand gemachten Elemente sich mit den natürlichen vermischen, nicht aber diese beherrschen zu lassen. In gewisser Weise steht dieses Prinzip im Widerspruch zu der Auffassung Le Nôtres, wie sie in Versailles praktiziert ist. Die Franzosen gehen mit der Natur um, als wäre sie Architektur – sie pflanzen Bäume zu Alleen und schneiden Hecken zu Wänden –; die Chinesen dagegen versuchen, die vielen architektonischen Elemente in ihren Gärten mit dem Ideal der »Unregelmäßigkeit der Natur« in Einklang zu bringen.

Für manche chinesischen Autoren assoziiert sich Symmetrie in einem Garten mit

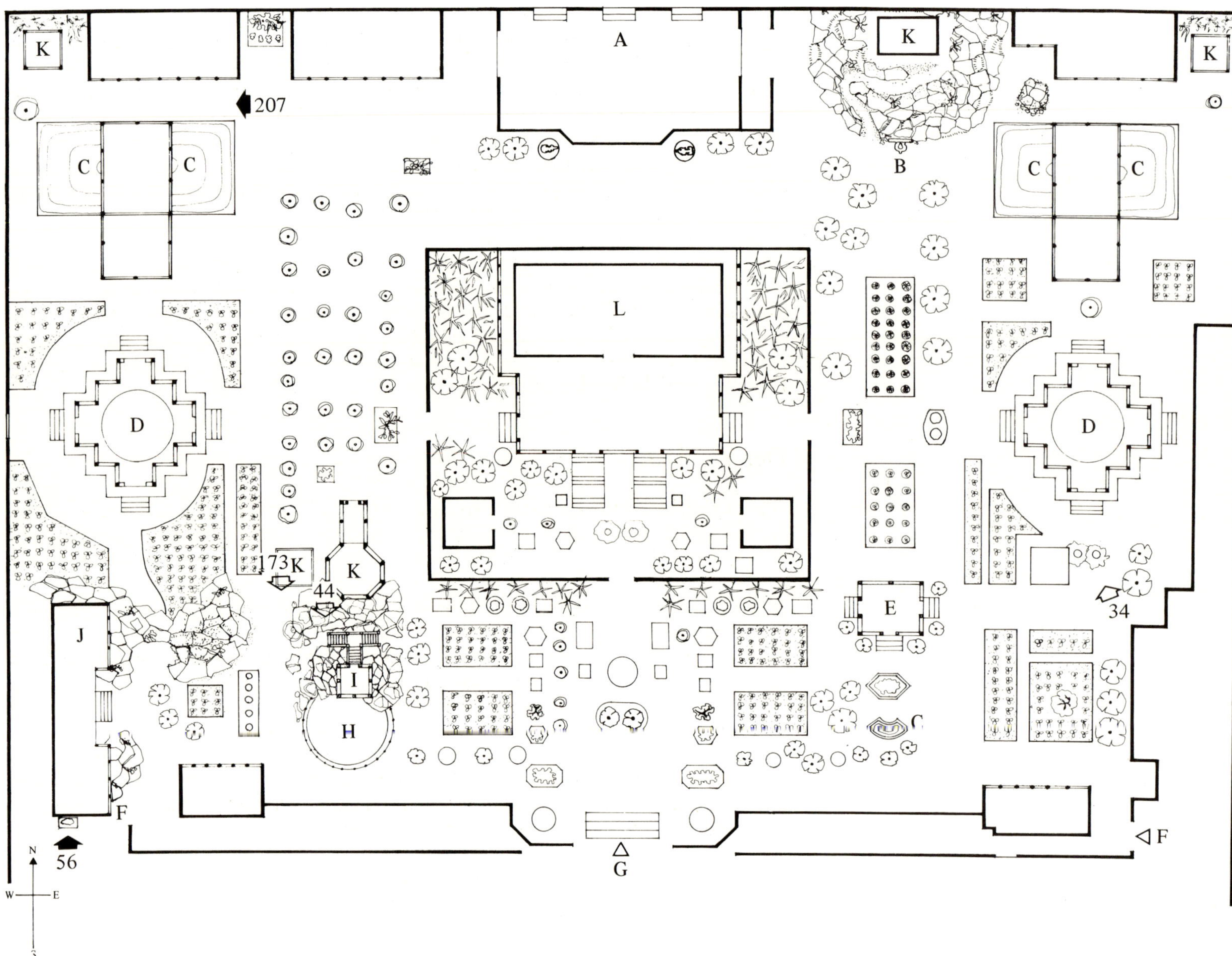

Yu Hua Yuan (Hinterer Garten des Kaiserpalasts, Peking)

- Blumenbeete
- künstliche Felsen
- alte Lebensbäume
- Marmorsockel, die seltsame Felsbrocken tragen
- Bambushaine
- goldene Elefanten auf Sockeln
- Baumstämme, die miteinander einen Bogen bilden
- erhöht liegende, marmorgefaßte Blumenbeete
- Richtung, aus der die Schwarzweißfotos aufgenommen wurden
- Richtung, aus der die Farbfotos aufgenommen wurden

A Hinteres Portal des Kaiserpalasts
B Löwenbrunnen
C Teiche
D Teehäuser mit türkisfarbenen Dächern
E niedrige Terrasse
F Seiteneingang in den Garten
G Zeremonialeingang
H Freigehege
I hochgelegene Terrasse
J Wohnhaus von Sir Reginald Johnston, dem schottischen Tutor des letzten Ch'ing-Kaisers
K Pavillons
L Halle des kaiserlichen Friedens

einem Zuviel an Planung, der eine gedankenlose Ausführung entspricht. Symmetrische Arrangements wirken steif und konform. Ein symmetrisch angelegter Garten kennt nicht jene gefällige und zwanglose Anhäufung, die im glücklichsten Fall den Anschein erweckt, als seien die Gebäude an diesem Ort – wie Blumen – aus eigenem Antrieb entstanden. Natürlich kann Anhäufung als solche auch zu weit getrieben werden. Ein Garten soll letzten Endes zwar ein Labyrinth sein, aber nicht schon auf den ersten Blick wie ein Labyrinth aussehen. Das europäische Labyrinth, das die Pekinger Jesuiten für den Kaiser Ch'ien-lung entwarfen, erschien den Chinesen barbarisch und verfiel nach dem Tod des Kaisers rasch. Es war ganz einfach zu regelmäßig und zu künstlich; ein richtiger chinesischer Labyrinthgarten mußte nun einmal den Eindruck der Spontaneität und der Ungeplantheit erwecken.

120 Plan des Hinteren Gartens (Yu Hua Yuan) des Kaiserpalasts (Ku Kung), Peking. Dieser Garten ist ein seltsam steifer und symmetrischer Ort mit vielen künstlichen Felsen und zum Teil mit Kieseln gepflasterten Wegen. Wenn er auch voller Menschen ist, so kann es doch noch immer ein wunderbares Erlebnis sein, von der Marmorterrasse (I) hoch über der Menge in die alten, ächzenden Lebensbäume vor dem Himmel zu blicken.

Dieses Gebot entspricht der abendländischen Vorstellung des Pittoresken und ruft uns Alexander Popes berühmte Empfehlung ins Gedächtnis: »Befragt den Genius loci immerdar.« In China – wie im England des 18. Jahrhunderts – prüfte ein guter Gartenbauer zunächst mit aller Sorgfalt die natürlichen Umrisse und den Wasserspiegel des Terrains, half nach, wo es notwendig war, um die Wirkung zu steigern, und entwarf dann seine Gartengebäude passend zu dieser modifizierten Landschaft. »Natürlichkeit« bestand also darin, daß man das Ganze so aussehen ließ, als wäre es ohne Zutun des Menschen zustande gekommen. T'ung Chun und andere Autoren werden nicht müde zu betonen, daß dieses Merkmal nach dem Ende der Ming-Dynastie, als die architektonischen und anderweitigen Elemente des Gartens von einer gewissen Formalisierung und Wiederholung erfaßt wurden, nicht mehr so häufig anzutreffen war. Felsbrocken und Blumen, so klagen sie, wurden wie Soldaten aufgestellt und angeordnet; die Konsolen unter den Traufvorsprüngen glichen prächtig anzuschauenden Kavalleristen bei einer Parade. Diese bemühte Regelmäßigkeit, »die etwas Lateinisches an sich hat«, ist sehr weit entfernt vom Ideal der natürlichen Spontaneität, wie es in der Sung-Dynastie erreicht worden war.[2]

Der Yu Yuan

Gärten sind bedauerlicherweise nicht nur durch den Zahn der Zeit, sondern auch durch die neuen Ideen und die Umgestaltungspläne ihrer jeweiligen Besitzer gefährdet, die sich nicht immer mit den Intentionen des ursprünglichen Erbauers in Einklang bringen lassen. In China existiert heute kein Garten mehr in seiner ursprünglichen Form, und was der Besucher als einen Sung- oder Ming-Garten betrachtet, hat zwangsläufig viele Elemente der Ch'ing-Periode oder sogar der noch jüngeren Vergangenheit. Der Yu Yuan in Shanghai zum Beispiel ist ein Garten aus dem Ende der Ming-Zeit, den der *Yuan Yeh* wegen seiner späteren Hinzufügungen sehr wahrscheinlich als in höchstem Maße vulgär verdammt hätte. Dennoch ist er ein faszinierendes architektonisches Labyrinth und besitzt so gut wie alle jene Elemente eines Stadtgartens, die den Besucher entzücken und überraschen. Sein Grundriß weist ihn als eine Folge von fünf größeren Arealen aus. Sie sind durch lange, in Windungen durch den ganzen Garten geführte und auch in der Vertikalen kontinuierlich auf- und absteigende Mauern, die in Drachenköpfen enden, voneinander abgesetzt. Insgesamt umschließen diese fünf Bereiche etwa fünfzig bis sechzig kleine, verschwiegene »Raumtaschen« – winzige Flecken, die jene »unerwarteten Ausblicke« gewähren, wie sie der *Yuan Yeh* verlangt.

Anders als westliche Architekten, die vielleicht versuchen würden, enge Räume dadurch zu erweitern, daß sie sie miteinander verbinden, steigerten die chinesischen Entwerfer das Raum*erlebnis*, indem sie den Raum durch Wände und Mauern aufteilten. Dadurch, daß sie den zur Verfügung stehenden Raum sozusagen in Schichten – mit Hilfe von Durchgängen – erfahrbar machten, durch kurze Ausblicke etwa auf einen Teil eines herabstoßenden Daches, durch Licht-Blicke im Wortsinn verstanden sie den Eindruck zu vermitteln, daß der Raum sich endlos und wie durch Zauber über seine sichtbaren Begrenzungen hinaus erstreckte; denn das Ziel war immer, den unaufhörlichen und geheimnisvollen Wandel in der Natur sichtbar zu machen und zugleich Abgeschiedenheit zu gewähren.

In den meisten Gärten sind die Raumtaschen in Richtung eines zentralen »Berg- und Wasser-Areals« orientiert, das sie schützend umgeben und dem sie so etwas wie Binnengerichtetheit verleihen – es ist, als müsse man eine räumliche Schicht nach der anderen hinter sich bringen, um zum innersten Teil vorzudringen. Im Yu Yuan kamen diese Raumtaschen durch immer wieder neue Baumaßnahmen zustande. Felsen und Wasser bildeten – mit einem Pavillon und Bambusbäumen – die Uranfänge des Gartens.

Pan En, der ihn im Jahre 1559 als erster konzipierte und dessen Beschreibung sich erhalten hat, erwähnt keinen Gesamtplan und spricht auch nirgends von Mauern. Der Garten fängt einfach dadurch an, daß die wesentlichen Elemente aus einer spontanen Empfindung heraus zusammengefügt werden: »Zwanzig Jahre lang baute ich immer weiter an dem Garten. Ich saß ein Dasitzen, ich dachte einen Gedanken, ich ruhte ein Ausruhen – und es war noch immer nicht sehr gut. (Im Jahr 1577) ... gab ich mein ganzes Herz an diese Sache. Ich dachte nur an den Garten. Ich vergrößerte das Terrain um fünfzehn Stücke Land. Ich legte siebzehn Teiche an. Des weiteren erwarb ich viele Felder und verwendete den gesamten Ertrag dazu, den Garten schön zu gestalten.«[3]

Mit anderen Worten, dieser hohe Herr und Amtsträger fügte seinen Garten Stück um

121 Blick auf die komplexe Raumsituation entlang der nördlichen Begrenzungsmauer des Yu Yuan, Shanghai. Das schöne Dach im Vordergrund gehört zu dem aus der Ming-Ära stammenden *Tsui Hsiu T'ang* (der Halle der versammelten schönen Dinge). Dieser Teil des Gartens befolgt das Prinzip, dem zufolge »das Kleine zum Großen, das Hohe zum Niedrigen führt«.

122 (oben) Innere Mauer, offene Galerie, *hsieh* und *t'ing*, grenzen hier sämtlich an den Hauptsee im Chuo Cheng Yuan in Suchow. Ein Plan dieses Gartens findet sich auf S. 169.

123 (unten) Eine Ecke des Sees im Wang Shih Yuan, Suchow. Die einzelnen Gebäude sind in sehr phantasievoller Weise zusammengefügt; das Ganze wirkt aber harmonisch und ausgewogen.

Stück zusammen, in jener nahezu besessenen Art, wie sie uns auch durch Ch'i Piao-chia überliefert ist, dessen Erfahrungen am Beginn dieses Kapitels zitiert sind. Beiden Männern wurde die Beschäftigung mit dem Garten zu einem wesentlichen Bestandteil ihres Lebens, und entsprechend gerieten ihre Gärten zu einer Art Autobiographie, in der sich ihr Lebensweg und ihre Stimmungen spiegelten.

Pan En setzt seinen Bericht fort: »In den Ostteil stellte ich mehrere zweigeschossige Gebäude, um den Lärm und das Getriebe der Stadt fernzuhalten, und in die Mitte der drei Abteilungen setzte ich einen Durchgang, über dem eine Tafel mit der Aufschrift ›Yu Yuan‹ (Garten des Behagens) angebracht wurde. Wenn man hineinging und ein paar Schritte nach Westen tat, stand man wiederum vor einem Tor, diesmal mit der Aufschrift ›Chien Chia‹ (Schönheit dringt allmählich ein); nach weiteren zwanzig Schritten in westlicher Richtung bog man nach Norden um, an dieser Stelle befand sich ein kleiner *Pai fang* (ein Bogen), auf dem die vier Zeichen ›Jen Ching Hu T'ien‹ angebracht waren (Der Platz des Menschen ist im Himmel der Unsterblichen) ... Folgte man der östlichen Mauer, dann erreichte man eine Halle mit der Bezeichnung ›Halle der Jadeblüten‹, vor der ein wundervoller Felsen stand, ein höchst seltsames

124, 125 Zwei Ansichten des Liu Yuan, Suchow (s. Plan S. 199).
Oben: Die eine Hälfte des Innenraums der Halle der Mandarinenten. Diese Halle ist in zwei gleiche Teile unterteilt und symbolisiert das »eheliche Glück«. Die schönen Gitterfenster lassen das Licht von einem außen umlaufenden schmalen Korridor herein, hindern den Betrachter aber gleichzeitig an der Feststellung, daß es dort sehr eng zugeht. Rechts öffnen sich Fenster, welche die ganze Höhe des Raumes einnehmen, auf einen größeren Bereich mit Pavillons und einem Teich. Von dort aus führt die offene Galerie (unten) im Zickzack über eine freie Fläche zu weiteren Hallen und Räumen.

126 Südwestecke des ersten Hofes im Yu Yuan, Shanghai. Eine gedeckte Galerie mit kunstvollen Lattenwerkfenstern umgibt die erste Halle. Dies ist eine Ecke der auf S. 122 abgebildeten Halle.

Beispiel des Wirkens der Natur. Er war schon seit den Zeiten des Sung-Kaisers Huitsung bekannt und im Gespräch und ist diesem wohl zu Recht übersandt worden, denn er galt als der schönste im ganzen Reich. Sein Name war Yu Ling Lung (Köstlich gestalteter Jadestein), und die Halle hatte ihre Bezeichnung von diesem Felsen.«

Noch heute birgt der Garten einen großen T'ai-Hu-Stein mit einem Namen, der dem von Pan En genannten ähnlich ist (wenn es auch schwer zu sagen ist, ob es sich tatsächlich noch um den gleichen Stein handelt), ferner viele schöne Felsarrangements an Teichen und den riesigen künstlichen Berg, der die Gebäude des ersten und des zweiten Areals winzig erscheinen läßt. Interessant ist, daß Pan En eines dieser Gebilde den »Himmel des Unsterblichen« nennt, seinen Bericht insgesamt aber mit einem Vergleich mit dem berühmtesten aller frühen Dichterrefugien abschließt – dem an einem Fluß gelegenen Landsitz des Wang Wei.

Den Akten zufolge kaufte das Volk von Shanghai den Erben Pan Ens diesen Garten im Jahre 1761 ab, richtete ihn mit öffentlichen Mitteln wieder her und nannte ihn von nun an den Westgarten. Damals umfaßte er etwa 50 000 Quadratmeter (77 *mou*). Er blieb auch im Besitz der Gilde der Bohnenhändler in gutem Zustand. Während der T'aiping-Rebellion im Jahre 1861 wurden dann zu seinem Schaden westliche Soldaten in dem Garten einquartiert, und um für deren Unterbringung Platz zu gewinnen, wurden die Hügel abgetragen und die Steine in die Teiche geschüttet. Seither läßt sich nicht mehr mit Sicherheit sagen, welche Elemente des Gartens den einzelnen Passagen in Pan Ens Beschreibung entsprechen. Der Garten wurde 1956 wieder hergerichtet und umschließt heute auch den höchst kompliziert angelegten »Inneren Garten« oder Nei Yuan.

Die erste Raumtasche erreicht man, wenn man, vom Haupteingang (A) kommend, zwei große, nach Süden orientierte und dicht beieinander stehende Hallen entweder durchquert oder an ihnen vorbeigeht. Diese würdevollen und beeindruckenden Gebäude (öffentliche Empfangsräume und Aussichtspavillon) sind rings umgeben von Galerien mit rotlackierten Säulen und phantasievollen Gitterfenstern, die stilisierte Kraniche und Pflaumenblüten zeigen. Hinter den Hallen befinden sich der Teich und, gleichsam in ihn eindringend, eine hohe und außergewöhnlich geballt wirkende Felskomposition. Die Stimmung dieses Ortes ist zugleich friedvoll und dynamisch: Die mächtigen Felsbrocken und die kunstvollen Gebäude drängen sozusagen gegeneinander und türmen sich über den kleinen Teich, lassen ihn klein und zu einer engen und schattigen Schlucht werden – und doch kann man sich von einem Sitzplatz aus noch über die Balustrade lehnen und das stille Wasser bewundern. (B) Von dieser ersten Raumtasche aus erfaßt der Blick bereits weitere Raumeinheiten und mehr Vegetation, vor allem einige Bambussträucher, die über den ziegelgedeckten Dächern erscheinen, und ein paar sehr hohe Mammutbäume und leuchtendgrüne Weiden, die sich sanft im Wind wiegen. Der ganze übrige Garten erstreckt sich nach Osten. Um dorthin zu gelangen, durchquert man eine sehr dichte Folge kleinerer Raumtaschen. Die Atmosphäre ist hier zugleich von Verwirrung und Erwartung geprägt. Ein Stück weiter kann man zur

127 See-Ungeheuer verschlingen einen Dachpfosten, Nei Yuan, Shanghai. Tiere und berittene Helden bevölkern die Dachlandschaften des Nei Yuan wie des Yu Yuan in Shanghai.

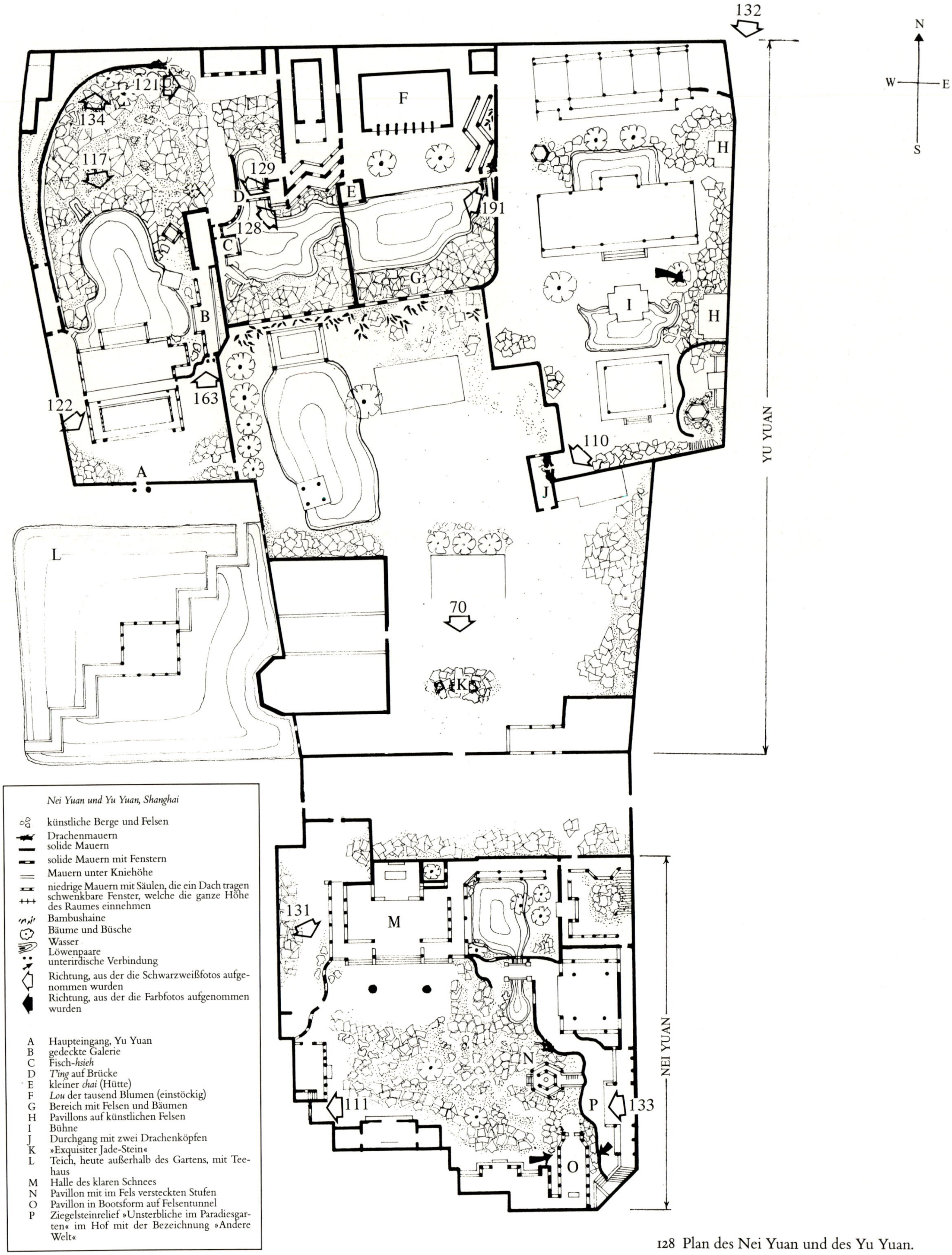

128 Plan des Nei Yuan und des Yu Yuan.

129 Der rechte Eingang in die doppelte Zickzack-Galerie, Yu Yuan, Shanghai. Wer die Galerie auf der einen Seite durchschreitet, kann durch kleine Fensteröffnungen auf die andere Seite sehen. Dadurch wirkt der Raum größer, als er ist.

130 Der *Fish-hsieh* im Yu Yuan, Shanghai, von der gedeckten Brücke gesehen. Die Rückwand des Pavillons wird zum größten Teil von einem Rollbild eingenommen, das einen springenden Karpfen zeigt. Es symbolisiert den »Sprung« des Gebildeten in die Prüfungen, die ihm den Eintritt in den Staatsdienst ermöglichen.

Rechten durch den Fisch- oder Glücks-*hsieh* (C) hindurchsehen. Durch eine Tür gelangt man auf eine gedeckte Brücke (D), die zu einem weiteren Pavillon führt. Dieser entwickelt sich dann zu einer Galerie, die aus zwei im Zickzack harmonisch nebeneinander verlaufenden Teilen besteht. Zwischen ihnen befindet sich eine Wand, die in kurzen Abständen von kleinen Öffnungen unterbrochen ist, so daß man immer wieder einen Blick auch auf den Weg werfen kann, den man *nicht* gewählt hat.

Diese doppelte Galerie führt an einem kleinen Studierpavillon vorbei, von dem der Blick über das Wasser geht (E), und dann zu einem offenen Platz vor einer großen zweigeschossigen Halle, dem *Lou* der tausend Blüten (F). Die Szene erweitert sich zur Terrasse und läßt nach dem, was vorausging, nun ein Gefühl der Gelöstheit und Weiträumigkeit, zugleich aber auch den Eindruck größerer Intimität aufkommen. Zwei alte Bäume stehen hier, ein vierhundertjähriger Gingko und eine hundertjährige Magnolie. Gemeinsam beschatten sie den ganzen Hof, der im Sommer vom Duft der Magnolienblüten erfüllt ist. Wenn man, unter diesen Bäumen stehend, der Halle den Rücken zukehrt, erblickt man jenseits eines kleinen, von einem steinernen Damm begleiteten Gewässers weitere Felsformationen (G), zwischen die im Frühjahr Töpfe mit Kamelienbäumen gesetzt werden, die fröhliche scharlach- und rosafarbene Tupfer zwischen den Steinen bilden. Jede weitere Aussicht ist versperrt durch eine weiße Mauer mit grauem Ziegeldach, die befriedend auf die Sinne wirkt, wie Nebel über einem See oder wie der blaßseidene Hintergrund eines Landschaftsbildes. Als nächstes passiert man eine zu beiden Seiten von niedrigen Mauern begleitete Galerie und gelangt durch eine Drachenmauer in den dritten Hauptteil des Gartens, in dem drei große Hallen, Teiche und eine Bühne von Norden nach Süden aufeinanderfolgen. Östlich davon, unmittelbar neben der draußen entlangführenden Straße, erheben sich bis in eine Höhe von drei Geschossen künstliche Felsen, aus denen Pavillons (H) unmittelbar herauszuwachsen scheinen. Die Bühne (I) liegt über einem Teich; zwischen ihren Säulen schießt Wasser aus einer fein gearbeiteten steinernen Fontäne in die

131

132

Höhe. Über dem Dachgesims aller Pavillons treiben die nach oben gerichteten Schwänze von Delphinen ihr Spiel. Die westliche Ummauerung dieses Bereichs windet sich, fällt ab, verläuft im Zickzack und in Staffeln, um schließlich in zwei furchterregenden Drachenköpfen zu enden, die einander zugewandt sind (J).

Der vierte Bereich hat heute, da er immer wieder zerstört wurde, viele freie Flächen. Für den Ausländer – selbst wenn ihm die Überfülltheit chinesischer Gärten zusagt – ist dies ein wohltuend »gelöster« Teil des Yu Yuan, weil er eher wieder an die ungezähmte, die »freie« Natur denken läßt. Hier rauschen die Kampferbäume, hier steht das Mammutwäldchen, dessen Wipfel vorhin schon einmal über der Gartenmauer sichtbar wurden, und hier schließlich treffen wir auf den Stolz des Gartens, den »Köstlich gestalteten Jadestein« (K) und den nahegelegenen Pavillon der Jadenen Anmut, von dem aus man den Stein betrachten kann. In diesem Teil des Gartens befinden sich darüber hinaus noch eine Pflanzenschule und – hinter einer Mauer – zwei elegante Hallen und ein Hof, die an Pan Ens alten Teich (L) grenzen, der heute außerhalb der Anlage liegt.

Der Nei Yuan liegt etwas weiter ab und vermittelt gegenüber allem Vorangegangenen ein ganz anderes Gefühl. Er ist der abgeschiedenste und raumdichteste Teil des Gartens; selbst die Dekoration wirkt gedrängt. Die kleinen umschlossenen Bereiche sind zum Teil dumpf und dunkel, so daß der Besucher gezwungen ist, den Blick gezielter auf Einzelheiten zu richten, aber in der Mitte befindet sich ein relativ großer Bereich, der nach all dieser Enge wieder aufatmen läßt. Hier erhebt sich eine Halle (M), die trotz ihrer Größe friedlich stimmt. Sie öffnet sich auf der einen Seite auf einen von zwei Oleandern beschatteten Teich, auf der anderen auf einen künstlichen Felsen, der von zwei fauchenden Steinlöwen gerahmt ist. Was dem Garten an Weite fehlt, das

131 Der Eingangsbereich des Nei Yuan, Shanghai. Dieser im Jahr 1709 erbaute kleine Garten zeichnet sich durch viele hohe Gebäude und kleine, enge und verwinkelte Räumlichkeiten aus. Wenn man sich an die Dimensionen gewöhnt hat, hat diese Komplexität durchaus ihren Reiz.

132 Ein Pavillon auf dem Hügel, gesehen von außerhalb des Yu Yuan, Shanghai. Innen führt ein Tunnel durch die Felsen unterhalb dieses Pavillons.

133 Ziegelsteinrelief im Nei Yuan, Shanghai. Das Relief ist in die Mauer eines der Innenhöfe eingelassen, der die Bezeichnung »Andere Welt« trägt. Es zeigt die Unsterblichen in einem Garten. Die handwerkliche Qualität dieses und anderer Ziegelreliefs im Yu Yuan und im Nei Yuan ist bemerkenswert.

macht er in der Höhe wett: Ein Pavillon sitzt auf dem künstlichen Felsen (N), und über einem Felsentunnel »schwebt« ein bootsförmiges Teehaus (O) wie Noahs Arche, nachdem die Flut wieder gefallen war. Dieser Teil des Gartens ist höchst geheimnisvoll. Selbst die inhaltsreichen Backsteinreliefs, derentwegen der Nei Yuan so berühmt ist (P), sind in den winzigen Höfen oft regelrecht versteckt.

T'ung Chun spricht in den dreißiger Jahren unseres Jahrhunderts von Räumen, die »dicht, aber nicht überfüllt« sind, in denen man »Leere in der Substanz, Substanz in der Leere« entdecken kann und in denen, allgemein gesprochen, »das Kleine zum Großen, das Niedrige zum Hohen hinführt«.[4] Solche Wirkungen sind es, die dem Entwerfer des Nei Yuan vorschwebten, und sie zählen in der Tat zu den eindrucksvollsten dramatischen Techniken, die in den chinesischen Gärten eingesetzt wurden. Wie die stampfenden Rhythmen einer Musik können sie das Tempo der Entdeckungen und anregenden Eindrücke steigern – aber zugleich ist dieses Instrument auch noch auf unzähligen anderen Ebenen wirksam, wenn die Wirkung auch in manchen Fällen nur im Unterbewußten wahrgenommen wird.

Zumal die Gegensatzpaare – die weiße Wand und das dunkle Dach, der offene Teich und der Felsentunnel – sind ein treffender Ausdruck der Dualität von *yin* und *yang*, jenen vielzitierten negativen und positiven Grundsätzen, die zumindest seit dem 4. vorchristlichen Jahrhundert das Weltbild der Chinesen so nachhaltig geprägt haben. Der Abendländer denkt sich *yin* und *yang* vielleicht am besten als die beiden entgegengesetzten Enden eines Pendelausschlags – denn *yin* bereitet immer den Weg für *yang*, und *yang* bereitet den Weg für *yin* in ewiger Oszillation zwischen den beiden Polen. So bewegt sich der *Yin*-Mond schon im Zenit auf die *Yang*-Sonne zu, die Nacht auf den Tag, der Winter auf den Sommer, die Kälte auf die Hitze, das Weiche auf das Harte, das Dunkle auf das Licht. Die möglichen Paare sind nicht nur ohne Zahl und Ende, sondern auch in unendlich möglicher Variation der sich überschneidenden Intensität und Dauer begriffen. In einem Garten konnte man den ganzen Tag sitzen und über diese metaphysischen Abläufe nachsinnen: die langsamen und die raschen, die eindeutig erkennbaren und die kaum spürbaren, die bewußt vom Entwerfer erdachten und die aufs schönste und vielleicht zufällig sichtbaren – die alle miteinander die fundamentalen Gesetze des Universums manifest und sinnlich faßbar machen.

Mauern, Durchlässe und Fenster

Nirgendwo wird das Prinzip der Gegensatzpaare deutlicher als im Verhältnis der weißen Mauer zu ihrem unmittelbaren Umfeld, seien es nun Ziegel oder Durchlässe, Felsen oder Pflanzen. Nach Fels und Wasser spielt die Mauer die wichtigste Rolle im Garten, denn sie ist nicht nur das gängigste Mittel, um einzelne Bereiche voneinander zu trennen; als Hintergrund für die vibrierenden Schatten und Silhouetten der Bambus- oder Pflaumenbäume strömt sie auch ein Gefühl der Ruhe und Harmonie aus. Wo so viele gebrochene Formen das Auge überraschen und um die Aufmerksamkeit wetteifern, wirkt dieses Moment der Stabilität, dieses beständige und verbindende Thema, das sich durch den ganzen Garten zieht, befriedend auf den Betrachter. Sirén spricht von der weißen Mauer als von einem »monumentalen Element«, das Eingang in die bunte Fülle der im übrigen pittoresken Versatzstücke gefunden hat, und macht zugleich darauf aufmerksam, daß diesem Element auch eine eindeutig defensive und heroische Qualität anhaftet. *Ch'eng*, die Mauer, bezeichnete mit der Zeit auch die »Stadt«, und die Große Mauer wird häufig als *das* Symbol Chinas betrachtet.

Nach dem *Yuan Yeh* wurden weiße Mauern im wesentlichen aus »zwischen Brettern gestampfter Erde« errichtet und anschließend verputzt. »Ganz besondere Liebhaber, die ihr eine glänzende Oberfläche zu geben wünschten, benutzten zu diesem Zweck weißes Wachs, das sie in die Mauer einrieben oder einklopften.« Das Aussehen einer solchen Wand veränderte sich im Laufe eines Tages von Grund auf. Im Morgennebel kann sie ganz und gar verschwinden, und übrig bleibt dann nur die über der Tiefe schwebende dunkle Ziegeldeckung. Da die Mauern im Idealfall den Konturen des Terrains folgen, können diese Ziegel tatsächlich den Eindruck eines »fliegenden Drachens« erwecken, der sich mit den regelmäßigen Wellenbewegungen einer Wasser-

134 In Wellen verlaufende Mauer vor der gerade abschließenden Grenzmauer des Yu Yuan, Shanghai. Die innere Mauer umschließt den riesigen künstlichen Berg in diesem Garten und endet in einem furchteinflößenden Drachenkopf. Zwischen den beiden Mauern verläuft in Bodenhöhe – rund 3,50 m tiefer – ein schmaler Fußweg.

schlange auf geheimnisvolle Weise durch die Luft windet. In anderem Licht können die gleichen Mauern so solide wie Felsen wirken, und häufig nehmen sie sich in der Tat wie eine ferne Hügelkette aus, die sich hinter den im Vordergrund angeordneten Steinen und Büschen des Gartens erhebt. Mit der weiterwandernden Sonne werden unterschiedliche Muster auf die Mauer geworfen, die wiederum einen anderen Eindruck von ihrer Solidität und Stärke vermitteln. Bei Sonnenuntergang kann die Stimmung sich mit jener Melancholie anreichern, die charakteristisch ist für den eher zeichenhaften und unausgesprochenen Stil der Landschaftsgestaltung. Und in der Tat lautet die gängigste Interpretation dieser Mauern, sie seien für den Garten das, was die nicht bemalten Teilflächen der Seide für das Landschaftsbild sind – sie liefern nicht nur den Hintergrund, sondern lassen auch den Gedanken der Unendlichkeit anklingen. Die Mauer, die den Raum umschließt und teilt, dient also zugleich dazu, ihn symbolisch über alle Grenzen hinaus auszudehnen.

Eine glänzende Mauer konnte unter bestimmten Umständen fast zum Spiegel werden. Zu anderen Zeiten wieder wünschte der Gärtner sich eine stumpfe Mauer, eine unüberwindliche Grenze, die hinter Bäumen und Felsen kaum sichtbar sein sollte. Dann strich er sie in einem sanften, verwischten Grau, das sich mit dem Grau der Steine verband. Eine in eine solche Mauer eingeschnittene runde Öffnung hat in Mondnächten eine spektakuläre Wirkung: Die Mauer verschwindet im Schatten, und die Kreisform wird schräg auf den Boden davor geworfen – wie der Mond selbst.

Gestrichene und polierte Mauern waren nicht das einzige Mittel, um den Raum aufzuteilen. Li Li-weng, der exzentrische Autor des 17. Jahrhunderts, entdeckte die besondere Faszination, die von den häufig mit Kletterrosen verzierten Mauern aus Bruchstein oder aus »geflochtenem Bambus oder Zweigen des Jujube-Strauches« ausging. Der *Yuan Yeh* befand, daß »solche aus Flechtwerk bestehenden Mauern besser sind als Gitter; sie sind schlichter in ihrem Äußeren, und sie duften nach Wald und Berg.« Auch den Wänden der Gartengebäude konnte selbstverständlich eine ausgesprochen dekorative Funktion zukommen. *T'ing*-Pavillons waren zwar auf allen Seiten offen, aber bei anderen Gebäuden befanden sich zwischen den Säulen schwenkbare Fenster aus hölzernem Gitterwerk, hinter das undurchsichtiges weißes Papier geklebt war. Von drinnen erschienen im Tageslicht die Konturen des Gitters als Silhouette, und draußen gingen die feinen geometrischen Muster die schönste Verbindung mit den Formen der Stöcke und Zweige ein. Nachts war die Wirkung umgekehrt. Außen erschienen die Silhouetten erleuchteter Fenster als dekorative Muster in der Dunkelheit, während

135 Eine graue Mauer im Wang Shih Yuan, Suchow. Im dunstigen Morgen- oder Abendlicht verschwindet diese Mauer fast vollständig; in der Mittagssonne erscheint sie solide wie ein Felsen.

136 Ein »Fensterbild« im *P'i-p'a-t'ing* des Chuo Cheng Yuan, Suchow. Die schlichte Rückwand dieses luftigen *t'ing* verschafft dem, der sich darin niederläßt, genau das richtige Gefühl des »Für-sich-Seins«, während die darin eingeschnittene Öffnung den Rahmen für das »Bild« der sonnenbeschienenen Blätter und Felsen abgibt.

137 Mondtor im Garten Tsang Lang T'ing, Suchow. Ein schlichter Kreis als Rahmen des dahinter erscheinenden komplizierten Arrangements, zu dem auch ein Fenster in »Bananenform« gehört.

innen die Oberfläche des Gitterwerks selbst beleuchtet war, im Gegensatz zu den dunklen Flächen dazwischen.

Mauern spielten in China eine so überragende Rolle, daß man fast versucht ist, von einer Art Manie zu sprechen. Mauern von zehn bis zwanzig Fuß (rund 3 bis 6 Meter) Höhe umgaben die Wohnbezirke; Mauern von sieben bis acht Fuß (rund 2 bis 2,5 Meter) Höhe umschlossen private Höfe und Gartenbereiche; Mauern stützten Pflanzen, sie dienten dazu, Wasser in seinem eiligen Fluß aufzuhalten oder das Gewicht einer Erdmasse aufzufangen. Sie wurden durchlöchert, um »wasserdurchlässige Fenster« zu schaffen; sie folgten schlangengleich den auf und ab verlaufenden Konturen eines Hügels; sie akzentuierten jede Änderung der Richtung oder der Höhe. Liebende sprachen von Mauern und lauschten dem Gespräch über Mauern, und selbstverständlich kletterten sie auch – zumindest in Theaterstücken und Romanen – über Mauern. Mauern trugen auf ihrem Rücken ein winziges verpechtes Dach aus dunklen oder farbigen Ziegeln. Rötliche oder grünlich-braune Mauern konnten die Farben von Pflanzen, Moos und Erde annehmen oder auch die Patina von Bronze. Tatsächlich gibt es so gut wie nichts, was die Chinesen mit diesem im Grunde prosaischen Element nicht taten. Und im ganzen Garten gab es nichts, was sich in seiner phantasievollen Gestaltung mit den Türen und Fenstern hätte messen können, mit denen man die Mauern aufbrach.

Solche Maueröffnungen waren nur selten rechteckig. Der Hauptzugang in den Garten führte häufig durch eine runde Öffnung, die im Volksmund als »Mondtor« bezeichnet wurde und oft überhaupt keine Tür aufwies. Das heißt, der Eingang in den Garten stand in einem Gegensatz zu der Tür, die in die Wohnstätte führte – die runde oder unregelmäßige Form stand im Gegensatz zur rechteckigen, die offene im Gegensatz zur geschlossenen. In China ist der Kreis ein Symbol des Himmels (so wie das Quadrat die Erde symbolisiert), und er ist auch ein Sinnbild der Vollkommenheit.

Einer alten Überzeugung zufolge bot das Mondtor – wie die runde Einfassung antiker Bronzespiegel – den denkbar besten Rahmen für die Betrachtung, und es ist richtig, daß solche Tore dem Blick eine Richtung geben und, vergleichbar mit der Blende an der Kamera, alles intensivieren und konzentrieren, was sich jenseits davon darbietet. Diese Wirkung wird nicht allein durch die Rundung, sondern zum Teil auch durch die dunkle Umrandung, von der sie häufig begleitet ist, oder durch die Stärke der Mauer selbst hervorgerufen, wenn der Blick schräg darauf trifft. In jedem Fall ist die dramatische Intensität dieses Eindrucks unleugbar, denn die vollendete Form des Kreises steht in scharfem Kontrast zur Unregelmäßigkeit des ihn umgebenden Gartens. Das Mondtor gebietet es auch, daß der Besucher über den gebogenen unteren Teil der Kreisöffnung in den Garten eintritt. Er muß also genau in der Mitte hindurchgehen (es sei denn, er bückt sich), und aus dem gleichen Grund müssen die Besucher auch jeweils

138 Ovales Fenster als Rahmen für einen Bambushain in einem modernen Park in Kanton. Die meisten neuerbauten Parks sollen zwar eher der Erholung und dem Sport als der Betrachtung dienen, doch machen die vereinzelt noch anzutreffenden Sommerhäuser weiterhin Gebrauch von den überkommenen Mitteln der Hervorhebung eines bestimmten Szenariums. Die Parkführer weisen darauf hin, daß dies im Einklang mit der Empfehlung des Vorsitzenden Mao stehe: »Nimm von der Vergangenheit, was gut an ihr war, und wende es in der Gegenwart an.«

139 *Ch'in-spielender Gelehrter in seinem Päoniengarten*, Holzschnitt aus Lin Chings *Hung Hsueh Yin Yuan T'uChi*. Das einfache, von Glyzinien überwachsene Spalier bringt einen »Hauch von Wald und Bergen« in dieses im übrigen nüchterne Arrangement aus Felsbrocken und Päonien auf den erhöht angelegten und steingefaßten Beeten.

einzeln eintreten, so daß schon auf dem Akt des Eintretens ein besonderer Akzent liegt. Von den Mondtoren abgesehen, finden sich Öffnungen in Gartenmauern in einer großen Vielfalt der Formen und Metaphern. Am häufigsten waren Blüten- und Blattformen, Fächer und Vasen. Der Exzentriker Li Li-weng ließ fächerförmige Öffnungen in die Wände seines auf dem Westsee bei Hangchow liegenden Bootes schneiden: So erschien ihm, wenn er sich gemächlich über das Wasser rudern ließ, die draußen vorbeigleitende Szenerie immer in einem Rahmen.

140 Adlerfelsen mit seinem »Spiegelbild« im Liu Yuan, Suchow. Zwei in verschiedenen Höfen aufgestellte Monolithen lassen das zwischen ihnen angeordnete Fenster als Spiegel erscheinen. Dieser Garten ist reich an visuellen Späßen dieser Art – originellen und amüsanten Spielereien mit dem, was »wirklich« oder »falsch« ist.

141 *T'ing* mit wirklichem Spiegel im I Yuan, Suchow. Die »Öffnung« in der Rückwand dieses Pavillons ist tatsächlich ein Spiegel.

Die Fenster in den Gärten waren in Form und Thema mitunter noch phantasiereicher als die Durchgänge, zumal in den späten, oft protzigen Gärten der letzten Dynastie. Das war möglich, weil ihre Funktion eine ausschließlich dekorative war. Das Fenster, dem der eigentliche Zweck eines Durchgangs ja abging, konnte bis ins kleinste gestaltet und mit allen möglichen Details kunstvoll ausgefüllt werden. Die Verzierungen entstanden oft aus Dachziegeln, die man zu geometrischen Mustern zusammenfügte, oder aus Ton und Draht, die zu Vogel- und Blumenszenen verarbeitet und anschließend gebrannt und gekalkt wurden.[5]

Mit wohl keinem anderen Element des Gartens waren naturalistische Spielereien dieses Ausmaßes möglich. Der *Yuan Yeh* hat auch zu diesem Thema eine Warnung an die Adresse des kultivierten Gartenbesitzers parat: Er solle ein wachsames Auge auf den Gartenbildhauer haben, der sein friedliches Refugium sonst in eine Menagerie phantastischer Tiere verwandeln werde. »In den alten Zeiten war es üblich, die Wände von Handwerkern mit skulptierten und ausgeschnittenen Darstellungen von Vögeln, Blumen, Tieren und Fabelwesen ausschmücken zu lassen, die von großer Kunstfertigkeit zeugen, aber im Garten sehen diese Dinge vulgär aus, und vor der Halle schicken sie sich nicht.«[6] Hier haben sich die Dekorationen also aus ihren Fensterrahmen davon- und allmählich auf der blanken weißen Fläche der Mauer selbst breitgemacht. Für den Fall, daß der vornehme Herr von dieser Warnung noch nicht beeindruckt war, wurden ihm

142 Kraniche im hölzernen Lattenwerk eines Fensters, Yu Yuan, Shanghai

143 Glyzinienmuster aus Ton auf Draht. Eines von vier gleichen Fenstern im Shih Tzu Lin, Suchow.

144 Rundfenster, Suchow

145 Rechteckiges Fenster mit Gitterwerk aus Ton: Blatt, Blüte und Teetasse, umgeben von Hakenkreuzen.

146, 147 Fenster, die auf den K'un-ming-See im I Ho Yuan (Sommerpalast) in Peking blicken. Diese kleinen Fenster bestehen aus jeweils zwei mit kleinen Gemälden versehenen Scheiben. In festlichen Nächten erleuchtet ihr Spiegelbild die Oberfläche des darunterliegenden Sees.

142

143

144

145

146

147

auch noch die weiteren Gefahren einer übertriebenen Ausschmückung vor Augen geführt: »Die Spatzen bauen ihre Nester in (diesen Verzierungen), und Gras so dick und dicht wie Kriechbepflanzung wächst darüber.«

Die offenen Galerien und das Lattenwerk

In Anlehnung an den Verlauf der Mauern – und manchmal auch ungehindert ein dazwischenliegendes Terrain durchmessend – gibt sich jener charakteristische Hundertfüßler des chinesischen Gartens, die gedeckte und an den Seiten offene Galerie, dem Blick des Besuchers zu erkennen. Solche Galerien, die *lang-tzu* oder *lang-fang*, winden sich hügelauf und hügelab, sie verbinden Pavillons und Durchgänge miteinander und wirken im gleichen Augenblick auch wieder wie den Raum teilende Wände. T'ung Chun sagt von den Galerien, daß sie den Garten »in einem Atemzug zusammenbinden«[7], und der *Yuan Yeh* beharrt darauf, daß sie »in keinem Garten jemals fehlen dürfen«. Sie dienten als dekorative Rahmung für Ausblicke und als geschützter Verbindungsweg zwischen Teehäusern, Hallen, *t'ing* und *chai*. Yuan Mei, ein Schriftsteller des

148 Der Sui Yuan, Nanking, im 19. Jahrhundert. Dieser Garten, einst im Besitz des Stückeschreibers Yuan Mei, war berühmt wegen seiner gedeckten Galerien, die es erlaubten, bei jedem Wetter darin spazierenzugehen. Nach diesem Holzschnitt scheinen sie nur Teile des Gartens am Nordufer des Sees miteinander verbunden zu haben, doch gab es Brücken und Dämme, die es den Besuchern gestatteten, den See auf gewundenen Wegen, dafür aber angenehm »nahe am Wasser« zu überqueren. Nach Yuan Meis Tod ließen die Söhne den Garten aus Pietät gegenüber dem Vater dreißig Jahre lang unangetastet. Im Pazifischen Krieg wurde er schließlich zerstört (aus Lin Ch'ings *Hung Hsueh Yin Yuan T'uChi*).

149 Gedeckte Galerie (*lang*) im früheren Garten des Mandschu-Prinzen Ho Hai in Peking. Gerade Linien umgeben in diesem gesetzten nordchinesischen Garten einen unregelmäßig geformten See.

18. Jahrhunderts, schrieb, er könne sich selbst im Winter an seinem Garten (dem Sui Yuan in Nanking) erfreuen, und dies dank der langen Korridore, die »untereinander verbunden sind, so daß man den Spaziergang auch bei Donner, Blitz und Wind nicht abbrechen muß«.[8]

Der Pater Attiret, der China im gleichen Jahrhundert besuchte, zeigte sich überrascht von den gewundenen, offenen Korridoren des Yuan Ming Yuan: »Seltsam ist, daß sie niemals in gerader Linie verlaufen. Sie vollführen hundert Schlenker, manchmal um eine Anzahl von Büschen, manchmal um einen Felsen oder auch rund um einen See; man kann sich nichts Anmutigeres vorstellen. Bei alledem gewinnt man einen bezaubernden und erhebenden Eindruck von der Szenerie.«[9] Zum Teil rührt diese Bezauberung aus der ungewöhnlichen Erfahrung, sich im gleichen Augenblick sowohl drinnen wie auch draußen zu befinden, zum Teil aus dem Anblick des dekorativen Lattenwerks, das sich – etwas über Kopfhöhe oder in Kniehöhe des Betrachters – an beiden Seiten der Galerie hinzieht. Es wird unterteilt durch die dünnen Säulen, die das Dach tragen – eine Punktierung, die jedem Gang durch die Galerie seinen eigenen stetigen Rhythmus verleiht. Hier und da finden sich auch Ruheplätze am Weg, wo der *lang* sich um einen halben Meter verbreitert oder die Richtung ändert.

150 Detail einer Balustrade im Eingangshof des Shih Tzu Lin, Suchow.

Die Muster, die sich zu den Balustraden dieser *lang* zusammenfinden, können die Sinne des Betrachters durch ihre Komplexität in ähnlicher Weise verwirren wie das ganze Labyrinth des Gartens selbst. Sie entziehen sich einer raschen Deutung oder, besser, bringen eine unendliche Zahl geometrischer Arrangements in Vorschlag, je nachdem, welche Elemente als Figur und welche als Hintergrund angesehen werden. Der *Yuan Yeh* klassifiziert rund 60 verschiedene Muster, wobei er (wie kaum anders zu erwarten) den einfachen und schlüssigen den Vorzug vor den komplizierten gibt. Die Formen, die offensichtlich das besondere Wohlwollen des Autors besitzen, bestehen aus kontinuierlichen geometrischen Mustern, die sich endlos wiederholen, so daß sie vor dem Blick vibrieren. Solche Gestaltungen sind zugleich schlicht und faszinierend, aber sie verlangen nicht so gebieterisch nach Aufmerksamkeit, daß der Blick von den lebendigen Formen der dahinter auftauchenden Sträucher und Bäume abgelenkt würde.[10]

Außer zur Verzierung der *lang* fand das Lattenwerk auch an den Türen und Fenstern der Hallen und Pavillons Verwendung. Es besteht meist aus rechteckigen Elementen aus dem einleuchtenden Grund, daß diese Form sich am besten in einen architektonischen Rahmen einfügt. Doch wurden diese einfachen Elemente manchmal in der Weise verändert, daß man das Rechteck spaltete, um einen Stern, ein Mittelkreuz, ein Hakenkreuz oder eine S- oder U-förmige Wolkenspirale zu gewinnen. Das Hakenkreuz erfreute sich in den letzten dreihundert Jahren besonderer Beliebtheit. Im größeren Rahmen eines bestimmten Musters symbolisiert es Wohlergehen und langes Leben, denn es hat mit dem chinesischen Wort *wan* zu tun, das soviel bedeutet wie »zehntausend« – ein Synonym für »immerwährend« oder »unzählig«. Da seine Einzelteile »L«s und »Bürstenstil«-Muster ergaben, war es eine wunderbar uneindeutige und dabei einigermaßen leicht zu bauende Form.

Die große Bedeutung, die den Fenstern zukam – auch denen, die sehr reich verziert waren –, kommt in einer Metapher zum Ausdruck, die manchmal zu ihrer Beschreibung herangezogen wird: Sie sind die »Augen« des Hauses oder des Pavillons. Ohne sie ist der Ort blind oder – schlimmer noch – tot; erst mit ihnen gewinnt er Leben.

Brücken und Wege

In Funktion und Dekoration den offenen Galerien oder *lang* eng verwandt waren die Wege und Brücken, über die der Gartenbesucher seine Wanderung fortsetzte, die ihn

151 Zickzack-Brücke zum *T'ing im Herzen des Sees* im Garten eines Gästehauses für Ausländer in der Provinz Khangtung. Da böse Geister sich nur auf geraden Wegen vorwärtsbewegen können, ist dieser Pavillon auf dem Wasser gegen unliebsame Einflüsse aufs beste geschützt. Der Teich ist in diesem ausgesprochen tropischen Klima ganz zugewachsen mit üppigen grünen Wasserpflanzen und beherbergt eine lärmende Population von Fröschen.

152 Steinbrücke in Suchow.

153 Marmorbrücke, I Ho Yuan (Sommerpalast), Peking.

154 Glyzinienbrücke, Liu Yuan, Suchow.

155 Brücke mit *t'ing*, I Ho Yuan (Sommerpalast), Peking.

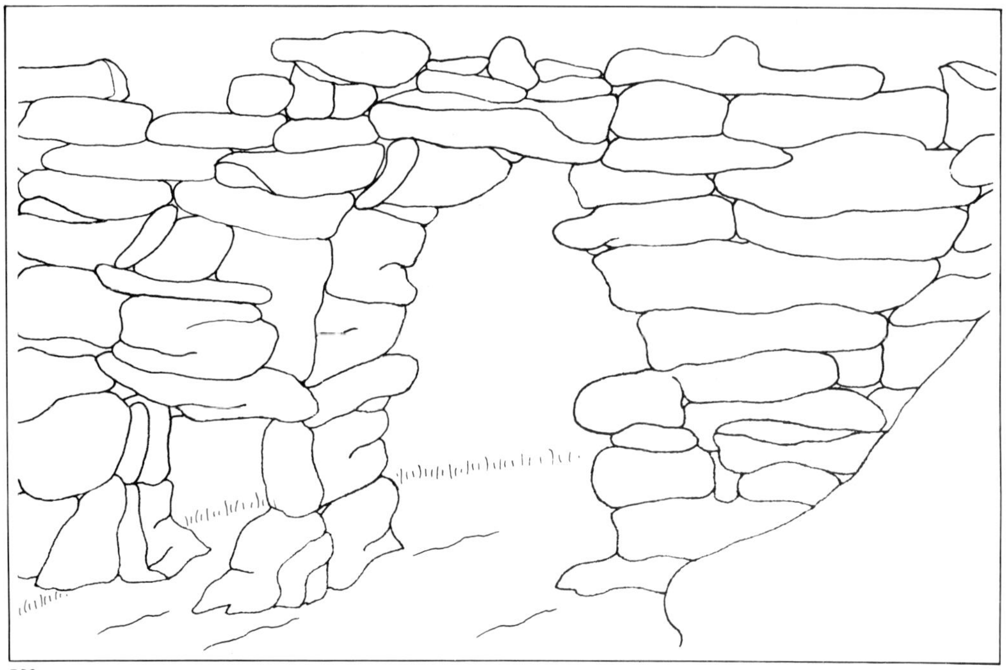

152

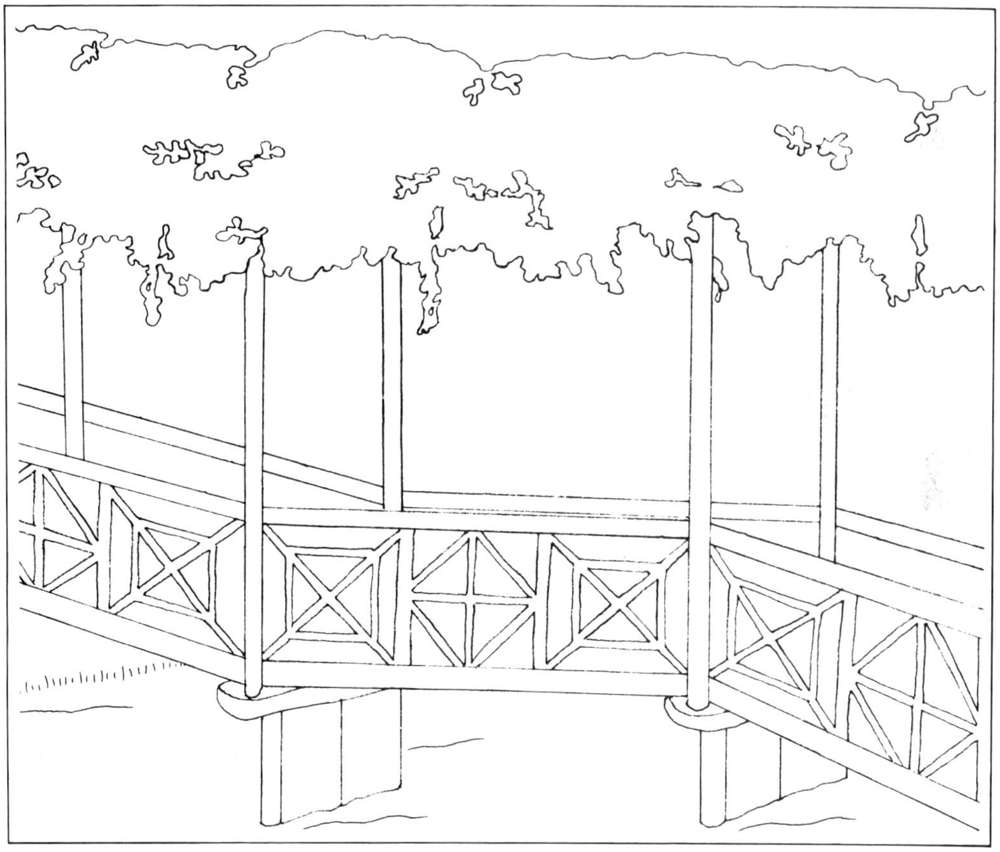

154

153

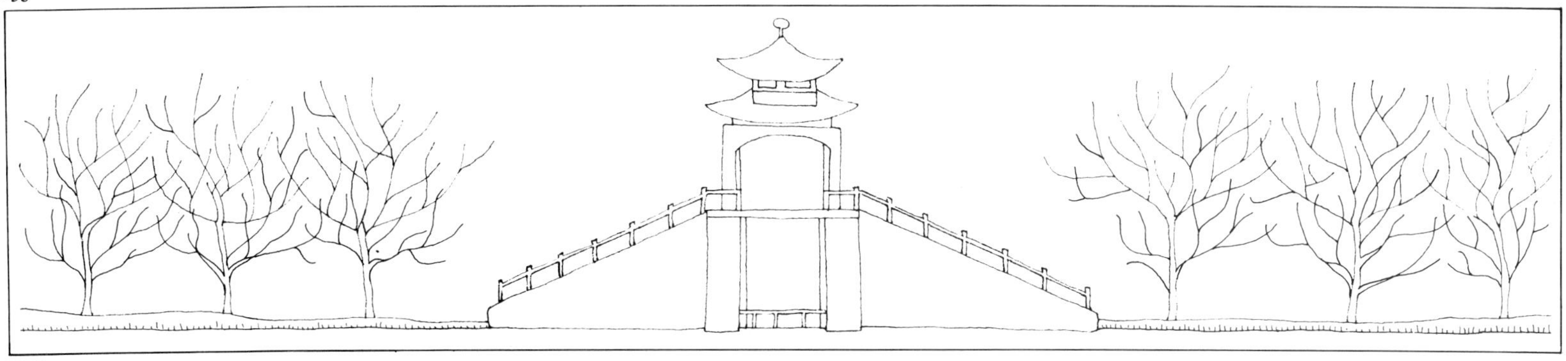

155

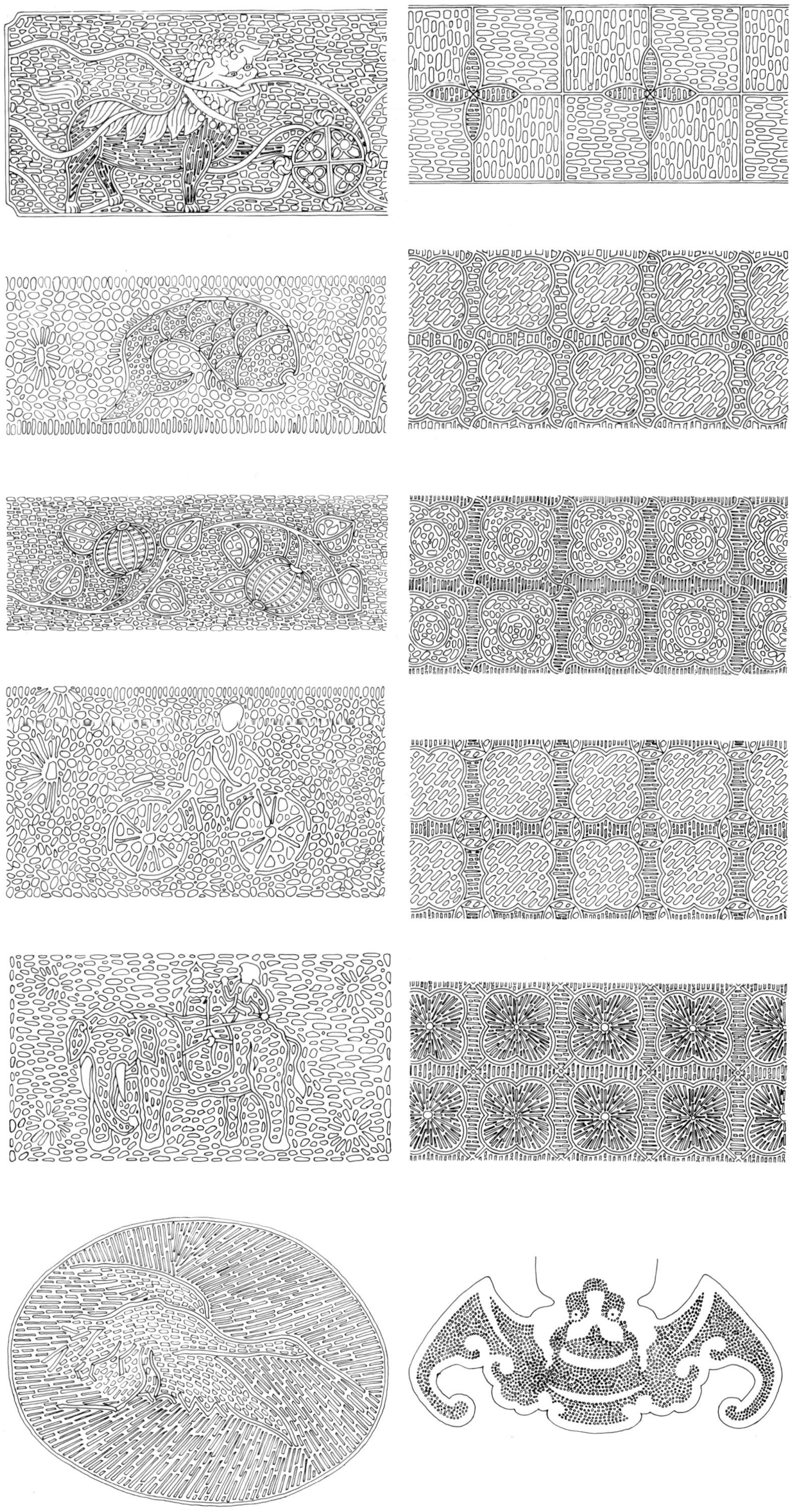

156 Mosaikmuster von Wegen und Höfen in Peking und Suchow. Solche Muster, manchmal schematisch und geometrisch, manchmal frei sich entwickelnd und gegenständlich, definieren die einzelnen Raumeinheiten des Gartens. Die Fledermaus, das Symbol für Glück und Gelingen, vereinigt drei konvergierende Wege im Yu Hua Yuan in Peking. Der Kranich, das Symbol der Langlebigkeit, ist eines der vielen Tiermotive, die im Mosaik der Fußwege des Liu Yuan in Suchow auftauchen. Die Kiesbilder des I Ho Yuan und des Yu Hua Yuan in Peking zeigen unter anderem Fahrräder und Autos, aber auch traditionellere Themen wie etwa Blumenvasen, *t'ings* und die Unsterblichen. Die geometrischen Muster in Suchow sind zum Teil aus verschiedenfarbigen Steinen, zum Teil aus Dachziegeln und Backsteinen zusammengesetzt.

157 (oben) Offener Durchgang im Chuo Cheng Yuan, Suchow (s. Plan S. 169). Weiße Mauern winden sich durch diesen südlichen Garten und teilen ihn in eine Vielzahl von Kompartimenten ein, die an die »Raumtaschen« der Landschaftsmalerei erinnern.

158 (unten) Alter Garten, heute Teil eines Hotels, in Suchow. Auch das Wasser ist in den Gärten – durch Dämme – unterteilt, so daß die doppelte Zahl von Spiegelbildern entsteht und auch ein kleines Gewässer viele verschiedene Wirkungen auf den Plan ruft.

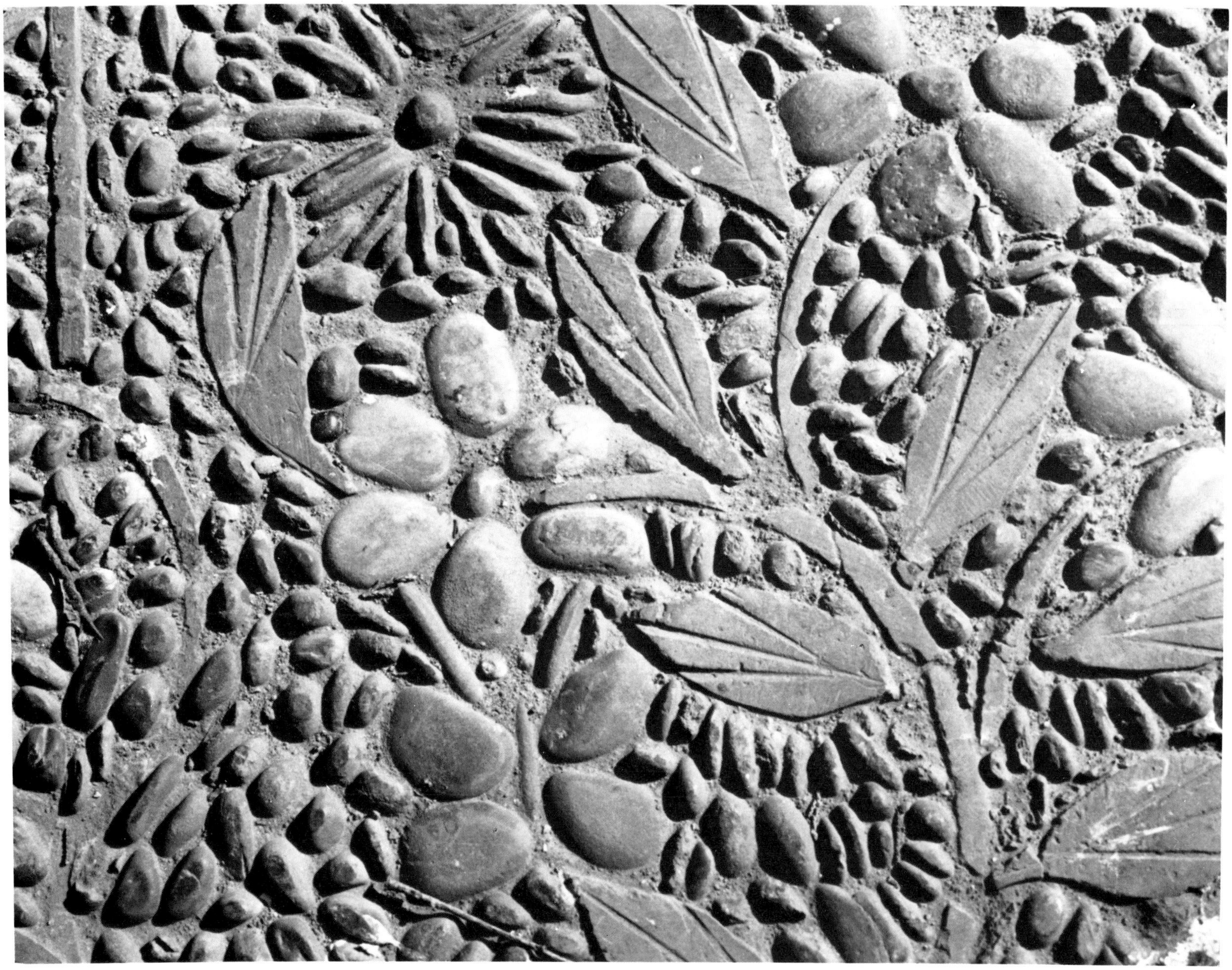

161 Kieselsteinbild aus dem I Ho Yuan (Sommerpalast) in Peking.

159 (oben) Die innere Gartenmauer im Chuo Cheng Yuan, Suchow. Sie wird von einer offenen Galerie begleitet, die hier ein wenig zurückweicht, um den Rahmen für eine schlichte Gruppe von Bambusstengeln und deren Schattenbild auf der weißen Oberfläche abzugeben.

160 (unten) Die gelbe Außenwand eines Tempels in Nanking läßt diese Bambusstengel besonders deutlich hervortreten.

nun ins Freie führte. Jetzt nahmen elegante Brücken die Muster der Balustraden auf und wiederholten sie manchmal in Marmor, während man bei den in Stein, Ziegeln oder Kieseln mosaizierten Wegen auf Muster wie zum Beispiel das des »zersprungenen Eises« zurückgriff. Diese Wiederaufnahme und Transformation bereits bekannter Themen trug mit Sicherheit zur Vereinheitlichung der so vielfältig variierten Räume und zum Gleichklang der zahllosen Beobachtungen aller Art bei, die der Betrachter auf seinem Weg durch den Garten machte. Dazu mochte eine schöne Brücke zählen, deren Möglichkeiten sich in weißem Marmor selbst zelebrierten, deren halbmondförmiger Bogen durch sein unten im Wasser sichtbares Spiegelbild vervollständigt wurde und deren Geländer aus geschnitzten Lotosblüten oder Löwen bestand. In bescheideneren Gärten konnten aber auch einfache Steinplatten den Besucher über einen Wasserlauf tragen oder im Zickzack zu einem in der Mitte eines Sees befindlichen Pavillon führen.

Der Mosaikboden der Fußwege setzte weitere Akzente auf dem Gang durch den Garten. Manche Muster waren einfach und kunstlos, wie das Fischgrätenmuster aus übereck angeordneten Ziegelsteinen. Andere, die aus verschiedenfarbigen Kieseln, Steinsplittern und hochkant gestellten Dachziegeln zusammengesetzt wurden, gestatteten es dem Entwerfer, feinste geometrische Formen und selbst Vogel- und Blumendarstellungen zu erschaffen. Der Sommerpalast, der Chung-shan-Park und der hintere Garten der Kaiserstadt in Peking bergen reizvolle Kieselbilder: Goldfische, historische Szenen – ja selbst ein Automobil und ein Mann auf einem Fahrrad fehlen nicht. Und der

Liu Yuan in Suchow, jener Mittelpunkt der Gelehrsamkeit und Eleganz, ist berühmt wegen seiner frei gestalteten fliegenden Kraniche und buddhistischen Symbole.

Was diese Wege über die genannten Merkmale hinaus von den westlichen Gartenwegen unterscheidet, ist der ständige Wechsel von einem Muster zum anderen, wobei eine Veränderung im Rhythmus eine Veränderung der Funktion ankündigt. Selbst ein Besucher, der bei seinem Spaziergang durch einen chinesischen Garten nur auf seine Füße schaute, würde einen Wandel der Szene unschwer bemerken: Die Kieselmosaiken bezeichnen unterschiedliche Gartenräume und weisen auf den Wechsel der Stimmung hin. Das eine ist vielleicht formal und geometrisch, das nächste zeigt ein anmutiges und feminines Muster und erinnert in seiner Intimität an einen gestickten Teppich.

Löwen und Inschriften

Der Besucher, der durch einen chinesischen Garten wandert, entdeckt hier immer wieder Einzelheiten, die seine Aufmerksamkeit auf die unmittelbare Umgebung lenken. Dabei kann es sich um eine Schale mit Zwergbäumen handeln, die auf einem Tisch steht, um einen Porzellanschemel oder aber – und das ist das häufigste – um eine Inschrift über einem Durchgang oder zu Seiten eines Eingangs. Diese Wegmarken unterscheiden sich in Funktion und Form deutlich voneinander, aber alle dienen sie dazu, einen Ort zu bestimmen und sogar seine Atmosphäre und seinen Zweck auszudrücken. Schwarze Täfelchen über einer Tür sollten einen moralischen Grundsatz verkünden oder eine poetische Beschreibung der nächsten Raumtasche geben; während hoch aufgereckte Löwen zu beiden Seiten eines Eingangs die Aufgabe hatten, den Besucher willkommen zu heißen und zu beeindrucken.

Vor dem Haupttor des Yu Yuan sind zwei steinerne Löwen in der traditionellen Weise – aufgerichtet und die Zähne fletschend – postiert, während die Bronzelöwen im Innern die Köpfe wenden, zu Boden schauen, eine Tatze heben oder fast hörbar fauchen. Sie sind schrecklich wild und zugleich sehr schön und zahm, mit wehendem Haarkleid und hundeähnlichen Zügen. In den kaiserlichen Gärten findet man vor den Hallen (neben großen Rauchgefäßen) häufig Statuen auch anderer symbolträchtiger

164 Aufrecht stehende Steintafel, Tsang Lang T'ing, Suchow. Dieser mit Schriftzeichen bedeckte Stein erinnert an den Besuch des Kaisers Ch'ien-lung, der sich seiner Meisterschaft in der Kalligraphie rühmte. Im Pei-Hei-Park in Peking sind viele Namen von Pavillons von diesem Kaiser geschrieben.

165 Der Name eines Pavillons über dem Eingang. Die kraftvollen kalligraphischen Zeichen heben sich wirkungsvoll von der in leuchtenden Farben gehaltenen Bemalung des überstehenden Giebels ab.

162 Bronzeochse in unmittelbarer Nähe der Siebzehn-Bogen-Brücke im I Ho Yuan (Sommerpalast) in Peking. Vom Kaiser Ch'ien-lung mit kalligraphischen Zeichen bedeckt, sollte diese schöne Tierskulptur einen bösen Drachenkönig zu besänftigen suchen, der andernfalls eine Überflutung des Terrains verursachen würde.

163 Bronzelöwe, angeblich aus der Zeit der Yuan-Dynastie, vom Innentor des Yu Yuan in Shanghai.

162

163

164

165

Tiere, insbesondere von Wild und eindrucksvollen Reptilien wie Drachen und Schildkröten, die dem Empfangsbereich eine gewisse formale Symmetrie verleihen. Statuen haben allerdings für den chinesischen Garten keineswegs die große Bedeutung, wie sie ihnen in den berühmten Gärten des Okzidents beigemessen wurde. Vielmehr wird die Rolle, die in den englischen Parks des 18. Jahrhunderts den klassischen Gottheiten und den griechischen Tempeln zukam, in China vielfach vom geschriebenen Wort übernommen. Die Chinesen erweckten den Glanz der Vergangenheit absichtlich nicht in der Weise zum Leben, daß sie in überkommenen Stilarten bauten oder antike Statuen nachbildeten, sondern indem sie einen mit Bedacht gewählten Namen in schöner Kalligraphie über den Eingang eines Pavillons setzten. Eine solche Inschrift verwies auf sehr viel mehr als nur auf den Zweck des Bauwerks. Sie versetzte die Erfahrung des Eintretens in den Pavillon in einen historischen und poetischen Kontext, der den Geist des gebildeten Besuchers in seinen Bann schlug, so wie die Formen, die ihn von allen Seiten umgaben, seine Sinne beschäftigten.

Ein chinesischer Garten ist mit derartigen schriftlichen »Wegweisern« so großzügig versehen wie ein chinesisches Gemälde mit Kolophonen. Beim Gemälde wird durch kalligraphische Hinzufügungen (Kommentare verschiedener Art, kurze Gedichte) und Sammlerstempel das Thema ausgesponnen und weiterentwickelt, und – was ebenso wichtig ist – solche Hinzufügungen stellen so etwas wie ein Echtheitszeugnis, eine Bestätigung der Ehrwürdigkeit des Bildes dar und verleihen ihm damit Tiefgang und Bedeutung. Die Beischriften bedecken häufig den ganzen Himmel in einer Landschaftsdarstellung; es kann sogar vorkommen, daß sie wie die Grenzmauer eines habgierigen Landbesitzers noch in die Berge und Vorberge vorstoßen. Diese Stempel und kalligraphischen Zutaten sind wie Bildunterschriften im westlichen Sinne, nur daß die Chinesen ihnen die Rolle des Gegengewichts in der Komposition zubilligen. Das Wichtigste ist aber, daß sie einen Kommentar darstellen, einen Palimpsest ihrer Bedeutung, ein historisches Verdikt – Aufmerksamkeit war ihnen zu allen Zeiten sicher –, ohne das ein Gemälde nicht vollständig ist. In China wird der Garten oft mit einem Landschaftsbild verglichen, und die Inschriften des Gartens sind den Beischriften auf einem Gemälde absolut vergleichbar.

Es gibt drei Arten von Inschriften, die häufig in den Gärten auftauchen: Namen, Verszeilen und Lobgedichte von Besuchern, die häufig zur Erinnerung an besonders schöne Tage oder erlesene Zusammenkünfte verfaßt wurden. Es heißt, daß reiche Kaufleute, die sich auf literarischem Gebiet einen Namen machen wollten, verschwenderische Gartenfeste zu geben pflegten in der Hoffnung, daß ihr Ruhm für immer im Reim bewahrt würde. Damit ist natürlich zugleich angedeutet, daß sie ihren Garten eher im Blick auf dieses Ziel als aus irgendeinem tiefergehenden Interesse an »Hügeln und Wasser« erwarben. Diese *Gelegenheitsverse* wurden in polierte schwarze Steintäfelchen graviert, die man dann in die Gartenmauern einließ. Die Mauern der großen

166 Mit Versen bedeckte Schrifttafeln im Wang Shi Yuan, Suchow. Die Verse erinnern an erfreuliche Besuche ihrer Verfasser in dem Garten und vermehren damit die Freude des späteren Besuchers.

Gärten in Suchow sind mit solchen Inschriften bedeckt. Diese Sitte war in ganz China so verbreitet, daß man von zwei historischen Gärten nur deshalb als von etwas Besonderem sprach, weil sie derartige Inschriften nicht besaßen. Hier spürte der Besucher, daß irgend etwas fehlte, daß der Garten in gewissem Sinne unvollendet war. Denn mit einem Garten in der richtigen Weise umzugehen hieß, seinen gewachsenen Reichtum zu mehren, bis er schließlich zu einer anderen Art von Labyrinth wurde – zu einem geistigen Labyrinth der gelehrten Interpretationen und wohlerwogenen Metaphern.

Neben der Fülle poetischer Kommentare, mit denen die Einsichten und Emotionen der gelehrten Besucher des jeweiligen Ortes für die Nachwelt erhalten wurden, besaß ein chinesischer Garten auch eine Vielzahl sorgfältig gewählter Namen, die nicht einfach Bezeichnungen waren, sondern auch als »Wegweiser« entlang einer veritablen Hochstraße der ästhetisch-moralischen Botschaften dienten: »Schlucht des herabtropfenden Grün«, »Grotte der verschwiegenen Wolken«, »Herbstwind über dem Ozean der Welt«, »Hundertfüßige Brücke«. Der ideale Zweck dieser programmatischen Aussagen bestand darin, eine entsprechende Stimmung zu fördern, eine passende Metapher aufzurufen und mit aller Zurückhaltung auf die klassische Literatur anzuspielen. Wahrhaft elegante Namen zeugten von Vertrautheit mit der überkommenen Kultur und allen zugehörigen Assoziationen, aber sie waren zugleich auch eigenschöpferische Aussagen, mit denen einer alten Bedeutung eine neue, persönliche Erkenntnis hinzugefügt und auf diese Weise die Tradition erweitert und lebendig gehalten wurde. Das Namengeben war also ein schönes und zugleich ein sehr ernsthaftes Spiel.

Ein berühmtes Kapitel im *Traum der Roten Kammer* beweist, daß dieses Spiel kompliziert und amüsant sein konnte. An der betreffenden Stelle geht es um das Ersinnen von Inschriften für den soeben fertiggestellten Garten der Familie Chia, einen Garten, der eigens für den Besuch der Tochter Yuan-ch'un angelegt wurde, die vor kurzem zur kaiserlichen Konkubine aufgestiegen ist. Die Benennung einzelner Punkte der Anlage wird dem ältesten Sohn Pao-yu anvertraut, gewissermaßen um seine literarische Beschlagenheit zu erkunden und um zu prüfen, ob seine Bildung angemessen und seine Erfindungsgabe unverbraucht, dabei aber nicht zu exzentrisch ist. Chia Cheng, der Vater, macht sich Gedanken darüber, ob man Inschriften anbringen könne, bevor die kaiserliche Konkubine eintrifft.

»Mit diesen Inschriften hat es seine Schwierigkeiten«, sagte (Chia Cheng) schließlich. »Natürlich wäre es rechtens, wenn Ihre Gnaden das Privileg hätte, sie selbst zu machen; aber man kann kaum erwarten, daß sie die Inschriften aus dem Kopf hersagt, ohne irgendeinen der Ausblicke gesehen zu haben, die damit beschrieben werden sollen. Wenn wir aber andererseits warten, bis sie den Garten besichtigt hat, bevor wir sie fragen, dann macht der Besuch nur halb soviel Freude. All diese Aussichten und Pavillons, selbst die Felsen und Bäume und Blumen werden irgendwie unvollständig

167 Fenster und Kalligraphie in einem Korridor, Suchow. Bullaugen auf der rechten Seite »rahmen« den Garten; das Lattenwerk links schirmt den Besucher vom Lärm der jenseits der Gartenmauer verlaufenden Straße ab, läßt aber das Licht durch die undurchsichtigen Scheiben herein. Am Ende des Korridors wartet eine Schrifttafel mit Zeichen auf, über die der Gartenbesucher im Weiterschreiten nachdenken kann.

168

169, 170 Kalligraphie aus dem *Tsang-Lang*-Pavillon selbst, Tsang Lang T'ing, Suchow. Solche siebenzeiligen Reime wurden häufig zu beiden Seiten eines Eingangs festgehalten oder sogar, wie hier, auf die Säulen eines *t'ing* geschrieben.

sein ohne jenen Hauch von Poesie, den nur das geschriebene Wort einer Szenerie verleihen kann.«[11]

Schließlich findet einer der gebildeten Herren aus der Runde einen Kompromiß: Man könnte provisorische Namen auf ephemere Papierlaternen malen. Die kaiserliche Konkubine wird dann nach Inspektion des Gartens die Namen endgültig festlegen. Man wird sowohl horizontale als auch vertikale Laternen brauchen, denn außer dem Namen des jeweiligen Ortes – der horizontal über die Tür oder unter das Dachgesims des Pavillons geschrieben wurde – gab es in jedem besseren Garten auch Verse, die auf Paare vertikaler Paneele geschrieben waren, die dann wie hängende kalligraphierte Rollbilder aussahen.

Pao-yu und sein Vater durchwandern nun, begleitet von den anwesenden Literaten, den soeben fertiggestellten Garten, verständigen sich über seine überraschenden Merkmale und denken über passende Verse nach. Die erste Probe für ihre literarische Ingeniosität kommt, als sie auf den Hügel steigen, der sich unmittelbar hinter dem Portal erhebt, und dort einen spiegelblanken weißen Felsen finden. Es ist klar, daß seine Oberfläche für eine Inschrift vorbereitet ist, und so lassen die Literaturfreunde dreißig Namen Revue passieren, von denen die meisten literarische Klischees sind, die hinter dem zurückbleiben sollen, was Pao-yu sich ausdenken wird.

»Smaragdene Anhöhen«, sagt einer. »Bestickter Hügel«, schlägt ein anderer vor. Ein Dritter meint, man solle den Felsen nach einem berühmten Gipfel in Kiangsi nennen. Wieder ein anderer empfiehlt den Namen »Kleiner Chung-nan«.

So werden auf spielerische Weise zwei gängige Metaphern und zwei existierende Berglandschaften vorgeschlagen, damit Pao-yu anschließend seinen kleinen Triumph genießen kann. Er nutzt die Gelegenheit geschickt, indem er sich ganz leise über die Pedanterie all dieser gelehrten Herren mokiert, dabei aber doch dem Gedanken der Ehrwürdigkeit und der Tradition seine Anerkennung zollt: »Ich erinnere mich, in einem alten Buch gelesen zu haben«, sagt Pao-yu, »daß es besser ist, sich der alten Dinge zu erinnern, als neue zu erdenken, und daß man besser wieder einen alten Text nimmt, als einen neuen anzubringen: Wir sollten uns also für etwas Altes entscheiden. Aber da

168 Ein von Marschall Chu Teh, einem Genossen des Vorsitzenden Mao, beschriebener Stein im Orchideengarten von Kanton. Das Gedicht lautet: »Im Yeh-hsiu-Park gibt es Blumen, Bäume und Gehölze, hundert Pflanzen blühen im Verein, alle haben sie den Frühling im Sinn. Einen wahrhaft guten Duft hat nur die Orchidee, das schönste Geschenk der Jahreszeit an die Fünf-Ziegen-Stadt (Kanton). Am 3. Tag des 3. Monats 1961.«

dies nicht der bedeutendste ›Berg‹ und nicht der Hauptaussichtsplatz des Gartens ist, gibt es, genaugenommen, keinen Grund, hier überhaupt eine Inschrift anzubringen – es sei denn, es sollte etwas sein, das darauf hinweist, daß dies nur der erste Schritt hin zu großartigeren Dingen ist, die noch vor uns liegen. Ich schlage vor, diesen Ort ›Pfad zu den Geheimnissen‹ zu nennen, nach jener Zeile in Ch'ang Chiens Gedicht über den Bergtempel: ›Ein Pfad windet sich aufwärts zu geheimnisvollen Orten‹. Ein solcher Name wäre doch bemerkenswerter.«

Die Literaten loben ihn im Chor: »Wie wahr! Wundervoll!«

Die Gesellschaft passiert nun einen Felsentunnel und eine baumbestandene und blumenübersäte »künstliche Klamm« und erreicht schließlich eine sich weithin dehnende, friedliche und idyllische, von Hügeln umgebene Gegend. Es kommt zu einer Unterhaltung, in deren Verlauf Pao-yu einem Pavillon den Namen »Durchnäßte Blüten« gibt, der besser (nämlich realistischer) ist als die Alternative »Strömende Jade« und auch besser (nämlich geschmackvoller und eher angebracht) ist als eine Zeile aus (der berühmten Ode) »Pavillon des trunkenen alten Mannes«. Nachdem er »die beiden Worte für die gerahmte Tafel in der Höhe« gewählt hat, muß er nun noch die aus sieben Wörtern bestehenden Zeilen für die Seiten finden. Pao-yu schaut rasch umher, um sich eine Anregung von der Szenerie zu holen, und kommt dann sogleich mit dem folgenden Vers: »Über drei Ruten Wegs die Uferweiden grün, ein Duft und Hauch von Uferblumen süß«. Alle stimmen darin überein, daß dies ein einfallsreiches und geeignetes Bild sei, genau die richtige Mischung aus Tradition und Metapher – es sieht zumindest so aus, denn sie nicken beifällig und äußern sich lobend. Die Gesellschaft erreicht dann ein verschwiegenes Fleckchen hinter einer weißgetünchten Mauer, wo sie, verborgen zwischen Hunderten von Bambusbäumen, ein *chai*, ein Häuschen, an einem Miniaturwasserlauf findet – ein Symbol der fern zwischen den Klippen im Nebel liegenden Hütte des Gelehrten. Der Vater lehnt mehrere von den Herren vorgeschlagene Bezeichnungen als allzu unverhüllt ab und stimmt dann mit von Kritik nur leicht verhülltem Stolz dem Vorschlag seines Sohnes zu: »Der Tanz des Phönix«. Über den Vers, den der Sohn für den *lien* findet, ist er allerdings weniger glücklich und gibt zu verstehen, daß Pao-yus Vorstellungsgabe doch recht prosaisch sei.

Die komplizierte Zeremonie der Namensgebung – hier der wichtigste Akt in der Gestaltung des Gartens – zieht sich noch eine ganze Weile hin und schließt Felshügel, Brücken mit scharlachfarbener Balustrade, einen Pflanzengarten, die Hauptempfangshalle, die Aussichtsterrasse, das Refugium der Nonnen, eine Gruppe von Holzapfelbäumen und schließlich einen seltsamen Pavillon in einem Wäldchen ein. Hier erliegen alle jener magischen Unwirklichkeit, die das eigentliche Wesen der Gartenarchitektur ausmacht. Denn es handelt sich um ein Gebäude ohne Räume (ein Widerspruch in sich), das aus »Korridoren und Alkoven und Galerien ... und Trennwänden« besteht. Die holzgetäfelten Wände zeigen die verschiedensten Motive, darunter »Fledermäuse in Wolken, die ›drei Freunde des Winters‹ – Kiefer, Pflaumenbaum und Bambus –, kleine Figuren in Landschaften, Vögel und Blumen, Schnörkel, antike Bronzefiguren, Schriftzeichen, die ›Glück‹ und ›Langes Leben‹ bedeuten, und vieles andere mehr«.

Die Verwirrung wird noch größer durch die falschen Fenster und Türen: »Nach ein paar Runden in diesem verwirrenden Interieur war Chia Cheng schon vollkommen ratlos. Zu seiner Linken befand sich etwas, das wie eine Tür aussah. Rechts war eine Mauer mit einem Fenster darin. Aber als er den Vorhang hob, entdeckte er, daß die Tür ein Bücherregal war, und als er sich umschaute, bemerkte er – was ihm vorhin nicht aufgefallen war –, daß das Licht, welches durch den Seidenschleier vor dem Fenster hereinkam, einen Gang erleuchtete, der zu einem offenen Durchgang führte. Doch als er nun darauf zuging, kam eine Gruppe von Herren, die seiner eigenen Begleitung glichen, ihm entgegen, und er erkannte, daß er sich einem großen Spiegel näherte. Es gelang ihnen, den Spiegel zu umgehen, aber auf der anderen Seite stießen sie auf eine noch verwirrendere Anzahl von Durchgängen ... Wie außerordentlich durchdacht ... ›Folgt mir‹, sagte Vetter Chen, belustigt angesichts der Verwirrung der anderen, die jetzt jede Orientierung verloren hatten. Er führte sie um den Fuß des ›Berges‹ herum – und hier, o Wunder, war ein breiter, ebener Pfad, und das Tor, durch das sie eingetreten waren, erhob sich majestätisch vor ihnen.«

Der Chia-Garten, ein Labyrinth, in dem Zeit und Raum unendlich scheinen, vermag mit seiner kunstvollen Anlage also jene Überraschung und Verzauberung zu bewirken, die als das profundeste Symbol der Unsterblichkeit und des unendlichen Tao galten. Der Gedanke, daß ein chinesischer Garten eine höhere Form der religiösen Erfahrung sei, ist unschwer nachzuvollziehen.

7 Fels und Wasser

Steinverehrung und Petromanie

Besuchern aus westlichen Ländern erscheinen die Steine, auf die sie in den chinesischen Gärten treffen, oft ganz und gar rätselhaft. Die grotesken, bizarr geformten, massigen grauen Brocken spielen hier eine ähnlich dominierende Rolle wie die Blumenbeete in einem englischen Garten. Die verblüffte und neugierige Frage liegt nahe: Warum sind diese bildhauerischen Formen hier so zahlreich vertreten, weshalb nehmen schwere, gekrümmte, dunkle Felsbrocken hier so viel Raum ein? Sie haben fast etwas Drohendes an sich – sie wirken eindrucksvoll, aber fremd auf uns, denen es eher um die Pflanzen, um Farbigkeit und Unbeschwertheit zu tun ist. Es gibt mehrere Gründe für diese besondere Vorliebe der Chinesen, und alle haben etwas mit der magischen Bedeutung der Berge und mit der besonderen und metaphysischen Verehrung der Steine zu tun. »Verehrung« ist keine Übertreibung. Die Chinesen lieben und verehren Steine von jeher, so wie wir Bilder religiösen Inhalts bewundern und sammeln.

Die Ursprünge dieser liebevollen Verehrung liegen in fernen Zeiten, in denen die Berge vermeintlich mit übernatürlichen Kräften ausgestattet waren. In China symbolisierten einst fünf heilige Berge das Zentrum und die vier Enden der Welt. Die Unsterblichen lebten nach der Überzeugung der Menschen im K'un-lun-Gebirge im Westen oder auf märchenhaften Inseln im östlichen Meer, und wer zu ihren Wohnstätten vordrang und Umgang mit ihnen hatte, dem würde sich vielleicht das Geheimnis des ewigen Lebens mitteilen. Der Han-Kaiser Wu-ti suchte die Unsterblichen in seinen Garten zu locken, indem er ihnen felsige Inseln errichtete, die ihren Inselwohnungen glichen; und Yuan Kuang-han baute einen künstlichen Berg, den ersten einer langen Reihe.

171 *Die Tributbringer* (Ausschnitt). Ein Teil des Tributs, der einem Han-Kaiser dargebracht wird, besteht aus phantastisch geformten, an Stalagmiten erinnernden Steinen, in die das Wasser Löcher und Höhlungen gewaschen hat. Auch ein Miniaturgarten in einer Schale gehört zu dieser exotischen Mischung von Geschenken (National Palace Museum, Taiwan).

Die Beschreibung eines Gartens aus dem 6. Jahrhundert, den sich der Minister für Landwirtschaft, Chang-lun, erschuf, vermittelt uns eine gewisse Vorstellung vom Aussehen solcher künstlichen Berge und läßt ahnen, in welchem Maß sie die Empfänglichkeit der Chinesen für Sinneseindrücke trafen: »Er erbaute ein Bergmassiv namens Ching-yang, als wäre es ein Werk der Natur, mit aufgeschichteten Gipfeln und zahlreichen, einander in steiler Folge ablösenden Stufen, mit tiefen Schluchten und Höhlen und kunstvoll miteinander verbundenen Wasserläufen. So hoch ragten die Wälder, so riesenhaft waren die Bäume, daß Sonne und Mond in ihr schattiges Dunkel nicht eindringen konnten; so üppig waren die zu Girlanden verwachsenen Kriech- und Kletterpflanzen, daß sie Wind und Nebel in ihrem Durchzug zu steuern vermochten. Hier mögen die Anhänger der (taoistischen) Lehre umhergestreift sein und schließlich ganz vergessen haben, in ihren Himmel zurückzukehren ...«[1]

Auch große oder seltsam geformte Felsbrocken galten von jeher als machtvoll und wurden als lokale Gottheiten verehrt. In ihnen, so glaubte man, verdichteten sich die Kraft und die Wildheit der Natur, und auch sie ließen auf wohlwollend-magische Weise dem Gartenbesitzer so etwas wie Unsterblichkeit zuteil werden. In der Periode der T'ang-Dynastie erfuhr diese Wertschätzung einzelner Steine, die jetzt ebenso eine ästhetische wie eine religiöse Äußerung war, eine regelrechte Stilisierung und avancierte zur Beschäftigung kultivierter Männer wie etwa der politischen Rivalen Li Te-yu und Niu Seng-ju, die beide schöne Steine für ihre Gärten sammelten. Zu einem wahren Fieber wuchs sich die Steinverehrung oder Petromanie dann im 11. und 12. Jahrhundert aus. Die gigantische Steinsammlung des Kaisers Hui-tsung ruinierte die Finanzen des

Reiches. Bescheidener in seinen Ansprüchen war der im 12. Jahrhundert lebende berühmte Steinsammler Mi Fei, heute eher als Kalligraph und Poet bekannt. Von ihm erzählte man, daß er sich täglich tief vor einem riesigen Felsblock in seinem Garten verneigte und ihn als seinen »älteren Bruder« ansprach. Sechshundert Jahre später brach die Petromanie erneut aus und hielt sich bis ins 19. Jahrhundert auf einem hohen Stand. Als Lin Ch'ing in den vierziger Jahren des vorigen Jahrhunderts den Pai-shih oder Pavillon der Anbetung der Steine in seinem Pekinger Garten wiederherstellen ließ, setzte er also, wenn auch mit besonderer Intensität, nur eine bereits seit zweitausend Jahren bestehende Tradition fort.

Das chinesische Wort für Landschaft lautet *shan shui* und bedeutet wörtlich »Berge und Wasser«. Diese Kombination von Elementen ruft unweigerlich die Inseln der Unsterblichen ins Gedächtnis. Sie läßt auch an den fundamentalen Gegensatz zwischen *yang* und *yin*, zwischen männlicher Kraft und weiblicher Feuchtigkeit und an das ästhetisch befriedigende Nebeneinander von rauh und glatt, von unbewegtem Fels und fließendem Wasserlauf denken. Diese Ordnung gewinnt noch an Bedeutung, wenn wir uns an den alten Mythos erinnern: Die Flüsse sind die Adern im Körper der Erde, die Berge bilden ihr Skelett. Diese Gegensatzpaare können vielleicht eine Vorstellung

172 Der *Pai-Shih*-Pavillon, Holzschnitt aus einer illustrierten Zeitschrift des 19. Jahrhunderts mit dem Titel *Hung Hsueh Yin Yuan T'uChi*. Diese Halle im Pan-Mou-Garten in Peking war ursprünglich im 16. Jahrhundert von dem Schriftsteller Li Li-weng zum Aufbewahrungsort für seine Steinsammlung bestimmt worden. In den vierziger Jahren des 19. Jahrhunderts wurde sie von Lin Ch'ing restauriert, den wir hier erblicken, wie er, unter dem Vorbau sitzend, in die Betrachtung eines schönen *T'ai-hu*-Steines versunken ist. Im Innern des Pavillons erkennt man noch weitere schöne Exponate, darunter (links) eine Stellwand aus einem einzigen Stück feinen Marmors mit einer natürlichen Zickzackmaserung, die an übereinandergeordnete Bergketten erinnert. Steine sind hier auch als Stufen verwendet, sie dienen als Sockel für die in Töpfen gehaltenen Pflanzen, wurden zu einer Bruchsteinmauer hochgezogen und zur Einfriedung des Gartens durch eine Art Wall (im Vordergrund) benutzt (Harvard Yenching Library).

173 Lebende Bäume und bereits petrifizierte Baumreste im Yu Hua Yuan (dem Hinteren Garten des Kaiserpalasts), Peking. Die Bäume wachsen aus einem großen künstlichen Felsen, in den man die petrifizierten Stümpfe eingebracht hat.

174 Ein künstlicher Felsen am nordöstlichen Ende des *Shi Tzu Lin*, Suchow. Wer ihn aus der Nähe betrachtet, hat Schwierigkeiten, einen festen Punkt für das Auge zu finden, das ruhelos von einem Felsbrocken zum anderen wandert. Die steinerne Brücke links, die über ein tief »eingeschnittenes« Gewässer führt, hat ein modernes Geländer erhalten.

davon vermitteln, wie tief diese fast besessene Liebe zu den Steinen bei den Chinesen verwurzelt ist. Berge, schöne Minerale, Meteoriten und zu seltsamer Gestalt abgeschliffene Felsbrocken sind nicht nur eine höhere Form der Skulptur (Henry Moores Plastiken mit rauhen Kanten), sondern ihnen haben sich auch viele Bedeutungsschichten angelagert. In ihren schönsten Exemplaren – die man vom Grund des T'ai-Sees heraufholte, wo sie in die denkbar vollkommene Form gebracht worden waren – konzentrieren sich die schöpferischen Kräfte des Tao.

Gartensteine erwecken bei einem Chinesen in erster Linie das Gefühl des Pittoresken und Wilden. Wenn er über sie hinweg- oder zwischen ihnen hindurchsteigt oder wenn er sich den Eindrücken überläßt, die ihre Formen in ihm wachrufen, dann wird ihm unschwer die Vorstellung kommen, er befinde sich hoch oben in der Wildnis der Berge, den elementaren Gewalten ausgesetzt. Diese Erfahrung ist nicht beruhigend – eine ruhige Wirkung kommt vielmehr dem Wasser zu –, sondern verwirrend und beängstigend. Und dies ist auch der Sinn der überkommenen Regeln, denn in den Anweisungen des Gartenbuches *Yuan Yeh* zur Felskomposition heißt es, Felsen sollten »wild erscheinen, so wie der Tigerberg in Suchow«. »Erscheinen« ist dabei allerdings ein Schlüsselwort, denn wenn der Gartenfelsen oder der Miniaturberg auf dem Pult des Gelehrten die schreckenerregenden Abgründe auch naturgetreu wiedergab – der Gedanke der »Wildheit« war dennoch zur Konvention geworden. Indem man einen Felsbrocken auswählte und polierte oder eine Felskomposition in seinem Garten errichtete, stilisierte – und konzentrierte – man die schöpferische Wildheit der Natur. Und wie groß auch immer das Felsgebilde mit seinen Schluchten und Wäldern war, wie »schroff und steil« es in der Beschreibung erschien, es war und blieb doch eine Miniatur und nicht die Sache selbst. Die echte Wildnis erschien den Chinesen – von den bewunderten taoistischen Eremiten abgesehen – durchaus nicht rundum verlockend. Im Kleinformat ließen sich ihre Qualitäten eher bejahen. Und wenn der westliche Besucher angesichts so vieler verquälter Formen in einem Garten einen Augenblick lang auch zu Recht bestürzt ist – diese Beunruhigung soll ja gerade in einer größeren metaphysischen Ruhe und Gelassenheit aufgehen. Auch der Horror der Kreuzigung in der christlichen Religion und die grotesk dämonischen Wasserspeier an den christlichen Kirchenbauten sind eingebunden in ein übergreifendes System, das uns mit solchen unmittelbaren Wirkungen versöhnt.

Die Felsarrangements

Sowohl Li Li-weng als auch der *Yuan Yeh* sagen mit allem Nachdruck, daß es genaue Regeln für das Gestalten mit Felsen nicht gibt: Alles hängt vom angeborenen Gespür ab. Nichtsdestoweniger gab es mit Sicherheit eine Reihe »erwünschter« Qualitäten, die durch die Tradition bestätigt und von den Schriftstellern immer wieder genannt wurden. Bevor wir sie hier aufzählen, empfiehlt es sich aber, zwischen dem aufgeschichteten Felshügel (oder künstlichen Berg), den von Felsbrocken gesäumten Ufern von Seen und Wasserläufen und schließlich dem einzelnen, seltsam geformten Felsblock zu unterscheiden. An allen drei Formen schätzte man die gleichen Eigenschaften, doch wurden sie unterschiedlich konstruiert und verwendet. Ein künstlicher Berg wurde entweder aus vielen großen Felsbrocken gemacht, die man in Schichten aufeinandertürmte und zwischen denen häufig Löcher und Höhlungen entstanden, oder aus Erde, aus der Felsbrocken herausstanden wie die spitzig vorstehenden Ellbogen und Zähne eines unter der Erde lebenden Tieres. Bei diesem zweiten Typ ließ man zur Verstärkung Büsche und Bäume aus dem aufgeworfenen Hügel wachsen. Dagegen waren die nur aus Felsbrocken gebildeten Berge und die groben steinernen Einfassungen von Wasserläufen häufig ganz ohne Vegetation. Um wie Berge auszusehen, durften die Brocken nicht in einer Reihe oder als Wand und schon gar nicht in gerader, symmetrischer Folge angeordnet werden. Vielmehr sollten sie sich in Windungen und Wellenbewegungen ergehen, wie Berggipfel dies tun, und so ein pittoreskes und wohlausgewogenes Spiel von Licht und Schatten liefern. Nach dem *Yuan Yeh* lassen sich Felsen kaum geschickter als in der Mitte eines Teiches plazieren; hier bilden sie, zu Tunneln und Grotten gestaltet und mit einer »fliegenden Brücke« versehen, den geeigneten Schauplatz, um »Wolken und Mond willkommen zu heißen«.

Der einzelne große Felsbrocken stand in erhabener Einsamkeit vor einem eigens zu seiner Betrachtung an entsprechender Stelle errichteten Pavillon, war »unter eine prächtige Kiefer« plaziert oder »mit wunderbaren Blumen zusammengeordnet«. Klei-

175 Zu einer »Wand« zusammengefügte Felsbrocken, Chung Shan Park, Peking. Dem Gartenhandbuch *Yuan Yeh* und dem Kritiker Li Li-weng wäre dieses Arrangement vermutlich zu grob erschienen, als daß ein Betrachter seine Freude daran haben könnte. Bei den heutigen Besuchern des öffentlich zugänglichen Gartens findet es aber großen Anklang, weil sie hier Ähnlichkeiten mit Tieren und mit menschlichen Gesichtern entdecken.

nere Stücke zierten das Pult des Gelehrten, und große, flache Exemplare dienten als Gartensitze und als Tischplatten. Welcher Art das Arrangement aber auch immer war – um das Wesen der Natur (nach dem *Yuan Yeh* »des größten Künstlers überhaupt«) wirklich wiederzugeben, bedurfte es zum einen der durchdachten Auswahl und zum anderen der Intensivierung der Wirkungen, wie sie von der Natur jeweils vorgegeben waren. Li Li-weng hebt im Zusammenhang seiner Ausführungen über Felsarrangements[2] die Bedeutung der Gesamtkomposition gegenüber der ornamentalen Brillanz der Teile hervor. Die Kunst, einen Berg zu errichten, ist nach seinen Worten dem Abfassen eines Essays vergleichbar, denn in beiden Fällen liegt die eigentliche Schwierigkeit in der Ordnung des Ganzen. Der Felsgestalter kann, so sagt er weiter, aus den Essays der großen Prosa-Autoren der T'ang- und der Sung-Periode lernen, die sich durch eine durchgängige Ausgewogenheit und durch ihr inneres *ch'i* (ihren lebendigen Geist) auszeichnen; in diesen Werken sind das Ganze und das Detail »das Gleiche«. Eine spezifische Gefahr liegt darin, daß die Komposition im Detail gefällig ist, dem prüfenden Blick aus der Ferne aber nicht standhält, und eine weitere darin, daß einzelne Steine innerhalb einer Felskomposition oft im Verhältnis zu groß sind. Wie, so fragt Li Li-weng, können wir auch mit sehr großen Felsbrocken zu einer Einheit der Teile und des Ganzen gelangen? Am Ende schlägt er Miniaturberge vor, die aus einer Mischung von Felsbrocken und Erde bestehen. Wenn man zunächst einen Erdhügel errichtet und dann Felsbrocken darauf setzt, erreicht man eine subtile Vermischung von Natur und Kunst und gewinnt eine Vielzahl von Bergpfaden und Szenerien. Bäume, Sträucher, Steine und Erde werden zu einem einheitlichen Bild, dessen einzelne Elemente ebensosehr Teil des Ganzen sind wie die Pinselstriche einer Landschaftsrolle – ein Vergleich, der in der Literatur über die Kunst der Felskomposition häufig zitiert wird.

Eine weitere Analogie zur Felskomposition entstammt dem sozialen Bereich: Große und kleine Steine sollten einander ergänzen wie der Gastgeber und seine Gäste oder wie ein Fürst und seine Vasallen. Auch ästhetische Überlegungen gehörten in diesen Zusammenhang: Man mußte den Riefen etwas entgegensetzen, die Furchen und Vertiefungen harmonisieren. Was man an einem Felsbrocken schätzte, waren seine Unebenheiten, seine wilden Höhlungen und Mulden, es waren seine gewundenen Kanten, seine rauhe Oberfläche, sein schroffer Umriß, seine horizontale Äderung; und eben diese formalen Qualitäten mußten entweder durch Kontraste (etwa die Plazierung vor einer weißen Mauer) oder durch Verstärkung (durch den »Einbau« in ein Konglomerat anderer grotesker Formen) noch hervorgehoben werden. Die besonderen Qualitäten der verschiedenen Felsbrocken einschließlich des Geräuschs, das sie machten, wenn man auf sie einschlug, wurden sorgfältig festgehalten, und die Bewohner von Gegenden, in denen schöne Stücke zu finden waren, lebten nicht selten vom Steine-Sammeln. Der *Yuan Yeh* enthält eine kurze Beschreibung von vierzehn verschie-

176 Landschaft auf Tablett, Pflanzenschule von Hangchow. Eine moderne Miniaturlandschaft im Stil von Kweilin. Kennern erscheint eine solche Arbeit zu einfach; es fehlt ihr an der Kraft, die von wirklich gekonnter, die Sinne ansprechender Felsgestaltung ausgeht. In ihrer Beschwörung der Felslandschaft, die das Foto darunter zeigt, ist sie aber sehr eindrucksvoll.

177 Berge am Fluß Li in der Nähe von Kweilin.

178 *Steinbambusschößlinge*, Kaiserstadt, Peking. Der Gestalter dieses Bereichs hat sich ein Wortspiel mit dem Namen dieser nadelspitzen Steine erlaubt, indem er wirkliche Bambusbäume dazwischensetzte. Die Mauer dahinter ist verputzt und in einem stumpfen Dunkelrot gestrichen. Der Kontrast zu den grauen Steinen und den leuchtend grünen Bambusblättern ist schlicht und schön.

179 Tisch-Stein auf Ständer; ein außergewöhnlich schönes kleines Stück natürlichen Felsens, das sich von seiner schmalen Basis in eleganter und zugleich dynamischer Bewegung in die Höhe zu schieben scheint (Sammlung Wang, New York).

denen Fundstätten in den Provinzen Anhui und Kiangsu, wobei der Autor allerdings bemerkt, daß es noch mehr solcher Plätze gibt, die er nicht besucht hat.

Li Li-weng nennt drei formale Kriterien, auf die man bei einem schönen Stein achten und die man anstreben solle, wenn man künstliche Berge errichtet: *t'ou, shou* und *lou*. Wie im Chinesischen üblich, sind alle drei Begriffe nicht eindeutig. Der erste, der wörtlich soviel wie »durchgehen« bedeutet, scheint zu besagen, daß man einen Durchlaß oder eine Höhlung vom einen Punkt zum anderen durchschreiten können müsse, entweder im körperlichen Sinne oder aber in der Imagination. Aber seine Untertöne »löcherig«, »verletzlich«, »transparent«, »kaum vorhanden« sind vielleicht noch wichtiger. Diese Konnotationen lassen sich in einen Zusammenhang mit dem zweiten Erfordernis bringen, mit *shou*, was soviel wie »dünn« heißt. Hier klingt die delikate, feminine Fragilität an, die man selbst in einem Felsstück suchen konnte, das ja in aller Regel den *yang*- (den »männlichen«) Aspekt einer Landschaft repräsentierte. Eine Reihe von blau und grün gehaltenen Bildern des 17. Jahrhunderts zeigen, wie zart und fein auch Felsbrocken sein konnten. Manche waren fast wie eine Filigranarbeit aus Glimmer. Der Ausdruck *shou* bedeutet daneben auch soviel wie »ohne sichtbaren Halt«, »aufrecht-isoliert«, und tatsächlich scheinen diese Steine oft sozusagen auf einer Spitze zu balancieren. Im *Yuan Yeh* findet sich die Anweisung, daß einzelne Stücke einer Wolke gleich schweben sollten, mit der größeren und breiteren Last in der Höhe und dem schmaleren und dünneren Teil an der Basis. Dann würden sie »fliegen und tanzen« oder aber den wilden und erschreckenden Anblick von »überhängenden Klippen« bieten.

Die dritte Eigenschaft, *lou*, bedeutet wörtlich »Leck, Loch« oder »Herabtropfendes« und bezieht sich in diesem Zusammenhang vielleicht auf eine senkrechte Öffnung, ein im rechten Winkel zur Oberfläche verlaufendes Loch, wobei wohl eine ganze Reihe solcher kleiner Löcher, die sich nach allen Seiten öffnen, als wünschenswert galt. Ein schönes Beispiel für *lou* ist die »Jadene Zierlichkeit« in Shanghai, deren »Lecks« auch als »Augen« bezeichnet wurden. Sie öffneten sich nach allen vier Seiten, konnten mithin überall hinsehen und implizierten Weisheit.

Wenn man die Beschreibungen der verschiedenen Steintypen im *Yuan Yeh* liest, dann bildet sich allmählich auch ein Bild des Steinekenners heraus: eine sehr vielseitige Gestalt – teils Ästhet, teils Mystiker und teils auch Putzfrau mit der Scheuerbürste (oder vielleicht eher Putzfrauen-Aufseher). Viele Felsen mußten nämlich gesäubert und manchmal leicht verbessert werden, wie der folgende Text zeigt.

»Ling-pi-Steine aus der Gegend um Suchow ... liegen unter meterdicken Erdschichten begraben. Der rötliche Lehm klebt so fest an ihnen, daß man sie mit Metallmessern bearbeiten muß. Erst dann kommt die Farbe der Steine zum Vorschein, und nun müssen sie poliert und mit Bürsten aus Stahldraht oder Bambus und pulverisiertem Porzellan abgerieben werden. Wenn man darauf schlägt, geben sie einen metallischen Klang von sich. An der Unterseite ist die Erde so tief hineingedrungen, daß sie sich nicht entfernen läßt. Diese Steine erinnern an alle möglichen Dinge; manche sind wie Bergspitzen, scharfgeschnitten und ganz und gar durchlöchert. Aber die Löcher bilden nur selten ein schönes Muster; sie müssen mit dem Meißel bearbeitet und anschließend poliert werden, damit ihre Schönheit zum Vorschein kommt.«[3]

Wir können uns diesen Steinsammler vorstellen, wie er sich um sein gutes Stück bemüht – wie er die Furchen und die Höhlungen betrachtet, die Farbe und das Gefüge der Oberfläche; wie er seinen Gegenstand kurz anschlägt, um zu hören, was für Töne er von sich gibt; wie er sich überlegt, ob er eher einem Löwen oder einem Buddha ähnlich sieht oder an welche Wolkenformationen oder Landschaften er erinnert; und was er vielleicht – wenn er Taoist und wissenschaftlich interessiert ist – zu den Erzadern zu bemerken hat, die irgendeinem seltsamen magischen oder doch zumindest heilkräftigen Zweck dienen könnten; und wie er sich sogar mit dem Gedanken trägt, den Stein – wenn dieser nicht bereits koloriert ist – unter Umständen zu räuchern oder zu färben, um Glanz und Farbigkeit zu erzielen. Der Stein ist mit einer Schicht roter Erde überzogen? Dann muß es ein K'un-shan-Stein sein. Wollen wir doch einmal seine Löcher auskratzen und dann daraufschlagen. Wenn kein Ton kommt, dann hat es seine Richtigkeit mit dieser Herkunft, und dann ist auch sein weiteres Schicksal entschieden: Der Stein gehört in einen Miniaturgarten, nicht in eine Felskomposition.

Tu Wans Steinkatalog, der um 1150 n. Chr. entstandene *Yun lin Shih p'u* (Steinkatalog des wolkigen Haines), enthält eine genaue Beschreibung der vom Grund des T'ai-Sees stammenden T'ai-hu-Steine: »Riesige Exemplare, bis zu etwa 15 Metern Höhe, deren Färbung von weiß über ein helles Blau bis zum Blauschwarz reicht und deren Oberfläche als netzartiges Relief ausgebildet ist, werden aus dem See gehievt. Die begehrtesten haben ganz unregelmäßige und schroffe Konturen und sind reich an Löchern. Kleine Eintiefungen der Oberfläche heißen ›Armbrust-Kugel-Nester‹«.[4]

Die kleinen Vertiefungen entstanden dadurch, daß bei stürmischem Wetter kleinere und härtere Kiesel von den Wellen in den porösen Kalkstein hineingedrückt wurden, aus dem diese Felsen bestanden. Echte T'ai-hu-Steine verloren an Wert, wenn sie anschließend von Menschenhand »verbessert« wurden, aber es entwickelte sich eine lokale Industrie, die dem natürlichen, vom Wetter ausgelösten Prozeß insofern Vorschub leistete, als man Kalksteine, die sich dafür eigneten, in den See versenkte. Je größer die Vertiefungen, desto wertvoller und anmutiger geriet der Felsen – und desto größer war das Risiko, daß er auseinanderbrach. Große Exemplare wurden immer seltener und erzielten enorme Preise. Ständig wurden die Liebhaber vor Fälschungen gewarnt.

Die Steine aus dem T'ai-See gehörten nach Tu Wans Katalog in die Kategorie der »barocken« Steine. Ein »barocker« Stein war »seltsam«, »singulär« oder »phantastisch«. Das Gegenstück zu dieser Klasse bildeten die »primitiven« Steine. Das waren solche, die wegen ihrer mimetischen Qualität geschätzt wurden – die in ihrer natürlichen Färbung an Wolken, an Berge oder an Wälder erinnerten oder die irgendwelchen Tieren, Gottheiten oder Drachen ähnelten. Im Shih Tzu Lin (oder Löwenwald) in Suchow erinnern viele der aufgetürmten Stücke an Löwen. Diese Komposition wurde allem Anschein nach im Jahre 1342 n.Chr. von einem berühmten Mönch, Wei Tzu, angelegt, der sich damit eine Erinnerung an seinen früheren Wohnsitz schaffen wollte – den Löwenfelsen im T'ien Mu-Gebirge. Der Löwenwald ist also eine doppelte Mimesis – der Ersatz für einen wirklichen Berg, der seinerseits wie ein Löwe aussieht. Wenn man in diesen Ansammlungen von Felsbrocken herumgeht, bilden sich in dem Gewirr von Steinen und Höhlungen, von verkrüppelten alten Kiefern, längst petrifizierten Hölzern und nadelscharfen Kalkstein-Stalagmiten (die als »Steinbambusschößlinge« bezeichnet werden) immer neue buschige Mähnen, Mäuler, Schwänze und Pranken. Alle diese Elemente wetteifern miteinander um ein möglichst groteskes Aussehen, und das Auge wird – wie von manchen Gegenständen der Op Art oder von persischen Mustern – ständig in einen Wirbel von Licht und Schatten, von Materie und Leere hineingezogen. Wenn man dazu noch die Überfülle der die Phantasie anregenden Formen zählt (ein regelrechter Rorschachtest zum Erkennen von Arten), dann wird leicht verständlich, daß sich das Gefühl für die relative Größe verwischt, so daß Raum und mithin auch Zeit in dem Garten ausgesetzt scheinen. Für den, der zwischen den seltsamen Gipfeln umhergeht, die sich in dem in der Mitte gelegenen See spiegeln, ist es leicht vorstellbar, daß sich hier, sobald die Führer und die Besucher den Garten für heute verlassen haben,

180 Ein vielbewunderter Felsbrocken im Liu Yuan, Suchow.

181 Steinerner Löwe im Hof des Shi Tzu Lin, Suchow. Der Name dieses Gartens bedeutet soviel wie »Hain des steinernen Löwen«. Der Garten enthält viele Steine, die Löwenköpfen und -körpern ähneln – einige allerdings weniger als dieses sich fröhlich und selbstbewußt gebärdende Exemplar. Löwen sind in China in Wahrheit nicht heimisch. Der Löwe ist also beinahe ein mythisches Wesen, das die Künstler aus ihrer Phantasie darstellen konnten, ungehindert von irgendwelchen tatsächlichen und unmittelbaren Erfahrungen mit diesem Tier.

182 (oben) Ein *t'ing* auf einem Damm im Li Yuan, Wusih. Der Pavillon und die Bäume trennen den größeren Teil des Sees von dem friedlichen kleinen Gewässer im Vordergrund. Ohne dieses trennende Element wären Berge und Wasser weit weniger beeindruckend.

183 (unten) Der Historiker Ssu-ma Kuang in dem von ihm selbst errichteten Pavillon, gemalt von Ch'iu Ying (ca. 1510–1551) (s.S. 84–85). Wohl sind Berge und Wasser unerläßliche Elemente der idealen chinesischen Landschaft, aber ohne einen *t'ing*, so sagt der Kenner, kann man sie kaum als einen Garten bezeichnen (s.S. 119).

186 Ein Teil der Felskomposition im Shi Tzu Lin, Suchow. Dieser Garten hat sich – gegenüber seinem ursprünglichen Aussehen im 16. Jahrhundert – stark verändert (s. S. 107) und besitzt heute den größten »künstlichen Felsen« von Suchow. Das Innere dieses Gebildes ist ein wahres Labyrinth von Höhlen, Abgründen, Schächten und Tunneln, die sich durch die Felsbrocken winden. Die außen sichtbaren Formen erinnern an Tiere, an menschliche Gestalten und Gesichter.

184, 185 Zwei Ansichten der Insel im See von Hangchow, die aus vier in Kleeblattform angeordneten Dämmen gebildet wird, die wiederum vier Lotosteiche vom eigentlichen See trennen. Es heißt, daß der Dichter So Dong po, der von 1089 bis 1091 das Amt des Gouverneurs von Hangchow bekleidete, sie angelegt habe. Der Garten bezieht seinen Reiz aber auch aus den weit jüngeren Hinzufügungen – der offenbar ganz zufälligen Mischung aus Pavillons und Zickzackbrücken, welche die Symmetrie der Insel auf gefällige Weise aufbrechen.

die Unsterblichen – unsäglich häßlich, vielleicht betrunken, aber zweifellos interessant in ihrem unheimlichen Paradies – auf dem Rücken von Störchen materialisieren werden.

Wasser

»Wo Berge sind«, sagt ein altes Sprichwort, »da muß auch Wasser sein.« Als der Kaiser Ming der Wei-Periode (222–240 n. Chr.) feststellte, daß sein Park alles barg, nur kein Wasser, ließ er Räder mit Pedalantrieb installieren, um das Wasser auf künstlichem Wege hereinzuholen; erst von dieser Zeit an galt der Park als vollständig. In den Augen der Chinesen ist Wasser nicht nur – in seiner spezifischen Eigenschaft – eine schöne Zutat zu einem Garten, sondern es ist auch als Gegenstück zu den Hügeln und damit als Mit-Repräsentant der Totalität der Natur in ihrer perfekten Harmonie absolut notwendig. Wir sprachen bereits von den Komplementärelementen des *yin* und *yang*, und diese Formel fand auch auf Wasser und Berge Anwendung. Der Berg steht hier für das maskuline *yang*: aufrecht, strahlend, hart und knochig. Wasser dagegen in seiner vom *yin* geprägten Erscheinungsweise ist aufnehmend, nachgiebig, naß und dunkel. Ein berühmtes Sprichwort in den *Analekten* des Konfuzius allerdings kehrt das Verhältnis von *yin* und *yang* bei Berg und Wasser wieder um; hier wird das Wasser zum aktiven Prinzip, das sich in rasch dahineilenden Sturzbächen äußert, während die Berge das passive und reflektierende Prinzip darstellen, weil sie fixiert und regungslos bleiben. Daher, so heißt es in dem betreffenden Abschnitt, »entzückt den Weisen das Wasser, den Guten aber der Berg. Denn die Weisen sind in Bewegung, während die Guten verharren. Die Weisen sind glücklich, die Guten sind in Sicherheit.«[5] Berge und Wasser tragen – wie alle anderen Dinge – immer auch Aspekte ihres sie spiegelnden Gegensatzes in sich.

Es wird immer wieder angemerkt, daß die traditionellen chinesischen Gärten keine Fontänen haben, weil diese das Wasser zwingen, gegen seine Natur anzugehen. Im großen und ganzen trifft dies zu, aber in kaiserlichen Gärten gibt es eine recht lebendige

Tradition phantastischer Wasserspiele – der »hydraulischen Anmutigkeiten« oder *shui shih* –, an denen viele Kaiser sich zu ihrer Zeit erfreuten. In der alten Sung-Hauptstadt Kaifeng gab es im 12. Jahrhundert zwei weiße Löwen mit Buddhas auf ihren Rücken, aus deren Fingerspitzen klares Wasser sprühte. Später ließ der letzte Kaiser der Yuan-Dynastie (1276–1368) eine Reihe phantastischer Brunnen bauen mit Kugeln, die auf Wasserstrahlen tanzten, mit Tigerrobotern, mit Drachen, die duftenden Nebel ausstießen, und Booten mit wirbelnden mechanischen Figuren, ähnlich denen des Sui-Kaisers Yang-ti (von dessen Extravaganzen im 3. Kapitel bereits die Rede war). Ein letztes Experiment mit der »unnatürlichen« Verwendung von Wasser wurde unter dem Kaiser Ch'ien-lung unternommen, als dieser den Jesuitenpater Benoit für den »europäischen« Teil des Yuan Ming Yuan mit der Anfertigung einer Serie lebensgroßer wasserspeiender Tiere beauftragte, die zur vollen Stunde tätig wurden, um die Uhrzeit anzuzeigen.

Wenn man in den privaten Gärten auf solche Effekte – die als ein wenig barbarisch galten – verzichtete, so fanden sich hier doch durchaus Brunnen mit Drachenhäuptern, aus deren schuppigen Mäulern frisches Wasser in stille Teiche sprudelte. Wo immer es möglich war, liebten die Gartenmeister es auch, das unterschiedliche Geräusch von Wasser in ihre Anlagen einzubeziehen – von Wasser, das über Kiesel und Felsbrocken gluckerte, das einen steilen Hang herabstürzte oder sachte aus Bambusrohren tröpfelte. Solche Wirkungen fanden sich in der Natur in den bergigen Gegenden, in denen Dichter wie Hsieh Ling-yun und Po Chu-i sich ihre einfachen Zufluchtsstätten gebaut hatten. Die charakteristischste Verwendung von Wasser in chinesischen Gärten aber war diejenige, die sich auf den *Yin*-Aspekt des Wassers stützte – also auf Wasser als den friedlichen Gegensatz und Ausgleich zur bergigen Szenerie.

Ein Autor des 20. Jahrhunderts, Yang Hung-hsien, schreibt, daß es vor allen anderen Dingen das Wasser ist, das jene milde, kongeniale und zugleich lebendige Atmosphäre schafft, die, da sie den Geist am nachhaltigsten belebt, der eigentliche Zweck eines Gartens sei. Nichts anderes bringt genau die gleiche beschauliche Wirkung hervor wie ein großer See, dessen verschwimmende Ufer unmerklich in wässerige Berge und Wolken übergehen. An solchen Orten steht man »allein in Opposition zum Raum« und

187 Drachenkopfbrunnen, Kaiserstadt, Peking.

189 Sommerpavillon und Teich der vier Jahreszeiten, Li Yuan, Wusih. Hier handelt es sich um Hinzufügungen aus dem Jahr 1957 zu diesem Garten eines Kaufmanns aus den Anfängen unseres Jahrhunderts. Der Teich ist ganz buchstäblich vom See »erborgt« worden, und zwar mittels des Dammes, auf dem der Pavillon steht. Andererseits »erborgt« der Betrachter mit seinem Blick den See, der hinter dem Pavillon beginnt und durch diesen Sehvorgang zu einem Teil des Gartens wird.

188 Die Sieben-Sterne-Klippen in der Provinz Kwangtung.

188

189

ist »göttlich entzückt von seiner schieren Ausdehnung«.[6] Allerdings ist ein wirklich endloser Horizont nichts für einen Garten. So wie die »erborgte« Landschaft (*chieh ching*) in den Bergen, obwohl im Grunde unberührt, doch Bauten und Wege braucht, die sie ins Blickfeld rücken, so bedürfen die großen Seen kleiner Inseln oder pavillonbesetzter Landspitzen, damit die Entfernungen sich vergrößern und sich der Eindruck einstellt, man sei in einem Bild mit »zehn *li* dunstigen Regens und See und Himmel von der gleichen Farbe«.[7] Ein wenig menschliches Bemühen, der Natur hinzugefügt, bewirkt also selbst am Rande des großen T'ai-Sees den ganzen Unterschied, während die kleineren Seen an den berühmtesten Plätzen Chinas alle künstlich sind. Der Westsee in Hangchow, der K'un-ming-See des Sommerpalasts und die neuen *Seven Star Crag Lakes* in Kwangtung wurden alle mehr oder weniger aus altem Marschland geschaffen, aber so geschickt ausgehoben und so umsichtig eingedämmt, daß sie »natürlicher als die Natur« aussehen.

Der Dichter Su Tung-po (Su Shi) verglich den Westsee einmal mit einem jungen Mädchen, das in seinem Alltagskleid wohl reizend, herausgeputzt aber noch schöner sei. Wie viele andere war auch dieser See erweitert und anschließend durch Inseln, Pavillons, Dämme und Brücken verschönert worden, die dem ganzen kunstvollen Ensemble mit den unregelmäßig verlaufenden Rändern und den felsigen Uferpartien erst richtig zur Geltung verhalfen und sich ihrerseits zusammen mit dem hügeligen Hintergrund auf der Wasserfläche spiegelten.

In ihrem Spiegelbild vollenden sich halbrunde Brücken und bringen so die ideale Rundform hervor – in China ein Symbol des Mondes und der Vollkommenheit. Das spiegelnde Wasser steigert die Schönheit der Pavillons und Hügel ins Unermeßliche, und die Gebäude und ihr Spiegelbild erhöhen ihrerseits die magische Wirkung der lichten Wasserfläche. Aus diesen ästhetischen Gründen ebenso wie eingedenk der harmonischen Ausgewogenheit von *yin* und *yang* befand das Gartenbuch *Yuan Yeh*, daß der am besten geeignete Standort für einen Garten das Ufer eines Sees mit der Aussicht auf dahinterliegende Berge sei. Um welchen Standort es sich aber auch immer handele, er müsse im Blick auf die Wasserversorgung gewählt werden, und man könne keine Fundamente ausheben, bevor die Quellen und der Lauf des Wassers bis ins einzelne erkundet seien. Mit der Erde, die nach dem Ausheben von Wasserläufen und dem

190 Das Ende des Sees im Chuo Cheng Yuan, Suchow. Gemäß dem von den Chinesen beachteten geomantischen Prinzip des *feng-shui* durfte das Wasser niemals abrupt irgendwo aufhören, weil mit ihm dann auch die positiven Einflüsse auf den jeweiligen Ort versiegen würden. Deshalb hat man hier, wo das Wasser den Garten verläßt, einen Pavillon so plaziert, daß der Eindruck entsteht, als werde er umflossen. In Wahrheit ist der See – und damit das Wasser – hier zu Ende.

191 Das Wasser fließt unter der Mauer hindurch (Yu Yuan, Suchow). Die Mauer trennt hier zwei verschiedene Bereiche des Gartens. Eine bekannte Liebesgeschichte handelt von zwei Geschwisterkindern, die sich in das Spiegelbild des jeweils anderen verliebten, welches sie unterhalb der den See und die Gärten ihrer Väter trennenden Mauer im Wasser erblickten.

Eindämmen von Teichen übrigblieb, pflegten die Gärtner anschließend Hügel aufzuwerfen, um das natürliche Terrain zu vergrößern, so daß ein – auch außerhalb der Stadt gängiger – Ausdruck für die Anlage eines Gartens vom »Teichgraben und Hügelaufwerfen« sprach.

Für den Stadtgarten war dies natürlich eine durchaus zutreffende Beschreibung. Hier mußten sehr viel kleinere Wasserflächen die großen »Ausblicke über den See« repräsentieren, wie sie am idealen Standort möglich waren. Kleine Weiher, die in der Nähe von *t'ing* oder neben den Hauptempfangshallen ergraben wurden, mußten den Eindruck von Tiefe und Entfernung erwecken und dazu die Gebäude spiegeln, und Wasserläufe von wenigen Metern hatten dem Betrachter das Gefühl zu vermitteln, sie

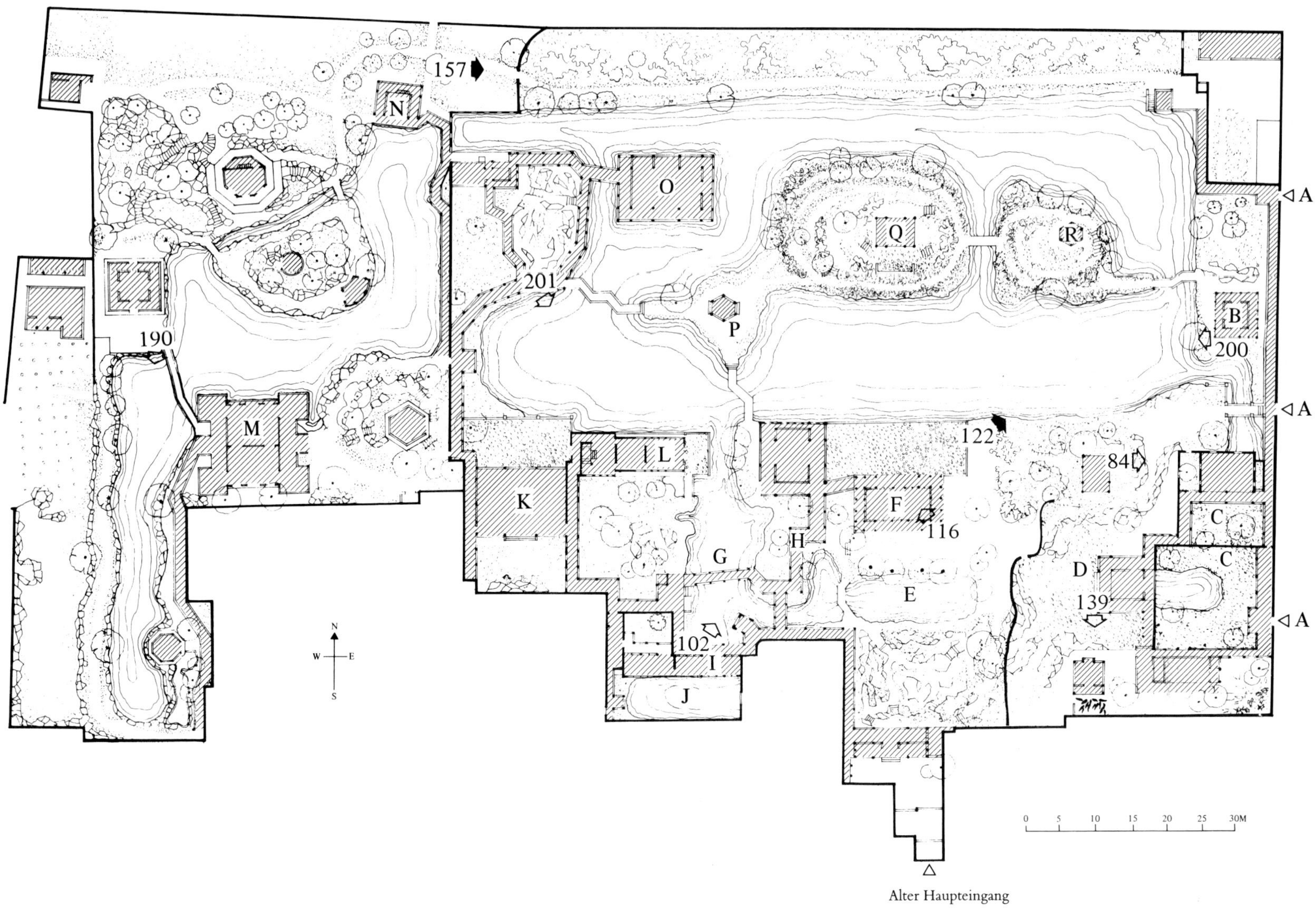

Chuo Cheng Yuan, Suchow

- Mauern
- Durchgänge
- Mauern mit Fenstern
- Mauern unter Kniehöhe
- niedrige Mauern mit Säulen, die ein Dach tragen
- künstliche Berge, Felskompositionen und Hügel
- Bäume und Büsche
- Kieselpflasterung
- Zwergbäume und Topfkulturen

- Richtung, aus der die Schwarzweißfotos aufgenommen wurden
- Richtung, aus der die Farbfotos aufgenommen wurden

A Eingänge vom östlichen Teil des Gartens
B »Stiller Zufluchtsort zwischen Bambus- und *Wu'tung*-Bäumen«
C kleiner umschlossener Hof
D *P'i-p'a*-Garten
E tiefer Teich
F »Halle des entfernten Duftes«
G »Brücke des fliegenden Regenbogens«
H offene Galerien
I »Pavillon der Klarheit und der Großartigkeit«
J totes Gewässer
K Halle der Federn und Blumen
L steinernes Teehaus in Form eines Bootes »Zur-See-Reisen«
M Halle der Mandarinenten mit Fenstern aus blauem Glas
N Halle mit Erinnerungsstücken an Wen Cheng-Ming
O »*Lou* des Betrachtens der Berge«
P *T'ing* mit dem Namen »Lotoswind auf allen Seiten«
Q *T'ing* mit dem Namen »Schöner Schnee, schöne Wolken«
R *T'ing* mit dem Namen »Überredung zum fleißigen Bodenbearbeiten«

192 Plan des Chuo Cheng Yuan, Suchow.

seien von fernen Hügeln in diesen Garten geflossen: deshalb die vielen Mäander und Windungen der Gartenteiche und -flüßchen, ihr unvermitteltes Wiederauftauchen hinter der nächsten Ecke und jener typisch chinesische Trick, die weißgetünchte Mauer, die sich an ihrem unteren Ende öffnet, um das Wasser durchzulassen, den Besucher aber am Weitergehen hindert.

In Stadtgärten ist das Wasser, anstatt in einen größeren See zu fließen, häufig auf viele kleine, verstreute Flächen verteilt, entsprechend dem für den chinesischen Garten gültigen Grundsatz des »Teilens und Vervielfältigens«. Der Chuo Cheng Yuan (Garten des glücklosen Politikers) in Suchow besteht aus ebensoviel Wasser wie Land und ist berühmt wegen seiner auf komplizierte Weise untereinander verbundenen Teiche. In der Tat ist er beinahe ein Wasserlabyrinth – und weitaus schwieriger zu entwirren, wenn man sich im Garten selbst befindet, als wenn man den Plan betrachtet. Im mittleren Teil dieses Gartens sind die Inseln im See so groß, daß man unmöglich um sie herumsehen kann, und jenseits von ihnen scheint das Wasser weg- und in die Unendlichkeit zu fließen. Die Architektur teilt und ergänzt die verschiedenen Teile mit einem Netz aus überdachten Brücken, Pavillons auf Stelzen, Terrassenvorsprüngen und Mauern, so daß jede der vielen verschiedenen Wasserflächen wieder anders aussieht. Das helle Gefunkel der größeren Teiche steht in Kontrast zu dem kühlen und schattigen Weiher hinter der Hauptempfangshalle (F auf dem Plan), wo das felsige Ufer steil abfällt und riesige, dunkle Magnolien die Wasserfläche überschatten. Jenseits davon dehnt sich die Hauptwasserfläche weiter und in die Runde, unter einen auf Stelzen stehenden Bau und bis in ein friedliches »totes Wasser« (J) hinein.

Das Wasser in diesen gewundenen Teichen ist keineswegs immer sauber und klar. Die Chinesen stören sich nicht an trübem Wasser und nennen – als Menschen, die in aller Regel aus der Not eine Tugend machen – undurchsichtige und milchige Wasserläufe »perlengleich«. Grünes Wasser ist »wolkig wie Jade« und findet besonderen Beifall, wenn eine leichte Brise darüberweht und seine Oberfläche in »Jadewellen und klares Gekräusel« verwandelt.

Eine besondere Hervorhebung erfuhr auch die kühlende und erfrischende Wirkung des Wassers, die natürlich gerade in den langen und heißen Sommermonaten – während derer sowohl im Süden als auch in Peking sehr hohe Temperaturen herrschen, und dies über Wochen hinweg – gesucht wurde. So befinden sich etwa im Pei-hai-Garten in Peking der Pavillon der verbreiteten Kühle, der Kiosk der Wasserwolke und die Halle der plätschernden Wellen – als könnten schon diese Bezeichnungen eine Brise wecken und über das Wasser schicken. Alle möglichen Effekte dienten im Sommer dazu, »Kühle« deutlich zu machen. Dazu zählten sogar akustische Wirkungen (die durch Wasser verstärkt werden), so etwa das Rascheln dicht zusammenstehender Lotosblüten im Lufthauch oder das Prasseln des Regens auf ihre schirmartigen Blätter.

So ließen sich die Freuden des Wassers ebensogut in seinen Nebenwirkungen entdecken wie in der ruhigen Schönheit seines Spiegelbilds. Ein Gelehrter konnte einen ganzen heißen Sommernachmittag in einem Pavillon inmitten des Gartenteichs verbringen. Hier kam ihm, während er den mit der Brise heranwehenden Duft der Lotosblüten und der Kiefern einatmete und unter sich die Fische und die sanft unter der Oberfläche wogenden Wassergräser beobachtete, das Gefühl seiner Individualität abhanden. Vielleicht hielt er eine Angel über den Teich, ohne eigentlich irgend etwas fangen zu wollen. Und später lehnte er sich zurück und fing, wie dies schon so viele andere vor ihm getan hatten, das Spiegelbild des Mondes in seiner Handfläche auf.

In den kunstvollen Gärten allerdings (insbesondere im Norden) eigneten sich die Wasserläufe und Seen nicht immer für derart ungezwungene Vergnügungen. Im Yuan Ming Yuan und den großen Pekinger Gärten der Mandschu-Aristokraten wurde das Wasser oft in formale Muster gebracht, etwa in ein Hakenkreuz, indem man es in eine sauber in die entsprechende Form gebrachte steinerne Führung nötigte und den Verlauf mit Pavillons markierte. Solche in hohem Maße stilisierten Wirkungen wurden ganz bewußt als Kontrast zu den sanfteren Mäandern der Wasserwege in anderen Teilen dieser Gärten eingesetzt. Der große T'ang-Dichter Po Chu-i hatte möglicherweise einen ähnlichen – wenn auch nicht so ausgeprägten – Gegensatz im Sinn, als er zwischen den Kiefern seines Bergguts auf dem Lu Shan einen »rechteckigen Teich« anlegte. Aus dem steifen Formalismus der Mandschu-Entwürfe spricht aber ein ganz anderer Geist als aus den naturalistischen Effekten, wie sie die Gelehrten-Gärtner des Südens anstrebten.

Die metaphysische Dimension

Wir haben bisher über die ästhetischen Qualitäten des Wassers gesprochen, denen man nachspürte. Sie alle hatten noch eine viel tiefer reichende metaphysische oder magische Bedeutung, die, so diffus und verblaßt sie in späteren Jahrhunderten auch sein mochte, hintergründig immer noch eine Rolle spielte. Wenn ein Gelehrter am Abend seinen Gartenpavillon aufsuchte, um »den Mond zu betrachten, der seine Seele wäscht«, dann berief er sich, und sei es unterbewußt, auf ein System magischer Überzeugungen und Vorstellungen, das weit in die Vergangenheit zurückreichte.

Für einen kontemplativ veranlagten Menschen besaß die Schönheit von Wasser in einem Garten auch eine spirituelle Dimension, denn das Wasser war eines der wichtigsten Symbole der Taoisten. »Das höchste Gute«, so sagt der *Tao Te Ching*, »ist wie das des Wassers. Das Gutsein des Wassers besteht darin, daß es den zehntausend Kreaturen zugute kommt, selbst aber nicht streitet, sondern zufrieden ist mit den Orten, die alle Menschen geringschätzen. Ebendies ist es, was das Wasser so nahe an das Tao rückt.«[8] Wasser konnte das Böse weg»waschen« und auf diese Weise Wohl-Wollen symbolisieren, es konnte in aller Stille sein eigenes Niveau finden und damit vollkommene Geradlinigkeit zu erkennen geben, und es konnte wie ein Spiegel reflektieren, ohne egoistische Verzerrungen.

Angesichts dieser Eigenschaften des Wassers ist es nicht verwunderlich, daß ein Taoist des 5. vorchristlichen Jahrhunderts, Kuan Tzu, es als das ursprüngliche Element pries, das alles hervorbringe, was existiert – ein Gedanke, der den alten Mythos von P'an Ku ins Gedächtnis ruft, dessen Körper die Erde wurde und dessen Blut in den Flüssen und Strömen fließt: »Das Wasser ist das Blut und der Atem der Erde, es fließt und teilt sich – gleichsam den Muskeln und Adern – tätig mit.«[9] Diese poetische Vorstellung wird später auf die Gärten übertragen: Das strömende Element ist das Blut, das die Szenerie mit Leben erfüllt, und zugleich der beseelende Geist, der Entzücken und Erfrischung bietet. Selbst Konfuzius konnte nicht umhin, die harmonischen Aspekte des Wassers zu rühmen, und wie die Taoisten pries er es wegen seiner moralischen Dimension. »Als Fläche«, so sagte er, »ist das Wasser in einem makellosen Zustand der Ruhe. Laßt euch das zum Vorbild dienen. Still verharrt es darin und fließt nicht über. Aus der Bemühung um solche Harmonie erwächst die Tugend.«[10]

Wenn man bedenkt, daß im alten China so vieles vom jährlichen Regenzyklus abhing, kann der enge Zusammenhang von Wasser und der Gabe der Unsterblichkeit nicht verwundern. Viele Geschichten erzählen von Menschen, die das Glück hatten, den Unsterblichen oder *Hsien* tatsächlich zu begegnen und mit ihnen aus ihren winzigen, aber unerschöpflichen Gefäßen zu trinken. Wenn das Elixier seine wohltuende Wirkung tat, schrumpften sie und wurden so klein, daß sie den engen, gekrümmten Hals einer Kürbisflasche passieren und so die unterirdischen Paläste der Unsterblichen besuchen konnten. Von der Unsterblichkeit sprach man als vom »ewigen Leben unter den Wellen«, und es hieß, daß eine Grotte den Zugang zum unterirdischen Reich der *Hsien* und damit zum Paradies gewähre. Es überrascht nicht, daß dieses Gedankengut unmittelbar Eingang in die Gartenarchitektur fand und man Felshöhlen gerade an Seen und Wasserläufen anlegte.

Die berühmten Könige der alten Legenden, die in Grotten und Bergen nach dem Elixier der Unsterblichkeit suchten, tranken die nährende Narde, die aus den Enden der Stalaktiten und von den felsigen Wänden tiefer Höhlen sickerte. Die Stalaktiten selbst gewannen durch diese Assoziation an Bedeutung und wurden auf alten chinesischen Glocken als hervortretende Verdickungen dargestellt. Im rituellen Trinkakt des Königs sah man das »Saugen an den Saugwarzen der himmlischen Glocke«[11] – eine Assoziation von Wasser mit Frauen, die überraschende Überlegungen eröffnet und Anlaß zu freudianischen Spekulationen gibt.

Da die Frauen den Aspekt des *yin* verkörperten, mußten sie mit dem *yang* in Einklang gebracht und abgestimmt werden. Katastrophale Folgen stellten sich ein, wenn das Pendel einmal zu weit nach einer Seite ausschlug. In solchen Fällen mußte das Gleichgewicht durch kaiserliche Intervention wiederhergestellt werden. Ein höchst spektakuläres Beispiel dafür war die schreckliche Flut, die im Jahre 813 n. Chr. das Land verwüstete. Der Kaiser ließ daraufhin sogleich »zweihundert Wagenladungen überflüssiger Frauen aus seinem Palast« verjagen, und die über die Ufer getretenen Flüsse kehrten gehorsam in ihre Betten zurück. Tatsächlich repräsentierten Frauen »metaphysisches Wasser in menschlicher Form« (wie Edward Schafer es ausdrückt). »Sie erschienen in Mythologie und Literatur als sichtbare Verkörperungen des feuchten Bodens und der Wasserläufe, die ihn nässen.«[12]

In sehr fernen Zeiten scheinen die chinesischen Wassergöttinnen nicht menschenähnlich gewesen zu sein. Die schuppigen Wesen glichen eher den Schlangen und Meerweibern anderer früher Kulturen. In China traten sie gemeinsam mit dem den Menschen wohlgesonnenen regenbringenden Drachen auf (der in der chinesischen Kunst eine so große Rolle spielt), um zwei unterschiedliche Aspekte des Wassers zu repräsentieren. Schafer sieht in den schlangengleichen Damen »die Behälter der Feuchtigkeit – den kühlen, empfangenden Lehm oder den sumpfigen See; (während im Gegensatz dazu) die kraftvollen Drachen der aktive, fallende Regen waren«.[13] Im Laufe der Jahrhunderte wurden die Drachen immer männlicher in ihrem Wesen und die Damen weniger schuppig und unendlich viel verführerischer. Im Mittelalter schließlich erschien die Schutzgöttin eines Teils der Yangtseschluchten den Männern hell verschleiert im treibenden Regen oder Morgennebel. Die Dichter der T'ang-Periode schrieben in der Nähe ihres Tempels romantische Verse, in denen die Erinnerung an einen König der Frühzeit beschworen wurde, dessen Reich blühte und gedieh, nachdem er sich dieser Dame in Liebe verbunden hatte. Man nannte sie die Regenbogenfrau, und sowohl mit dem Regenbogen als auch mit dem Nebel wurden in der Folge übernatürliche Gaben und der Gedanke der Fruchtbarkeit assoziiert.

Wenn sich Seen und Wasserläufe im Morgennebel großer Wertschätzung erfreuten, so feierte man sie gleichermaßen bei Mondlicht. An manchen Orten war die Wassergöttin zugleich auch die Göttin des Mondes. Aber auch wenn es sich um verschiedene Gottheiten handelte, wurde der Mond mit dem Wasser oder dem Eis assoziiert; und aufgrund seiner Verbindung mit den Wassernymphen des Sees im Symbol der Perle (in der man das substantiierte Wesen des Mondes erblickte) war er auch das himmlische Bild der Frau. Assoziationen dieser Art mögen einem Gelehrten in den Sinn gekommen sein, wenn er im Pavillon am See saß und das Spiegelbild des Mondes betrachtete, denn der *Yuan Yeh* setzt sie in Vorschläge für die Gartengestaltung um: »Der Mond scheint durch die Weidenbäume am Teich, wenn er im klaren Wasser ›seine Seele wäscht‹.« (Auf dem Weg zu diesem Spektakel hatte man möglicherweise eine Mondpforte passiert.) Vielleicht war auch das unterirdische Land der Unsterblichen zitiert, denn: »Der Spiegel des Teiches reflektiert die Schatten; hier öffnet sich ein Zugang zum Palast der Meerjungfrauen.«

Selbst an regnerischen Abenden, wenn kein Mond schien, oder an Niesel- und Nebeltagen erschien der Pavillon am Wasser den Chinesen als etwas Wunderbares. Denn sie haben wie die Japaner und die Engländer aus unfreundlichem Wetter eine Tugend gemacht, und die zarten Nebel, die von den Seen und Flüssen aufsteigen, sind ihnen immer voll romantischer Versprechungen erschienen, auch als sie an die Flußgöttinnen als solche schon nicht mehr glaubten. Manche Seen und Gärten sind berühmt, weil sie unter etwas feuchten (oder »weiblichen«) Umständen besonders schön sind. Der Kaiser der K'ang-hsi-Periode der Ch'ing-Dynastie zum Beispiel unternahm eigens eine Reise zu einem berühmten Inselgarten, dem *Lou* des nebligen Regens. Als er ankam, schien die Sonne hell, die Gewässer funkelten, und die Umrisse der Insel flimmerten in der Hitze. Es war ein wunderbarer Tag – und der Kaiser war tief enttäuscht.

Hätte er den Garten an einem »geeigneten« Tag gesehen – bei Nieselregen und ziehenden Nebeln –, dann hätte dieser Kaiser fraglos der lokalen Wassergöttin ein paar Verse gewidmet. Aber seine Inspiration wäre poetischer, nicht übernatürlicher Art gewesen. Schon im 10. Jahrhundert hatten die Angehörigen der gebildeten Schichten auf das Wirken magischer Kräfte und den Glauben an Wassergöttinnen nicht mehr viel gegeben. Die rechtschaffen-rationalistische konfuzianische Denkweise hatte solche Vorstellungen in Schach gehalten oder sie in eine ästhetische Richtung abgedrängt. Auf der poetischen Ebene besteht kein Widerspruch zwischen den vielerlei Bedeutungen, die das Wasser besaß – Ur-Essenz, Blut der Erde, getreuer Spiegel, Getränk der Unsterblichen, Ort der Meerjungfrauen und Wesen der Frau, das letztere summiert im Mond und kristallisiert in der Perle. Das Wasser vermochte alle diese miteinander zusammenhängenden Assoziationen heraufzubeschwören, wenn der Besucher des Gartens nur darauf eingestellt war, sie zu empfangen, und eben diese Assoziationskette spielte in Anlage und Wertschätzung der Gärten häufig eine – wenn auch in manchen Fällen unbewußte – Rolle.

Zumindest ist es das Wasser, das Leben und Bewegung in die Felsen und die Sommerhäuser bringt. Gemächlich pulsiert es durch die gewundenen Führungen, spiegelt den sich verändernden Himmel und läßt an eine andere Welt unterhalb seiner »die Hälfte reflektierenden« Oberfläche denken. Wenn ein Garten sein Wasser einbüßt, wenn dessen Betten austrocknen, weil sie vernachlässigt wurden oder weil es lange Zeit nicht geregnet hat, dann ist das ästhetische Leben dahin, gar nicht zu reden vom wirklichen Leben der Bambussträucher und der Lotosblüten. Es nimmt nicht wunder, daß einige der größten chinesischen Gärten an Seen gebaut sind und daß die berühmtesten von ihnen in den beiden Städten des Südens entstanden, in denen überall Wasser in Flüssen und Kanälen floß. Das Sprichwort »Der Himmel oben, Hangchow und Suchow unten« geht nicht zuletzt auf die vorherrschende Rolle des Wassers in diesen beiden Städten zurück.

193 In den Felsen gemeißelter Buddha, Ling Ying Ssu bei Hangchow.

Der Westsee

Marco Polo, der im 13. Jahrhundert nach Kinsai (Hangchow) kam, hielt diesen Ort für die prachtvollste Stadt der Welt und schrieb, daß eine Reise an ihren Westsee »mehr Erfrischung und Entzücken (biete) als jede andere Erfahrung auf Erden«.[14] Mit Sicherheit eignete sich keine Stadt in China besser für ein Leben, das den Vergnügungen und der Pflege der Gärten und der Kunst gewidmet war. Hier hatte die berühmte Akademie der Süd-Sung den geeigneten Rahmen für ihren Kult der Stimmungsmalerei gefunden. Noch heute stellen die fließenden Hügel und das milde und warme Klima, die Nebelschleier vor der Landschaft und das sich weithin dehnende stille Wasser eines der berühmtesten Symbole der schönen Landschaft in China dar. Bleistiftdünne, erhöhte Dämme teilen den See und bieten dem, der über sie hinschreitet, ein zweifaches Spiegelbild. Zwischen Baum und Wasser oder zwischen Land und Wasser gibt es keine Trennlinie – keine großen und hemmenden Mauern oder Begrenzungen, wie das Auge sie sonst gewöhnt ist –, so daß die Dämme mit ihren Bäumen auf wunderbare Weise auf der ruhigen, spiegelgleichen Fläche zu schwimmen scheinen.

Viele der alten privaten Gärten rund um den Westsee bewahren in ihren Namen noch die Erinnerung daran, daß hier das Wasser eine herausragende Rolle spielte: Villa des goldenen Stromes, Wohnung des Wasserbambus, Garten der sich kräuselnden Wellen usw. Keiner ist gegenwärtig öffentlich zugänglich, und von den Klöstern und buddhistischen Tempeln, die einst den See umgaben, haben nur wenige überlebt. Glücklicherweise befindet sich unter diesen wenigen allerdings auch der eindrucksvollste, der im 19. Jahrhundert gegründete Ling Ying Ssu. Er liegt in den südlichen Hügeln, und der Weg dorthin führt durch einen dichten Bambushain, der einst den Pilgerströmen Schatten bot. Hier gibt es luftige Pavillons, deren Dächer ganz von Bäumen umschlossen sind, eine steinerne Pagode, eine hochgewölbte Brücke und eine Reihe prächtiger aus einem Hang herausgehauener und inzwischen moosbewachsener Buddhafiguren. Im 9. Jahrhundert beherbergten die südlichen Hügel viele solche Klöster, deren Dächer vom See aus über der Linie der Baumwipfel zu sehen waren – eine Reihe geschwungener Traufvorsprünge und schlanker Turmspitzen.

Der Dichter Po Chu-i, der 822 zum Gouverneur von Hangchow ernannt wurde, besuchte diese Klöster und beschrieb ihren Liebreiz. Seine poetischen Ergüsse, die den einzigartigen Frieden dieses Ortes einfangen, haben ganze Generationen begeistert. Im Jahr 823 verfaßte er den *Bericht über die Laube des kühlen Brunnens*, der ein kleines, von Wasser umgebenes Gebäude beschreibt, das ganz in der Nähe des Klosters Ling Ying lag: »Im Frühling liebe ich den Duft des Grases, das Entfalten des Grüns in den Bäumen, die den Geist besänftigen und klären und die Lebenskräfte anregen. An Sommerabenden liebe ich das Tropfen des Brunnens, die Kühle der Brise, die miteinander die Sorgen wegwaschen und den Dunst des Weines auflösen. Hier sind die Bergbäume mein Dach, die felsigen Hänge meine Wand. Wolken steigen von den Dachbalken des Schreins empor; das Wasser reicht bis an seine Stufen. Sitzend kann man sich der Kulisse erfreuen und sich dabei die Füße waschen, ohne die Couch zu verlassen; liegend, im vertrauten Gespräch mit dieser Szenerie, kann man die Angelrute baumeln lassen, ohne die Hand vom Kissen zu nehmen. Ja – mehr noch! So sauber und klar ist das fließende Wasser, so rein und frisch, so sanft und glatt, daß – ob du nun Laie oder Mönch seist – allein sein Anblick dir den Staub von Auge und Ohr, den Schmutz von Herz und Zunge nehmen wird, ohne daß du ihn wegwaschen oder -spülen mußt.«[15]

Das Wasser ist – obwohl inzwischen nicht mehr die Ur-Essenz – hier zum poetischen Äquivalent des Lebens geworden: in Gedanke, für den die Chinesen in ihren Gärten auch heute noch empfänglich sind.

8 Die Pflanzen

Die Liebe zu den Blumen zeichnet die Chinesen von alters her aus, und das kann kaum verwundern: Unter den Blumengegenden der ganzen Welt findet sich wohl kaum eine, die China in bezug auf den Reichtum und die Vielfalt seiner natürlichen Flora gleichkäme. Heute kann man durch keinen Garten in Europa oder Nordamerika gehen, ohne auf Arten von Azaleen und Rhododendron, auf *Rosa rugosa* und *Rosa banksiae*, auf Flieder, Kamelien, Lilien, Primeln, großblühende Klematis und zahllose andere Blumen zu treffen, die entweder zuerst in China auftraten oder im Westen aus ursprünglich chinesischen Arten gezüchtet wurden.

Ohne die Chinesen hätten wir weder Gartenchrysanthemen noch die riesigen und prachtvollen Blüten der Strauchpäonie, die Marco Polo einst als »Rosen, groß wie Kohlköpfe« beschrieb, woraufhin alle Welt ihn verlachte. Pfirsiche *(Prunus persica)* wuchsen ursprünglich in China und fanden zur Zeit der Han-Dynastie ihren Weg von dort über die Seidenstraße nach Persien. Mit Sicherheit wurde die süße Orange von den Portugiesen zuerst in den Obstgärten Südchinas entdeckt, von wo sie sie in ihre indischen Niederlassungen mitnahmen und dann im 16. Jahrhundert nach Portugal brachten. Nachdem kurz nach 1600 sowohl die englische als auch die holländische Ostindische (Handels-) Kompanie entstanden waren, unterhielten beide einen regelmäßigen Pflanzentransport aus den Pflanzenschulen um Kanton. Von dort kam schließlich im Jahre 1787 die Strauchpäonie nach England, ebenso die ständig blühende *Rosa chinensis*, die einen so durchschlagenden Erfolg hatte. Dieses Zusammentragen von Pflanzen erfolgte allerdings einigermaßen willkürlich, bis im Jahre 1842 der Pflanzensammler Robert Fortune im Auftrag der *Royal Horticultural Society* in London seine erste Exkursion nach China unternahm. Auf mehreren Reisen besuchte er in einem Zeitraum von mehr als zwanzig Jahren jede Pflanzenschule von den berühmten Fa-tee-Gärten in Kanton bis zu den entsprechenden Einrichtungen in Peking, ferner den einen oder anderen Privatgarten eines reichen Kaufmanns und sogar die Literatengärten, deren seltsame Felsen und »märchenhafte« Szenen seine widerwillige Bewunderung fanden.

Er fing im Süden an und sandte zunächst eine neue Weigela, Jasmin und Forsythie nach Hause. In Ning-po fand er eine neue gelbe Kletterrose, und im Mai entdeckte er im Bergland wildwachsende Klematis, *Spiraea* und Azaleen. Bald stellte Fortune aber fest, daß der Süden von anderen Botanikern bereits regelrecht abgegrast worden war, und brannte darauf, seinen Weg nach Norden fortzusetzen, um dort neue Pflanzen zu entdecken. Doch wie wir noch sehen werden, warteten Enttäuschungen auf ihn. In der Nähe von Tientsin wurde er von den Besitzern mehrerer großer Pflanzenschulen freundlich begrüßt. Man zeigte ihm Töpfe mit Zwergpflanzen, darunter Birnen, sibirische Holzäpfel und Rosen, alle in verschwenderischer Blüte. Diese Techniken, mit denen man im Westen erst seit kurzer Zeit experimentierte, waren in China schon seit Jahrhunderten bekannt. Noch andere Kuriositäten begegneten ihm, so zum Beispiel verschiedene Arten oder Varietäten, die auf den gleichen Stamm gepfropft waren. Er ließ sich über die Freude der Chinesen an Bäumen aus, die alt oder seltsam aussahen. Von all den Dingen, die er zu sehen bekam, vertrugen ein kaltes Klima aber einzig Jasmin, Weigela, Rosen und Geißblatt. Sie waren ihm alle längst bekannt und hatten sämtlich bereits den Weg über Südchina nach Westen gefunden. Er kam zu dem Schluß, daß den Chinesen die Pflanzen des Nordens ganz einfach nicht beachtenswert erschienen.

Daraufhin änderte er seine Taktik und machte sich daran, die Klöster in den Bergen westlich von Peking zu besuchen. Hier beruhigte ihn das sanfte Geklingel der Pagodenglocken; er blickte über die staubige Ebene zu seinen Füßen und bewunderte die riesigen Kiefern, Zypressen und Wacholder auf den Friedhöfen. Die Klöster schützten Bäume, die anderswo längst geschlagen worden wären. Einmal sah er einen voll ausgewachsenen *Pinus bungeana*, zwischen 25 und 30 Metern hoch, mit schuppiger milchweißer Rinde und hübschen hellfarbigen Nadeln. Erst später wurde ihm klar, daß er einen Sämling eben dieses Baumes ja bereits von Shanghai aus nach England geschickt hatte. Selbst die Klöster konnten ihm nichts Neues bieten!

Der nächste bedeutende Sammler nach Fortune, Charles Maries, reiste 1879 auf der Suche nach Pflanzen den Yangtse-Fluß aufwärts nach Ichang. In den die Stadt umgebenden Bergen fand er *Primula obconica, Loropetalum chinensis* und Zauberhasel *(Hamamelis mollis)*, von denen er Muster nach Europa sandte. Allerdings entfernte er sich bei seinen Touren niemals sehr weit von der Stadt, und wie Fortune kam er am Ende seiner Reise zu dem Schluß, daß der Pflanzenreichtum Chinas von den Botanikern der westlichen Länder bereits erschöpfend katalogisiert worden sei.

Aber außerhalb der Stadtmauern und bestellten Felder, viel weiter, als Fortune und Maries jemals vorgedrungen waren, gediehen seit Jahrhunderten – unbeachtet, doch in aller Pracht – unzählige Pflanzenformen an Stellen, an denen es nichts gab »außer Bergen auf allen Seiten ..., die sich in rascher Folge aufeinander türmen ..., getrennt von engen Schluchten, in denen Wildbäche eilig und lärmend zu Tal stürzen«. Das sind die Worte von Ernest Wilson[1], der bei seinen Erkundungszügen durch unbekanntes Terrain ein botanisches Paradies entdeckte, welches seinen Vorgängern entgangen war. Er war einer der bedeutendsten Pflanzensammler, die jemals China besuchten. Wie Maries reiste er den Yangtse-Fluß aufwärts nach Ichang, aber das war erst sein Ausgangspunkt. Von hier aus stieg er hinauf in die Berge und erblickte zurückschauend ein Gelände, das bis auf den letzten Zentimeter terrassiert und bearbeitet war. Vor ihm dagegen erstreckte sich ein Terrain, welches so wild war, daß selbst die zähen und einfallsreichen Chinesen noch nicht versucht hatten, es sich untertan zu machen. Doch war die Gegend nicht ganz und gar verlassen. Die Felsen waren in der Höhe zu grotesken und seltsamen Formen verwittert, aber die beherrschenden Gipfel waren sämtlich gekrönt von taoistischen Tempeln, zu denen kein Weg zu führen schien und die doch soweit wie möglich von eigens angepflanzten Wintergrüngewächsen, Gleditsia, Zypressen, Gingkos und Kiefern, geschützt waren. Auf seiner Reise durch diese abgelegenen Gegenden verweilte Wilson in einsamen Gasthäusern, von denen sich ihm unbeschreibliche Ausblicke auf Felswände und Abgründe boten. An solchen Orten zog man robuste Gummibäume und in der Nähe eines dieser Häuser auch so viele Magnolien, daß die Luft schwer war von ihrem Duft. Auf seinem weiteren Weg fand Wilson sich bald von Pflanzen umgeben, die seit langem von den bestellten Feldern im Unterland verbannt waren – Pflanzen, die er nie zuvor gesehen hatte und die ihn beinahe sprachlos machten. Es war, in seinen eigenen Worten, »schlicht ein botanisches Paradies ... ohne alle Frage die reichste gemäßigte Flora auf der ganzen Welt«.

China verdankt seine so erstaunlich reiche Pflanzenwelt einer einmaligen Kombination geographischer Gegebenheiten. Selbst seine gebirgigen Regionen entgingen den Verwüstungen durch die großen Eisdecken der geologischen Vergangenheit so daß hier viele Pflanzenarten fortbestanden, die in großen Teilen Europas und Nordamerikas ganz verschwunden sind. Dazu kam, daß die dank sanfter Winde aus südlichen Richtungen feuchten Vorberge des Himalaya ein idealer Standort für viele alpine Pflanzen waren. Und schließlich vermischten und verquickten sich in diesem warmen und gemäßigten Klima drei verschiedene Floren ungehindert über Jahrtausende hinweg – die des kälteren und trockeneren Nordens, die des subtropischen Südens und die alpine. Eines Tages konnte Wilson, hoch oben zwischen jäh abstürzenden Kalkwänden kletternd, dreißig Sorten verschiedener Holzgewächse einsammeln. Mehr als alles andere aber erstaunten ihn die verschwenderische Fülle und Üppigkeit all dessen, was er hier antraf: die *Daphne genkwa*, die »überall ... auf kahlen, ausgesetzten Erhebungen« blühte; die chinesische Glyzinie, die sich um hohe Bäume wand; der *Loropetalum*, der sich so üppig über die Steine breitete, daß er von weitem aussah wie Schnee. Auf den Höhen fielen die hellgelben Blüten der *Caesalpinia sepiaria* ebenso auf wie die *Symplocos paniculata* mit den üppigen weißen und duftenden Blüten (denen später wunderbare ultramarinfarbene Beeren folgten), ferner die *Anemone japonica*, Iris, Steinbrech, Henryii-Lilien, eine Fliederart, die ihm neu war *(Syringa juliannae)*, eine neue Hortensie, ein neuer Strauch mit gelben Blüten *(Sargentodoxa cuneata)* und eine blaue Primel, die »an ganz schattigen Plätzen hängt und ... den Boden meilenweit wie ein Teppich bedeckt«. Vor allem aber verblüffte ihn die Überfülle von Blüten, mit der sich die *Rosa banksiae* um die hohen Bäume wand.

Aus diesem irdischen Paradies sandte Ernest Wilson zwischen 1899 und 1911 die Samen von mehr als 1500 verschiedenen Pflanzen nach England und in die Vereinigten Staaten. Insgesamt umfaßte seine Sammlung mehr als 65000 Exemplare, die rund 5000 Arten vertraten. Allein durch seine Tätigkeit und aufgrund der Arbeit der Pflanzenschulen, für die er sammelte, wurde die Flora des Westens um mehr als tausend Pflanzen bereichert, die sämtlich aus der Wildnis stammten.

Erstaunlicherweise sind die Gärten Chinas von diesen Entdeckungen offensichtlich ganz unberührt geblieben. Seit jener Zeit kamen und gingen die Sammler aus England, Amerika und anderen westlichen Ländern, und ganze Schiffsladungen neuer Funde reisten nach London, Petersburg, Paris und Harvard. Doch die Chinesen verwandten ihr Geschick weiterhin darauf, nur solche Pflanzen zu züchten, die seit langer Zeit domestiziert waren; und in ihren Gärten umgaben sie sich zumeist auch weiterhin nur mit den Blumen, die schon ihre Vorfahren geliebt hatten. Warum war den Chinesen nichts daran gelegen gewesen, alle diese neuen Pflanzen selbst zu entdecken? Und warum fand sich, nachdem sie nun von anderen entdeckt worden waren, in ihren Gärten kein Platz dafür? Die Antwort liegt wohl zum Teil in jenem Konservatismus, in dem China seit Beginn der Ming-Ära im 15. Jahrhundert befangen war, und zum Teil in der chinesischen Tradition, Pflanzen – im Einklang mit jener immer noch zunehmenden Fülle der Assoziationen, wie sie zuerst im *Shih Ching* niedergelegt worden war – als Symbole für Vorstellungen, moralische Qualitäten und gefühlsmäßige Zustände zu betrachten. Pflanzen, die erst im 19. oder im 20. Jahrhundert entdeckt wurden und denen dieses Erbe der symbolischen Bedeutung abging, galten als für den Garten eher ungeeignet.

Blumensymbolik

Im Rückblick hieß es oft, daß es die Formen der Natur als solche gewesen seien, die den Philosophen von einst ihre ethischen Vorstellungen eingegeben hatten: Bäume und Blumen waren nicht nur Abbild, sondern in gewissem Umfang auch Quelle der Gefühle und Hoffnungen der Menschen.

So konnte der Kaiser Ch'ien-lung im 18. Jahrhundert schreiben: »Wenn ich mich an Orchideen erfreue, dann liebe ich die Rechtschaffenheit; beim Anblick von Kiefern und Bambus denke ich an die Tugend; stehe ich am Rand eines klaren Baches, dann ist mir die Ehrlichkeit lieb; wenn ich Unkraut sehe, verachte ich die Unaufrichtigkeit. Das ist der Sinn des Sprichworts: ›Die Alten beziehen ihre Vorstellungen von den Dingen.‹«[2]

Dem abendländischen Menschen erscheint dieser Zusammenhang zwischen den Vorstellungen und Dingen oft etwas weit hergeholt. So handelte es sich beispielsweise bei den Orchideen, von denen hier die Rede ist, um jene winzigen, unauffälligen, oft grünlich gefärbten Cymbidien, die vor allem aus den Süd- und Westprovinzen Chinas kamen. Wie andere vor ihm mag auch der Kaiser Chi'ien-lung sie wegen ihrer Anmut gepriesen haben, denn sie waren gefällig und ausgewogen wie die Pinselstriche eines geschickten Kalligraphen. Vor allem aber wird er ihren Duft geliebt haben. Es war in der Hauptsache dieses Merkmal, das sie von alters her als Symbole der Rechtschaffenheit empfohlen hatte. Denn der Duft von Orchideen ist wohl zurückhaltend, aber doch einnehmend, er ist subtil und doch durchdringend, so daß er den Chinesen wie die Freundschaft eines ehrenwerten Mannes erschien. Wie das Wesen eines solchen erfüllte dieser Duft den Raum, ohne daß irgend jemand dies deutlich bemerkte, sein Verschwinden aber wurde von allen Anwesenden als Verlust empfunden. Dazu kam, daß Orchideen schwierig zu züchten waren, daß sie den Züchter aber, wenn er sie mit der gebotenen Umsicht und Sorgfalt behandelte, mit Blüten belohnten, die so einzigartig gefleckt und getüpfelt waren wie feines Sung-Porzellan. Dies alles machte sie den hohen und gelehrten Herren lieb und teuer, und Zucht und Wertschätzung der Orchideen waren möglicherweise ebensosehr eine moralische wie eine ästhetische Übung.

Wie der Kaiser Ch'ien-lung sagte, ließen Kiefern und Bambus ihn an die Tugend denken. Auch damit hielt er sich an die konventionellen Bedeutungen, aber diese Konventionen erwiesen sich doch als assoziativ so weit gefächert, daß es sich lohnte, darüber nachzudenken, während man dem Wind lauschte, der durch die Blätter und

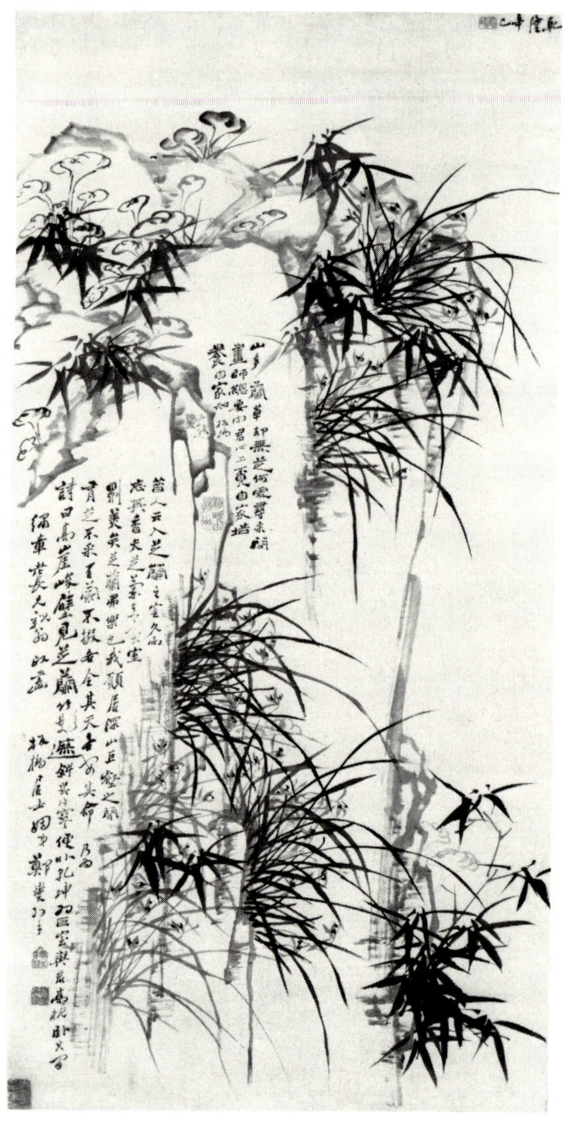

194 *Epidendrum, Felsen und die Pilze der Unsterblichkeit* von Cheng Hsieh, 1761. Der perfekte Einklang von Kalligraphie und dargesteller Natur bezeugt den kultivierten und erlesenen Geschmack des Künstlers (Asian Art Museum, San Francisco).

195 *Die drei Freunde des Winters* – Kiefer, Bambus und »Pflaume« (japanische Aprikose). Ein Teller der *Cheng-Hua*-Produktion und -Ära (1468–1487). Bambus sei *das* Sujet des Gelehrtenmalers, meinte der Dichter Su Tung-po, der im Zusammenhang mit seinem Garten auch sagte: »Lieber Nahrung ohne Fleisch als ein Leben ohne Bambus.« (British Museum, London).

196 Ein vornehmer Herr, der sich in einem Pavillon am Lotos erfreut. Zur Zeit der Lotosblüte war der schönste Ort im Garten der Pavillon über dem Teich, von dem der Duft der Blüten aufstieg (British Museum, London).

Nadeln strich. Alt gewordene Kiefern, vom Lebenskampf zerzaust und gebeugt, waren eine prächtige Analogie zur siegreichen Tugend. Bambus, der sich im Wind bog, aber niemals zerbrach, war ein konfuzianisches Symbol des wahren Edelmanns. Beide sind sie immergrün, und zusammen mit der lieblichen Blüte der japanischen Aprikose, die auf verwitterten alten Zweigen und selbst im Schnee blüht, bildeten sie die berühmten »drei Freunde des Winters«.

Seltsamerweise fehlt in der Aufzählung des Kaisers eine wichtige Pflanze, die von jeher eine Quelle der tugendhaften Inspiration gewesen war: die Lotosblume. Den Konfuzianern galt diese Pflanze als das Vorbild des »höheren« Menschen. In der Tat kann man an einen Lotos nicht denken, ohne daß einem die Zeilen eines berühmten Gelehrten des 11. Jahrhunderts, Chou Tun-i, in den Sinn kommen, die jedes Schulkind vor der Befreiung Chinas auswendig kannte: »Er wächst aus Schlamm und Schmutz empor, aber er ist nicht verdorben; er liegt bescheiden auf dem klaren Wasser; hohl im Innern und gerade im Äußern, verwirren oder verzweigen sich seine Stämme nicht. Sein feiner Duft erfüllt die Luft weit und breit. In seiner ausstrahlenden Reinheit ruhend, ist der Lotos etwas, das aus der Ferne genossen werden muß und nicht durch die intime Annäherung entweiht werden darf.«[3]

In China heißt diese Blume, *Nelumbium speciosum*, die *Lien-* oder *Ho*-Blume. *Lien* schreibt sich zwar anders, klingt aber genauso wie das Wort für »vereinigen«, und *Ho* klingt wie das Wort für »Harmonie«. Der Lotos legt also beide Bedeutungen nahe, wenn sein Name ausgesprochen wird, und wird häufig als dekoratives Symbol der Freundschaft, des Friedens und der glücklichen Vereinigung herangezogen. Von diesen Bedeutungen abgesehen, war der Lotos auch ein beliebtes taoistisches Symbol und das Emblem Ho Hsien-kus, eines der acht Unsterblichen. Den ausgiebigsten Gebrauch vom Lotos machten allerdings die Buddhisten, mit denen die Pflanze bereits lange vor dem Eindringen des Buddhismus nach China assoziiert war. Im ganzen Orient sitzt der gemalte wie auch der skulptierte Buddha auf den geöffneten Blütenblättern der Lotospflanze, häufig umgeben von Bodhisattvas auf kleineren oder nur halb geöffneten Blüten. Für die Buddhisten war der Lotos das Symbol der Seele, die sich – durch Wasser (die Gefühle) – aus dem Schmutz der materiellen Welt heraus – und nach oben arbeitet, um in der Höhe, in freier Luft schließlich zur Erleuchtung zu gelangen.

Edward Schafer hat im Zusammenhang seiner Betrachtung der T'ang-Dynastie gezeigt, daß sich die Freude der Chinesen an der Symbolik schon damals aus dem überkommenen Repertoire der Assoziationen speiste. Der Name einer exotischen Pflanze mochte neuartig und anregend genug sein, um einer Verszeile einen farbigen Akzent zu verleihen, aber ohne die Anreicherung mit traditionellen und historischen Assoziationen konnte er sich kaum einen dauerhaften Platz in den Herzen der Menschen erobern: »Die Pflaume, die den Frühling, neue Lebenskraft und Hoffnung verheißt, oder der Pfirsich, die Verkörperung der Fruchtbarkeit und der Unsterblichkeit in Sage und Legende, stehen für eine Unmenge alter Bekannter und lösen eine Fülle von Assoziationen aus. Nicht so die Lichee zum Beispiel: Obwohl im Norden seit den Zeiten der Han bekannt, wird sie selbst in der T'ang-Dichtung noch als Exotin behandelt, die – wenn auch farbig und von romantischem Reiz – doch kaum bildkräftig ist, was die verbreiteten Träume und Sehnsüchte der Menschen angeht.«[4]

In den tausend Jahren, die zwischen den exotischen Importen der T'ang- Zeit und den neuen Pflanzenfunden des 19. Jahrhunderts verstrichen, verkehrte sich diese grundsätzliche Einstellung in eine weitaus rigorosere Zurückweisung all dessen, was fremd oder neu war. Ihre relative Unbekanntheit war schuld daran, daß es der Lichee nicht einmal gelang, die empfänglichen Dichter der T'ang-Zeit tiefer zu rühren. In der vor allem Fremden zurückschreckenden späten Ch'ing-Zeit konnte es den Entdeckungen exzentrischer Pflanzensammler aus barbarischen Ländern also kaum viel besser ergehen. Und warum auch? Eine Blume, mit der sich keine althergebrachten Bedeutungen verbanden, war nichts als ein – wenn auch wohlgeformtes und ansprechend eingefärbtes – Objekt.

Die Beschäftigung mit alten Quellen wie dem *Shih Ching* bereitet große Schwierigkeiten, weil nicht klar ist, ob die Ideogramme für ganz bestimmte Pflanzen und Bäume sich auf die Arten beziehen, die der Fachmann heute kennt und beschreibt. Mit großer Wahrscheinlichkeit haben die Bezeichnungen inzwischen eine andere Bedeutung erlangt, und die Pflanzen selbst werden schon so lange gezüchtet, daß auch sie sich radikal verändert haben. Ein klassisches Beispiel für diese Schwierigkeit ist die Chrysantheme. Im *Shih Ching* scheint das Ideograph für »gelbe Blume« sich auf Chrysanthemen bezogen zu haben, aber in der T'ang-Dynastie (618–906 n. Chr.) werden dann weiße Blüten und sogar eine seltene purpurrote Art erwähnt. In der Sung-Zeit (960–1279 n.

Chr.) waren die Chrysanthemen-Liebhaber so zahlreich, daß professionelle Züchter und Händler mit den an der Gartenbaukunst interessierten Gelehrten wetteiferten, um durch Kreuzen und Pfropfen immer neue Varietäten zu entwickeln. Im 12. Jahrhundert erschienen die ersten einschlägigen Monographien: Liu Meng beschrieb 35 Arten; Siu Cheng-chih 27, alle aus der Stadt Suchow; und Fa Ch'eng-ta führte 36 Arten aus den Vorstädten von Suchow auf. Es folgten viele weitere Arten, und die große Blumenenzyklopädie von 1708 enthält nicht weniger als dreihundert verschiedene Chrysanthemen. Sie erhielten reizende Namen: So hieß eine kleine, verzweigte und gelbköpfige Art, die dem wilden *Chrysanthemum indicum* entsprach, die Bezeichnung »Himmel voller Sterne«, und eine große, einzeln stehende weiße Blüte mit gelbem Mittelpunkt hieß »Goldene Tasse mit der jadenen Untertasse«.

Natürlich bestand ein himmelweiter Unterschied zwischen all diesen späteren Arten, die man aus ästhetischen Gründen züchtete, und jenen Chrysanthemen, wie sie den Menschen zur Zeit der Entstehung des *Shih Ching* bekannt gewesen waren. Auf die wild wachsende Pflanze war man zunächst wegen ihrer herbalen Eigenschaften aufmerksam geworden, und in jenen Zeiten wäre es exzentrisch gewesen, Chrysanthemen nur wegen ihrer gelben Blüten zu züchten. Nützlichkeit kam in aller Regel vor Schönheit, und aus ebendiesem Grunde erschienen in den Gärten zuerst die Bäume.

Nutzbäume

Die Menschen des *Shi Ching* pflanzten Bäume um ihre Häuser, wie wir aus einem Gedicht wissen, in dem ein junges Mädchen seinen Liebsten bittet, es nicht zu nächtlicher Stunde zu besuchen:

»Ich bitte dich, Chung Tzu,
klettere nicht in unsere Heimstätte.
Brich die Weiden nicht ab, die wir gepflanzt haben ...
Klettere nicht über unsere Mauer,
brich die Maulbeerbäume nicht ab, die wir gepflanzt haben ...
Klettere nicht in unseren Garten,
Brich die Harthölzer nicht, die wir gepflanzt haben.«[5]

Die Weidenbäume dienten vermutlich damals wie heute dazu, Seile und Körbe herzustellen. Ihre Blätter ergaben, mit Wasser überbrüht, einen wohlfeilen Tee. Blätter und Rinde mancher Arten zählten auch zu den Ingredienzen bestimmter Heilmittel, mit denen man rheumatische Schmerzen, Kropfleiden, Dysenterie sowie Quetschungen und Prellungen linderte. Im Westen nutzte man die Heilkraft der Weiden zur Herstellung des schmerzstillenden Aspirin. In alter Zeit mag die Weide neben dem rein physischen durchaus auch so etwas wie übernatürlichen Schutz gewährt haben: In der T'ang-Ära verschonte der Rebell Huan Ch'ao, wie wir wissen, bei der Plünderung von Ch'ang-an im Jahre 880 n. Chr. nur diejenigen Familien, die Blätter bestimmter Bäume, darunter auch solche von Weiden, über ihre Tür hängten. Bei den Buddhisten galt Wasser, das mit einer Weidenrute versprengt wurde, als rein und heilig. Später trat noch eine Reihe poetischer Bedeutungen der Weide neben die praktische und die übernatürliche. Die Biegsamkeit und Anmut der Weidenbäume, die sich im Wind wiegten wie schlanke Tänzerinnen, ließen sie fast von selbst als Ebenbilder schöner Frauen erscheinen; die Assoziation von Weiden mit Wasser und von Wasser mit Frauen mag diese Vorstellung im Unterbewußtsein noch bekräftigt haben. Später bedeuteten Weidenbäume auch sexuelle Freiheit und dienten oft als Symbole für singende Mädchen und für Prostituierte. Deshalb pflanzten die Männer sie nicht an die Rückseite ihrer Häuser, wo sich die Wohnräume der Frauen befanden. Doch hatten die Europäer, die im 18. Jahrhundert Weiden als typisch für den Geschmack der Chinesen betrachteten, mit dieser Ansicht durchaus recht, denn in den Gärten, am Ufer der Seen und Wasserläufe, haben die Weidenbäume sich ihren angestammten Platz bewahrt.

Der zweite im *Shih Ching* erwähnte Baum – der Maulbeerbaum, dessen Blätter als Futter der Seidenwürmer dienen – ist niemals in großer Zahl in den Lustgärten angepflanzt worden. Von den besonders dekorativen Bäumen, die man auch heute noch in den Gärten findet, werden aber einige Arten schon in alter Zeit als nützliche Harthölzer bezeichnet. Jener bestimmte Hartholzbaum, den nicht zu verletzen Chung Tzu von seinem Mädchen gebeten wurde, könnte sehr wohl *Cedrela sinensis*, die rote Zeder, gewesen sein, die heute wegen ihrer kompakten Form und ihrer eßbaren

Schößlinge vielfach als Hofbaum gepflanzt wird. Sie wurde wegen ihrer Langlebigkeit verehrt, und in Mittel- und Westchina trug der Mann einen Trauerstab aus rotem Zedernholz, wenn sein Vater gestorben war, so wie er einen solchen Stab aus Maulbeerholz trug, um den Tod seiner Mutter anzuzeigen. Mit den im *Shih Ching* erwähnten Harthölzern können die Trompetenbäume *(Catalpa)* gemeint sein, deren Holz lange Zeit als Material für Särge, Schachfiguren, Druckstöcke und Musikinstrumente wie auch im Hausbau sehr geschätzt wurde. *Catalpa bungei* wird vor allem im Norden als schattenspendender Baum gepflanzt und erfreut sich großer Wertschätzung wegen seiner duftenden Büschel glockenförmiger Blüten, die mit orangefarbenen Bändern und purpurroten Punkten schön verziert sind.

Zwei weitere nützliche und höchst dekorative Bäume, die in alten Texten erwähnt werden und die man noch heute häufig in den Gärten antrifft, sind die Paulownie (deren Geschichte rund dreitausend Jahre zurückreicht) und *Sterculia plantanifolia (Firmania simplex)*, in China bekannt als *wu-t'ung*, der legendäre Sitz des chinesischen Phönix. Die Paulownie, deren Holz zur Herstellung von Musikinstrumenten verwendet wird, hat große fingerhutartige, am Ansatz gelb gefleckte Blüten in einem feinen Graublau. Der *Wu-t'ung*-Baum ist beliebt wegen seiner eßbaren Samen (die man zum Herbstfest in Mondkuchen ißt) und seiner großen und schönen ahornähnlichen Blätter, von denen der Dichter Yuan Mei, der im 18. Jahrhundert lebte, schrieb:

»Halb hell, halb düster sind die Sterne.
Drei Tropfen, zwei Tropfen, fällt der Regen.
Jetzt weiß der wu-t'ung-Baum, daß der Herbst kommt,
und Blatt wispert die Nachricht dem Blatt.«[6]

Wu-t'ung-Bäume erscheinen ständig auf den chinesischen Landschaftsbildern, wo sie fast immer – in Gesellschaft einer alten Kiefer – das ländliche Studio eines Gelehrten beschützen. Zur Zeit der Ch'ing-Dynastie waren sie in den Pekinger Palastgärten der Mandschu häufig anzutreffen.

Schon frühzeitig zog man selbstverständlich auch Obstbäume, so zum Beispiel die Persimone oder Dattelpflaume, deren große, runde, orange-goldene Früchte (in China die Farbe der Freude) mit dem ersten Herbstfrost weich und süß werden, und den Pfirsich, das von jeher hochgepriesene Symbol des Frühlings, der Ehe und der Unsterblichkeit. Ein Exemplar in den Gärten der Hsi Wang Mu, der taoistischen Muttergöttin des Westens, reifte angeblich alle dreitausend Jahre, und seine Früchte verliehen denen, die sie kosteten, Unsterblichkeit. Birnen konnten eine bescheidenere Langlebigkeit versinnbildlichen, denn von den Bäumen wußte man, daß sie 300 Jahre alt würden. Der unparteiische Herzog von Shao sprach im Jahr 1053 v. Chr. unter einem Birnbaum Recht, und von diesem Zeitpunkt an standen Birnbäume immer auch für ein »gutes Regiment«. Im allgemeinen pflanzte man diese Bäume – wie auch den beliebten »Freund des Winters«, die Pflaume (die in Wahrheit die japanische Aprikose ist) – eher wegen der Blüten als wegen der Früchte, während man an anderen blühenden Bäumen, wie der beliebten Cassia, vor allem ihren Duft schätzte.

Der *Chou-li* (ein Klassiker) erwähnt fünf Bäume, die als Symbole auf Friedhöfen gepflanzt wurden: die Kiefer für den Herrscher, die Thuja für Fürsten, die sommerblühende *Koelreuteria* für Gouverneure, die *Sophora japonica* für Gelehrte und die Pappel für gewöhnliche Menschen. Diese Zuschreibungen konnten nicht verhindern, daß die gleichen Bäume später auch in Lustgärten angepflanzt wurden. *Sophora japonica* – der »Pagodenbaum« – erfreut sich in den Gärten besonderer Beliebtheit, und eine ihrer Varietäten – die Drachentatzenpagode mit ihren steif abstehenden Ästen, die eine natürliche Laube bilden – findet sich in Peking sehr zahlreich. Vor allem die Kiefern wurden zum unerläßlichen Bestandteil der Gärten. Li Li-weng verglich einmal einen Garten, in dem es keine alte Kiefer gibt, mit einer Gruppe schöner Frauen, die von keinem anbetungswürdigen Mann in Unruhe versetzt werden. Da weder die Kiefer noch die Thuja im Winter welken, standen sie naturgemäß für den Freund, der einem auch unter widrigen Umständen die Treue hält. Es wäre verlockend, diese Bedeutung auch den Friedhofsbäumen beizulegen, aber auf Friedhöfen wurden beide Arten speziell zu dem Zweck gepflanzt, den *Wang-hsing*-Vogel fernzuhalten, der das Hirn der wehrlosen Toten frißt.

Während der Herrschaftszeit der Han- und der T'ang-Dynastien, als die chinesische Kultur sich durch besondere Offenheit und Aufnahmebereitschaft auszeichnete, kamen neue Kontakte mit bisher unbekannten Welten zustande, und eine Reihe exotischer Pflanzen hielt Einzug in die Gärten des Nordens. Der Granatapfel, dessen rote

197 *Literaten treffen sich in einem Garten*, Ausschnitt aus einem Rollbild des Yu Ch'iu (tätig ca. 1570–1590). Der hier abgebildete Herr musiziert unter einem Bananenbaum, dem Symbol ambitionierter Gelehrsamkeit (Nelson Gallery, Kansas City/Missouri).

Früchte im Innern unzählige Samen haben, wurde zum Symbol der Fruchtbarkeit. Während der ganzen Regierungsdauer der Han- und der T'ang- Dynastie und auch der nördlichen Sung-Dynastie wurden exotische Bäume und Sträucher aus fernen Provinzen in die kaiserliche Hauptstadt gesandt, um die Parks des Kaisers zu verschönern, und einige fanden schließlich, wenn sie zunächst auch noch fremd wirkten, ihren festen Platz in der chinesischen Kultur. Aus dem Süden kamen Mandarinen, Zitrusfrüchte, Lychee und Loquat. Offensichtlich ebenfalls in der Han-Zeit tauchte der aus dem subtropischen Süden stammende Bananenbaum in den Gärten des Nordens auf. Er muß zunächst einfach seltsam gewirkt haben, doch erwarb er sich bald gefällige Assoziationen, nachdem ein mittelloser Gelehrter angeblich die großen Blätter zum Schreiben benutzt hatte, weil er nichts Besseres zur Hand hatte. So wurde die Banane bekannt als der Baum der Selbsthilfe. Heute steht sie überall in den Gärten, wo immer sie, sorgsam von einem Mantel aus Reet umhüllt, den Winter übersteht. Häufig steht sie in der Nähe des Studierzimmers, denn man schätzt sie vor allem wegen des gefälligen, leicht melancholischen Geräuschs, das der prasselnde Regen auf ihren breiten Blättern erzeugt. In der Zeit der T'ang-Dynastie, als auch die tropischen Provinzen des fernen Südens den Verwaltungsbeamten des Reiches allmählich vertraut wurden, gelangten noch andere Exoten von dort in den Norden, vor allem der *kuei*, den Edward Schafer als den starkduftenden Osmanthus identifiziert.[7]

Blumen und Kräuter

Magische Vorstellungen spielten anfangs eine wichtige Rolle in der Einstellung der Chinesen gegenüber Pflanzen und Bäumen und hefteten sich mit der Zeit an bestimmte Pflanzenarten, weil diese entweder im medizinischen Sinne nützlich oder aber weil sie selten waren. »Heiligkeit« und medizinischer Nutzen gingen eine untrennbare Verbindung ein, und die Kombination der Kräfte weckte wohl das ästhetische Empfinden der Kräutersammler: Ein heilkräftiges Blatt, das damit zugleich ein heiliges Blatt war, galt mit der Zeit auch als schön. Außergewöhnliche Blüten, ob an Büschen, Bäumen oder krautigen Pflanzen, wurden überall als Omen interpretiert. Ein ungewöhnlich kräftiger Strauch oder eine Orchidee, die verschwenderischer blühte als erwartet, galten als unmittelbare Anzeichen dafür, daß gütige Kräfte zum Wohl des Besitzers am Werk waren. Der gleiche Grundsatz galt auch umgekehrt. Als in der T'ang-Ära der Kaiser Ming Huang nach Shu floh, hörten die aus dem Süden stammenden Mandarinenbäume in den kaiserlichen Gärten auf zu blühen. Im *Traum der Roten Kammer* wird der bevorstehende Niedergang der Familie durch eine Begonie im Garten vorausgesagt, die Mitte November plötzlich in voller Blüte steht. Alle wichtigen Mitglieder des Haushalts gehen nach draußen, um sich das Phänomen anzusehen, und wenn Pao-yus streng konfuzianischer Vater darin auch nur ein interessantes botanisches

Phänomen sehen kann, so sind doch alle anderen sehr beunruhigt: Ereignisse, die den Gesetzen der Natur zuwiderlaufen, können nur Unheil bedeuten, denn sie künden von einem Mangel an innerer Harmonie, der früher oder später in die Katastrophe führen muß.

Während ungewöhnliche botanische Phänomene angeblich ein großes Glück oder ein schweres Unheil voraussagten, sah man das Sinnbild schlichten Wohlergehens in der gesunden, aber den Rahmen des Normalen in keiner Weise sprengenden Blüte so verbreiteter Pflanzen wie der Chrysantheme, die reich an magischen Säften und schön in ihrer Form war. Chrysanthemen wurden zunächst wegen ihrer heilkräftigen Wirkung gezogen und stellten einen wichtigen Bestandteil des lebenverlängernden Elixiers der Taoisten dar. In alten Zeiten, so erzählte man sich, holten die Bewohner von Nanyang in Zentralchina ihr Trinkwasser aus einem Fluß, an dem Chrysanthemen wuchsen. Etwas von ihrer Substanz geriet in das Wasser des Flusses, und die Bewohner Nanyangs erreichten alle ein Alter vonn hundert Jahren. Möglicherweise trug die ungewöhnliche Blütezeit der Chrysanthemen – sie blühen im Herbst, wenn alle anderen Pflanzen absterben – dazu bei, daß man sie in einen Zusammenhang mit der Langlebigkeit brachte. Aus einer Infusion ihrer Blütenblätter braute man einen stärkenden Wein, und der duftende Chrysanthementee war gut für die Gesundheit.[8]

Die Chrysantheme war nur eine von vielen dekorativen Blumen, die erst auf dem Umweg über Stößel und Mörser oder den Kochtopf Eingang in die Gärten fand. In der Zeit der T'ang-Dynastie besangen die Dichter die lotospflückenden Damen des Südens, deren anmutige Gestalten zwischen den duftenden Blüten damals einem Vers noch einen exotischen Beiklang zu geben vermochten.[9] Allerdings waren diese Damen nicht etwa müßig, sondern arbeiteten hart, um die Ernte einzubringen. Der Lotos gehört nämlich zu den nützlichsten Zierpflanzen überhaupt. Seine Knolle, die man roh oder gekocht verzehren kann, schmeckt süß, frisch und saftig. Man kann sie zu einem Stärkemehl verarbeiten, das leicht verdaulich ist und daher oft als Krankenkost gekocht wird. Die Frucht wird, zerschnitten und konserviert, als Süßigkeit genossen. Die Blätter dienen zum Würzen, und man kann auch Dinge in sie einwickeln. Yun, die reizende Frau des Shen Fu in dem Buch »Sechs Kapitel aus einem fließenden Leben« (die im 18. Jahrhundert spielenden Memoiren eines verarmten Gelehrten), pflegte kleine Gazebeutel mit Teeblättern zu füllen und sie dann in die offenen Lotosblüten einzulegen. Abends schlossen sich die Blütenblätter fest um die Teebeutel, und am nächsten Morgen verströmten die Beutel einen zarten und köstlichen Duft nach Lotos.[10]

Eine Blume allerdings erreichte die Gärten relativ spät und wurde dann rasch zur Favoritin: *moutan*, die Strauchpäonie. In ihr verkörpern sich adliges Wesen, Rang und Reichtum, schöne Frauen und zugleich – paradoxerweise – das Prinzip des *yang* (*moutan* bedeutet wörtlich »männliches Zinnober«). Es ist interessant, daß diese Pflanze weder im *Shi Ching*, im Buch der Riten noch im *Li Sao* erwähnt wird. In der Literatur der Han-Dynastie kommt sie nicht vor. Offenbar zum erstenmal wurde sie im 4. nachchristlichen Jahrhundert erwähnt: im Werk des Hsieh Ling-yun, des ersten chinesischen Naturlyrikers. Er liebte es, in den Bergen zu wandern, und die Strauchpäonie, deren wunderbar üppige Blüte er schildert, scheint wild gewachsen zu sein. Daß solche Pflanzen in einem Garten standen, wird erst in der T'ang-Ära von dem Dichter Li Po erwähnt, der von dem großartigen Schauspiel der Entfaltung ihrer purpurrötlichen, rosafarbenen und weißen Blüten in Anwesenheit der berühmten Schönheit Yang Kuei-fei im Park des Kaisers Ming Huang berichtet.[11] Allein die üppigen und schön geformten Blätter der Strauchpäonie waren bereits ein ansprechender Anblick. Später wurde es üblich, ihre rauhe Rinde gegen Blutkrankheiten zu verordnen. Daß diese Pflanze zuerst in den kaiserlichen Gärten auftrat, läßt vermuten, daß sie sei eine der ersten ist, die nur zum Anschauen kultiviert worden.

Da die Strauchpäonie so viel zu bieten hatte, konnte nicht einmal der Kaiser für längere Zeit irgendwelche exklusiven Rechte daran beanspruchen. Mit der Zeit wurde sie auch in den großen privaten Haushalten gezogen und gedieh bald in der ganzen Stadt Chang-an. Es entwickelte sich eine ganze Päonien-Industrie, die immer schönere und ungewöhnlichere Variationen produzierte; aber auch die allergewöhnlichste Blüte versinnbildlichte Wohlstand, Reichtum und Ehre. Unter dem Kaiser Wu, der von 684 bis 705 n. Chr. regierte, verlagerte sich das Zentrum der Päonienzucht nach Loyang, wo Varietäten mit doppelten Blütenblättern aufkamen. Jährlich zur Blütezeit wurde das Fest der zehntausend Blüten ausgerufen. Aus allen Exponaten wurden die vier schönsten Blüten ausgewählt, in Kohlblätter eingepackt, die Stengel in Wachs eingesiegelt, das Ganze in Bambuskisten verpackt und von Reiterstaffetten dem Kaiser gebracht. Der

198

199

198 *Päonien unter einem Zeltdach im Chih-Garten* von Chang Hung (1627). Die Päonien sind in einem besonderen Beet zur Schau gestellt, in dem sie von einem eleganten Pavillon aus betrachtet werden können (Sammlung Vannotti, Lugano).

199 Glyzinienspalier im Yuan Ming Yuan, Ausschnitt aus einem Gemälde von T'ang Tai und Shen Yuan, 18. Jahrhundert (Bibliothèque Nationale, Paris).

Hof erwartete ihren Anblick in atemloser Spannung. Inzwischen strömte in Loyang die ganze Bevölkerung zusammen, um den Rest der Ausstellung zu bewundern, wenn auch nur wenige Bewohner es sich leisten konnten, die schönsten Blüten zu kaufen. Im frühen 9. Jahrhundert beschrieb Po Chu-i ein ähnliches Blumenfestival, wie man es zu seiner Zeit feierte: Sonnendächer wurden aufgespannt, um die Blüten schattig zu halten, und hin und wieder fiel der Blick für einen kurzen Augenblick auf eine besondere Varietät, die der Masse der Betrachter halb dargeboten war und halb hinter Flechtzäunen verborgen blieb.

> »Wohlfeil und teuer – kein einheitlicher Preis;
> was die Pflanze kostet, hängt von der Zahl der Blüten ab.
> Flammende Rottöne, hundert an einem Stengel;
> demütiges Weiß, mit nur fünf Blüten ...
> Wenn du sie mit Wasser besprengst und die Wurzeln mit Erde bedeckst
> zum Transport, werden sie ihre Schönheit nicht einbüßen.«[12]

Auch arme Leute stellten sich ein, aber in der Hauptsache war das Fest ein Zeitvertreib der Stadtbewohner. Als ein alter Landarbeiter in dem Gedicht den Preis für ein »Bündel tiefroter Blüten« vernimmt, seufzt er, denn mit der gleichen Summe könnte man die Steuer für »zehn arme Häuser« bezahlen.

Die Liebe zu den Päonien wuchs sich in der Sung-Dynastie zu einer Art nationaler Leidenschaft aus. Zehntausend Sträucher in verschiedenen Farben wurden für den kaiserlichen Sommerpalast in Li Shan bestellt. Der verantwortliche Mann war Sung Shang-fu, Dichter und Päonienzüchter zugleich, denn in jener Zeit galt die Fähigkeit, schöne *Moutan*-Varietäten zu züchten, als schätzenswerte Leistung des kultivierten Mannes. Mit der Zeit verlor Loyang seinen Ruhm als Quelle schöner Päonien an andere und mittlerweile bedeutendere Zentren der Päonienkultur. In der Ära der Süd-Sung schrieb Lu Yu eine Monographie über eine *Moutan*-Varietät der Provinz Szechwan; unter den Ch'ing wurde dann zunächst Pachow in der Provinz Anhui berühmt, später Ts'aochow in Shantung und einige Städte in der Nähe von Shanghai und am T'ai-See.

Pflanzen im Garten

Daß Pflanzen in der chinesischen Kultur, zumal der Sung-Zeit, eine wesentliche Rolle spielen, geht deutlich aus der umfangreichen Literatur hervor, die sich entweder ausschließlich oder doch teilweise mit ihnen befaßt. Pflanzenwerke wurden zusammengestellt, die ihre Verwendung in der Medizin beschrieben, und es gab »Hungerkräuterbücher«, in denen die eßbaren Teile aller bekannten Bäume und Blumen aufgeführt waren. Pflanzenbau-Monographien erschienen zu Themen wie etwa der Orchideenzüchtung, und überschwengliche Loblieder suchten die Überlegenheit des Lotos, der Päonie oder der Chrysantheme gegenüber allen anderen Arten festzuschreiben. Zugleich erfuhr die symbolische und expressive Bedeutung von Blumen eine ständige Bereicherung und Erweiterung in Dichtung und Prosa. Obwohl also an der Wertschätzung, die den Pflanzen in China zuteil wird, gar nicht zu zweifeln ist, scheinen sie sich in der Gartenbaukunst einer herausragenden Stellung jedenfalls nicht von Anfang an erfreut zu haben. Das ist in der Tat verblüffend für jeden, der an die Fülle der Pflanzen in einem modernen westlichen Garten gewöhnt ist. Ein altes chinesisches Verschen zählt die Attribute des vollkommenen Gartens wie folgt auf:

»Leichte Winde im Frühling,
Blumen im Sommer,
Mond im Herbst,
Schnee im Winter.«

Von den vier Jahreszeiten gilt allein der Sommer als wichtig für die Pflanzen, und dabei ist nur von Blumen die Rede, nicht aber von Bäumen und Sträuchern.

Dennoch machen chinesische Gärten von allem, was wächst, einen ganz subtilen und bemerkenswerten Gebrauch. Es war ein Zufall, daß ich die Gärten von Suchow zum ersten Mal im März und im frühen April erlebte, als noch mehr als die Hälfte aller Bäume kahl waren. Durch das schöne, von der Sonne erleuchtete Netzwerk aus Stämmen und Zweigen erschien das Nebeneinander von Mauern und Felsen, von Wasser und Pavillons unendlich viel reizvoller als die reiche Bepflanzung eines englischen Gartens. Immergrüne Kiefern, Wäldchen von rauschenden grünen Bambussträuchern, die ihre Schatten auf die weißen Mauern warfen, und die fahlen knospenden Ruten der Weiden, die wie Strähnen hellen Haares im Lufthauch wehten – sie alle prägten sich mit besonderem Nachdruck ein, weil es an anderen Zeichen des Wachstums um sie herum fehlte.

In ebenjenem April verblüffte mich auch der Anblick eines prächtigen Felsens im Hinteren Garten der Kaiserstadt in Peking. Von ferne sah er aus wie der schrundige Gipfel einer unersteigbaren Bergkette; wenn man näher herankam, sah man dann aber, daß er noch ganz bedeckt war von der vertrockneten grauen Kriechbepflanzung vom vergangenen Jahr. Im Winter mochte er ein Symbol der unbarmherzigen Wildnis darstellen, im Sommer würde er dagegen unter dem über ihn hingebreiteten dichtgewebten Blätterlaken nahezu verschwinden, und das gleiche würde vermutlich auch mit dem ganzen übrigen Garten geschehen, je weiter das Jahr voranschritt. Die Fülle der raffinierten Effekte, das delikate Nebeneinander ganz unterschiedlicher Elemente, das Tüpfelspiel der Lichtreflexe auf Mauern und Felsen – das alles würde in der viel vordergründigeren Wirkung von Bäumen und Blumen verlorengehen.

Erst viel später, als ich die Gärten von Suchow in Obstblüten verhangen sah, wurde mir klar, welche wunderbare räumliche Erweiterung durch die Bepflanzung des chinesischen Gartens zustande kommt. Wenn sich allmählich all die verschiedenen Grüntöne der Bäume entfalten, gewinnt jeder Hof und jede Raumtasche des Gartens eine Aura des Privaten und Eingeschlossenen, ohne daß dadurch auch nur entfernt ein Gefühl der Beklemmung entsteht. Wenn Blätter und Zweige sich im Lufthauch bewegen und Schatten unter sich werfen, dann läßt sich nicht immer mit Bestimmtheit sagen, ob die weißen Mauern wirklich vorhanden oder aber eine Täuschung sind. Durch die durchbrochenen Fenster der Galerien und Mauern leuchten die in Blüte stehenden Sträucher und rücken Teile des Gartens ins Blickfeld, an denen man zuvor achtlos vorbeigegangen ist. Und aus den Aromen, die der Wind trägt, werden Duftströme und Duftbereiche, welche die Folge der Mauern und der Felsen, der offenen Ausblicke und der umschlossenen Höfe ergänzen und kontrapunktieren.

Mehr als alle anderen Anlagen drücken die privaten Gärten in China das Moment der Veränderung aus. Ein Vergleich mit dem englischen Landschaftspark macht das ganz deutlich. Winters wie sommers bleibt ein englischer Park wie etwa Stourhead sich mehr oder weniger gleich: Wohl wechseln die Farben und die Fülle der Formen, aber in ihrer Struktur bleiben die Ansichten erhalten. In Stourhead gehören Blätter und Blumen zum Garten wie die Haut des Chamäleons zu seinem Körper. Im chinesischen Garten dagegen sind Bäume und Blumen eher so etwas wie Bekleidung, welche die darunterliegenden Formen manchmal hervorhebt, dann wieder verschleiert oder schließlich in ihrer Wirkung gänzlich verändert.

Besonders deutlich wird der Wechsel der Jahreszeiten in den chinesischen Gärten dadurch, daß man die Höfe und Raumtaschen in vielen Fällen sozusagen rotierend nutzt, um die Blumen der jeweiligen Saison zu genießen. Päonien zum Beispiel werden gewöhnlich alle zusammen gepflanzt, auf Beete mit steinerner oder marmorner Einfassung oder auf felsige Uferterrassen. Im Frühsommer, wenn sie in voller Blüte stehen, wird dieser Teil des Gartens zum Hauptanziehungspunkt. Die Päonien werden nicht geschnitten, sondern sie wachsen, blühen, welken und sterben an ein und demselben Ort, und die Besucher kommen und besichtigen sie. Im kaiserlichen China wurden Feste zu Ehren der Päonien veranstaltet. Im Anblick der Blütenpracht nippten Gastgeber und Gäste am Wein, versuchten sich in poetischen Improvisationen und scherzten miteinander. Wenn die Päonienzeit zu Ende war, verlagerte sich das gesellige Leben im Garten an einen anderen Schauplatz.

Mit zunehmender Sommerhitze verbrachten die Gartenbesucher ihre Zeit am liebsten im offenen Pavillon, der sich auf Stelzen über dem lotosbewachsenen Ende eines Sees erhob. Diese luftigen, von hauchdünnen Schleiern verschatteten *t'ing* fingen den ersten Hauch der Abendluft auf. Wenn der Besucher sich über die gebogene Balustrade lehnte, konnte er die Blätter der unter ihm aus dem Wasser emporwachsenden Lotospflanzen gerade berühren. Eine Dame des 16. Jahrhunderts, Huang Yu-tsao, schildert die wehmütig-träge Stimmung solcher Sommernachmittage:

> »In der tiefen Halle zersetzt sich der Staub, die Mittagshitze läßt nach;
> der Dunst kräuselt sich wie im Traum, der Tag verhält, verhält –
> ein leichter Wind scheint sich mit dem Lotos zu besprechen:
> den Duft mit sich tragend, rollt er den Vorhang auf.«[13]

Der Lotos – die Blume der sommerlichen Mattigkeit, so wie die Päonie die Blume der frühsommerlichen Fülle ist – bringt eine der eindrucksvollsten jahreszeitlichen Veränderungen im chinesischen Garten mit sich. Im Frühling sind die Seen gläsern-reflektierende Flächen, in der Lotossaison aber erheben sich die Blätter dieser erstaunlichen Pflanzen auf ihren gebogenen Stengeln und bilden in der Höhe eine neue und schwellende grüne Fläche über dem Wasser.

Über ihre Blüte im Pekinger Pei-Hai-Park in den dreißiger Jahren schrieb Lorraine Kuck: »Die Blätter haben die Form einer riesigen runden Schüssel mit geriffeltem Rand. Das Blattinnere ist ein seltsam durchscheinendes, bläuliches Grün, was von der wächsernen Oberfläche herrührt. Wenn sich Regen oder Tautropfen in diesen Jadeschüsseln sammeln, dann zieht die Oberflächenspannung das Wasser zu kristallenen Kügelchen zusammen. Und wenn das Blatt sich bewegt, dann rollen diese juwelengleichen Tropfen wie kristallene Perlen umher. Wenn ganze Felder solcher Blätter von der leichten Brise bewegt werden, dann fegen manchmal Folien eines blauen elektrischen Lichtes darüber, die sich in der wächsernen Fläche brechen.«[14]

Auf größeren Seen wie demjenigen im Pei-Hai schlug man Pfade durch den Lotos, so daß zwischen den Pflanzen kleine Boote passieren konnten, die unter der grünen Oberfläche nicht zu sehen waren. Haushalte, die keinen Garten besaßen, zogen in ihren Höfen Lotosblüten in großen Schalen, die unten mit guter, fruchtbarer Erde und dann bis zum Rand mit Wasser gefüllt wurden. Solche Schüsseln wurden oft zu beiden Seiten des Haupteingangs aufgestellt, und die riesigen bläulichen Blätter breiteten sich in der Höhe wie kleine Sonnendächer aus.

Die Grenzen Chinas umfassen eine ganze Reihe von Klimazonen. Im Norden ersetzt die Päonie manchmal den Lotos als traditionelle Sommerblume, während sie im Süden die Blume des Frühlings ist. Aber ob Norden oder Süden, ob gemäßigte oder subtropische Zone, das Symbol des Herbstes ist überall die Chrysantheme, und wenn die Chrysanthemen blühten, dann war dies unweigerlich ein Anlaß für saisonale Belustigungen, wie bescheiden die Lebensumstände auch immer sein mochten.

Shen Fu und seine Frau Yun, das ganz und gar mittellose Paar aus den *Sechs Kapiteln eines fließenden Lebens*, verbrachten wieder einmal einen heißen Sommer in einer von Feldern umgebenen winzigen Hütte in den Randbezirken von Suchow. Wie üblich triumphierte die Empfänglichkeit für Sinneseindrücke in schönster Weise über die Armut: »Ich hatte die Nachbarin gebeten, uns einige Chrysanthemen zu kaufen und sie entlang der Bambusreihe zu pflanzen. Als sie im neunten Monat zu blühen begannen, beschlossen wir, noch etwa zehn Tage dazubleiben, um uns an ihrer Schönheit zu erfreuen, und nach meiner Mutter zu schicken, damit sie käme und sie ebenfalls sähe. Die Einladung freute meine Mutter, und als sie da war, verbrachten wir den ganzen Tag im Anblick der Blumen, aßen Krabbenbeine und schwatzten miteinander.«[15]

Chrysanthemen wurden nicht nur im Garten gepflanzt, sondern auch in Töpfen gezogen. In jedem Garten von einiger Größe gab es einen – gewöhnlich eingefriedeten – Bereich für Topfkulturen und *pen-jing*, die chinesische Form des *Bonsai*, in der die Gärtner es zu bemerkenswertem Geschick gebracht haben. Zur Zeit der Blüte wurde

200 Der Lotosteich im zeitigen Frühjahr, Chuo Cheng Yuan, Suchow.

201 Der Lotosteich, im Sommer gänzlich von Lotosblättern bedeckt, im Chuo Cheng Yuan, Suchow. Der Lotos bewirkt ein völlig verändertes Aussehen des sommerlichen Gartens, verglichen mit seinem Anblick im Frühjahr: Im Sommer ist das Wasser der Teiche oft ganz von den üppigen Blättern der Pflanze bedeckt. Im Winter sind nur noch die gekrümmten und abgebrochenen Stengel zu sehen, deren Abbild im Wasser an stillen Tagen an feine Kalligraphien erinnert.

eine gewisse Anzahl dieser Töpfe herausgeholt und auf Tischen und Blumenständern in den Hallen und Studios des Gartens aufgestellt oder in den Höfen, auf den offenen Terrassen und zu seiten der Eingänge plaziert. Im ganzen Garten wurden Korridore und niedrige Mauern mit solchen Töpfen geschmückt, die man in einem Rotationsverfahren nach draußen brachte. Auf diese Weise gewann man einen Vordergrund ständig wechselnder Formen und Farben, der die immer vorhandenen Bäume und Sträucher ergänzte. Wer die gewundenen offenen Galerien entlangging, hatte die Blumen so dicht vor sich, daß er jede einzelne genau betrachten konnte, aber sie verbanden sich zugleich auch mit der Architektur und bildeten mit ihr zusammen den Rahmen für den Ausblick in den dahinterliegenden Garten. Dazu kam, daß die Muster der hölzernen Lambrequins an den Fenstern und Balustraden die Umrisse der dicht neben sie plazierten Blumen und Blätter aufnahmen, so daß die blühenden Pflanzen in den Töpfen ein subtiles, aber wichtiges Verbindungsglied zwischen den natürlichen und den künstlichen Elementen des Gartens bildeten. In den Privatgärten der Reichen wurden diese dekorativen Topfpflanzen natürlich von professionellen Hausgärtnern kultiviert. Bestimmte Blumen wurden aber oft auch von gelehrten Gartenbaumeistern persönlich gezogen. Zu ihnen gehörten die Chrysanthemen. So gab es neben den öffentlichen Chrysanthemenausstellungen im kaiserlichen China auch private Zusammenkünfte von Liebhabern, die jeweils einen oder zwei Töpfe mit ihren allerschönsten Blüten mitbrachten, um sie mit denjenigen ihrer Freunde zu vergleichen.

Ein dem Schönen so zugetaner Mann wie Shen Fu war in der Regel wohlbewandert in den vielen Nuancen der Würdigung der Blumen. Um welche Blumen es sich auch handeln mochte, dies war immer ein schwieriges und langwieriges Unterfangen.

In seinem Buch *Queen Mary and Others* beschreibt Osbert Sitwell eine Szene, die sich im Jahre 1934 in Peking zutrug, nach dem Ende der letzten Dynastie. Damals machten einige alte Vertreter der Mandschu-Aristokratie sich nach vielen Jahren zum ersten Mal auf, die Holzapfelblüte im Garten eines der wenigen noch lebenden Prinzen zu bewundern. Die alten Männer, ebenso gebeugt und vom Alter gezeichnet wie die zweihundertjährigen Bäume, die zu inspizieren sie gekommen waren, kletterten mit großer Mühe die steinernen Stufen hinauf, um von oben auf das Blütenmeer zu schauen.

202 Der Topfkulturen-Garten des Gästehauses, Provinz Kwangtung.

»Einmal hier angekommen, blieben sie eine volle Stunde und verglichen im Geiste die Farbe und den Duft der Blüten aus vergangenen Jahren mit denjenigen, die sie jetzt vor sich hatten ... eine so gewichtige Prüfung und Begutachtung durfte nicht überstürzt werden. Es war schließlich besser, jetzt die Urteilskraft wirklich auszuschöpfen, mit der die Jahre sie beschenkt hatten, und ihre erprobten Fertigkeiten in dieser Richtung einzusetzen, denn nach Lage der Dinge konnten sie kaum hoffen, noch sehr viele solcher blumiger Ernten zu erleben.«

Im Weggehen drehte Sitwell sich noch einmal um und sah die alten Männer alle als Silhouette vor dem blauen Pekinger Himmel, wie sie hinunterstarrten in das »wogende Durcheinander da unten, und schweigend warteten, wie der Wächter auf dem Turm oder der Hüter eines alten Schreins, der die Gläubigen zum Gebet ruft«.[16]

Ebenso gerne wie Chrysanthemen zogen die gelehrten Gartenbauer auch die kleinen *Cymbidium*- Orchideen (in China als Lan Hua bekannt), die, wie wir schon hörten, den Kaiser Ch'ien-lung an »Rechtschaffenheit« denken ließen. Auch sie wurden in Töpfen gezogen. Es gab zwei Hauptvarietäten, von denen diejenige, die im Frühling blühte, überall als das Symbol und der Vorbote der Saison galt.

Es kam vor, daß die Gemüter über dem Züchten von Orchideen in Wallung gerieten, und für manchen Züchter war die Belastung zu groß. Shen Fu zum Beispiel erbte beim Tod eines alten Sammlerfreundes eine besonders schöne und seltene Orchidee. Es war eine Frühlingsorchidee »vom Lotostyp, mit großen weißen Herzen, wundervollen ›Schultern‹ und sehr schlanken Stengeln«. Er nahm sie mit nach Hause und »hütete ihre kostbare Vollkommenheit wie ein Stück alter Jade«.[17] Sie gedieh unter seiner Pflege, aber eines Tages war sie plötzlich tot. Bestürzt und traurig grub Shen Fu die Wurzeln aus, um zu sehen, was geschehen war, und stellte fest, daß sie faulig geworden waren. Später erfuhr er, daß ein Rivale, dem er die Bitte um einen Ableger abgeschlagen hatte, mit voller Absicht kochendes Wasser in den Topf gegossen hatte, um die Pflanze zu vernichten.

Die Schriftstellerin Su Hua berichtet in den Erinnerungen an ihre Kindheit um die Jahrhundertwende, daß es im Gewächshaus ihrer Familie in Peking mehr als zwanzig Orchideenarten gab, die alle ursprünglich aus dem Süden stammten. Die wertvollste war *Chien lan* mit den lichtgrünen Blüten und Herzen. Eine sehr seltene Varietät im Besitz ihrer Familie war *Ouk-lan*, die aus Kwangtung nach Peking gebracht worden war. Die Shantung-Orchidee von der östlichen Halbinsel mit ihren grünen Petalen und roten Herzen war in allen Gewächshäusern der Hauptstadt zu finden. Viele Pflanzenliebhaber besaßen im übrigen auch die hängende Orchidee mit lavendelfarbenen Blütenblättern, die aus der im fernen Westen gelegenen Provinz Szechwan importiert worden war.

Jeden Vormittag nach dem Unterricht half Su Hua dem Gärtner der Familie, Lao Chou, beim Wässern der Orchideen. Was sie von diesem weisen und herzensguten Mann berichtet, vermittelt zugleich ein intimes Bild des Lebens im und mit dem Garten im Peking des frühen 20. Jahrhunderts. Eine besondere Freude war es immer, wenn die Mutter dem kleinen Mädchen erlaubte, Lao Chou auf den Blumenmarkt der Stadt zu begleiten. Dort holten sie sich bei freundlichen Schmieden Späne von Pferdehufen, aus denen sie dann einen Sud zum Düngen der Orchideen ansetzten, und kauften Abfälle, die Lao Chou später in der Nähe der Rosen im Garten eingrub. Anschließend statteten sie Lao Chous ehemaligen Schülern einen Besuch ab, die jetzt eigene Gewächshäuser auf dem Markt unterhielten. Lao Chou hatte den jungen Männern beim Aufbau ihrer Gewächshäuser geholfen, indem er ihnen Ableger schenkte, und nun bemühten sie sich ihrerseits, seltene Pflanzen für ihn aufzutreiben.

An einem denkwürdigen freien Tag nahm Lao Chou das Mädchen mit aufs Land zu einem weißhaarigen alten Mann, der einst oberster Gärtner im Sommerpalast gewesen war, als die alte Kaiserin Tzu Hsi noch lebte (deren rührende Fürsorge für das Wohlergehen ihrer Pflanzen durch eine bemerkenswerte Gleichgültigkeit gegenüber den Menschen aufgewogen wurde). Die Erinnerungen des alten Mannes vermitteln eine gute Vorstellung davon, welche Rolle die Blumen im Sommerpalast spielten: »Ich mußte täglich daran denken, frische Blumen in die Pavillons zu schicken, in denen die Kaiserin sich möglicherweise aufhalten würde. Gott allein wußte, welche Pavillons sie jeweils aufzusuchen vorhatte. Um ganz sicherzugehen, mußte ich Blumen in die meisten Pavillons schicken. Wenn sie der Kaiserin nicht gefielen, ließ sie mich rufen. Sie verlangte, daß ich alle Blumen und Blüten züchtete, die auf Bildern und Bildrollen zu sehen sind. Ihr Geschmack in bezug auf Blumen war sehr ungewöhnlich. Was sie gar nicht ertragen konnte, waren die gewundenen oder dressierten Blumen, die man auf dem Markt sieht. So mußte ich alle Blumen in unseren Gärten und unseren eigenen Gewächshäusern züchten.«[18]

Im Garten des alten Mannes sah Su Hua eine zweihundert Jahre alte Glyzinie, »deren Stamm ausssah wie ein Drache, der sich aus dem Wasser erhebt«. Man zeigte ihr auch einen Fliederbaum, der dreihundert Jahre alt war und dessen Anblick sie an eine »mit schöner Gebärde tanzende Frau« denken ließ. Um diese Prachtstücke war ihr Besitzer mit unendlicher Liebe und Sorgfalt und in Kenntnis all jener gärtnerischen Weisheiten bemüht, die von Generation zu Generation mündlich weitergegeben worden waren. Aus dieser reichen und alten Tradition bezog er nicht nur praktisches gärtnerisches Detailwissen – etwa mit welchen Ölen man verfaulende Wurzeln zu behandeln hatte oder wie Ableger von Obstbäumen zu gewinnen waren –, sondern auch jenes ganz besondere, taoistisch inspirierte Gespür des Gärtners für seine Pflanzen.

In chinesischen Gärten scheint es oft, als seien die Nebeneffekte der Blumen und der Bäume – und auch der Bauten, ja selbst der Fels- und Wasserarrangements – noch um einen Grad wichtiger als die Dinge selbst. Die Freuden des Gartens liegen in der Frische, die in der sommerlichen Hitze von einem Wasserlauf aufsteigt, im von ferne vernehmbaren Sprung eines Fisches im Abendnebel, im Duft des Lotos und in der verwandelnden Kraft des Schnees. Vor allem aber liegen sie in jenen scheinbaren Widersprüchlichkeiten, die gerade auf die Chinesen eine so große Faszination ausüben – in den Augenblicken, in denen das Zirpen einer Grille (wie das Sprichwort sagt) die Stille vertieft oder ein zitternder Lufthauch die Ruhe noch spürbarer macht. Wenn der Gartengestalter sich in diese vorübergehenden, aber immer wieder erlebten Wirkungen versenkte, wuchs sein Sinn für die ewigen Wandlungen des Tao, und in der momentanen Wahrnehmung des verstreichenden Augenblicks transzendierte er seinerseits die Zeit.

203 (oben) *Gardenie* von Hsu Hsi (National Palace Museum, Taiwan).

204 (unten) *Blumenkorb* von Li Sung (National Palace Museum, Taiwan).

205 (S. 190–191) Reetgedeckter Pavillon im Park vor der Stadtmauer von Nanking zur Frühlingszeit.

9 Bedeutungsinhalte des chinesischen Gartens

von Charles Jencks

206 (oben) Zeitiges Frühjahr im Liu Yuan, Suchow. Die Blütenpracht vor der zartgrauen Mauer lenkt den Blick mit einemmal auf die Einzelheiten eines Winkels, dem sonst das ganze Jahr über keine Beachtung zuteil wird: Hier sind Felsbrocken in die Mauer eingelassen, die man wegen jener Patina schätzt, mit der das Wettergeschehen vieler Jahre sie versehen hat.

207 (unten) Das Sonnenlicht setzt die Umrisse der winterlichen Zweige klar von dem pudrigen Rot der Mauern des Yu Hua Yuan (des Hinteren Gartens der Kaiserstadt in Peking) ab.

Es wäre vergeblich und auch ganz unsinnig, wollte man versuchen, die verschiedenen Bedeutungsinhalte des chinesischen Gartens, auf die wir hier immer wieder kurz zu sprechen kamen, zusammenzufassen. Sie lassen sich nicht zu einem einzigen Ergebnis addieren, und keiner dieser Inhalte macht für sich allein die Bedeutung des Gartens aus. Es war hier keineswegs beabsichtigt, die Tradition des chinesischen Gartens in einer Formel festzuschreiben, zumal diejenigen Gärten, die heute gebaut werden, in ihrem Ansatz derart variieren, daß sie als Gegensätze erscheinen könnten. In Cheshire/Connecticut befindet sich ein Garten, der in der Tradition von Wang Weis Landsitz steht. (Sein Erbauer ist Nelson Wu, ein Mann, dessen faszinierende Ansichten wir gleich noch kurz vorstellen werden.) In Taiwan hat man eine rührend volkstümliche »Insel der Unsterblichen« angelegt, und auf dem Festland sind einige der berühmtesten alten Gärten restauriert, daneben aber auch viele neue Parks eingerichtet worden.[1] Keiner dieser Gärten ist einem anderen wirklich ähnlich, und doch können sie alle für sich in Anspruch nehmen, die chinesische Tradition fortzuführen.

Natürlichkeit versus Künstlichkeit

Wenn aber die Geschichte ein endgültiges Fazit nicht zuläßt, so gibt es doch eine Reihe wiederkehrender Themen, die wir wie Leitmotive in jedem Kapitel von neuem auftauchen sahen und die auf gewisse Grundüberlegungen verweisen. Da ist zunächst die Frage nach der Natürlichkeit: Wie »natürlich« sind die gewundenen Pfade, die phantastischen Grotten, die nachempfundenen Bauernhäuser? Diese anscheinend nicht zu beantwortende Frage bildet den Gegenstand eines längeren Disputs im *Traum der Roten Kammer*, der Licht auf den Unterschied zwischen dem Natürlichen und dem Künstlichen wirft. Viele unserer Themen lassen sich vor dem Hintergrund dieser Unterscheidung betrachten: das ländlich-bäuerliche Haus als Symbol konfuzianischer Schlichtheit, der Gedanke der ästhetischen Konvention, die Idee des *ch'i* und das Gebot, im Einklang mit dem »lebendigen Geist« der Natur zu leben, und die Vorstellung des Tao.

Es ist sehr bezeichnend, daß der erwähnte Disput in einem neu erbauten Garten stattfindet, in dem das Haupt der Familie, Chia Cheng, und sein Sohn Pao-yu in Begleitung einer Gruppe von Literaten einen ersten Erkundungsgang unternehmen. Die Diskussion entzündet sich am Anblick eines inmitten des weiten und üppigen Lustgartens gelegenen Pseudo-Weilers – oder sollten wir sagen: einer realistischen ländlichen Ansiedlung? Das Örtchen, das zwischen Hunderten von Aprikosenbäumen auftaucht, besteht aus ein paar reetgedeckten Hütten. Chia Cheng reagiert als echter Konfuzianer: Er ist erleichtert, inmitten all dieses Blendwerks auf einen so schlichten Anblick zu treffen. »O ja«, ruft er, »hier ist einmal ein Ort, der einem Zweck dient. Er mag durch die Kunst des Menschen entstanden sein, aber sein Anblick rührt doch ans Herz. In mir weckt er den Wunsch, zurück aufs Land zu gehen, wieder ein Leben in ländlicher Einfachheit zu führen. Wir wollen hineingehen und uns eine Weile ausruhen!«

Sein Sohn Pao-yu allerdings sieht die Dinge mit anderen Augen und hat eine ganz andere Vorstellung von »Natürlichkeit«. Er ist jung, von lebhaftem Geist und noch nicht ausreichend geschult in den eingefahrenen Formen – oder vielleicht ist er auch nur skeptisch gegenüber dieser Schulung. Zunächst einmal, sagt er, ziehe er wirklich die

208 Lou Lim Leoc, Macao. Im subtropischen Garten eines Kaufmanns verbindet sich der portugiesische mit dem chinesischen Geschmack.

hübschen bunt gestrichenen Pavillons vor, die sie bereits gesehen haben. Der Vater ist ärgerlich. »Du Dummkopf! Du hast nur Augen für ... das wertlose Blendwerk des Wohlstands. Was weißt *du* schon von der Schönheit, die in der Stille und der natürlichen Einfachheit liegt? Das kommt davon, daß du deine Studien nicht ernsthaft betrieben hast.« Pao-yu provoziert ihn mit der Bemerkung, er habe nie begriffen, was die Vorfahren eigentlich unter »natürlich« *verstanden* hätten, und der inzwischen wirklich aufgebrachte Vater liefert ihm nun genau die fatale Vereinfachung, auf die der Sohn gehofft hat: »›Natürlich‹ ist das, was *von der Natur* stammt, was von der Natur hervorgebracht worden ist, im Gegensatz zu dem, was menschliche Kunstfertigkeit zuwege bringt.«

Diese Ansicht wird von Pao-yu mühelos abgetan: »Da haben wir's ja! Ein Gehöft ausgerechnet in dieser Umgebung ist doch eindeutig das Ergebnis menschlicher Kunstfertigkeit« – wie übrigens alles in diesem Garten, wie »natürlich« es auch immer aussehen oder wie stark die Natur es mit der Zeit auch immer verändern mag. Aber so weit ist Chia Cheng ihm schon entgegengekommen (»Es mag durch die Kunst des Menschen entstanden sein ...«), und deshalb muß Pao-yu seine Angriffe eben doch gezielter auf das konventionelle Verständnis von »Natürlichkeit« richten und nicht nur auf den Augenblicksfehler seines Vaters. Entsprechend macht er seine Zweifel an der Glaubwürdigkeit der Ansiedlung in dieser bis ins einzelne durchdachten Umgebung und an ihrer »Ähnlichkeit« mit Dörfern fest, die er kennt: »Es gibt keine Nachbardörfer«, sagt er, »in der Ferne sind keine Stadtmauern zu sehen; der Berg da hinten gehört in überhaupt keinen Zusammenhang ... Das Ganze erhebt sich da aus dem Nirgendwo, völlig isoliert von allem anderen.«

Kurzum: Der Weiler ist unnatürlich oder künstlich, denn er paßt hier nicht hin, er ist in sich widersinnig, zumal im Vergleich zu »der natürlichen Form und dem natürlichen Geist der Orte«, die sie schon gesehen haben. Wo sieht Pao-yu die Unterschiede? Zwei verschiedene Übersetzungen dieser Schlüsselstelle (aus dem Chinesischen ins Englische) machen deutlich, wie schwierig die in Rede stehende Unterscheidung ist. David Hawkes' Version lautet (nun wiederum aus dem Englischen ins Deutsche übersetzt; Anm. der Übers.): »Die Bambusbäume an jenen anderen Orten mögen von Menschenhand gepflanzt, die Wasserläufe mögen umgeleitet worden sein, aber es waren doch keine *Anzeichen* von Künstlichkeit zu entdecken. Deshalb habe ich so meine Zweifel, was die Alten wirklich meinten, wenn sie den Ausdruck ›natürlich‹ gebrauchten. Wenn sie zum Beispiel von einem ›natürlichen Gemälde‹ sprechen, dann frage ich mich, ob sie nicht genau diese Vergewaltigung der Landschaft meinen, gegen die ich mich wende: daß man nämlich Berge an eine Stelle setzt, wo nun einmal keine Berge sein sollen, und dergleichen mehr. Wie geschickt das auch immer gemacht ist, das Ergebnis wird eben doch nie ganz ...«[2]

An diesem Punkt, an dem das Fazit sozusagen schon in Hörweite ist, schneidet Chia Cheng seinem Sohn brüsk das Wort ab, und der Disput ist zu Ende. Für Andrew H. Plaks spricht aus Pao-yus Äußerungen allerdings eher die Ablehnung »der konstruierten Aussage, der vorsätzlichen Bemühung um Natürlichkeit« im Gegensatz zu jenem »spontanen So-Sein, wie es von dem chinesischen Ausdruck für Natürlichkeit *(t'ien-jan)* so treffend erfaßt wird«.[3] Er zitiert anschließend das Gartenhandbuch *Yuan Yeh*, das vor einer Verletzung des Grundsatzes der instinktiven Natürlichkeit *(te-t'i)* warnt. Allerdings gibt es, wie wir im Kapitel über die Malerei bereits gesehen haben, zwei klar umrissene, aber immer miteinander verquickte Erklärungen dessen, was unter dem fundamentalen Prinzip des *ch'i yun sheng tung* zu verstehen sei: Es ist der Gedanke der inneren schöpferischen Spontaneität, des »Lebens-Atems« in der Person des Malers, und zugleich die »Resonanz« auf dieses Phänomen und die draußen vorhandene Natur. Es ist das psychologisch-realistische Gesetz des schöpferischen Individuums und der Natur.

Pao-yu führt diese Mischung der Bedeutungen nicht nur gegen die konventionelle Vorstellung seines Vaters von konfuzianischer Einfachheit, sondern zugleich auch gegen die malerischen Konventionen ins Feld. Sie erscheinen ihm alle nicht plausibel, verglichen mit seinem eigenen Verständnis von Natur. Möglicherweise hätte er sich dem bissigen Bonmot Oscar Wildes angeschlossen, dem zufolge Natürlichkeit »doch eine recht schwer durchzuhaltende Pose« ist. Eine ähnliche Attacke gegen die Konventionen wurde im 18. Jahrhundert mit großem Enthusiasmus auch von englischen Gartentheoretikern geführt, die damit dem Gedanken des eher unregelmäßigen Arrangements, wie es der englischen Landschaft ihrer Meinung nach mehr entsprach, das Wort redeten. Die Vorbilder allerdings – die Bilder Lorrains und Poussins von der römischen Campagna – waren und blieben »künstlich«. Alle Gärten sind notwendig künstliche Arrangements, so wie die meisten der in ihnen gezogenen Pflanzen auch, wenn »natürlich« soviel bedeutet wie »in einem ursprünglichen Zustand«. Die Kontroverse ist also ein Scheingefecht. Wahr ist allerdings, daß den Engländern und den Chinesen der Hang zur »Befragung des Genius loci« wie auch zur pittoresken Steigerung natürlicher Effekte gemeinsam ist. Beide machten sich das naturalistische Argument zunutze, wo immer sich dies empfahl, und ließen es ungerührt außer acht, sobald es um so eindeutige Künstlichkeiten wie die phantastischen Felskompositionen, die schauerlichen Grotesken und falschen Grotten ging. Dieser so krasse wie zählebige Widerspruch erklärt sich aus dem breiten Fächer der zugrundeliegenden Vorstellungen.

»Natürlich« sein hieß zweifellos dem Tao der Natur folgen, sich in Harmonie mit den elementaren Rhythmen der Jahreszeiten, der Pflanzenwelt, des Universums zu befinden, so daß sich keine Kluft zwischen dem inneren Wesen und der äußeren Realität auftat. Da dies auch das Ideal der Maler und, in anderer Hinsicht, auch des *li* (des konfuzianischen Grundprinzips des Sichfügens in eine feststehende Ordnung, die das Verhalten bis in die kleinsten Einzelheiten regelte) war, stand also vieles auf dem Spiel, als Pao-yu und sein Vater ihre jeweilige Vision des »Natürlichen« beschworen. Wir sind Zeuge eines grundsätzlichen philosophischen Disputs, bei dem es einerseits um das konfuzianische Ideal der äußersten Einfachheit, um das taoistische Ideal der natürlichen Spontaneität und um das Maler-Ideal des »lebendigen Geistes« und andererseits um die verschiedenen Konventionen geht, wie sie sich in bezug auf die Darstellung dieser Ideale herausgebildet hatten. Es überrascht nicht im mindesten, daß der Disput in einem Garten stattfindet, denn schließlich war der Garten ja genau jener Mikrokosmos, in dem alle Kräfte präsent oder zumindest repräsentiert sein sollten – ein Gedanke, der uns zum nächsten großen Thema des chinesischen Gartens hinführt.

Fülle und unaufhörliche Polarisierung

Wie wir gesehen haben, gab es viele – und einander gelegentlich widersprechende – Arten der Betrachtung und Nutzung des Gartens. Die Fülle der kontrastierenden Nutzungen scheint zunächst jedem Versuch eines zusammenfassenden Verständnisses entgegenzustehen. Erst wenn wir uns auf dieses Phänomen der Vielgesichtigkeit und der Widersprüchlichkeit konzentrieren, beginnen die kaleidoskopartigen Muster deutlicher hervorzutreten. Der Garten als Mikrokosmos der Natur in ihrer ganzen Fülle muß alle Erfahrung auf einer ästhetischen Ebene summieren, und diese komprimierte Erfahrung schafft sich ihren eigenen und besonderen Raum, mit dem wir uns noch befassen werden.

Der Garten diente dem einsamen Aufenthalt ebenso wie der Unterhaltung der Freunde, dem Studium ebenso wie dem gelegentlichen Nichtstun, dem heimlichen Rausch ebenso wie der Pflege, der Dichtung und Meditation ebenso wie der Land-

209 *Freude an alten Gegenständen* von Tu Ch'in, Ming-Dynastie. Wertvolle alte Gegenstände waren im chinesischen Haushalt – anders als im Westen – nicht ständig in Schränken und auf Borden zur Schau gestellt, sondern wurden ihrem Besitzer nur dann gebracht, wenn er sie in Gesellschaft von Freunden betrachten und würdigen wollte. Anschließend wurden sie wieder fortgetragen. Hier hat sich ein Mann, der es zu etwas gebracht hat, vor seiner auf einem Tisch im Garten aufgebauten Sammlung von Kleinbronzen sitzend, inoffiziell porträtieren lassen. Ein Stellschirm in seinem Rücken schützt ihn vor dem Luftzug, die hohen Bäume gewähren Schatten, und der Garten gewinnt durch das Vorhandensein der alten Gegenstände an Wert (National Palace Museum, Taiwan).

210 *Consequas Garten in Kanton,* Stich nach einem Gemälde von T. Allom. Der phantastische – und einigermaßen vulgäre – Garten eines chinesischen Kaufmanns, der im 19. Jahrhundert Handelsbeziehungen mit dem Ausland unterhielt. Beachtung verdienen sowohl das blattförmige Dach des Pavillons als auch das Wild und die Wasservögel. Der Künstler hat diesen in hohem Maße stilisierten Lustgarten in die naturalistische Waldlandschaft des Hintergrundes übergehen lassen.

partie mit der Familie, dem Bootsausflug und – soweit es die kaiserlichen Parks anging – sogar dem Kriegsspiel. Im Gegensatz zum eher kontemplativ-passiven Leben im japanischen oder im englischen Garten ist das Leben im chinesischen Garten eine Mischung aus Alltagsnutzung und Kontemplation. Der chinesische Garten, der ja ein Symbol für das Leben und den Charakter seines Besitzers darstellt, muß dessen alltägliche Aktivitäten ebenso wie seine abstrakten Gedanken zum Ausdruck und zur Darstellung bringen. Damit kommt ihm eine Funktion zu, die er nicht restlos erfüllen kann: Er müßte das ganze Universum mit seinen »zehntausend Dingen« symbolisieren und diese Überfülle begreiflich machen. Andrew Plaks sieht darin eine grundsätzliche Aufgabe des »literarischen« Gartens: »Der umschlossene Raum aller literarischen Gärten ›steht‹ eindeutig für die Gesamtheit der endlichen Schöpfung.«[4] Aber damit ergibt sich ein Problem, denn auch wenn der Garten den Gedanken der totalen Verstehbarkeit der Welt und die Vorstellung, daß alles erfahrbar sei, zu vermitteln sucht, so weist er den Versuch einer buchstäblichen Aneignung dieses Wissens doch ganz eindeutig zurück.

Diesem unlösbaren Dilemma begegnet der Garten auf zweifache Weise: Er versucht, ein wenig von jeder Erfahrung auf engem Raum zu integrieren; und er oszilliert ruhelos zwischen polaren Gegensätzen, dem *yin* und dem *yang*, dem Soliden und dem Leeren oder auch den fünf Elementen, in denen Plaks ein anderes archetypisches Muster erkennt, das für »viele« steht.[5] Kurzum, der Garten symbolisiert das Universum auf dem Weg über seine formalen Elemente. Das erklärt zum Teil, was uns am chinesischen Garten so seltsam anmutet: die Bedeutungsvielfalt auf kleinstem Raum, die Dichtheit, das ständig wechselnde Aussehen. So ohne Ende ist das Wechselspiel der Stimmungen und der An- und Ausblicke, daß man dem Garten allein mit ästhetischen Begriffen nicht wirklich gerecht werden kann.

Eine bekannte Stelle aus dem Werk Shen Fus, eines Schriftstellers des 18. Jahrhunderts, verbindet das ästhetische mit dem symbolischen Anliegen: »Wenn im Garten Pavillons und Türme, Raumfolgen und überdachte Spazierwege angelegt werden, wenn Felsbrocken zu Bergen aufgeschichtet oder Blumen zu einer bestimmten Form zusammengepflanzt werden, dann in der Absicht, das Kleine im Großen, das Große im Kleinen, das Reale im Illusorischen und das Illusorische im Realen zu sehen.«[6]

Mit anderen Worten, *ein* Ding ist der Ersatz oder das Symbol des *anderen* – der Teil des Gartens steht für einen größeren Teil des Universums. Der Gebildete, der sich in dieser Art der Symbolik gut auskennt, entdeckt und begreift überdies, daß die *abwesenden* durch die vorhandenen Dinge repräsentiert sind, daß in der Herbststimmung der kommende Frühling beschlossen ist und jede sichtbare Qualität – Felsbrocken, Hohlraum, Farbe – ihr Gegenstück impliziert – Wasser, Substanz, Monochromie. Diese Symbolik der Negation ist ein immer wiederkehrendes Thema, wie wir dies am Werk der Kaiser wie der Maler oder der Literaten gesehen haben: Sie alle haben eine ausgesprochene Vorliebe für das Herbstliche, für den alt gewordenen Baum, für das »Langweilige und

211 *Freude am häuslichen Leben,* Holzschnitt des 19. Jahrhunderts aus dem *Hung Hsueh Yin Yuan T'uChi* von Lin Ch'ing. Der Oberinspektor schaut von seinem Tisch auf, um seinem kleinen Sohn zuzusehen, der mit dem Fächer in der Hand Jagd auf einen Schmetterling macht. Die offene Halle ist von einem umbauten kleinen Hof umgeben. So kann der Gelehrte sich eines schönen und befriedenden Anblicks erfreuen und zugleich seine Zurückgezogenheit genießen (Harvard Yenching Library).

Leere«, und das erklärt sich zum Teil daraus, daß diese negativen Qualitäten sämtlich ihr Gegenteil symbolisierten. In jedem Garten sind die polaren Gegensätze so angelegt, daß das eine immer zunimmt, während das andere abnimmt. Wenn von der einen Qualität zuviel vorhanden ist, muß der Gestalter das Pendel wieder in die andere Richtung stoßen – nicht so, daß es zur Ruhe kommt, sondern daß es weiterschwingt. Die Fortsetzung des Zitats aus dem Werk Shen Fus macht dieses unablässige Polarisieren deutlich: »Manchmal verbirgt und manchmal enthüllt man, manchmal arbeitet man an der Oberfläche, manchmal in der Tiefe. Man braucht seine Kräfte nicht unnötig zu verschleißen ...«[7]

Die Arbeit des Gartenbauens ist, wie der Charakter des Gartenbauers, niemals vollendet; der Garten erfährt immer Wachstum, Verfall und Transformation. Mit dem Hinweis auf die symbolische Funktion lassen sich aber die Überfülle und Kompliziertheit der Formen, die für den Garten so typisch sind, noch nicht restlos erklären – es sind noch andere Motive am Werk.

Der magische Raum

Wenn der Garten ein ernsthafter Versuch ist, das Universum und das dahinterliegende Land der Unsterblichen oder das buddhistische Paradies des Amida zu symbolisieren, dann müßte seine Struktur gewisse Gemeinsamkeiten mit anderen religiösen Formen oder ritualisierten Bereichen aufweisen. Die Anfänge des chinesischen Gartens waren, wie wir sahen, gekennzeichnet von der Verehrung heiliger Berge und magischer Felsen, von handfesten (und katastrophal endenden) Versuchen der Kaiser, zur Unsterblichkeit zu gelangen, und von einer langen und ungebrochenen Tradition des um Harmonie mit dem Mysterium des Tao bemühten Gelehrten- und Eremitendaseins. Einige Autoren unserer Tage machen geltend, die Liebe der Chinesen zur Natur sei so groß gewesen – wie dies ja in der Landschaftsmalerei und in den Gärten zum Ausdruck komme –, daß sich daraus eine dem Konfuzianismus, dem Taoismus und dem Buddhismus ebenbürtige Philosophie oder Glaubenshaltung entwickelte.[8] Es ist also nur folgerichtig, im Plan des Gartens eine unmittelbare religiöse Form zu sehen und mit dieser Perspektive vor Augen danach zu fragen, welche Art von Erlebnis dadurch hervorgerufen wurde.

Edmund Leach hat in einer Studie zum Thema Kommunikation die typischen

Strukturen solcher Formen aufgezeigt, die mit Mythos, Ritual, Tabu und Religion zu tun haben.[9] Er kommt zu dem Schluß, daß diesen *mytho-logischen* Formen ein Muster zugrunde liegt, welches sich von der Alltagslogik der herkömmlichen Ereignisse deutlich unterscheidet – ein Muster, das durch die Unterbrechung der Normalität, das Transzendieren der Grenzen zustande kommt. In seiner Sicht steht dem konfuzianischen Haus mit den durch hohe Mauern bewirkten scharfen Abgrenzungen, der durchdachten Symmetrie und der im Grundriß deutlich ausgedrückten sozialen Hierarchie der taoistische Garten zur Seite, der absichtlich verwirrende innere Grenzen, keine klare Ordnung und schon gar keine Symmetrie besitzt.

Leach konzentriert sich auf die wichtige Frage, auf welche Weise der Mensch künstliche Begrenzungen in alle seine Aktivitäten einbringt, willkürliche Unterteilungen wie etwa jene, die den stetigen Fluß der Zeit in Sekunden, Stunden und Tage aufbricht. Diese Unterteilungen ordnen den natürlichen oder biologischen Fluß des Lebens zu einzelnen Einheiten, die nun soziale und religiöse Signifikanz erlangen. Man kann also sagen, die soziale Zeit werde unterbrochen durch die Rituale, die den Übergang von einem sozialen Status zum anderen markieren – also zum Beispiel durch Pubertätsriten, Hochzeits-, Begräbnis- und Heilzeremonien. Die Begrenzungen, die einen klar erkennbaren sozialen Status markieren – etwa das Intervall zwischen »unverheiratet« und »verheiratet« –, sind befrachtet mit Ängsten und werden als zeitlos, uneindeutig und heilig erfahren. Wir könnten einen chinesischen Garten »raumlos« nennen, und dies aus dem analogen Grunde, daß er mit seinen abnormen und unverständlichen Mustern das soziale und funktionale Gefüge der Stadt unterbricht.

Leach beschäftigt sich dann mit der Rolle des Vermittlers zwischen den verschiedenen Zuständen und stößt auf eine archetypische Struktur, sei es, daß dieser Vermittler ein Prophet, eine ritualisierte Verhaltensform (wie das Opfer) oder aber einfach ein Gebäude (etwa eine Kirche) ist. Gemeinsam ist allen diesen Vermittlern, daß sie – er, sie oder es – gewisse »liminale Qualitäten (annehmen), nämlich sowohl sterblich als auch unsterblich, sowohl menschlich als tierisch, sowohl zahm als wild« sind. Die biblischen Propheten, die zwischen der Stadt Gottes und der Stadt der Menschen vermitteln, nehmen eine duale Stellung »in der Wildnis« ein. Ebenso versucht auch der chinesische Garten, der auf polaren Gegensätzen fußt, zwischen ganz widersprüchlichen Aspekten zu vermitteln – einerseits der extravagante Palast der Lüste mit seinem Harem, andererseits das konfuzianische Bauernhaus mit dem bescheidenen Gemüsebeet, einerseits die taoistische Wohnstätte der Unsterblichen, andererseits der Rahmen für Bootsausflüge. Der Garten ist die gleiche Art »liminaler Zone«, die auch Leach beschreibt, und erfüllt viele der Mittlerrollen, wie sie auch von anderen rituellen Schauplätzen erfüllt werden – von Kirche, Friedhof, Schrein. Alle diese religiösen oder spirituellen Orte suchen die alltägliche soziale Zeit zu zerreißen, den normalen Fluß der Ereignisse mit einem abnormen, heiligen Geschehen zu unterbrechen. Letzteres muß natürlich in der realen Zeit und im realen Raum stattfinden, aber es markiert eine Verlagerung des Status, die gegenwärtig und zeitlos ist und sogar als ohne Dauer erfahren werden kann. In einem wohlgelungenen chinesischen Garten wie in einem beeindruckenden Schauspiel wird unser Sinn für die geordnete Folge der Intervalle von einer neuen Ordnung transzendiert – derjenigen der Geschehnisse selbst.

Aber kann man den Garten wirklich als »liminale Zone« in jenem umfassenden Sinne betrachten, daß er zugleich in den spirituellen wie in den irdischen Bereich gehört? Ein Wissenschaftler unserer Tage, Nelson Wu, der in einem chinesischen Garten gelebt und sich in Connecticut einen solchen selbst errichtet hat, kommt vor dem Hintergrund einer ganz anderen Perspektive zu Ergebnissen, die diesen Gedanken stützen. In seinem Buch *Chinese and Indian Architecture* spricht er von den gängigen Mustern von Quadrat und Kreis, die in China in vielen Zusammenhängen – als Grundrisse von Gebäuden, als Mandalas – auftauchen und als Sinnbilder der Erde oder des Himmels gelten.

»Die unnatürliche Form der (chinesischen) Stadt definiert den Binnenbereich und verleiht zugleich der Welt außerhalb des Quadrats einen Sinn. Die gleichermaßen unnatürliche Ordnung des *li* (soziale Normen und Zeremonialriten, die der Mensch sich geschaffen hat, um sein Verhalten und seine Emotionen zu beherrschen) ist nur dann operational, wenn sie die vier Wände als ihren Bezugspunkt besitzt. Das, was ›außerhalb des Quadrats‹ (›fang-wai‹) sei, so erklärte einst Konfuzius, der Meister des *li*, sei auch außerhalb seines Interesses, und bezeichnenderweise findet sich dieses Zitat im *Chuang-tzu*, dem taoistischen Klassiker, denn in diesem Bereich gelten andere Werte. Angelegt unter Zugrundelegung des Konzepts des *tien yuan ti fang* (Himmel rund, Erde quadratisch), ist das chinesische Mandala, das radial von einem Mittelpunkt ausgeht,

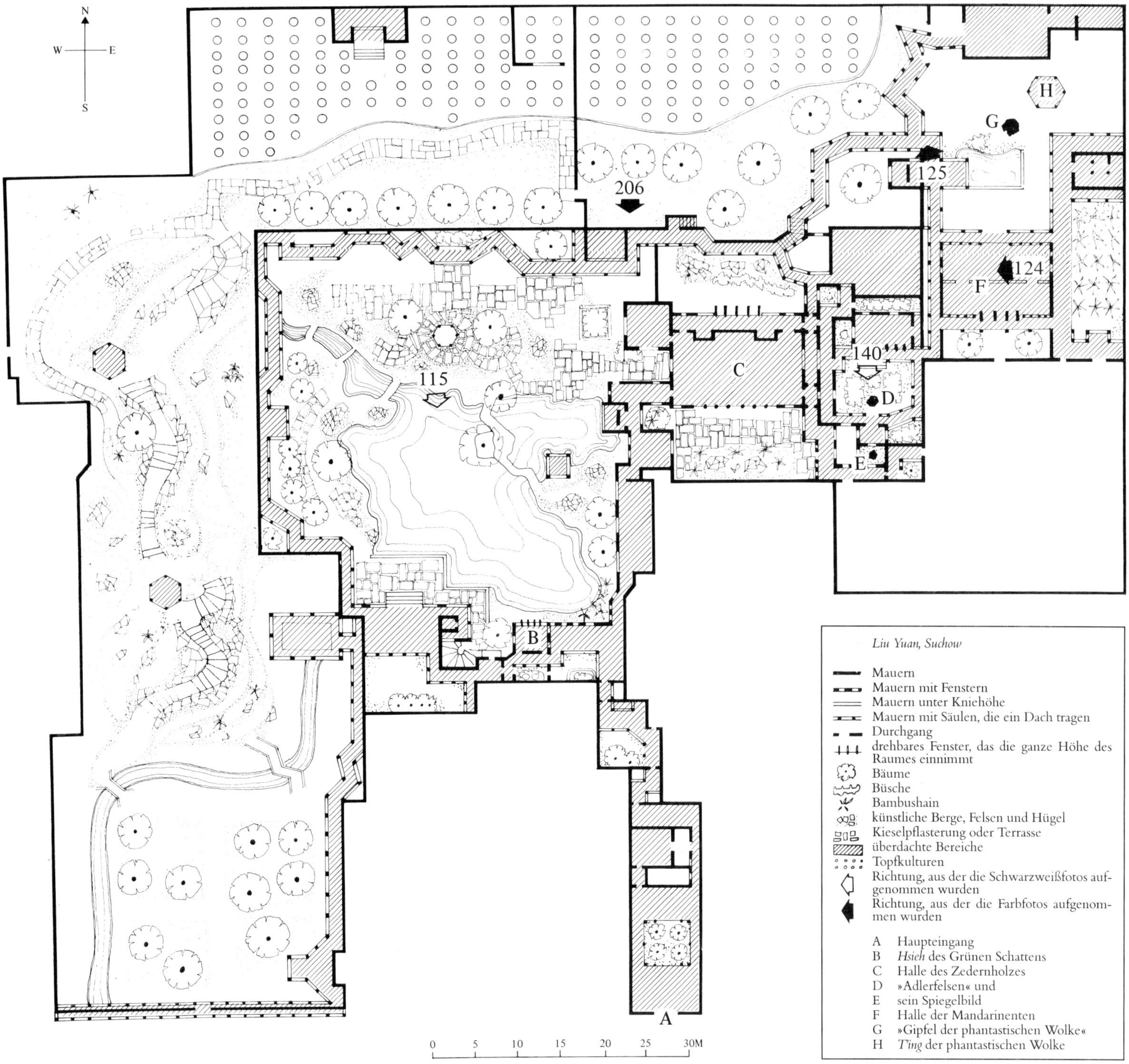

212 Plan des Liu Yuan, Suchow.

eine Serie alternierender konzentrischer Kreise und Quadrate, die mit dem Quadrat (Ordnung und Wissen des Menschen) oder mit dem Kreis (Chaos und Wahrheit der Natur) beginnt und endet ... Den Bereich außerhalb eines jeden Quadrats, aber innerhalb des nächstgrößeren Kreises könnte man gut *t'en na chih chi* nennen, zwischen Himmel und Mensch. In dieser auf ewig negativen Sphäre zwischen Vernunft und ungetrübter Emotion, zwischen der Korrektheit der Geraden und der Nonchalance der Kurve, zwischen dem Meßbaren und der romantischen Unendlichkeit liegt der chinesische Garten, der zwischen Architektur und Landschaftsmalerei steht.«[10]

Um uns davon zu überzeugen, daß der Garten diese duale, magische Form mit dem Mandala gemeinsam hat, wollen wir einen Blick auf einen letzten Gartengrundriß werfen, den des Liu Yuan in Suchow. In den südlichen und östlichen Teilen lassen sich Elemente der konfuzianischen Organisation des Hauses erkennen. Die symmetrisch angeordneten Hallen und Höfe sind nach Süden orientiert und bringen die vorhersagbare soziale Ordnung zum Ausdruck. Zugleich wird diese Ordnung aber gebrochen und kompliziert durch die Einfügung vieler enger Räume – zu vieler, als daß man sie

213, 214 Zwei »abseits gelegene Plätze«. Der Gelehrte, der in seinem Pavillon halb verborgen ist, und der unter dem Mond wandelnde Taoist suchen beide »ihr Herz zu erfrischen« – höchster und eigentlicher Zweck des chinesischen Gartens.

verstehen könnte –, durch Ecken und Winkel, auf die man nicht vorbereitet war, durch Ausblicke und natürlich durch Felsen und Bäume. Bei diesen Bereichen handelt es sich nicht um Häuser, obgleich dort Menschen leben konnten und tatsächlich lebten. Sie sind vielmehr die »liminalen«, die transzendenten Bereiche auf halbem Weg zwischen »nicht eigentlich Leben« und »nicht eigentlich Himmel«. Der wichtigste Bau im östlichen Teil des Gartens trägt die Bezeichnung »Halle der Mandarinenten« – eine Metapher für eheliches Glück, die in dieser geteilten und zugleich verbundenen symmetrischen Anlage denn auch ihre formale Ausprägung erfährt. Daß solche teils rituellen und teils sozialen Bedeutungen auftauchen und die entsprechenden Metaphern überall anzutreffen sind, bestätigt die dualistische Interpretation: Solche Orte sollen als in zwei Welten zugleich angesiedelt betrachtet werden. In seiner Gesamtheit allerdings enthält dieser Plan einen »religiösen« Gedanken, den es zu entziffern gilt. Denn was ist es, das wir darauf zu erkennen vermögen? Ebendies: Durcheinander, Uneinheitlichkeit, »raumloser Raum«, »zeitlose Zeit«.

Wenn man diesen Grundriß studiert hat – mit seinem umständlich und trickreich gestalteten Eingang, dem ganz umbauten Zentrum, der komplizierten Ordnung von künstlichen Felsen und Wasserläufen – und sich dann noch die im Garten gemachten Fotografien ansieht, die kaum zu lokalisieren sind, verdichtet sich die Vermutung, daß die Anlage gar nicht verständlich sein soll: Maßstäbliche Einheiten tauchen nicht häufig genug auf, um ein System zu ergeben; das meiste ist Variation eines nicht existenten Themas; Orientierungen wie Mittelpunkt/Rand, vorher/nachher ergeben keinen erkennbaren Sinn. Es ist zwar richtig, daß der Hauptsee und der Haupt-*t'ing* eine Art Mittelpunkt bilden, aber diese Stellung wird ihnen durch eine Reihe von Miniaturzentren und ferner dadurch streitig gemacht, daß der Garten sich endlos weit erstreckt und in jedem Augenblick interessant bleibt. Es gibt hier nicht jenen beeindrukkenden Gedanken des »Endes«, wie er sich am Schloß von Versailles einstellt. Wohl existiert eine komplizierte Ordnung, die man schließlich auch erkennen kann, aber anders als die Franzosen und die Italiener haben die Chinesen ihre Gärten gerade nicht für die Draufsicht und nicht im Verständnis einer geistigen Vogelschau konzipiert. Der chinesische Garten sollte als lineare Sequenz wahrgenommen werden, als »das (scheinbar endlose) Rollbild, welches du in deiner Phantasie betrittst«. Was häufig auch für die religiöse Erfahrung und für das Ritual gilt: Die inneren Grenzen gerieten vage oder uneindeutig, die Zeit war angehalten, der Raum grenzenlos. Es war fraglos mehr als ein ästhetisches Spiel mit Komplexität und Widerspruch; eher eine zwingende, mit eigenen und besonderen Sinngehalten versehene Alternative zur Welt der offiziellen Verantwortlichkeiten – ein abseits gelegener magischer Ort, an den die Geschäfte der Menschen nicht heranreichten.

Anhang

Bemerkungen über einige der berühmten alten Gärten, die heute öffentlich zugänglich sind

Raum Peking (Beijing)

Der Pei-Hai-(Beihai-)Park, nordöstlich der Verbotenen Stadt in Peking gelegen, wurde erstmals im 10. Jahrhundert als Ort eines kaiserlichen Sommerhauses genannt. Mehr als die Hälfte seiner heutigen Fläche von rund 670000 Quadratmetern ist von Wasser bedeckt – dem Wasser einer Reihe von Seen (*Pei Hai* bedeutet »Nordmeer«; die anderen, *Chong Hai* und *Nan Hai*, sind das »Mittlere« und das »Südmeer«), die im Jahre 1179 angelegt wurden und sich noch heute aus der in der Nähe der Westberge gelegenen Jadebrunnen-Quelle speisen. Der Aushub, der damals anfiel, diente zur Anlage des ersten künstlichen Inselhügels, der, vergrößert und verschönert zunächst durch Kubilai Khan (aus dessen Zeit die Beschreibung Marco Polos stammt) und dann durch die Kaiser der Ming- und schließlich der Ch'ing-Dynastie, noch heute existiert. Doch stammt der größte Teil dessen, was heute dort zu sehen ist, einschließlich der die Insel beherrschenden großen weißen Pagode und der weißmarmornen Brücke, die sie mit dem Ufer verbindet, aus der Gartenbau-Ära des Kaisers Ch'ien-lung, das heißt aus dem 17. Jahrhundert. Die Gärten um das Mittlere und das Südmeer (*Chong Nan Hai*), die heute Regierungsbüros und Wohnungen beherbergen, sind nicht öffentlich zugänglich; *Pei Hai* dagegen ist der zentrale öffentliche Park in Peking. Man kann hier Boote mieten, und es verkehrt auch eine hölzerne Fähre zwischen der Insel und den fünf Drachenpavillons am Nordufer. Eine Reihe von »kleinen Szenerien«, ummauerten Gartenkomplexen und Sakralgebäuden liegen verstreut um den See und auf der Insel. Auch sie sind zu bestimmten Zeiten geöffnet, und zu ihnen zählt das Studio des klaren Spiegels (*Jing Qing Zhou*), das einst den Ch'ing-Prinzen als Wohnung diente. 1982 renoviert, gilt es als eines der schönsten erhaltenen Beispiele eines ummauerten Pekinger Gartens aus der Zeit vor der Revolution. Einige der »falschen Berge« im *Pei Hai* sollen aus Felsbrocken errichtet worden sein, die aus dem 1126 zerstörten kaiserlichen Garten der Sung, *Gen Yue*, gestohlen wurden. Ebenfalls sehenswert sind die schönen Weißrindenkiefern um den aus der Yuan-Dynastie stammenden Stein in der Runden Stadt, in der Nähe des Eingangs zur Marmorbrücke; die auf der Insel stehende Statue eines Unsterblichen, der eine Schale emporhält, um den Tau aufzufangen (ein Gedanke, der auf die Suche des Han-Kaisers Wu-ti nach dem Elixier der Unsterblichkeit zurückgeht), und die berühmte, mit Kacheln verkleidete Neundrachenmauer. Die Chung Hua-(Qiong Hua-) Insel im Frühling galt von jeher als eine der »Acht Sehenswürdigkeiten« des alten Peking.

Der Garten des Kaisers Ch'ien-lung (Qian Long), einer der drei noch heute auf dem Areal der Verbotenen Stadt bestehenden Gärten, geht auf den aus Pietät geborenen Entschluß des Kaisers zurück, den Thron nicht länger zu behalten als sein Großvater K'ang-hsi, der 61 Jahre lang regiert hatte. Entsprechend entstand der Garten – eine Folge von fünf in Art eines Pekinger Wohnhauses an einer von Norden nach Süden verlaufenden Achse angeordneten Höfen in der Nordostecke des Palastareals – im Hinblick auf den Zeitpunkt, zu dem der Kaiser sich von den Regierungsgeschäften zurückziehen würde, und die meisten seiner Pavillons erhielten Bezeichnungen, die darauf Bezug nahmen. Zwei der Höfe sind einfach mit Bäumen bepflanzt und haben einen gepflasterten Boden. Die übrigen besitzen Felskompositionen, Pavillons und *lang*, Laufgänge im komplexen und »lyrischen« Stil Südostchinas – das heißt, sie sind viel freier und weniger formal als der übrige Palast. Im ersten Hof ist ein »Weinbecher-Fluß« (s. S. 78–79) in den

Fußboden des *Hsi-Shang-(Xi-Shang-)*Pavillons eingelassen. Der Garten wurde 1982 restauriert und der Öffentlichkeit zugänglich gemacht.

Der Garten des Kaiserpalasts, der sich gleich hinter dem Nordtor an die hohen roten Mauern der Verbotenen Stadt anlehnt, ist symmetrisch rund um den Hof der zentralen »Halle der göttlichen Stille« angeordnet. Er ist der letzte und intimste der großen Höfe, die an der von Norden nach Süden verlaufenden Hauptachse des Palasts liegen – ein Ort, an dem der Kaiser sich von seinen offiziellen Verpflichtungen erholen konnte. Die Anlage spiegelt die gemessene Großartigkeit höfischen Bauens: Jedem Pavillon auf der linken entspricht ein Pavillon auf der rechten Seite; auf Marmorsockeln präsentieren sich seltsame Felsbrocken; die rechteckigen, marmorgefaßten Beete tragen Päonien und Chrysanthemen. Aber das förmliche Moment findet sein Gegenstück in den komplizierten Felsgebilden und den vielen prächtigen alten Lebensbäumen, deren verdrehte Stämme einen Sonnenschirm aus Nadeln in die Höhe halten und so das Pflaster unten in Schatten tauchen. Das Kieselsteinmosaik der in der späten Ch'ing-Ära restaurierten Fußwege zeigt neben den üblichen Vasen und Pavillons auch ein Fahrrad und ein Automobil. In dem niedrigen Haus an der Westflanke dieses Gartens lebte einst Sir Reginald F. Johnston, der schottische Tutor des letzten Kaisers von China (s. Abb. 173 auf S. 157; Abb. 156 auf Seite 144, links, zeigt das Fahrradmotiv).

Der Chung-shan-Park, benannt nach Sun Yat-sen, ist ein hinter der großen westlichen Mauer des *Tien An Men*, des äußeren Eingangs in die Verbotene Stadt, gelegener öffentlicher Garten. Mauern in seinem Innern teilen ihn in eine Reihe von einzelnen Bereichen. Von einem dieser Gartenteile, der mit *Juniperi* bepflanzt ist, kann man die hohen Mauern und den Graben des Kaiserpalasts überblicken. Der erste von diesen abgeteilten Gartenbereichen, der im wesentlichen flach gehalten ist und die gerade verlaufenden *lang* oder Laufgänge noch einmal in rechteckige Kompartimente unterteilen, ist berühmt wegen der besonderen Art von Goldfischen, die hier gezüchtet und in den wärmeren Monaten in großen Keramikbecken zur Schau gestellt werden.

Anglers Ruh – so könnte man den Namen des alten, 1983 restaurierten, ummauerten Gartens-im-Garten wiedergeben, in dem Felsen, Brücken, Pavillons und gedeckte Laufgänge sich um einen kleinen See gruppieren und der heute in das Territorium des Gästehauses der Regierung einbezogen ist. Ein wenig steifer und bemühter als die besser bekannten Gärten Südostchinas, ist diese Anlage ein gutes Beispiel des alten Pekinger Gartens.

Der I Ho Yuan (Yi He Yuan) – den meisten Ausländern als »Sommerpalast« bekannt – beherbergte während der Yuan-Dynastie ein Kloster. Der Ort wurde unter dem Kaiser Ch'ien-lung in den sechziger Jahren des 18. Jahrhunderts stark verändert. Das sumpfige, oft vom Jadebrunnenstrom auf dessen Weg nach Peking überschwemmte Gelände wurde ausgehoben; mit dem Aushub wurde der Hügel aufgeschüttet, der die Gegend überblickt. Das so entstandene Gewässer diente als Schauplatz von Seekriegsübungen. Bald allerdings ließ der Kaiser unter Hinweis auf den 60. Geburtstag seiner Mutter die Hänge des »Hügels des langen Lebens« mit Hallen, Höfen und Pavillons bebauen, während unten – nach dem Vorbild des Westsees in Hangchow – Dämme das Wasser teilten. Auch Ch'ien-lungs schöne marmorne Brücken und der kleine ummauerte »Garten der harmonischen Stimmung«, der *Hsieh Chu Yuan (Xie Qu Yuan)*, der vom *Ji-Chang*-Garten in Wusih inspiriert ist, existieren noch. 1860 von Briten und Franzosen zum Teil niedergebrannt und geplündert und in der Folge vernachlässigt und von der Bevölkerung noch weiter ausgeräumt, verfiel der Sommerpalast immer mehr, bis die Kaiserin Tzu-hsi ihn zu Ehren ihres eigenen 60. Geburtstags im Jahre 1887 wiederaufbauen und mit einer Reihe von Kuriositäten versehen ließ, darunter die große Bühne und das Marmorboot. Heute ist der Park öffentlich zugänglich. Man kann ein Boot mieten und damit auf dem See herumfahren, und in einigen Höfen haben sich Läden und Restaurants etabliert. Die Masse der Besucher drängt sich in den besser zugänglichen Höfen und auf dem berühmten, gut kilometerlangen Laufgang (*lang*), der mit 1400 dekorativen Landschafts- und Gartendarstellungen geschmückt ist und am Fuß des Hügels des langen Lebens entlangführt. Da aber der Garten eine Fläche von mehr als drei Quadratkilometern bedeckt (vier Fünftel davon sind Wasserflächen), gibt es für den, der die Zeit und die Energie dafür mitbringt, auch viele stillere Spazierwege und Ausblicke.

Die Ruinen des Yuan Ming Yuan. Als einer der angenehmsten öffentlich zugänglichen Orte für die in Peking lebenden Ausländer haben sich in den letzten dreißig Jahren die Überreste jenes europäischen Gartens erwiesen, der 1785 von dem Jesuitenpater Benoit am nordöstlichen Ende des alten Sommerpalasts Yuan Ming Yuan (»Garten der vollkommenen Klarheit«) bei Peking für den Kaiser Ch'ien-lung angelegt wurde. Diese Ruinen und die in den heute hier befindlichen Feldern eben noch erkennbaren Umrisse von Seen und Inseln sind alles, was von dem Garten übriggeblieben ist, der einst auf dem Weg über den Brief des Paters Attiret ganz Europa beschäftigte. Anläßlich eines Kongresses 1980 aber forderten chinesische Architekten und Planer die Wiederherstellung des Gartens als Nationalpark. Bilder und Stiche aus der Entstehungszeit, mit deren Hilfe das Projekt realisiert werden könnte, sind erhalten geblieben. Zu den qualitätvollsten Stücken gehören die großen Aquarelle, die der Kaiser Ch'ien-lung nach Fertigstellung des Gartens in Auftrag gab. Sie können auf Wunsch in der Bibliothèque Nationale in Paris eingesehen werden (s. auch Abb. 2–6 auf S. 10–13; Abb 55–61 auf S. 61–65).

Chengde (früher bekannt unter dem Namen Jehol) liegt rund 250 km nordöstlich von Peking an einem Fluß, der manchmal als *Re He*, »Heißer Fluß« bezeichnet wird, weil heiße Quellen ihn selbst in den nördlichen Wintern eisfrei halten. Von Hügeln umschlossen, ist es ein ganz ungewöhnlich schöner Ort, den der Kaiser K'ang-hsi zum Zwischenaufenthalt wählte, wenn der Hof seine jährliche Reise in das Stammland der Mandschu unternahm. Der kaiserliche Sommerwohnsitz, den K'ang-hsi 1703 in Auftrag gab, wurde zunächst von ihm selbst in einer Serie von Gedichten und Holzschnitten, die die 36 *jing* oder »Szenen« dieses Ortes zeigen, verewigt und später auch von seinem Enkel Ch'ien-lung gepriesen, der diese wiederherstellen und weitere 36 Szenen hinzufügen ließ. Auch ließ er – aus politischen Gründen – auf den östlichen Hängen zwölf große Tempelanlagen errichten, von denen sieben erhalten geblieben sind. Die Kaiser verbrachten soviel Zeit in Chengde, daß der Ort zwangsläufig zu einem bedeutenden politischen Zentrum wurde und man südlich des Parks Administrationsgebäude in großer Zahl errichtete. Dieser Park, der größte in China, ist von einer Mauer umgeben, die sich in Auf- und Abwärtsbewegungen um die niedrigen Hügel windet, aus denen er zu vier Fünfteln besteht. Den Rest bilden kiefern- und weidenbestandene Niederungen, Seen und Dämme – einer davon dem *Su*-Damm in Hangchow nachgebildet und alle mit Pavillons versehen. Zwischen Dämmen gelegen, schimmert im Wasser die Insel des grünen Lotos mit der Halle des dunstigen Regens und dem seltsamen, vom Hintergrund »erborgten« und in die Sicht »hineingeliehenen« »Stößelfelsen«. Chengde, das weniger überlaufen, weil nicht so leicht zugänglich ist wie der *I Ho Yuan* oder auch der Westsee in Hangchow, gehört – zumal im Herbst, wenn die Seen im Dunst liegen, der Himmel blau ist und die Hügel in einem rostigen Gold erscheinen – zu den größten Sehenswürdigkeiten Chinas.

Nanking

Chan (Zhan) Yuan. Der erste, der an diesem Ort einen Garten anlegte, war der in China berühmte General Chu Da, welcher der Ming-Dynastie zur Macht verholfen hatte. Der Kaiser Ch'ien-lung besuchte den Garten zweimal und besiegelte dessen Ruhm dadurch, daß er die Inschrift über dem südlichen Eingang mit eigener Hand schrieb. Zwei weitere Male restauriert und umgebaut, diente das Haus dann einem der Führer des T'ai-ping-Aufstands (1851–64) als Wohnsitz und erinnert heute als Museum an diesen Aufstand. Der westlich des Hauses gelegene Garten besteht aus zwei Teichen, beide mit interessanten Felskompositionen geschmückt, deren westliche Ufer durch einen Wasserlauf miteinander verbunden sind, während im Osten eine Galerie (*lang*) den Zusammenhang zwischen ihnen herstellt. Der Garten wurde nach Gründung der Volksrepublik 1949 wiederhergestellt, wobei der nördliche Hügel im traditionellen Stil gehalten ist. Der aus einer neuen Idee geborene und schön ausgeführte südliche Hügel entstand erst im Jahre 1960: Unten am Teich bilden flache Felsplatten eine natürlich wirkende Terrassenlandschaft, während der eigentliche »Berg« allmählich ansteigt und in der Höhe zu einer flachen Kaverne wird, aus deren Spalten und Rissen das Wasser in den untenliegenden Teich stürzt. Der schöne *T'ai-hu*-Felsen, der den Namen »Gipfel der Unsterblichen« trägt und von der Straße her durch ein Fenster in der Eingangshalle halb zu sehen ist, soll dem Sung-Kaiser Hui Tsung gehört haben.

Der Mochou-See hat seinen Namen von der Dame Mochou, die hier in der Ära der Südlichen Ch'i einen tragischen Tod gefunden haben soll. Das anmutige, von Weiden umstandene Gewässer gilt seit den Zeiten der Sung und der Yuan als der »erste See von Nanking«. Zwei südlich davon gelegene Höfe mit eleganten alten Hallen und schönen, durch aufeinanderfolgende Türöffnungen geführten Ausblicken auf den See sind renoviert worden; ein moderner Pavillon soll die Besucher dazu verlocken, am Ufer des Sees zu flanieren. Insgesamt aber läßt dieser Ort heute die dichte und intensive Wirkung, wie sie von den großen Gärten ausgeht, eher vermissen – ein Mangel, dem abzuhelfen auch die in die Mitte eines Fischteichs plazierte weiße Statuette der Dame Mochou im antiken Gewand kaum imstande ist.

Wusih (Wuxi)

Der Chi Chang (Ji Chang) Yuan, ein inmitten eines größeren Parks gelegener ummauerter Garten aus der Zeit der Ming-Dynastie, ist berühmt wegen seiner »erborgten« Aussichten – nach Süden auf den Berg Wei mit seiner Pagode und nach Westen auf den Berg Hsi, wobei die in dieser Richtung befindlichen Felskompositionen des Gartens selbst so meisterlich arrangiert sind, daß sie wie natürliche Ausläufer des Berges erscheinen. Doch hat Zhang Shi, der Felsgestalter, der dieses Arrangement zur Zeit des Kaisers K'ang-hsi schuf, natürlich nicht mit den modernen elektrischen Lichtmasten im chinesischen Barock gerechnet, die hier vor kurzem aufgestellt wurden, und auch nicht ahnen können, daß sich im »See der gestickten Wellen« in diesem Garten eines Tages nicht nur die Pagode auf dem Berg Wei, sondern auch zwei große Telefonmasten spiegeln würden. Dennoch ist der Chi Chang Yuan ein wunderschöner und mit feinem Gespür komponierter Garten von einer poetischen Ausstrahlung, die ihn sehr deutlich von dem eher formalen Pekinger Garten unterscheidet, der ihm »nachgebaut« wurde: vom *Hsieh Chu Yuan*, den der Kaiser Ch'ien-lung für den Sommerpalast in Auftrag gab (s. S. 68–69).

Der Li Yuan ist ein Garten unseres Jahrhunderts, in den zwanziger Jahren begonnen und nach Gründung der Volksrepublik erweitert. Er liegt an einem ausgedehnten Gewässer, das seinerseits mit dem großen T'ai-See verbunden ist, und besteht aus zwei Teilen. Dazwischen verläuft eine lange Galerie (*lang*), die auf der einen Seite den Blick über den Garten hinweg auf den See und auf der anderen Seite die Aussicht auf die Felder gewährt – jeweils gerahmt durch dekorativ gestaltete Fensteröffnungen. Aus der Nähe betrachtet, sind manche Teile dieses Gartens etwas grob und konstruiert, und der große künstliche Hügel mit dem Betonpavillon ist in meinen Augen unangemessen und übertrieben. Aber die nach den vier Jahreszeiten benannten Pavillons von 1950, die man im Viereck um einen steif wirkenden, am Ende des Sees abgeteilten Weiher angeordnet hat, sind voller Anmut. Jenseits von ihnen schafft der »erborgte« Ausblick auf Wasser, Himmel, Berge und die dort befindlichen, dem Auge als Silhouetten erscheinenden Pavillons eine magische Wirkung (s. Abb. 50 auf S. 55; Abb. 182, 183 auf S. 163; Abb. 189 auf S. 167).

Chengtu

Die strohgedeckte Hütte des Tu Fu (Du Fu) ist eine aus der Periode der nördlichen Sung-Dynastie stammende Rekonstruktion der Hütte, in der einst der bedeutendste Dichter der T'ang-Ära (und möglicherweise der bedeutendste chinesische Dichter überhaupt) lebte. Seit der T'ang-Zeit ist der Garten immer wieder restauriert und erweitert worden, das letzte Mal im Jahre 1949. Heute besteht er aus einem langgestreckten See und einer Reihe von Pavillons und Hallen unter Bäumen. Die Wu-Hu-Gedächtnishalle hält die Erinnerung an einen berühmten Staatsmann, Zhuge Kongming, und den Kaiser Zhao Lie wach. Rosa verputzte Mauern mit grauen Ziegeldächern säumen einen in Serpentinen verlaufenden Weg, der die beiden Gedenkstätten und Gartenteile verbindet. Darüber wiegen sich hochgewachsene Bambusbäume, deren Schatten auf die Mauern fällt.

Jinan

Der See der grossen Klarheit, zum ersten Mal von einem berühmten Nord-Wei-Geographen erwähnt, liegt im Zentrum Jinans und speist sich aus 72 Quellen. In der Sung-Ära ließ der Gouverneur der Stadt, ein angesehener Literat, die Ränder mit Dämmen versehen, um das Wasser nützen zu können. Seit dieser Zeit haben die rund um das Seeufer errichteten Tempel- und Gartenanlagen und die Gedichte, die den See preisen, ihn fast so berühmt gemacht wie den Westsee in Hangchow. Die Ti-Hsuan-Gedenkstätte am Nordufer birgt viele Kalligraphien auf Steintafeln, welche in die

Wände eingelassen sind. Eine davon ist von Ti Po eigenhändig beschrieben worden. Der Text lautet: »Um die leuchtenden Lotosblüten – grüne grüne Weiden; um den süß singenden See – die grüne Stadt«.

Yangchow (Yangzhou)

Der schmale Westsee entwickelte sich unter den Sui und den T'ang allmählich aus einer rechtwinkligen Biegung des alten Stadtgrabens. In der Ch'ing-Ära und hier zumal unter dem Eindruck mehrerer Besuche des Kaisers Ch'ien-lung entstand rund um den See eine Vielzahl von Hallen, Pavillons, Villen und Brücken. Was heute vor allem ins Auge fällt, ist die »Brücke der fünf Pavillons«, deren schlanke scharlachrote Säulen über dem mächtigen mittleren Bogen eine wohlausgewogene Versammlung gelber Ziegeldächer tragen. Die weiße Pagode südlich der Brücke ist kleiner als die Pagode im *Pei-Hai*-Park in Peking und soll zunächst als ephemeres Bauwerk über Nacht errichtet worden sein, um Ch'ien-lung zu erfreuen. Vor seinem nächsten Besuch wurde sie dann auf Dauer erbaut.

Der He Yuan wurde in der Ch'ing-Dynastie von einem reichen Salzkaufmann angelegt. Der Name, der mit einem Zeichen geschrieben wird, das verdoppelt das Wort für »Bambus« ergibt, spielt auf die Bambusbäume an, die der zweite Besitzer des Gartens hier in großer Zahl pflanzen ließ, und verrät, woran sein Herz hing: »Ein edler Mann«, sagt ein altes Sprichwort, »kann ohne Bambus nicht leben.« Der Garten ist vor allem berühmt wegen seiner vier Miniaturberge, die, aus unterschiedlichen Arten von Steinen errichtet, die vier Jahreszeiten symbolisieren sollen. Beide Gärten gelten als charakteristisch für Yangchow – weniger gefällig und lyrisch als die Gärten von Suchow, überzeugen sie doch in ihrer Anlage und sind es wert, in der alten Schönheit wiederhergestellt zu werden.

Suchow (Suzhou)

Das milde Klima, die reichen Wasservorräte, eine lange Periode der Prosperität und der große Anteil der Gelehrten und Künstler an der Bevölkerung haben Suchow mit seinen Gärten zur berühmtesten Stadt in China gemacht. Viele Gärten sind heute nicht mehr vorhanden, aber acht der bekanntesten sind restauriert worden und für das Publikum geöffnet. Nahezu immer voller Menschen, wirken sie auf den Besucher, der nur einen kurzen Rundgang vorhat, in ihrer Dichte und Kompliziertheit verwirrend. In der ersten halben Stunde eines sonnigen Frühlingsmorgens aber, wenn sie noch menschenleer sind, gehören sie noch immer zu den wunderbarsten Zielen in ganz China.

Shi Tzu Lin (Shizi Lin), der »Löwengarten«, wurde um das Jahr 1336 n. Chr. von einem buddhistischen Mönch, Tien Ru, zur nördlichen Sektion eines Tempels bestimmt. Er ist wegen seiner Felsformationen berühmt, und da die Worte für »Lehrer« und »Löwe« im Chinesischen gleich klingen, ist der Name ein Wortspiel, das sich auf die löwengestaltigen Steine dieses Gartens und zugleich auf die berühmte »Löwenklippe« des T'ien-Mu-Berges bezieht, wo der Lehrer und Meister des Mönchs eine Hütte gehabt hatte. Es sollen mehr als zehn bekannte Künstler an der Anlage des Löwengartens beteiligt gewesen sein, darunter auch Ni Tsan, der um das Jahr 1380 ein Rollbild von diesem Garten malte. Doch hat die Anlage, wie sie sich heute präsentiert – mit dem großen künstlichen Felsen, der sich mit seinen Gipfeln und Höhlen fast in den See hineindrängt –, keine Ähnlichkeit mehr mit dem eher strengen, von Felsbrocken gesäumten Hof, den der Maler uns überlieferte. Eine lange Galerie (*lang*) läuft um einen großen Teil des Gartens, in deren Wände steinerne Inschrifttafeln eingelassen und kunstvolle »Blumenfenster« eingeschnitten sind. Das 20. Jahrhundert hat dem Garten ein aus Beton und Holz bestehendes »steinernes« Boot am nordöstlichen Ende des Sees, Pavillonfenster aus leuchtendem Buntglas und elektrische Beleuchtung durch nackte Glühbirnen beschert – in meinen Augen durchweg unglückliche Hinzufügungen. Der letzte private Besitzer war die Familie des amerikanischen Architekten Ioh Ming Pei.

Wang Shih Yuan oder der »Garten des Meisters der Netze« wurde 1440 von einem Amtsträger aus Yangchow erbaut, verfiel nach dessen Tod und wurde im Jahre 1770 wiedererrichtet. Im 18. Jahrhundert berühmt wegen seiner Päonien, wechselte der Garten im 19. Jahrhundert häufig den Besitzer und wurde in den vierziger Jahren unseres Jahrhunderts von der Familie Wang restauriert. Der Wang Shih Yuan ist einer der am wenigsten verstümmelten alten Gärten; er bedeckt eine Fläche von nur rund

4000 Quadratmetern und zeichnet sich als einziger dadurch aus, daß auch die großen, schattigen Hallen des Hauses, zu dem er gehörte, öffentlich zugänglich sind (das Haus war noch bewohnt, als es 1958 von der Stadt übernommen wurde). Der kleine Hof mit der »Wohnung des späten Frühlings« am nordwestlichen Ende des Gartens war das Vorbild für den Astor Court, einen chinesischen Hof, der 1981 zur Vervollständigung der Chinesischen Abteilung des Metropolitan Museum of modern Art in New York errichtet wurde (s. auch Anm. 1 zu Kapitel 9).

Der Chuo Cheng (Zhou Zheng) Yuan oder »Garten des glücklosen Politikers« beherbergte in der T'ang-Dynastie das Haus eines konfuzianischen Gelehrten und unter den Yuan ein Kloster, bevor ein erfolgreicher Beamter der Ming-Ära, Wang Hsien-ch'en, ihn umbauen ließ. Dessen Sohn verspielte ihn, und so ging er durch viele Hände, bevor Wang Yung-wing ihn erwarb, der Schwiegersohn des berüchtigten Generals Wu San-Kuei, der den Mandschu die Eroberung Pekings gestattete. Immer wieder verkauft, instand gesetzt, in Verfall geraten und aufs neue wiederhergestellt, diente der Garten während des T'ai-ping-Aufstands einem revolutionären General als Hauptquartier. Sirén fotografierte ihn in den dreißiger Jahren; damals waren die Gewässer verschlammt, und der Garten war ganz zugewachsen, wenn auch noch immer ein die Sinne in hohem Maße anrührender Ort. Heute, wiederum restauriert, besteht er aus drei durch Mauern voneinander abgesetzten Teilen, die zusammen einen der größten der alten Gärten bilden. Der östliche – erst nach der Gründung der Volksrepublik hinzugekommene – Teil ist im modernen, westlich inspirierten Stil gehalten, mit Rasenflächen, wenigen Pavillons und ansprechenden Baumgruppen auf angeschütteten Hügeln. Der mittlere und der westliche Teil sind weniger leicht überschaubar und interessanter. Rund um einen gewundenen See angeordnet, der sich zu langen, flußartigen »Fingern« streckt, wird dem Garten eine Atmosphäre »wie in den Wasserdörfern von Chiang-nan« – der Gegend südlich des Yangtse, in der Suchow liegt – nachgerühmt. Zur Ehre gereicht ihm auch die Assoziation mit dem großen Ming-Maler Wen Chengming, der in einem dieser Höfe lebte, und mit dem Dichter und Stückeschreiber Yuan-Mei, der im 18. Jahrhundert häufig hierherkam.

Ou Yuan, was soviel wie »Paar« bedeutet, ist der Name eines Gartens, der sich östlich und westlich eines alten städtischen Wohnsitzes erstreckt. Zur Zeit der frühen Ch'ing-Dynastie von dem Distriktsmagistrat Lu Jin erbaut, erhielt der Garten seine heutige Form unter Shen Bingcheng, einem Beamten der späten Ch'ing-Ära. Den westlichen Garten teilt ein Studio in zwei Höfe, von denen einer mit einer merkwürdigen Felskomposition geschmückt ist. Der östliche Garten gehört zu den interessantesten der ganzen Stadt. Vom Eingang aus führt der Weg durch einen kleinen Hof in einen relativ großen, nicht genutzten Bereich, den eine weiße, von mehreren ornamentalen *Lou-chuang*-Fenstern durchbrochene Mauer und ein kunstvolles Mondtor begrenzen, wobei das letztere den Rahmen für den Blick in den dahinterliegenden Garten bildet. Hinter diesem Tor folgen gedeckte Galerien (*lang*) zunächst der Mauer und nehmen dann ihren eigenen Weg im Zickzack durch den Garten. Die zweigeschossige, große Halle mit dem gestuften Dach ist dem Blick zunächst durch einen hohen und stark gegliederten künstlichen »Felsen« aus gelben Steinbrocken verborgen, dessen Ostflanke steil abfällt und sich in einem kleinen Teich spiegelt. Diese Komposition wird wegen ihrer kunstvollen Ausführung sehr bewundert. Ein in Stufen ansteigender, gewundener Weg führt durch die Miniaturklippen und vermittelt dem Besucher den Eindruck, sich über einem »tiefen Tal« (*Shi Gu*, wie diese Stelle heißt) zu befinden. Vor nicht allzulanger Zeit hat man hier einen Pfad in Schachbrettmuster gepflastert, wobei die Felder nach rechts hin sozusagen wegkippen und das Auge auf die Folge dekorativer Fenster in der Umfassungsmauer lenken. Ein doppelter *lou* am östlichen Ende gewährt Ausblick auf das Leben auf dem Kanal und in den Straßen der Stadt. Der Ou Yuan wird normalerweise nicht von Touristengruppen besucht und ist ein wenig verkommen; in seinem delikaten Arrangement von Raum und Licht und mit den vielen verschwiegenen und verborgenen Winkeln ist er aber ein klassischer Vertreter der Gartenbaukunst von Suchow.

Der Liu Yuan oder »Garten des Verweilens« stammt aus der Ming-Dynastie und wurde von einem Beamten namens Hsu Hsi-tai angelegt. Seinen heutigen Namen erhielt er unter einem späteren Besitzer, Liu Yung-fent, dessen »Liu« wie das chinesische Wort für *halten, beibehalten* klingt – ein Hinweis darauf, daß der Garten den T'ai-ping-Aufstand überlebte. Aus vier Hauptteilen bestehend, ist er der größte der noch vorhandenen Gärten (mit einer Fläche von nahezu 40000 Quadratmetern) und berühmt wegen seiner kunstvollen Gitterwerk-Fenster, der schönen Pflasterung, des komplexen Labyrinths von Hallen und Korridoren, der rund 300 Kalligraphien, die auf Steintafeln in die Wände eingelassen sind, und schließlich des »Wolkenbedeckten Gipfels«, eines *Tai-hu*-Steins, der mit seinen rund 4,50 Metern Höhe den Hauptanziehungspunkt eines der Höfe bildet.

Der Hsi Yuan oder Westliche Garten wurde westlich des *Liu Yuan* zur gleichen Zeit und vom gleichen Mann angelegt. Später wurde er zu einem Kloster, und noch heute befindet sich hier eine »Halle der zehntausend Buddhas«. Der Garten ist schön, aber nicht besonders bemerkenswert. Das Auffälligste an ihm ist der große, zweigeschossige Pavillon, den man über eine Zickzackbrücke von beiden Seiten des in der Mitte gelegenen Sees aus erreichen kann.

Der Tsang Lang (Cang Lang) T'ing oder »Pavillon der blauen Wellen« zeigt noch die gleiche Anlage wie zu der Zeit (im Jahre 1044 n. Chr., also unter der Sung-Dynastie), als er an der Stelle eines aus dem 10. Jahrhundert stammenden Hauses erbaut wurde. Sein Name – den ihm der Dichter Su Tsu-mei gab – bezieht sich auf eine Zeile in den *Liedern von Ch'u Tz'u*: »Wenn das Wasser des Tsang-Lang-Flusses sauber ist, wasche ich die Bänder meiner Dienstmütze darin; wenn es schmutzig ist, wasche ich meine Füße.« Während des T'ai-ping-Aufstands zerstört, wurde er 1927 als Teil einer Kunstakademie wiederaufgebaut. Das ihm benachbarte Gebäude am Kanal ist ein etwas grober Bau im klassizistischen westlichen Stil. Heute besteht der *Tsang Lang (Cang Lang) T'ing* aus Beton, doch hat der Garten einige schöne Höfe und Bambusbäume wie auch höchst dekorative Fenster, die den europäischen Betrachter etwas an den Jugendstil erinnern. Lichteffekte sind sehr geschickt eingesetzt, besonders in den drei rechteckigen Räumen, in die das Licht schräg durch die Gitterwerk-Fenster fällt und die an den Ecken miteinander verbunden sind, so daß ein langer, diagonaler »Korridor« entsteht. Das Sonnenlicht, das zu beiden Seiten durch die Gruppen hoher Bambusbäume dringt, läßt die Räume hier fast grün erscheinen, wie eine Höhle unter Wasser. Ein doppelgeschossiger *lou* gibt den Blick auf die Berge jenseits der Stadt frei. *Tsang Lang T'ing* ist auch deshalb berühmt, weil er den Kanal, der außerhalb des Eingangstors verläuft, in den Garten »hineinborgt«. Da zu beiden Seiten der Umfassungsmauer eine Galerie mit Fenstern verläuft, kann der Besucher nicht mit Sicherheit sagen, wo der Garten anfängt und aufhört – und damit erscheint er ihm viel größer, als er ist.

Der I (Yi) Yuan oder »Garten des Wohlbehagens« ist relativ jungen Datums. Er wurde in der späten Ch'ing-Ära von einem reichen Amtsträger an der Stelle eines Gartens erbaut, der dem Ming-Kalligraphen Wu K'uan gehört hatte. An ihm rühmt man die geschickte Adaption von Elementen anderer, früherer Gärten. Obwohl er klein ist, handelt es sich doch um eine sehr dichte, feine und ästhetisch befriedigende Anlage.

Der Tigerhügel außerhalb von Suchow ist ein von jeher berühmter Ort, den eine mehr als tausendjährige schiefe Pagode krönt. Um sie herum gruppieren sich Hallen, Pavillons und natürliche Felsen. Von der Pagode hat man einen schönen Blick in die umgebende Landschaft.

Shanghai

Der Yu Yuan oder »Garten des Erfreuens« in der alten Stadt Shanghai ist ein riesiger und kompliziert angelegter Garten, den Pan En im Jahre 1559 n. Chr. erbaute.

Hangchow (Hangzhou) und sein Distrikt

Hsi Hu, der »Westsee«, auf drei Seiten von einem Kranz von Hügeln umgeben, ist der beliebteste und am häufigsten nachgeahmte von allen »Berg-und-Wasser«-Orten in China. Im Laufe seiner rund 2000jährigen dokumentierten Geschichte ist der ursprüngliche See so verändert worden, daß er nun buchstäblich von Menschenhand gemacht ist. Seine außergewöhnliche Faszination erklärt sich zum Teil durch das Bild der perfekten Harmonie von Mensch und Natur, das er vermittelt. Die beiden großen, weidenbestandenen Dämme, die ihn teilen, sind nach zwei berühmten Dichtern benannt, welche in der Administration der Stadt tätig waren, nach Su Tung-po und Li-Tai-po. Sie ließen die den See weiter ausheben und befestigen, um den Überflutungen zu begegnen. Als Hangchow dann zur Hauptstadt der Süd-Sung wurde, entstanden viele prächtige Villen an den Ufern des Sees. Im See liegt die kleeblattförmige Insel mit dem Namen »Drei

Teiche, die den Mond spiegeln«, einer der schönsten Flecken in ganz China. Im Hügelland rund um den See liegen viele berühmte Klöster; das bekannteste trägt den Namen *Ling Ying Ssu.*

Kanton (Guangzhou) und sein Distrikt

Es gibt in dieser Stadt drei berühmte alte Restaurants, die sämtlich auf dem Areal der alten Gärten mit ihren unzähligen, heute zu neuen und komplexen Arrangements zusammengefaßten Höfen und Hallen liegen. Es sind sehr erfreuliche Orte für den, der dort essen möchte, während sie als Gärten eher etwas gewöhnlich wirken.

Sian (Xian)

Hua Ching (Hua Qing) – der gleichnamige See sowie die Wege und Pavillons, die sich über ihm den Hang hinaufziehen – liegt gut 20 Kilometer von Sian entfernt am Nordabhang des Berges Li. Schon zu Zeiten von Chin Shih Huang ti, der China im Jahr 221 v. Chr. einte und dessen Hauptstadt Ch'ang-an sich in der Nähe des heutigen Sian befand, hatte sich hier – am Ort einer heißen Quelle – eine für kürzere Aufenthalte errichtete königliche Villa befunden. Wirkliche Berühmtheit erlangte der Garten aber erst zur Zeit des T'ang-Kaisers Ming Huang, der ihn in eine große Palastanlage umwandelte und hier die Wintermonate mit der Dame Yang Kuei-fei verbrachte, einer der vier berühmten Schönheiten der chinesischen Geschichte. Später machte dann Po chu-is »Gesang vom ewig fortdauernden Kummer«, der die Geschichte dieser vier Frauen zum Inhalt hat, jeden gebildeten Chinesen mit den Namen und Örtlichkeiten des Gartens vertraut. Im Verlauf des An-Lushan-Aufstands – der Ming Huang zwang, seine Dame exekutieren zu lassen – wurden die Örtlichkeiten selbst dann allerdings zerstört. Zur Zeit der Fünf Dynastien zum Kloster umgewandelt und unter den Ch'ing wiederhergestellt, wurde das Gelände zuletzt von Tschiang Kai-shek genutzt, der 1936 im sogenannten »Zwischenfall von Sian« hier von den Kommunisten aus einem der Pavillons heraus gefangengenommen wurde. Die Fundamente des T'ang-Palasts sind noch vorhanden, und man kann im heilkräftigen Wasser dieses Ortes noch heute zwischen Höfen und Pavillons baden, denen die Namen jener Höfe und Pavillons gegeben wurden, in denen die Dame Yang einst den Kaiser betörte. Die Gebäude selbst datieren allerdings zum größten Teil aus den fünfziger Jahren unseres Jahrhunderts, und der Garten mit dem See und den darüber an steinigen Wasserläufen stehenden Pavillons bedeckt heute nur einen Bruchteil der Fläche der ursprünglichen Anlage.

Anmerkungen

1 Das Echo des Abendlandes

1 Aus »A particular account of the Emperor of China's gardens near Peking in a letter from Père Attiret ... to his friend at Paris, translated from the French by Sir Harry Beaumont« (1749).

2 ibid., S. 9–10.

3 ibid., S. 16–17.

4 ibid., S. 5.

5 ibid., S. 38. Der Übersetzer Beaumont fügt hier eigene Bemerkungen über einige Stiche an, welche die kaiserlichen Gärten zeigten und die er kurz zuvor gesehen hatte: Die Anordnung des Geländes, der Gewässer und der Bepflanzung sei »in der Tat sehr regelmäßig« und die Architektur durchwegs »von regelmäßiger Art«. Seine eigene Vorstellung wich so weit von diesen Darstellungen ab, daß er zu dem Schluß kam, Pater Attiret müsse einen ganz anderen Garten beschrieben haben. Aber er täuschte sich. Bei den Abbildungen muß es sich um die Stiche gehandelt haben, die 1749 nach den vom Kaiser Ch'ien-lung bestellten »Vierzig Ansichten« des *Yuan Ming Yuan* angefertigt und später nach Paris gesandt worden waren, wo sie noch heute in der Bibliothèque Nationale zu sehen sind. Diese Szenen entsprachen genau den von Pater Attiret beschriebenen, was nur beweist, wie irreführend die verbale Schilderung sein kann.

6 Es ist im Grunde erstaunlich, daß Pater Attiret sich überhaupt ein zusammenhängendes Bild der Gärten machen konnte. Die Jesuiten durften ihre Werkstatt nämlich nur verlassen, wenn das, was sie zu malen hatten, zu groß war, als daß man es ihnen hätte hinbringen können. Sie wurden von einer starken Garde von Eunuchen bewacht und waren gehalten, »rasch zu gehen und keinerlei Lärm zu machen, dicht beisammenzubleiben und nur ja kein Aufsehen zu erregen, so als ob (sie) ... etwas Böses im Schild führten«. Dennoch sahen sie sehr viel mehr von den Gärten als die meisten Untertanen des Kaisers.

7 Hunt und Willis, *The Genius of the Place*, S. 99; ferner auch S. 142 zur Ausgabe Nr. 414 des *Spectator* vom 25. Juni 1712, in der Joseph Addison das Thema ebenfalls aufnahm.

8 Zitat aus seinem »Brief an Lord Burlington« (1731). Hunt und Willis, op.cit., S. 212.

9 Stephen Switzer, »Ichonographica Rustica« (1718 und 1742), Hunt und Willis, op.cit., S. 152.

10 Sirén, *Gardens of China*, S. 4.

11 Tung Chu-in in: *T'ien Hsia Monthly*, III, 3 (Okt. 1936), S. 222.

12 Oliver Goldsmith, *The Citizen of the World* or »Letters from a Chinese philosopher residing in London to his friends in the country«, Band I, Brief XIV, Crookes (Hsg.) (1799), S. 46.

2 Die Ursprünge des Gartens

1 Zur Figur des Shangti und zum »Welt-Ei« siehe Wolfram Eberhard, *Geschichte Chinas*, Stuttgart 1971, S. 23f. Siehe auch Michael Sullivans *Short History of Chinese Art* (London 1967).

2 David Hawkes (Übers.), »The Songs of Ch'u (Ch'u Tz'u)« in: Cyril Birch (Hsg.), *Anthology of Chinese Literature* (New York 1965), S. 75.

3 ibid.

4 E. R. Hughes (Übers.), *Two Chinese Poets, vignettes of Han life and thought* (Princeton 1960); Pan Ku über die westliche Hauptstadt, S. 33; Chang Heng über die westliche Hauptstadt, S. 42.

5 Aus Ssu-ma Hsiang-ju, »Shang-lin Fu«, in: Birch (Hsg.), *Anthology of Chinese Literature*, S. 148.

6 Hughes, op.cit., S. 73.

7 ibid., S. 29.

8 Ssu-ma Hsiang-ju, »Shang-lin fu«, übers. von Burton Watson in: Birch (Hsg.), op.cit., S. 145.

9 David Hawkes (Übers.), *Ch'u Tz'u, Songs of the South* (Oxford 1959).

10 Rolf Stein, »Jardins en miniature d'extrême-Orient«, in: *Bulletin d'Ecole Française d'Extrême-Orient* (1943), S. 42.

11 Hughes (Übers.), op.cit., Chang Heng über die westliche Hauptstadt, S. 39.

12 Hughes, ibid., Pan Ku über die westliche Hauptstadt, S. 33

13 Hughes, ibid., Pan Ku über die westliche Hauptstadt, S. 33

14 Zum Ideal der Schlichtheit siehe Lin Yu-tang, *My Country and My People*, S. 34–37 und 113–114.

15 Siehe Edward H. Schafer, *Tu Wan's Stone Catalogue (Berkeley,* 1961), S. 5, und Lorraine Kuck, *The World of the Japanese Garden* (New York 1968), S. 95.

3 Die kaiserlichen Parks

1 Aus *P'u T'ung Hsin Li Shih*, einem Buch über die Geschichte Chinas, S. 57, zitiert nach Malones *History of the Peking Summer Palaces* (Urbana 1934), S. 192.

2 D. C. Lau (Übers.), *Mencius* (London 1970), S. 113.

3 Kaiser Hui-tsung in Rechtfertigung der Anlage seines Gartens im *Bericht von Ken-yu* (1122 n.Chr.), aus dem Chinesischen ins Englische übers. von Grace Wan. In *The Vermilion Bird* erklärt Schafer das Wort *ling* als spirituelle Kraft oder Energie, die als in jedem Objekt ansässig bzw. als von jedem Objekt ausgehend zu denken ist, das »voll Mana« ist, selbst wenn es sich um etwas so Indifferentes wie einen Stein handelt. Zum Park des Königs Wen siehe Arthur Waleys *Schih Ching: The Book of Songs* (London 1969), Nr. 274, S. 259.

4 Dieses und die folgenden Zitate stammen aus »Sui Yang Ti Hai Shan Chi« in: *T'ang Sung Ch'uan Ch'i Chi.* Abgedruckt in *Chung Kuo Ying Tsao Hsueh* (Bulletin of the Society for Research in Chinese Architecture), Band IV, Juni 1934. Aus dem Chinesischen ins Englische übers. von Alexander Soper in Lorraine Kuck, *The World of the Japanese Garden* (New York 1968), S. 19.

5 Die Quelle dieses Zitats ist unglücklicherweise auf dem Postweg zwischen Los Angeles und London verlorengegangen.

6 Siehe *Shi-shu* (Annalen der Sui). Zur Person des Sui Yang-ti siehe Arthur F. Wright, »Sui Yang-ti, Personality and Stereotype«, in: *The Confucian Persuasion* (Stanford 1960).

7 Murakami Yoshimura, »Imperial Gardens of Ch'ang-an in the T'ang dynasty«, in: *History*, Nr. 3 (Kansai University, 1955). Aus dem Japanischen ins Englische übers. von Keiko Ryare.

8 Joseph Needham, *Science and Civilization in China* (Cambridge/England 1954), S. 65, Band 4, 1965, Teil 2, S. 134. In diesem Kapitel ist auch die Rede von anderen Wasserkünsten und den »hydraulic elegances« (*shui shih*) des Sui Yang-ti, S. 160. Abb. CLXVII zeigt einen künstlichen Wasserlauf in Kyongju in Korea, auf dem man bei Gartengesellschaften die Becher schwimmen lassen konnte. Sirén veröffentlicht ein Foto eines ähnlichen »Weinbecher-Baches« in seinen *Gardens of China*, Abb. 22.

9 Edward Schafer, *The Golden Peaches of Samarkand* (Berkeley und Los Angeles 1967), S. 233. Siehe auch S. 212 und 179 zu Ming Huangs Pflanzenschulen; S. 120 zu einem Bericht über ein *Go*-Spiel (das chinesische Schachspiel) im Garten; S. 92 zu den Zwischenfällen, zu denen es kam, als Kaiser Ming Huang seine Eunuchen anwies, Enten aus dem Gebiet südlich des Jangtse für den kaiserlichen Park in Ch'ang-an zu besorgen.

10 Beide Zitate stammen aus dem Bericht des Mönchs Tzu-hsui. Übers. ins Englische von Grace Wan.

11 ibid.

12 Beide Zitate aus dem Bericht des Kaisers Hui-tsung. Übers. ins Englische von Grace Wan.

13 Tzu-hsiu, op.cit.

14 Dieses und die folgenden Zitate aus Marco Polos Bericht stammen aus der von Ronald Latham besorgten Übers. ins Englische (*The Travels*, Neuauflage, London 1972, S. 225).

15 ibid., S. 127.

16 Carroll Brown Malone, *History of the Peking Summer Palaces* (Urbana, 1934; S. 64. Übers. aus der Einführung in *Yu Chih Yum Ming Yuan Ssu Shih Ching Shih* (Gedichte des Kaisers über die vierzig Szenen des Yuan Ming Yuan).

17 ibid., S. 113.

18 George Kates, *The Years That Were Fat* (Cambridge, Mass., 1967), S. 210.

19 Marquis Tseng in *Asiatic Monthly Review*, zitiert in Malone, *History of the Peking Summer Palaces*, op.cit., S. 192.

20 Su Hua, die den alten Gärtner der Familie, Lao Chou, zitiert, in: *Ancient Melodies* (London 1969), Kapitel 12, S. 169.

4 Die Gärten der Gebildeten

1 Siehe Fung Yu-lan, *A Short History of Chinese Philosophy*, übers. von D. Bodde (London 1948), S. 235.

2 Die genaue Quelle dieses Zitats ist unglücklicherweise auf dem Postweg zwischen Los Angeles und London verlorengegangen. Zum gleichen Gedanken siehe aber auch *The Texts of Taoism* (*Chuang Tzu*), übers. von Legge (Oxford 1891), Band 2, S. 59.

3 Herelee G. Creel: *What is Taoism?* (Chicago 1970), S. 2.
4 *Chuang Tzu*, übers. von Legge: *The Texts of Taoism* (Oxford 1891), Kap. 22, Band 2, S. 59.
5 Aus A. C. Grahams (Übers.) *The Book of Lieh Tzu* (London 1960), S. 44. Eine andere Version enthält das *Chuang Tzu* in der Übers. von Herbert A. Giles(London 1964), Kap. 19, S. 184.
6 So interpretiert Joseph Needham den Begriff in *Science and Civilization in China*, Band 2, S. 68. Ausführlich äußert sich Creel über Ursprung und Bedeutung von *wu-wei* in *What is Taoism?*, op.cit.
7 Creel, *What is Taoism?*, op.cit.
8 Ein häufig gebrauchtes Bild im *Tao Te Ching*. Steinliebhaber der T'ang-Zeit und späterer Dynastien haben wohl auch ihre seltsamen, von den Kräften der Natur geformten Felsbrocken als Symbole des »unbehauenen Blocks« betrachtet.
9 Übers. von Wolfram Eberhard in: *Geschichte Chinas* (Stuttgart 1971), S. 54.
10 Siehe J. D. Frodsham, *The Murmuring Stream* (Kuala Lumpur 1967), S. 1.
11 ibid., S. 2. Siehe ferner J. D. Frodsham, »Origins of Chinese Landscape Poetry«, in: *Asia Major*, VIII, Teil I (1960), S. 68–103.
12 Aus Hsieh Ling-yuns *Fu on Dwelling in the Mountains* in Frodsham, *The Murmuring Stream*, S. 43.
13 Tao Ch'ien, »Returning to the Fields«, übers. von Arthur Waley, in: *Chinese Poems* (London 1946), S. 92.
14 Tao Ch'ien, Vorwort (datiert 11. Mond des Jahres 405), übers. von J. R. Hightower, *The Poetry of Tao Ch'ien* (Oxford 1970), Nr. 62, S. 268.
15 ibid., S. 269.
16 Arthur Waley (Übers.), *Chinese Poems*, S. 91–92.
17 Arthur Waley, *The Life and Times of Po chu-i* (London 1949); siehe ferner Sirén, *Gardens of China*, S. 75.
18 Übers. (ins Englische) von Lin Yu-tang, *The Gay Genius* (1948), S. 154.
19 Ssu-ma Kuangs Bericht in: *Ssu-ma Wen-kung Wen-chi* (Taipeh 1967), für mich ins Englische übers. von Paul Clifford.
Siehe auch die Übers. in Sirén, *Gardens of China*, S. 77.
20 Shen Fu, Chapters from a Floating Life, übers. von Shirley M. Black (London 1960).
21 Ch'en Hao-tsu, *The Mirror of Fools* (1783), übers. von Lin Yu-tang.
22 Derek Bodde in der Einführung in Bradley Smith und Wang-go Weng, *China – a History in Art* (London 1973).
23 Po Chu-i, »The Grand Houses at Loyang«, entstanden ca. 829 n. Chr. Die Übers. von Arthur Waley in: *Chinese Poems* (London 1971), S. 162.
24 Li Ko-fei, *The Celebrated Gardens of Loyang*, für mich ins Englische übers. von Lillian Chin.
25 ibid.
26 So lädt zum Beispiel in dem aus dem 16. Jahrhundert stammenden erotischen Roman *Chin P'ing Mei*, von Clement Egerton übers. als *The Golden Lotus*, 4 Bände (London 1972), der »Held« seine Freunde zu einem Ausflug in den berühmten Garten eines unermeßlich reichen Eunuchen ein. Als Shen Fu und seine Frau in den *Chapters from a Floating Life* den Tsang-Lang-T'ing besuchen, weisen sie den Torhüter an, heute abend niemanden mehr hereinzulassen. Und im Yuan Yeh warnt Chi Cheng seine Leser davor, etwa spontan einen Vers auf anderer Leute Mauern zu schreiben, wenn sie einen Garten besuchen.

5 Das Auge des Malers

1 *Tao Te Ching*, Buch 1, Nr. XII. Später entwickelten die Neo-Konfuzianer eine ganz eigene chinesiche Haltung gegenüber sinnlichen Eindrükken: Solange der weise Mann seinen Geist nur auf ihnen *ruhen*, nicht aber sich an sie *klammern* ließ, waren die Dinge, die solche Eindrücke hervorriefen, etwas Schönes und Köstliches; sie konnten den Betrachter aber nicht fesseln oder korrumpieren. So bemühten sich die Gelehrten zum Beispiel, ein schönes Bild als den Ausdruck der Seele seines Schöpfers zu sehen, ohne eine Beziehung zu dem Gegenstand *als solchem* zu entwickeln.
2 Wan-go Weng, *Gardens in Chinese Art* (New York 1968).
3 L. Sickman und A. Soper, *The Art and Architecture of China* (Harmondsworth 1971), S. 133 und Anm. S. 480. Ausführlich beschäftigt sich mit Hsieh Hos sechs Kategorien auch Sirén, *The Chinese on the Art of Painting*, S. 18–22.
4 Um zu verstehen, warum diese Vagheit und Uneindeutigkeit so reiche Früchte trug, brauchen wir uns nur mit den einzelnen Teilen des Begriffes zu befassen. *Ch 'i* bedeutet soviel wie »Lebensatem«, »Geist«, »Vitalität«, »Aktivität des Geistes«. Nach Sirén ist es »kein abstraktes Konzept, sondern ein wirkliches Phänomen«, das »alles in der Natur beseelt – auch die Menschen«; *yun* bedeutet »Resonanz«, »Gleichklang«, »harmonische Schwingungen«; *sheng* bedeutet »Lebens-Bewegung«; *t'ung* schließlich heißt »physische Bewegung« oder »Animation«. Man könnte also das Ganze als »Schwingungen des lebengebenden Geistes und Bewegung des Lebens« wiedergeben. Das erinnert an die mechanistisch-vitalistischen Theorien, an den *élan vital* usw., nicht zu reden vom Grundsatz der Hippie-Bewegung, die Dinge nach ihrer »Ausstrahlung« zu beurteilen. Im klassischen Gartenhandbuch des 17. Jahrhunderts, dem *Yuan Yeh*, bedeutet dieser Begriff nach Osvald Sirén soviel wie »der Atem des pulsierenden Lebens der Natur«. Mit einem Wort, dieser Schlüsselbegriff vereinigt magische, psychologische, realistische und metaphysische Elemente in sich. Siehe auch Michael Sullivan, *The Birth of Landscape Painting in China*, S. 106, der in diesem Zusammenhang noch andere Übers. nennt.
4A Speiser, Werner: China – Geist und Gesellschaft (Baden-Baden 1959).
5 Zu Chang Yey-yuans *Li Tai Ming-hua chi* s. Sirén, *The Chinese on the Art of Painting*, S. 18–28 und S. 30.
6 S. Sickman und Soper, *The Art and Architecture of China, S.* 203–204.
7 T'ung Chu-in, *T'ien Hsia Monthly, III*, 3 (Okt. 1936), S. 222–223.
8 Zu Kuo-hsis *Essay on Landscape Painting* s. diese von Shio Sakanishi besorgte Übers. (London 1935), Nachdruck 1939; s. ferner Sirén: *The Chinese on the Art of Painting*, Band I, S. 215–230.
9 Sickman und Soper, *The Art and Architecture of China*, S. 219, oder Sakanishi, op. cit., S. 41.
10 Sirén, *Gardens of China*.
11 Siehe James Cahill, *Chinese Painting* (Genf 1960), S. 62–64. Deutsch: *Chinesische Malerei* (Genf 1960).
12 Eine andere Übers. findet sich in Susan Bush, *The Chinese Literati on Painting* (Cambridge/Mass. 1971), S. 31.
13 Zitiert in James Cahill, *Chinese Painting*, S. 113.
14 Sirén, *Gardens of China*, Vorsatzblatt, Abb. 92–95 und Diskussion S. 80–81.
15 Li Li-weng, *Li Yu Ch'uan-chi* (Taipeh 1970), Sektion V.
16 Mo Shih-lung, *Hua-shuo (Pao-yen-t'ang pi-chi)*, Reprint (Shanghai 1922). S. Sirén, *Chinese Painting*, Band V, S. 10 ff.
17 Persönliches Gespräch in New York.
18 Sirén, *The Chinese on the Art of Painting*, S. 183.

6 Architektur in den Gärten

1 Übers. von Lin Yu-tang in: *My Country and My People*, S. 316.
2 T'ung Chu-in, *Chiang-nan Yuan-Lin Chih* (unter dem Titel »Record of Gardens South of the Yangtze« für mich von Kenneth Ma übers.), Kap. 1.
3 Dieses und das folgende Zitat sind übersetzt und paraphrasiert von Florence Ayscough in »The Chinese idea of a garden« in: *A Chinese Mirror* (London 1925), S. 19, 29. Eine umfassende Darstellung des Yu Yuan in chinesischer Sprache findet sich bei Ch'en Ts'ung-chou, *Wen Wu* (Peking 1957), Nr. 6, S. 34, 35.
4 T'ung Chu-in, op.cit., paraphrasiert hier die ästhetischen Vorstellungen des Autors Shen Fu aus dem 18. Jahrhundert (s. Übers. in Lin Yutang, *My Country and my People, S. 312*).
5 In seinen – in Übersetzung so lautenden – »Informal Records of Random Thoughts« (s. *Li Yu Ch'uan-chi*, Taipeh 1970) behauptet Li Li-weng auch, das *Trompe l'oeil*-Fenster mit den echten, wenn auch abgestorbenen Zweigen erfunden zu haben. Der Vorteil solcher Fenster besteht darin, daß sie eine unschöne Aussicht verbergen können und sich von Zeit zu Zeit auswechseln lassen. Sie waren auch ohne große Kosten herzustellen, denn der mittellose Kenner konnte sie selbst ausfüllen.
6 Übers. Sirén, *Gardens of China*.
7 T'ung Chun, op.cit.
8 Für mich von Paul Clifford übers. Yuan Mei hielt den Sui Yuan für das Vorbild des Gartens im *Traum der Roten Kammer*. Eine ausführliche Schilderung seines Lebens findet sich in: Arthur Waley, *Yuan Mei, 18th Century Chinese Poet* (London 1956).
9 Attirets Brief an M. d'Assaut. Die englische Übers. stammt aus Hope Danby, *The Garden of Perfect Brightness* (London 1950), S. 69–78.
10 Die einzige nach dem *Yuan Yeh* (1631) erschienene Klassifizierung des chinesischen Gitterwerks, die ich finden konnte, ist die bekannte Arbeit von Daniel Sheets Dye, *A Grammar of Chinese Lattice* (Cambridge/Mass. 1937). Keines der beiden Bücher erhebt Anspruch auf Vollständigkeit, und keines bildet Ornamente ab, die allein den Gärten vorbehalten wären. Zumal das Buch von Sheets Dye vermittelt aber eine gute Vorstellung von der erstaunlichen Fülle und Vielfalt der Muster.

11 Dieses und die folgenden Zitate stammen aus David Hawkes' Übers. mit dem Titel *The Story of the Stone* (Harmondsworth 1973), S. 324–347.

7 Fels und Wasser

1 Schilderung von Yuan Hsuan-chih, ins Englische übers. von Alexander Soper in der Schlußbemerkung zu Michael Sullivan, *The Birth of Landscape Painting in China*, S. 197. Chang Lun war unter dem Kaiser Hsiao Ming-ti (516–527 n. Chr.) Minister für Ackerbau und baute seinen Garten in Loyang.

2 Li Li-weng (»Informal Records of Random Thoughts«, unter diesem Titel für mich von P. D. Lu in Englische übers.), in: *Li Yu Ch'uan-chi* (Taipeh 1970), Sekt. 5, Teil 1.

3 Osvald Sirén, *Gardens of China*, S. 26.

4 Edward H. Schafer, *Tu Wan's Stone Catalogue* (Berkeley 1961), S. 52–53.

5 Arthur Waley, *Analects of Confucius* (London 1938), Buch VI, Nr. 21, S. 121.

6 Yang Hung-hsien, *Wen Wu* (Peking 1957), Nr. 6.

7 ibid.

8 Tao Te Ching, Buch I, VIII, übers. von Joseph Needham, *Science and Civilization in China* (Cambridge/England 1954/65), Band 2 (1956), S. 57.

9 Siehe Anm. 5 zu Kapitel 3.

10 Chuang Tzu, übers. von H. A. Giles (London 1964), Kap. V, S. 68.

11 Rolf Stein, »Jardins en miniature d'extrême-Orient«, in: *Bulletin d'Ecole Française d'Extrême-Orient*, 1943.

12 Edward H. Schafer, *The Divine Woman*, S. 7.

13 ibid., S. 29.

14 Marco Polo (von Ronald Latham unter dem Titel *The Travels of Marco Polo* ins Englische übers., London 1972), S. 219.

15 Siehe Arthur Waley, *The Life and Time of Po Chu-i* (London 1949), S. 149.

8 Die Pflanzen

1 Dieses und die folgenden Zitate stammen aus Ernest Wilson, *China, Mother of Gardens*, S. 37. Siehe auch das Kapitel XXV, »Gardens and Gardening«, S. 322–328, das sich speziell mit den Pflanzen im chinesischen Garten befaßt. Zum Pflanzensammeln in China siehe Robert Fortunes Reiseberichte und E. H. M. Cox' Geschichte der botanischen Entdeckungen: *Plant Hunting in China* (London 1945).

2 Siehe Anm. 5 zu Kapitel 3.

3 Chou Tun-i »Ai lien shuo«, *Chou lien-hsi chi*, 8, 139.

4 Edward Schafer, *The Golden Peaches of Samarkand* (Berkeley und Los Angeles 1967), S. 119. Schafer entdeckt auch eine interessante Parallele zum Vorkommen der heimischen Pflanzen in der englischen Poesie: »Geoffrey Grigson weist nach, daß den einheimischen Pflanzen in der englischen Poesie die Aufgabe zufällt, tieferreichende Gefühle zu reflektieren und zu stimulieren, während die exotischen Pflanzen, denen die gewachsene und enge Wechselbeziehung zum englische Volk fehlt, dem Dichter kaum zu mehr dienen können als dazu, einen interessanten farbigen Tupfer in seine Verse zu bringen. Das galt für China genauso.«

5 Übersetzt von Arthur Waley, *Book of Songs* (London, 1. Auflage 1937), S. 35.

6 Übersetzt von Robert Kotewell und Norman L. Smith in *The Penguin Book of Chinese Verse* (Harmondsworth 1962), S. 68.

7 In *The Vermilion Bird*, S. 195, bemerkt Schafer, daß *Kuei* (zur Bezeichnung) von *cinnamomum cassia* und anderer Mitglieder der Lorbeerfamilie diente und daß »die Dichter dem *kuei* ihre Aufmerksamkeit vor allem wegen seines reichen Aromas zuwandten«. In alter Zeit glaubte man, daß ein Cassia-Baum auf dem Mond wachse, »und so war es im Mittelalter nur natürlich, daß der gebildete Chinese den *kuei* bei Mondlicht bewunderte«. Es ist ebenjener Mond-*kuei*, in dem Schafer den starkduftenden Osmanthus erkennt. Er erwähnt auch, daß der berühmte Amtsträger Li Te-yu, aus dem Exil im Süden zurückkehrend, einen exotischen roten *kuei* mit nach Hause brachte und in seiner P'ing-ch'uan-Villa in Loyang pflanzte.

8 Heiltränke der jeweiligen Gegend kann man in China auch heute noch in den meisten Schönheitsläden kaufen, darunter einen Chrysanthementee und ein köstliches rosafarbenes Getränk, eine Spezialität aus der Provinz Kwantung.

9 In *The Golden Peaches of Samarkand*, S. 128, zitiert Schafer Po Chu-is Gedicht von den lotospflükkenden Damen aus dem *Po-Shih Ch'ang-ch'ing chi*, 28, 76.

10 Shen Fu (von Shirley M. Black unter dem Titel *Chapters of a Floating Life* übers.), S. 71. Die alte Ch'ing-Kaiserin Tzu Hsi liebte ebenfalls den so hergestellten lotosduftenden Tee, siehe Su Hua, *Ancient Melodies* (London 1969). Zur Frage der Wirtschaftlichkeit der kunstvollen Gärten siehe den *Traum der Roten Kammer*. Als die Geschicke der Familie sich zum Schlechten wenden, werden die Einnahmen aus dem Ta Kuan Yuan wichtig (Kapitel 56).

11 Eine englische Übers. dieses Gedichts von John A. Turner findet sich in *A Golden Treasury of Chinese Poetry* (Hongkong 1976), S. 111; eine weitere Übers. von Shigeyoshi Obata ist abgedruckt in *The Works of Li Po* (New York 1922), S. 31.

12 Von Arthur Waley als »The Flower Market« übersetzt in *Chinese Poems* (London 1971), S. 121.

13 Huang Yu-tsaos in Hsieh Wu-liang, *Chung-kuo fu-nu wen-hsueh shih*, Kap. 8, S. 49 abgedrucktes Gedicht ist unter dem Titel »Chance verse on a summer day« von Robert Kotewall und Norman L. Smith übers. und in *The Penguin Book of Chinese Verse* (Harmondsworth 1971) auf S. 61 abgedruckt.

14 Lorraine Kuck, *The World of the Japanese Garden* (New York 1968), S. 33.

15 Shen Fu (von Black als *Chapters from a Floating Life* übersetzt), S. 33.

16 Sitwell, »Old Worlds for New«, aus *Queen Mary and Others (London* 1974).

17 Shen Fu (von Black als *Chapters from a Floating Life* übersetzt), S. 59–60.

18 Su Hua, *Ancient Melodies* (London 1969), S. 173–174.

9 Bedeutungsinhalte des chinesischen Gartens

1 Zu den öffentlich zugänglichen Gärten auf dem chinesischen Festland s. Anhang (S. 201–203). Daneben gibt es noch anderswo Gärten, die man bei oberflächlichem Hinsehen vielleicht als »chinesisch inspiriert« bezeichnen würde: In Napa Valley/Kalifornien besteht ein schlichter, aber eindrucksvoller Garten mit See, Weiden, Insel, Brücke und Pavillon. Die Sicht auf die hügelige Gegend ist wie beim Hsi Hu in Hangchow »erborgt«. Biddulph Grange in Staffordshire/England besitzt in einem interessanten Komplex, der auch einen »japanischen« und einen »ägyptischen« Garten aufweist, einen unter die Gattung Chinoiserie fallenden »chinesischen Garten«. In einigen weiteren Gärten des 18. Jahrhunderts in England stehen sogenannte »chinesische« Pavillons, so in Shugborough/Staffordshire und in Woburn. Sie mögen reizvoll sein, aber »chinesisch« ist nicht das Geringste an ihnen. Die Abteilung für chinesische Kunst des Metropolitan Museum of Modern Art in New York besitzt den »Astor Court«, der mit großer Sorgfalt und im Bemühen um größtmögliche Authentizität in Zusammenarbeit mit chinesischen Beratern eingerichtet wurde – ein karger und kühler Platz im Herzen von New York City, dem die Intensität und Schlüssigkeit eines wirklichen chinesischen Gartens abgehen. Beatrix Farrand hat in Maine den Abby-Aldrich-Rockefeller-Garten rund um eine Sammlung koreanischer Steinlaternen und Grabfiguren angelegt. Eine rosafarbene Mauer im chinesischen Stil umschließt hier einen äußeren Gaten, in den die Skulpturen zwanglos zwischen Bäume und Moos gesetzt sind in einer Art, die an den japanischen Stil erinnert. Eine innere Mauer, die man durch eine vasenförmige Öffnung passiert, trennt diesen äußeren von einem weiteren, offenen Garten mit »englisch-inspirierten« Rabatten rund um einen weitläufigen rechteckigen Rasen. In der hinteren Begrenzungsmauer lenkt ein Mondtor den Blick auf eine alte Kiefer. Der Garten ist ein von Inspiration getragenes Beispiel der Landschaftsgestaltung, aber obwohl er chinesische Motive erborgt, will und kann er nicht entfernt den Eindruck eines wirklichen chinesischen Gartens erwecken.
Ein interessanter chinesischer Garten in tropischer Gegend ist der – zugleich stark portugiesisch beeinflußte – Lou Lim Leoc in Macao. Die 1972 renovierte Anlage ist heute ein öffentlicher Park. In Taiwan gibt es Pläne, den Pan Chiao wiederaufzubauen, den Garten der berühmten Familie Lin am Stadtrand von Taipeh. Er befindet sich allerdings in ruinösem Zustand und verfällt von Jahr zu Jahr mehr, während das Projekt wohl nicht mehr als eine Absichtserklärung ist. Zwei interessante neue chinesische Gärten entstehen unter chinesischer Mitwirkung soeben in Vancouver und in San Francisco. Ein dritter ist in Houston/Texas geplant.

2 Die Zitate stammen aus David Hawkes' Übers. mit dem Titel *Dream of the Red Chamber, The Story of Stone*, S. 334–337.

3 Andrew H. Plaks, *Archetype and Allegory*, S. 186. Auf der vorangehenden Seite gibt er eine et-

was andere Übersetzung dieses Disputs als Hawkes.
4 ibid., S. 146.
5 ibid., S. 50.
6 Die Übers. (ins Englische) stammt von Plaks, op.cit., S. 167.
7 ibid., S. 168.
8 So sagt z.B. Laurence Sickman im Zusammenhang mit der Landschaftsmalerei: »In der Welt der Natur fand der suchende chinesische Geist schließlich eine Antwort, die realer und befriedigender war als der Pomp des Kaiserhofs, die konfuzianische Morallehre oder das vielköpfige buddhistische Pantheon.« Siehe Sickman und Soper, *Art and Architecture in China*, S. 186. Siehe ferner Sherman Lee, *Chinese Landscape Painting*, S. 3, zur Rolle der Naturphilosophie.
9 Siehe Edmund Leach, *Culture and Communication*, »The logic by which symbols are connected« (Cambridge 1976), S. 33–36, 72, 82–83. Dieser kurze »strukturalistische Leitfaden« bietet eine anregende analytisch-spekulative Annäherung an die verschiedenen Formen von Mythos, Ritual und Sozialverhalten.
10 Nelson I. Wu, *Chinese and Indian Architecture*, S. 45–46.

Ausgewählte Bibliographie

* in chinesischer Sprache
** in japanischer Sprache

Ayscough, Florence, »The Chinese Idea of a Garden«, in: *A Chinese Mirror* (London 1925), und *The China Journal of Sciences and Arts*, Band 1, Nr. 1 (Jan. 1923), S. 15–22; Band 1, Nr. 4 (Juli 1923), S. 135–328

Blaser, Werner, *Chinesische Pavillon-Architektur*. Stuttgart 1974

Boynton, Grace M., »Notes on the Origins of Chinese Gardens«, in: *The China Journal* (Juli 1935); »The Lodge of the White Deer: A Chinese Scholar's Garden«; in: *Bulletin of the Garden Club of America*, 7 (Jan. 1940), S. 110–112

Chambers, Sir William, *Dissertation on Oriental Gardening* (London 1772)

Chen Congzhou, »Suzhon Wong Shi Yuan«, * (Der Garten des Meisters der Netze). Eine Xerox-Kopie dieses Artikels ist im Besitz der Marquand Library, Princeton University; »Yangzhou Pian Shi Shan Fang-Shi Tao dieh shan dzo pin« * (Das Bergstudio der steinernen Brocken in Yangzhou: Ein künstlicher Felsen von Shi Tao), in *Wen Wu* (1962)

Chi Ch'eng, *Yuan Yeh*, * (Gartenbaukunst), Reprint der Ausgabe von 1634 (Peking 1934)

Chow, H. F., *The Familiar Trees of Hopie*, engl. Ausgabe (Peiping 1934)

Cox, E. H. M., *Plant Hunting in China* (London 1945)

Danby, Hope, *The Garden of Perfect Brightness* (London 1950)

Dye, Daniel Sheets, *A Grammar of Chinese Lattice* (Cambridge/Mass. 1937)

Graham, Dorothy, *Chinese Gardens* (New York 1938)

Hawkes, David, *The Story of the Stone*, Übers. von Chao Hsueh-hsins *Hung Lou Meng* oder *Dream of the Red Chamber* (Harmondsworth 1973), vor allem Kapitel 17

Henken, van, J. L., »The Half-acre Garden«, in: *Monumenta Serica*, XVIII (1959)

Howard, Edwin, *Chinese Garden Architecture* (New York 1931)

Inn, Henry, und S. C. Lu, *Chinese Houses and Gardens* (Honolulu 1940).

Kates, George, *The Years That Were Fat: The Last Of Old China* (Cambridge/Mass. 1967)

Kates, George, und H. S. Chen, »Prince Kung's Palace in Peking«, in: *Monumenta Serica*, V (1940)

Kerby, Kate, *An Old Chinese Garden* (Shanghai 1922)

Kuck, Lorraine, *The World of the Japanese Garden; from Chinese Origins to Modern Landscape Art* (New York und Tokio 1968)

Li, H. L., *The Garden Flowers of China* (New York 1959)

Li, Li-weng (Li Yu), *Li Yu Ch'uan-chi*,* (Zwanglose Bemerkungen), neue Ausgabe (Taipeh 1970)

Lin Ching, *Hung Hsueh Yin Yuan T'u Chi*, * (Schneegans-Skizzen, illustrierte Ausgabe); gekürzte englischsprachige Ausgabe, *Selections from the Hung Hsue Sketches* (Shanghai 1879)

Li Ko-fei, *Loyang Ming-yuan chi*,* (Die berühmten Gärten von Loyang), Hsg. Wu Kuan (Peking 1955)

Li Te-yu, *Ping ch'uan Shan-chu ts'ao-mu ch'i*,* (Bericht über Gräser und Bäume und den »schluchzenden Stein« im P'ing-Chuan-Berg-Refugium), neue Ausgabe (Shanghai 1926)

Malone, Caroll Brown, *History of the Peking Summer Palaces under the Ch'ing Dynasty* (Urbana 1934)

Metcalf, Franklin P., »Flowers of the Chinese New Year«, in: *Arnoldia*, Journal of the Arnold Arboretum, Cambridge/Mass., Band 2, Nr. 1 (13. Febr. 1942)

Morris, Edwin T., *The Gardens of China: Art, Architecture and Meanings* (New York 1984)

Murakami, Yoshimi, »Gardens of the Sui Period«,** in: *Shiga Tandai*, Nr. 2 (1961); »Palace Gardens of Chang-an in the T'ang Dynasty«, »The Gardens of the Aristocracy in the T'ang Dynasty«,** in: *Tobogaku*, Nr. 11 (1955): »Gardens in China«,** in: *Zen Bunka*, Nr. 36 (1965): »Gardens in the Six Dynasties«,** in: *Gakudi-kodai*, Band 4, Nr. 11

Murck, Alfreda, und Wen Fong, *A Chinese Garden Court: The Astor Court at the Metropolitan Museum of Art* (New York 1970)

Pao Teh-han, *Pan Chiao*,* (Die Gärten der Familie Lin) (Taipeh 1975)

Pirazzoli-T'serstevens, Michele, *Living Architecture: Chinese*, Living Architecture Series, Hsg. Henri Stierlin, englische Übersetzung von Robert Allen (London 1972)

Plaks, Andrew H., *Archetype and Allegory in the »Dream of the Red Chamber«* (Princeton 1976)

Qian Yun, *Classical Chinese Gardens* (Hongkong und Peking 1977)

Schafer, Edward H., *Tu Wan's Stone Catalogue of Cloudy Forest* (Berkeley 1961) *The Golden Peaches of Samarkand* (Berkeley und Los Angeles 1963); *The Vermilion Bird* (Berkeley und Los Angeles 1967)

Shen Fu, *Fu-Sheng Liu-chi*,* (Taipeh 1963), übers. von Shirley M. Black als *Chapters from a Floating Life* (London 1960)

Sirén, Osvald, *Gardens of China* (New York 1949)

Sitwell, Osbert, »Old Words for New«, in: *Queen Mary and Others* (London 1974)

Speiser, Werner, *China – Geist und Geschichte* (Baden-Baden 1962)

Stein, Rolf, »Jardins en miniature d'extrême-Orient« in: *Bulletin d'Ecole Française d'Extrême-Orient* (1943), S. 1–104

T'ung Chu-in, »Chinese Gardens, Especially in Kiangsu and Chekiang«, in: *T'ien Hsia Monthly*, III, 3 (Oktober 1936), S. 220–244; *Chiang-nan Yuan-lin Chih*, * (Bericht über die Gärten südlich des Jangtse), 1. Ausgabe (Peking 1937), Neudruck mit Einführung von Liu (Nanking 1962)

Wen Wu, Nr. 6/1957 (nahezu ausschließlich über Gärten) und Nr. 1 und 7/1959

Weng Wan-go, *Gardens in Chinese Art*, Ausstellungskatalog (New York 1968)

Wilson, Ernest H., *China, Mother of Gardens* (New York 1971)

Wu, Nelson J. (Wu No-sun), *Chinese and Indian Architecture*, Great Ages of World Architecture Series (New York 1963)

Zhong Guo Jian zhu Gong Ye (Hsg.), *Suzhou Gudian Yuan Lin** (Die klassischen Gärten von Suchow)

Zusätzlich zur Bibliographie sei auf die folgenden Veröffentlichungen hingewiesen, die mir bei der Niederschrift der einzelnen Kapitel eine große Hilfe waren:

1 Das Echo des Abendlandes

Honour, Hugh, *Chinoiserie: The Vision of Cathay* (New York 1961)

Hunt, John Dixon, und Peter Willis (Hsg.) *The Genius of the Place* (London 1975)

2 Die Ursprünge des Gartens

Blofeld, John, *The Secret and Sublime* (New York 1973)

Creel, Herelee G., *Chinese Thought from Confucius to Mao Tse-tung* (Chicago 1954); *What is Taoism?* (Chicago 1970)

Cressey, George, *China's Geographic Foundations* (London 1934)

Eberhard, Wolfram, *A History of China* (London 1960)

Fung Yu-lan, *A Short History of Chinese Philosophy*, hsg. und übers. von Derek Bodde (New York und London 1948)

Grousset, René, *The Rise and Splendour of the Chinese Empire* (Berkeley und Los Angeles 1953)

Lao, D. C., *Tao Te Ching*, Übers. und Einführung (Middlesex 1963)

Mather, Richard, »Landscape and Buddhism«, in: *Journal of Asian Studies*, Band XVII, S. 67

Murphey, Rhoads, »Man and Nature in China«, in: *Modern Asian Studies*, Band XVIII, S. 67

Waley, Arthur, *The Tao and Its Power (London* 1934); *Analects of Confucius* (London und New York 1938)

Wright, Arthur, *Buddhism in Chinese History* (Stanford 1959)

3 Die kaiserlichen Parks

Eital, E. J., *Feng-shui* (Hongkong 1873)

Feuchtwang, Stephen D. R., *An Anthropological Analysis of Chinese Geomancy* (Vientiane 1974)

4 Die Gärten der Gebildeten

Frodsham, J. D., »The Origins of Chinese Landscape Poetry«, in: *Asia Major*, VIII, Teil 1 (1960); *The Murmuring Stream*, 2 Bände (Kuala Lumpur 1967)

Hightower, J. R., *The Poetry of T'ao Chien* (Oxford 1970)

Lin Yu-tang, *My Country and My People* (London und Toronto 1936); *The Gay Genius* (London 1948).

Waley, Arthur, *The Life and Times of Po Chu-i* (London 1949)

5 Das Auge des Malers

Bush, Susan, *The Chinese Literati on Painting* (Cambridge/Mass. 1971)

Cahill, James, *Chinese Painting* (Genf 1960); »Confucian Elements in the Theory of Painting«, in: *The Confucian Persuasion*, Hsg. Arthur F. Wright (Stanford 1960)

Contag, Victoria, *Chinese Masters of the 17th Century* (London 1969)

Lee, Sherman E., *Chinese Landscape Painting*, Ausstellungskatalog (Cleveland 1954)

Sickman, Lawrence, und Alexander Soper, *The Art and Architecture of China* (Harmondsworth 1971)

Sirén, Osvald, *Chinese Painting*, 7 Bände (New York 1963); *The Chinese on the Art of Painting* (New York 1963)

Sullivan, Michael, *The Birth of Landscape Painting in China* (London 1962)

Whitfield, Roderick, *In Pursuit of Antiquity*, mit einem Beitrag von Wen Fong, Ausstellungskatalog, Princeton University Art Museum 1969

Wu, Nelson I., »The Intellectual Aristocrat and Justice in Art«, in: *Art News*, Band 61, Nr. 8 (Dez. 1962); »The Toleration of Eccentrics«, in: *Art News*, Band 56, Nr. 3 (Mai 1957)

7 Fels und Wasser

Schafer, Edward H., *The Divine Woman* (Berkeley 1973)

9 Bedeutungsinhalte des chinesischen Gartens

Sowerby, Arthur de Carle, *Nature in Chinese Art* (New York 1940)

Williams, C. A. S., *Outlines of Chinese Symbolism and Art Motives* (New York 1976)

Index